MÉMOIRES
SUR L'ANCIENNE
CHEVALERIE

PAR

La Curne de Sainte-Palaye

AVEC UNE INTRODUCTION ET DES NOTES HISTORIQUES

PAR

M. CH. NODIER.

✶✶✶

Nouvelle Édition.

✶✶✶

PARIS
GIRARD, LIBRAIRE-ÉDITEUR,
RUE MAZARINE, N. 22.
1826
IMPRIMERIE DE J. TASTU.

Septembre 1825.

MÉMOIRES

SUR L'ANCIENNE CHEVALERIE,

PAR

LA CURNE DE SAINTE-PALAYE.

Nouvelle Édition,

AVEC UNE INTRODUCTION ET DES NOTES HISTORIQUES,

PAR M. CH. NODIER.

NOTICE.

La Curne de Sainte-Palaye consacra une vie longue et laborieuse à la recherche, jusqu'à lui négligée, des monumens littéraires du moyen âge. Le premier, il rassembla avec un soin consciencieux toutes les preuves historiques de la chevalerie, dont les traditions imparfaites et l'ignorance des temps avoient altéré le caractère et l'authenticité. Cet ouvrage fut accueilli avec empressement, et l'Académie des Belles-Lettres, dont Sainte-Palaye étoit membre, rendit hommage à son succès, en faisant imprimer ses Mémoires dans son recueil.

On avoit alors une très-fausse idée de la chevalerie ; elle ne se présentoit guère à l'esprit même des personnes les plus éclairées, que comme une vieille source des récits fabuleux qui égayoient le foyer de nos ancêtres. Les romans qui avoient été à la mode à la fin du quinzième siècle, avoient entretenu cette erreur. Cependant si dans ces romans du vieux temps, remarquables encore par la grâce des descriptions et la naïveté du style, comme dans les fabliaux du moyen âge, l'abus du merveilleux tient la place de la vérité, il est certain qu'on y retrouve la peinture exacte et fidèle des mœurs et des usages des siècles simples et grossiers où la chevalerie étoit une institution importante. C'est sous le point de vue de son influence politique et militaire que Sainte-Palaye la considéra. Il prit le chevalier au berceau, et depuis les jeux de son enfance il le suivit dans sa carrière héroïque et aventureuse. Il y a un charme indéfinissable dans la lecture de ces touchans souvenirs de notre histoire. Cette institution protégea long-temps les destinées de la France, et quand elle cessa de faire partie de ses lois fondamentales, elle demeura dans les mœurs des François pour rendre témoignage de l'ancienneté de leur gloire et de leur amour pour les héros. La chevalerie fut l'opposition sous le gouvernement féodal. La nation conserva son horreur pour le mensonge et la lâcheté, son respect et sa courtoisie pour les femmes; mais surtout son intrépidité sur les champs de bataille! Comme l'Europe du moyen âge surnomma plusieurs de nos chevaliers *les non pareils en prouesses*, l'Europe moderne salua plusieurs de nos guerriers nouveaux du nom de *braves des braves*.

Les Mémoires sur l'ancienne chevalerie deviennent le complément nécessaire des utiles entreprises qui ont eu pour but de satisfaire à nos besoins de lumières historiques. La rareté de ces précieuses recherches imprimées en deux parties et à des époques éloignées, en interdisoit la lecture aux plus nombreuses classes de la société, comme leur format les excluoit des bibliothèques modernes. La nouvelle édition que nous avons préparée fera disparoître ces graves inconvéniens ; elle sera augmentée de quelques morceaux rares et curieux qui avoient échappé à Sainte-Palaye, et dont nous croyons devoir l'enrichir.

Ce savant modeste avoit négligé de faire précéder son ouvrage d'une dissertation sur l'origine de la chevalerie, ses progrès et sa décadence. De nouvelles notes étoient d'une nécessité absolue ; mais pour ne pas les multiplier, nous renfermerons dans une introduction le rapide résumé de cette partie intéressante de notre histoire.

Ch. NODIER.

CONDITIONS DE LA SOUSCRIPTION.

Les *Mémoires sur l'ancienne Chevalerie* formeront deux forts volumes in-8°, imprimés avec soin sur papier des Vosges superfin, satiné. Prix de chaque volume. . . . . . 7 fr.
Papier vélin. 14

Le premier volume paraîtra le 15 octobre prochain, et le second dans le courant de novembre.

On souscrit à Paris, chez J. GIRARD, libraire-éditeur, propriétaire des ouvrages de Millin, rue Mazarine, n. 22.

Pour paraître à la fin d'octobre.

Les Montagnardes, Traditions dauphinoises, par A. Barginet (de Grenoble). 4 vol. in-12, soigneusement imprimés sur papier fin satiné, et ornés de vignettes sur bois, d'après Deveria et Thompson. Prix. . . . . 12 fr.
Franc de port, par la poste. 14

Cet ouvrage, dont diverses circonstances ont retardé la publication, a déjà été annoncé sous le titre de : *Les Amours du soir*, qui n'appartenait en effet qu'à un épisode que l'auteur a supprimé.

Principaux ouvrages de Millin *qui se trouvent à la même librairie.*

Description des tombeaux de Canosa. Grand atlas papier vélin, avec 14 planches en noir. Au lieu de 100 fr. 70.

Monumens antiques inédits. 2 vol. grand in-4°, avec 96 planches. Au lieu de 72 fr. 50.

Mosaïques du Vatican. 1 vol. in-folio avec 28 planches coloriées. Au lieu de 50 fr. 30.

Histoire métallique de la Révolution française. 1 vol. grand in-4°, avec 46 planches. Au lieu de 25 fr. 15.

L'Orestéide. 1 vol. grand in-4°, avec 4 planches. Au lieu de 15 fr. 10.

Ægyptiaques. 1 vol. in-4°, avec 12 planches en noir. Au lieu de 12 fr. 8.

Voyage en Savoye. 2 vol. in-8°, avec deux vignettes. Au lieu de 12 fr. 8.

Voyage dans le Milanais. 2 vol. in-8°, avec 2 vignettes. Au lieu de 12 fr. 8.

Pierres gravées inédites. Cet ouvrage paraît par livraisons; les six premières, contenant 55 gravures et 144 pages de texte, sont en vente. Prix : 36 fr.

Prix de chaque livraison : 6 fr.

Sous presse, du même auteur.

Introduction a l'étude des monumens antiques, des pierres gravées et des médailles; par *A.-L. Millin;* avec une notice sur la vie et les ouvrages de ce savant, par M. *Dacier,* et augmentée d'un discours préliminaire par M. *Champollion Figeac.* Cet ouvrage est indispensable à tous ceux qui s'occupent d'archéologie et de numismatique.

Un vol. in-8°. Prix : 5 fr.
Franc de port, par la poste : 6 fr.

Imprimerie de J. Tastu, rue de Vaugirard, N° 36.

MÉMOIRES

SUR

L'ANCIENNE CHEVALERIE.

✼
IMPRIMERIE DE J. TASTU,
RUE DE VAUGIRARD, N. 36.
✼

Officiers d'armes, annonçant au Duc de Tourraine
la mort de Charles VI.

(Tome 1.)

MÉMOIRES

SUR L'ANCIENNE

CHEVALERIE,

PAR

LA CURNE DE SAINTE-PALAYE;

AVEC UNE INTRODUCTION ET DES NOTES HISTORIQUES,

PAR M. CH. NODIER.

Nouvelle Édition.

TOME PREMIER.

PARIS.

GIRARD, LIBRAIRE-ÉDITEUR,

RUE MAZARINE, N. 22.

M DCCC XXVI.

PRÉFACE[1].

De toutes les parties de notre histoire, il n'en est pas de plus intéressante que celle qui nous retrace les mœurs et les usages de nos pères. Ce sont, pour ainsi dire, de ces vieux portraits de famille sur lesquels on se plaît toujours à jeter les yeux. La *gothicité* du costume, l'habillement bizarre, le maintien roide et empesé des personnages qu'ils représentent, nous paroissent tout-à-fait plaisants, et nous ne pouvons nous empêcher de sourire du mauvais goût de nos ancêtres. Il est vrai que si ces peintures pouvoient s'animer,

---

[1] Cette Préface précédoit le troisième volume de l'édition in-12 des *Mémoires sur la Chevalerie;* comme elle est de Sainte-Palaye, nous avons cru devoir la placer en tête de cette édition.
(*Note de l'éditeur.*)

elles nous rendroient bien le change. Ceux dont elles sont l'image ne seroient pas moins étonnés de ces modes que nous trouvons si élégantes, et dans lesquelles nous nous complaisons si fort. Cependant, à travers les altérations et les déguisements qu'une longue suite de siècles doit nécessairement apporter dans les mœurs et dans le génie d'un peuple, il est toujours facile d'apercevoir un fonds de ressemblance qui ne change jamais; aussi un esprit attentif retrouve-t-il encore aujourd'hui dans notre nation tout le caractère des anciens Francs, mélangé de quelques nuances de celui des Gaulois.

Un des traits qui ont caractérisé davantage le François dans les temps de la Chevalerie, et dont il conserve encore des traces qui le distinguent de toute autre nation, étoit ce goût si raffiné pour la galanterie, cet attachement pour le beau sexe, allié à une bravoure qu'aucun obstacle ne pouvoit arrêter, lorsqu'il s'agissoit de servir les dames et de leur plaire. C'est ce qu'on a eu lieu de remarquer dans mes premiers *Mémoires sur l'ancienne Chevalerie*, ouvrage que le public a bien voulu traiter favorablement. Un accueil si flatteur m'a encouragé à faire de nouvelles recherches, et elles n'ont point été infructueuses. Le hasard et la bonne volonté de quelques gens de lettres m'ont mis en possession de plusieurs morceaux non moins intéressants que ceux qui ont déjà paru.

Le premier et le plus singulier de ces morceaux, est un petit Poëme intitulé le *Vœu du Héron*.

Le comte d'Artois, banni de sa patrie et réfugié à Londres, veut soulever contre elle le roi d'Angleterre et tous ses barons. Saisissant un instant où ce monarque se trouve au milieu de sa cour, il fait mettre un héron rôti entre deux plats, le promène lui-même dans l'assemblée, et force le roi, la reine et tous les seigneurs de jurer sur cet oiseau avec des imprécations, dont quelques-unes sont effrayantes, qu'ils feront à la France tout le mal possible ; enfin, pour mettre le sceau à ce fatal engagement, il découpe le héron et en fait manger à chacun des conjurés.

La description de cette cérémonie a quelque chose de lugubre et de sinistre. Il semble, à quelques égards, voir Catilina dans le moment où il porte de rang en rang la coupe sanglante pour engager ses satellites à se liguer avec lui contre Rome.

S'il est vrai que le comte d'Artois ait été capable de se livrer à ces opérations magiques, ou prétendues magiques, que l'histoire lui reproche, et qui lui sont imputées dans son arrêt de bannissement, il falloit qu'il eût l'ame troublée par les vapeurs de la plus sombre mélancolie. On ne doit donc pas être surpris que pour faire réussir ses projets de vengeance contre sa patrie, il ait eu recours à un expédient si atroce, ou plutôt si insensé. Il faut avouer aussi qu'il ne pouvoit choisir un théâtre qui convînt mieux à la scène fanatique dont il est le principal acteur dans le *Vœu du Héron*. Il est juste toutefois de remarquer que plusieurs des seigneurs qui se trouvèrent présents, furent révoltés de ses emportements, et qu'ils ne purent s'empêcher de lui en faire des reproches.

Dans le nombre de ceux que le comte d'Artois fit jurer sur le héron, il n'en est point qui malheureusement ait été plus fidèle à son vœu que Gautier de Mauny. Ce héros, l'honneur de l'ancienne Chevalerie, n'a pas l'avantage d'être aussi connu qu'il le méritoit; c'est ce qui m'a engagé à consacrer à sa gloire un article particulier, dans lequel je me suis contenté de rassembler, d'après Froissart, ses principales actions, sans chercher à les embellir par des phrases élégantes, ni par des réflexions fines et recherchées. Quant aux autres personnages qui figurent dans le poëme du Héron, il m'a semblé suffisant de les faire connoître dans des notes que j'ai placées à la suite du Mémoire sur le Vœu du Héron.

Ces notes sont suivies d'un morceau intitulé *la Chanise*, ou *la Camise*. Rien d'aussi bizarre que cette pièce; elle pèche si fort contre toute vraisemblance, qu'on ne peut se dispenser de la regarder comme une pure fiction. Il n'est pas possible de croire qu'une femme ait jamais été assez intrépide pour paroître au milieu d'un grand festin, et en présence de son époux, couverte d'une chemise qui étoit teinte du sang de son amant, et toute déchiquetée des coups qu'il avoit reçus dans les combats singuliers auxquels il s'étoit exposé par ses ordres. Malgré l'excessive complaisance à laquelle les anciens chevaliers avoient accoutumé les maris, il est inconcevable cependant qu'il se soit trouvé un époux assez débonnaire pour souffrir un pareil affront. Je serois donc tenté de croire que c'est ici une de ces extravagances littéraires qui prouvent qu'alors l'enthousiasme chevaleresque n'avoit pas moins d'influence sur la tête des écrivains que sur celle des preux chevaliers, c'est-à-dire qu'il les rendoit tous un peu fous.

La Chasse étoit aussi un des plaisirs auxquels les anciens chevaliers se livroient avec le plus d'ardeur. Ils y trouvoient l'occasion de faire briller leur adresse, leur bonne grâce et leur courage aux yeux des dames qui souvent honoroient cet exercice de leur présence, et même y prenoient part; ce qui m'a fait croire qu'un *Tableau historique de la Chasse*, depuis les premiers temps de notre monarchie jusqu'à nos jours, pourroit être placé à la suite de mes Mémoires sur l'ancienne Chevalerie, sans qu'il y parût comme un ornement étranger et superflu.

On sent que j'aurois aisément fait plusieurs volumes, si j'avois voulu épuiser la matière, et si j'étois entré dans tous les détails où mon sujet pouvoit m'engager; mais j'ai cru devoir me renfermer dans des bornes plus resserrées. En ménageant moins l'érudition, j'aurois sans doute satisfait davantage la curiosité des amateurs de l'antiquité; mais aurois-je également plu à cette portion aimable de la société à laquelle cet ouvrage est principalement consacré ? Puissent les dames accueillir avec bienveillance ce dernier fruit d'une plume qui s'est toujours exercée de préférence dans un genre de littérature dont elles font leur plus cher amusement !

INTRODUCTION

AUX

MÉMOIRES SUR L'ANCIENNE CHEVALERIE.

Il n'est aucune institution qui ne doive son origine à des besoins sociaux, et qui ne touche par quelques points à l'organisation d'un État; mais les institutions politiques ou religieuses n'ont une application spontanée, et ne sont soumises à des conditions et à des règles légales que parmi les nations qui commencent ou qui finissent une civilisation. Ainsi la Chevalerie explique le moyen âge; elle en est à la fois l'expression et l'image, comme elle est le résultat de la féodalité, sans que pour cela l'origine de cette législation guerrière soit liée à des monuments authentiques, sans que pour cela il nous soit possible aujourd'hui d'établir, d'après des bases historiques, ses formes originelles, et de suivre dans leur état primitif ses développements et ses progrès.

Là où la raison ne trouve point de preuves positives, l'esprit et l'imagination ont le droit d'intervenir. Leurs suppositions, cessant d'être systématiques et hasardées, peuvent conduire à la découverte de la vérité. L'apologue fut la législation, la morale et la mystérieuse histoire des premiers peuples.

Vers le milieu du dixième siècle, quelques nobles pauvres, unis par la nécessité d'une légitime défense, épouvantés des excès que devoit entraîner la multiplicité des pouvoirs souverains, prennent en pitié les misères et les larmes du peuple. Ils se touchent réciproquement dans la main en invoquant Dieu et saint Georges; puis se vouent à la défense des opprimés, et placent le foible sous la protection de leur épée. Simples dans leurs habits, austères dans leurs mœurs, humbles après la victoire, fermes et stoïques dans l'infortune, ils se créent en peu de temps une immense renommée. La reconnoissance populaire, dans sa joie naïve et crédule, se nourrit des merveilleux récits de leurs faits d'armes; elle exalte leur valeur et unit, dans sa prière, ses généreux libérateurs avec les puissances du ciel. Il est si naturel au malheur de diviniser ceux qui le consolent!

Dans ces vieux temps, comme la force étoit un droit, il falloit bien que le courage fût une vertu. Ces hommes à qui l'on donna, dans la suite, le nom de chevaliers, le portèrent au plus haut degré. La lâcheté fut punie parmi eux comme un forfait impardonnable, et c'en est un en effet que de refuser un appui à l'opprimé; ils eurent le mensonge en horreur, ils flétrirent le manque de foi et la perfidie, et les législateurs les plus célèbres de l'antiquité n'ont rien de comparable à leurs statuts.

Cette ligue de guerriers se maintint pendant plus d'un siècle dans toute sa simplicité primitive, parce que les circonstances au milieu desquelles elle étoit née ne changèrent que lentement; mais lorsqu'un grand mouvement politique et religieux annonça les révolutions qui alloient s'opérer dans l'esprit humain, la Chevalerie prit une forme légale et un rang parmi les institutions.

Les croisades et l'émancipation des communes qui marquèrent l'apogée du gouvernement féodal, sont les deux événements qui ont le plus contribué à le détruire. La Chevalerie en tira aussi son plus grand éclat, mais elle y perdit bientôt sa vertueuse indépendance, sa simplicité et ses mœurs.

Les rois sentirent les premiers tout le parti qu'ils pouvoient tirer d'une association armée qui tiendroit le milieu entre la couronne et les puissants vassaux qui en usurpoient toutes les prérogatives. Dès-lors les rois firent des chevaliers, et les lièrent à eux par toutes les formes usitées pour l'investiture féodale. Mais le caractère particulier de ces temps reculés, c'étoit l'orgueil des priviléges, et la couronne ne pouvoit en créer aucun sans que la noblesse ne s'arrogeât la même faculté. Les possesseurs des grands fiefs s'empressèrent d'imiter les rois ; non-seulement ils s'attribuèrent le droit de faire des chevaliers, mais ce titre, cher à la reconnoissance de la nation, devint pour eux une prérogative héréditaire. Cet envahissement ne s'arrêta pas là : les seigneurs imitèrent leurs suzerains, et la Chevalerie, perdant son ancienne unité, ne fut plus qu'une distinction honorable dont les principes eurent long-temps encore une heureuse influence sur le sort des peuples.

Tel est le système dont Sainte-Palaye a accumulé les preuves dans son ouvrage. Ce système n'étoit pas cependant dans sa pensée, mais il résulte évidemment de l'ensemble de son travail et de ses recherches.

Les écrivains du moyen âge, entraînés par le cours des idées de leur époque, ne nous ont rien laissé de satisfaisant sur l'origine de la Chevalerie. Les fabliaux et les romans en rimes ne contiennent aucune assertion historique dont nous puissions profiter. Cette littérature sans critique et sans philosophie, comme toutes les littératures naissantes, n'avoit d'autres domaines que ceux de l'imagination et du sentiment, et les convenances du goût ne venoient pas encore rectifier ses bizarres exagérations. Quelques souvenirs confus de l'ancienne civilisation ne s'offroient à la pensée des écrivains de ce temps que pour augmenter les contradictions et les anachronismes qui se font remarquer dans leurs ouvrages. Ils ne conservoient qu'une idée vague du passé, et manquoient de toute prévision de l'avenir, parce qu'il en est de la jeunesse des nations comme de la jeunesse de la vie; fière de sa force, elle n'en devine pas le déclin, et ne voit dans les temps qui se succèdent, hélas! sans se ressembler, que l'éternel prolongement du temps qu'elle embrasse.

Quand nous plaignons les peuples soumis

au droit féodal, nous ne faisons pas attention qu'ils ne concevoient pas l'existence d'un autre droit public. Il est probable que les traditions de la Chevalerie étoient très-modernes au douzième siècle; l'ignorance de ceux qui se les approprièrent ne permet pas d'en tirer aucune lumière utile. On trouve cependant dans les romans et dans les chroniques la preuve du profond respect qu'inspiroit le rang de chevalier, et une image fidèle des mœurs naïves et imposantes de l'époque.

Au seizième siècle on écrivit d'après ces matériaux imparfaits, et le *fatras* encore mal *débrouillé* des chroniqueurs et des romanciers précédents devint la partie essentielle de l'histoire. A cette époque, on poussa jusqu'à l'extravagance la recherche des origines; on fit abus de la science et de l'érudition, mais il n'y avoit alors dans la littérature ni un goût sûr, ni un véritable discernement, tant il est vrai que les commencements de la civilisation ressemblent à sa caducité; et que les sociétés ont deux enfances comme les hommes : celle du berceau, où elles apprennent lentement la vie, et celle qui arrive avec la décrépitude, et qui précède la mort.

Le dix-septième siècle ne marcha pas dans

une voie plus heureuse. La civilisation énergique du moyen âge n'existoit plus. La civilisation élégante et perfectionnée du grand règne n'existoit pas encore. Alors la ruine totale du gouvernement féodal fit disparoître tout ce qui étoit resté de l'ancienne Chevalerie dans les mœurs de la cour et de la noblesse. Ce qui est digne de remarque, c'est que les libertés des communes et les priviléges des provinces disparurent en même temps que la puissance seigneuriale. L'aristocratie est, dans les monarchies, le boulevard des intérêts populaires. Comme on ne pouvoit plus réclamer de droits, on s'attacha aux distinctions, et la noblesse, soumise au trône sans acception de droits spéciaux, sans priviléges, sans exceptions, ne s'occupa plus de son ancienne grandeur que pour y trouver des titres à la considération publique et à des honneurs d'étiquette, qui devinrent ses seuls avantages. Ce fut l'époque des généalogies et des histoires particulières, où l'orgueil se nourrissoit de vains souvenirs, indemnités frivoles de ses illustrations effacées. A compter de ce moment, l'institution de la noblesse chevaleresque ne vécut que dans les livres. Il ne resta de ce vieux rempart des libertés publiques que des noms éteints dans l'oisiveté des cours et des blasons sans gloire. Les insignes, les devises et les couleurs avoient perdu leur éclat en tombant du champ des écus et de la bannière des hommes d'armes, sur les panneaux des carrosses et la livrée des valets.

Depuis ce temps la littérature françoise cessa tout-à-coup d'être nationale; la langue épurée se prêta merveilleusement à l'imitation des chefs-d'œuvre de l'antiquité. Les souvenirs de la France moururent, et le ridicule se joua, comme c'est l'usage chez nous, de ces épées qui ne pouvoient blesser, et de ces boucliers qui ne protégeoient plus rien.

Tel fut à peu près, sous le rapport littéraire, le sort d'une institution qui fut long-temps utile et brillante, et dont la morale étoit tellement basée sur le caractère national des François, qu'on en retrouve encore des traces jusque dans les dernières classes populaires.

Considérée politiquement, la Chevalerie offre des résultats plus satisfaisants aux recherches de la science. Il est certain qu'aucun monument public ou particulier ne consacre son existence avant le milieu du onzième siècle. Cependant elle ne fut point créée tout-à-coup, et sa naissance doit être antérieure à cette époque; mais il est un moyen de s'assurer autant qu'il est possible de la justesse de cette assertion; c'est de comparer les temps où l'on placeroit son berceau avec ses mœurs et ses statuts.

Sans s'arrêter un seul instant aux suppositions inadmissibles de quelques écrivains, qui ont cru voir dans la Chevalerie des Romains le type de la Chevalerie du moyen âge, nous examinerons rapidement les systèmes les plus sévères et les plus historiques. L'érudition seroit ici une chose superflue. Le lecteur ne nous demande que des faits simples et des raisonnements concluants.

Trois opinions principales s'offrent à son examen.

La Chevalerie comme la féodalité est intimement unie à la conquête des Gaules; son esprit et ses mœurs étoient dans l'esprit et les mœurs des nations du Nord. Voilà la première.

La Chevalerie est née sous le règne de Charlemagne; toutes les traditions du moyen âge semblent l'attester; et si les croyances des peuples sont souvent exagérées, elles reposent toujours sur quelque chose de vrai. C'est la seconde.

Selon la troisième, ce furent les Scandinaves qui introduisirent la Chevalerie dans les mœurs des François. L'Edda et le discours sublime d'Odin contiennent une foule de préceptes, qui ont une conformité évidente avec les préceptes suivis par les chevaliers.

Dans la première proposition, l'opinion sur la Chevalerie se trouve liée à un système plus vaste et plus important, celui de la féodalité. Nous ne l'examinerons un instant que sous le premier point de vue. Comme la plupart des nations scythiques, qui, vers le quatrième siècle, se jetèrent principalement sur l'Occident, les Francs ne combattoient qu'à pied. Ces barbares ne conçurent la nécessité de former de la cavalerie qu'après en avoir apprécié l'effet dans leurs guerres avec les Romains. Elle étoit encore peu connue dans les armées des successeurs de Clovis. Les leudes, ou convives du roi, particulièrement attachés à sa personne, obligés de l'accompagner dans ses voyages ou à la guerre, furent les premiers François qui combattirent à cheval. La recommandation et le serment de fidélité n'ont aucun rapport, même éloigné, avec les loix de la Chevalerie : ces loix ne soumettoient point un homme à un homme sous certaines conditions ; elles faisoient contracter au récipiendaire, un engagement qui étoit dans l'intérêt de toute la société, qui le constituoit son défenseur, et qui lui faisoit un crime de manquer à ses devoirs de protection et de courage. En un mot, le *chevalier* cessoit, pour ainsi dire, d'être sujet, tandis que le *fidèle* le devenoit plus directement. L'état du *fidèle* étoit la plus noble des domesticités, celui du chevalier la plus indépendante des magistratures.

Une partie de ces raisons peut encore s'appliquer à la seconde proposition; on doit seulement ajouter que si la Chevalerie eût été constituée sous le règne de Charlemagne, les capitulaires de ce prince qui réglèrent presque toutes les actions politiques, et même celles de la vie privée, n'auroient pas gardé le silence sur une institution aussi importante. Ce système n'est donc pas soutenable. Le grand nom de Montesquieu a beaucoup contribué à faire prévaloir les conjectures erronées que nous formons sur nos origines. Ce publiciste a trouvé le gouvernement féodal dans les forêts de la Germanie, comme si ces peuplades sauvages et guerrières, qui n'avoient aucune idée de la propriété territoriale, et par conséquent de l'esclavage de la glèbe, avoient pu concevoir une législation qui reposoit principalement sur ces distinctions de la propriété. Avant Charlemagne, on donnoit des armes en public à un jeune noble; cette cérémonie étoit toute naturelle chez un peuple belliqueux, mais ces ressemblances éloignées ne constituent pas d'identité essentielle avec la Chevalerie. On ne doit point oublier qu'avant d'être un ordre à la fois religieux et militaire, la Chevalerie fut simplement une association libre, dont le but étoit la défense des foibles, et que les règles de cette association furent long-temps sanctionnées par l'usage avant de l'être par les loix générales de la féodalité.

Quant à la troisième proposition, elle seroit peut-être susceptible d'un examen plus approfondi. Il faut convenir que si les Scandinaves ne furent pas les fondateurs de la Chevalerie, ils peuvent être comptés parmi les causes directes de son établissement. C'est en effet au milieu des ravages qui suivirent leurs invasions, que la nécessité de l'union et de la défense dut se faire sentir davantage ; mais, au fond, il n'y avoit rien dans le caractère des Normands et dans les coutumes qui étoient leurs loix, dont on puisse tirer aujourd'hui l'induction qui nous occupe. Ces pirates se jetèrent d'abord sur la France, dans le vague espoir de la piller, et quand ils y eurent borné le cours de leurs brigandages nomades, ils adoptèrent, presque sans restriction, les usages établis avant eux, ou qui s'établissoient à l'époque de leurs migrations. Il en est de même chez tous les peuples et dans tous les siècles des conquêtes de la force sur la civilisation. La société change de maîtres, mais ses maîtres changent de loix, et, au bout de quelque temps, il n'y a de nouveau que les dynasties.

Il est du moins un fait qu'il seroit difficile de nier, c'est que la Chevalerie est née sur le sol de la France. Elle dut son existence à des circonstances qui échappent en partie à nos recherches. Elle s'y fortifia des mœurs publiques et des idées de la nation sur le courage et l'honneur. Elle devint une loi de l'État quand elle eut, comme on dit aujourd'hui, *débordé* les autres institutions, et elle devint une loi, parce qu'il y avoit en elle toutes les conditions de convenance et de nécessité qui donnent aux institutions un caractère légal. Nous ne connoissons rien dans les souvenirs de la France de plus essentiellement françois.

La Chevalerie a laissé après elle des traces

profondes de son existence. Elle ne pouvoit vivre que dans l'état social où elle étoit née. La confusion des pouvoirs, l'absence de la justice presque toujours remplacée par une sordide fiscalité, l'inflexibilité des coutumes féodales légitimèrent son apparition. C'est sous ce rapport qu'elle a eu une importance qui ne méritoit pas la dédaigneuse ingratitude de notre âge. Ses fastes seront long-temps l'objet d'une poétique admiration. On y retrouve tout ce que la valeur a de plus héroïque, la vertu de plus pur, la fidélité de plus admirable, le dévouement de plus désintéressé.

Cependant, comme tout ce qui porte l'empreinte de la volonté des hommes, la Chevalerie eut ses âges de vertu, de splendeur et de décadence. Pauvre, énergique et redoutable aux oppresseurs dans la première période, qui fut son temps fabuleux, on la vit s'asseoir bientôt sur les marches du trône et planer sur les créneaux des tours féodales; elle fut la tutrice des peuples et la conseillère des rois. Les nations étonnées reconnurent en elle le lien social et le pouvoir lui-même. Elle créa, dans cette seconde période, la politesse et la douceur des manières, et triompha de la résistance d'un siècle rude et sauvage où la noblesse se vantoit de son ignorance; mais dans la troisième, elle se grossit de tous les désordres des temps, et devint factieuse et débauchée. Ce fut pourtant à cette époque que naquirent les Bayard et les Crillon, comme dans l'antiquité Rome, soumise à d'exécrables tyrans, vit encore briller quelques grands courages, et se ranimer quelques traditions de ses vieilles vertus.

L'étude de l'histoire de la Chevalerie n'étoit pas appréciée il y a un demi-siècle; il semble qu'aujourd'hui l'esprit humain, fatigué des innombrables innovations qu'on lui a fait subir, tende à se rapprocher du moins par les lettres des âges précédents. Ce n'est pas la circonstance la moins remarquable de notre temps, que les coutumes de nos pères nous paroissent moins barbares, à mesure que la civilisation excède toutes ses limites. La naïveté d'expression qu'on trouve dans les vieux romanciers, une simplicité admirable répandue dans les mœurs qu'ils décrivent, je ne sais quel sentiment universel d'opposition qu'explique trop bien le contraste des innovations étourdies d'une législation improvisée, et des besoins secrets de tous les cœurs et de toutes les imaginations depuis les grands mouvements qui ont ébranlé la société, donnent un grand charme à l'étude de notre ancienne littérature. Il en est des sociétés perfectionnées comme de l'homme dans sa force, qui se désabuse de ses illusions en les touchant. Toutes ses pensées se reportent vers son enfance, et il ne se dédommage des erreurs de sa raison qu'en repassant les rêves charmants de son inexpérience et de sa crédulité.

L'histoire des savants n'est presque jamais que celle de leurs ouvrages. La Curne de Sainte-Palaye étoit né à Auxerre en 1697. Il mourut en 1781. Cette longue carrière fut remplie par le travail, et si deux fois les honneurs académiques en varièrent la sage uniformité, on peut croire que Sainte-Palaye les attendit et ne les poursuivit pas. Les biographes disent que ses derniers moments s'écoulèrent dans une profonde tristesse, et on conçoit aisément que l'écrivain qui avoit passé près d'un siècle à méditer sur les mœurs des âges d'innocence et de loyauté, n'ait pas vu la société moderne sans quelque mélange d'amertume. Il avoit les ans de Nestor, et à meilleur droit que Nestor, il pouvoit se flatter d'avoir vécu parmi de meilleures générations d'hommes, car toutes les générations antérieures lui appartenoient.

L'éloge de La Curne de Sainte-Palaye est dans son ouvrage où l'homme consciencieux se révèle aussi souvent que l'homme instruit. Les *Mémoires sur l'Ancienne Chevalerie*, dont nous donnons une nouvelle édition, sont remarquables par l'exactitude des faits, la simplicité élégante du style et un intérêt que la discussion ne détruit pas. Cet ouvrage parut d'abord en deux volumes in-12, en 1759; mais en 1781, bien peu de temps avant sa mort, Sainte-Palaye y ajouta un troisième volume qui contenoit avec ses *Mémoires sur la Chasse*, le *Poëme du vœu du Héron*, la *Vie de Mauny* et plusieurs autres fragments précieux pour l'histoire du moyen âge. Notre travail s'est réduit à placer ces divers morceaux dans un ordre qui nous a paru plus convenable. Nous avons d'ailleurs religieusement respecté le travail de Sainte-Palaye; quelques notes seulement expliquent ce que le texte nous a paru offrir d'inexact ou de défectueux.

Ch. NODIER.

MÉMOIRES

SUR

L'ANCIENNE CHEVALERIE.

―――――――

PREMIÈRE PARTIE.

L'objet que je me propose est de donner une juste idée de l'ancienne Chevalerie, et de faire connoître la nature et l'utilité d'un établissement qui, regardé maintenant comme frivole, fut néanmoins l'ouvrage d'une politique éclairée, et la gloire des nations chez lesquelles il étoit en vigueur.

Pour exécuter ce dessein, il suffira de mettre sous les yeux du lecteur : 1° l'éducation qui préparoit les jeunes gens à la Chevalerie ; 2° les exercices des tournois, qui les rendoient propres à la guerre ; 3° l'usage que l'on faisoit, dans les armées, de la valeur, de l'adresse et de l'expérience des chevaliers ; 4° les récompenses promises à ceux qui se distingueroient dans les combats, et les punitions dont ils étoient menacés s'ils manquoient à leur devoir. Enfin, pour ne rien laisser à désirer, s'il est possible, et pour montrer en même temps que je n'ai point été séduit par une aveugle prévention, j'examinerai les causes qui produisirent la décadence et la chute de la Chevalerie, et les inconvénients qui pouvoient contrebalancer les avantages de cet établissement.

Remontons d'abord jusqu'à l'enfance de celui que l'on destinoit à devenir chevalier. Dès qu'il avoit atteint l'âge de sept ans[1], on le retiroit des mains des femmes pour le confier aux hommes. Une éducation mâle et robuste le préparoit de bonne heure aux travaux de la guerre, dont la profession étoit la même que celle de la Chevalerie. Au défaut des secours paternels, une infinité de cours de princes et de châteaux offroient des écoles toujours ouvertes, où la jeune noblesse recevoit les premières leçons du métier qu'elle devoit embrasser; et même des hospices où la générosité des seigneurs fournissoit abondamment à tous ses besoins. Cette ressource étoit la seule, dans ces siècles malheureux, où la puissance et la libéralité des souverains, également restreintes, n'avoient point encore ouvert une route plus noble et plus utile, pour quiconque vouloit se dévouer à la défense et à la gloire de leur État et de leur couronne. S'attacher à quelque illustre chevalier n'avoit rien, dans ce temps-là, qui pût avilir, ni dégrader : c'étoit rendre service pour service ; et l'on ne connoissoit point les raffinements d'une délicatesse plus subtile que judicieuse, qui auroit refusé de rendre à celui qui vouloit généreusement tenir lieu de père, les services qu'un père doit attendre de son fils. Si l'on trouve que je fais aux siècles dont je parle plus d'honneur qu'ils ne méritent, en leur attribuant des idées si saines, et des sentiments si vertueux, on peut chercher dans la vanité des mêmes siècles la source de cet usage; mais il faudra, du moins, avouer que la vanité concouroit alors au bien public, et qu'elle imitoit la vertu.

L'espèce d'indépendance dont avoient joui les hauts barons, au commencement de la troisième race, et l'état de leurs maisons, composées des mêmes officiers que celle du roi, furent, pour leurs successeurs, comme des titres qui les mettoient en droit d'imiter, par le faste de ce qu'ils appeloient leur cour [2], la splendeur et la magnificence qui n'appartenoient qu'à la dignité royale. D'autres seigneurs subalternes, par une espèce de contagion trop ordinaire dans tous les siècles, en cherchant de plus en plus à se rapprocher de ceux-ci, s'efforçoient également d'élever l'état de leurs maisons [3]. On trouvoit dans un château, dans un monastère [4], des offices semblables à ceux de la cour d'un souverain; et comme le roi commettoit ces offices aux princes de son sang, les seigneurs distribuoient aussi de pareilles dignités à leurs parents [5], qui de leur côté regardoient ces places sous le même point de vue, et trouvoient, en les acceptant, de quoi satisfaire la vanité dont ils se repaissoient. Enfin l'intérêt personnel, le plus puissant de tous les motifs, obligeoit les grands seigneurs qui vouloient s'agrandir encore, ou du moins se maintenir dans leurs possessions légitimes et dans leurs usurpations, à s'attacher par des bienfaits et par des récompenses ceux qui leur étoient inférieurs; et ces derniers se trouvoient dans la nécessité indispensable de s'appuyer des grands, pour s'élever ou pour se défendre contre l'autorité ou la tyrannie d'autres grands seigneurs voisins, qui les tenoient continuellement dans la crainte et dans la dépendance.

Mais je m'arrête trop long-temps sur un

usage dont notre histoire présente continuellement et la preuve et les raisons.

Les premières places que l'on donnoit à remplir aux jeunes gens qui sortoient de l'enfance, étoient celles de *pages*[6], *varlets*, ou *damoiseaux* ; noms quelquefois communs aux écuyers. Les autres domestiques, d'un ordre très-inférieur, étoient distingués par celui de *gros varlets*[7] ; mais souvent aussi confondus par les mêmes dénominations de *pages*, de *garçons*[8] et de *varlets*. Les fonctions de ces pages[9] étoient les services ordinaires des domestiques auprès de la personne de leur maître et de leur maîtresse ; ils les accompagnoient à la chasse, dans leurs voyages, dans leurs visites ou promenades, faisoient leurs messages, et même les servoient à table[10], et leur versoient à boire. Les premières leçons qu'on leur donnoit regardoient principalement l'*amour de Dieu et des dames*[11], c'est-à-dire, la religion et la galanterie. Si l'on en croit la chronique de Jehan de Saintré, c'étoit ordinairement les dames qui se chargeoient du soin de leur apprendre, en même temps, leur catéchisme et l'art d'aimer. Mais autant la dévotion qu'on leur inspiroit étoit accompagnée de puérilités et de superstitions, autant l'amour des dames, qu'on leur recommandoit, étoit-il rempli de raffinement et de fanatisme. Il semble qu'on ne pouvoit, dans ces siècles ignorants et grossiers, présenter aux hommes la religion sous une forme assez matérielle pour la mettre à leur portée ; ni leur donner, en même temps, une idée de l'amour assez pure, assez métaphysique, pour prévenir les désordres et les excès dont étoit capable une nation qui conservoit partout le caractère impétueux qu'elle montroit à la guerre.

Pour mettre le jeune novice en état de pratiquer ces bizarres leçons de galanterie, on lui faisoit de bonne heure faire choix de quelqu'une des plus nobles, des plus belles et des plus vertueuses dames des cours qu'il fréquentoit; c'étoit elle à qui, comme à l'Être souverain, il rapportoit tous ses sentiments, toutes ses pensées et toutes ses actions. Cet amour, aussi indulgent que la religion de ce temps-là, se prêtoit et s'accommodoit à d'autres passions moins pures et moins honnêtes.

Les préceptes de religion laissoient au fond de leur cœur une sorte de vénération pour les choses saintes, qui tôt ou tard y reprenoit le dessus. Les préceptes d'amour (qu'on me pardonne de réunir si souvent des mots aussi mal

assortis), les préceptes d'amour répandoient
dans le commerce des dames ces considérations
et ces égards respectueux, qui n'ayant jamais
été effacés de l'esprit des François, ont toujours fait un des caractères distinctifs de notre
nation [12]. Les instructions que ces jeunes gens
recevoient, par rapport à la décence, aux
mœurs, à la vertu, étoient continuellement
soutenues par les exemples des dames et des
chevaliers qu'ils servoient. Ils avoient en eux
des modèles pour les grâces extérieures, si
nécessaires dans le commerce du monde, et
dont le monde seul peut donner des leçons.
Les soins généreux des seigneurs, pour élever
cette multitude de jeunes gens nés dans l'indi-
gence, tournoient à l'avantage de ces mêmes
seigneurs. Outre qu'ils employoient utilement
la jeune noblesse au service de leur personne,
leurs propres enfants y trouvoient des émules
pour les exciter à l'amour de leurs devoirs, et
des maîtres pour leur rendre l'éducation qu'ils
avoient reçue. Les liaisons [13] qu'une longue et
ancienne habitude de vivre ensemble ne pouvoit manquer de former entre les uns et les
autres, étant resserrées par le double nœud
du bienfait et de la reconnoissance, devenoient
indissolubles. Les enfants étoient toujours

dans la disposition d'ajouter de nouveaux bienfaits à ceux de leur père; et les autres, toujours prêts à les reconnoître par des services plus importants, secondoient dans toutes ses entreprises leur bienfaiteur, ou celui qui le représentoit, et se sacrifiant pour lui dans tout le cours de leur vie, ils croyoient ne pouvoir jamais s'acquitter. Mais ce qui étoit le plus important d'apprendre au jeune élève, et ce qu'en effet on lui apprenoit le mieux, c'étoit à respecter le caractère auguste de la Chevalerie, à révérer dans les chevaliers les vertus qui les avoient élevés à ce rang. Par-là le service qu'il leur rendoit étoit encore ennobli à ses yeux; les servir étoit servir tout le corps de la Chevalerie. Les jeux mêmes, qui faisoient partie de l'amusement des élèves, contribuoient encore à leur instruction. Le goût naturel à leur âge, d'imiter tout ce qu'ils voyoient faire aux personnes d'un âge plus avancé, les portoit à lancer comme eux la pierre ou le dard, à défendre un passage que d'autres essayoient de forcer; et faisant de leurs *chaperons* des casques ou des *bacinets*, ils se disputoient la prise de quelque place : ils prenoient un avant-goût des différentes espèces de tournois, et commençoient à se former aux nobles exercices des écuyers et des chevaliers. Enfin l'émulation, si nécessaire dans tous les âges et dans tous les états, s'accroissoit de jour en jour, soit par l'ambition de passer au service de quelqu'autre seigneur d'une plus éminente dignité, ou d'une plus grande réputation, soit par le désir de s'élever au grade d'écuyer dans la maison de la dame ou du seigneur qu'ils servoient; car c'étoit souvent le dernier pas qui conduisoit à la Chevalerie.

Mais avant que de passer de l'état de page à celui d'écuyer, la religion avoit introduit une espèce de cérémonie [14], dont le but étoit d'apprendre aux jeunes gens l'usage qu'ils devoient faire de l'épée, qui pour la première fois leur étoit remise entre les mains. Le jeune gentilhomme nouvellement *sorti hors de page*, étoit présenté à l'autel par son père et sa mère, qui chacun un cierge à la main alloient à l'offrande. Le prêtre célébrant prenoit de dessus l'autel une épée et une ceinture, sur laquelle il faisoit plusieurs bénédictions, et l'attachoit au côté du jeune gentilhomme, qui alors commençoit à la porter. C'est peut-être à cette cérémonie, et non à celles de la Chevalerie, qu'on doit rapporter ce qui se lit dans nos historiens de la première et de la seconde race, au sujet des premières armes que les rois et les princes remettoient avec solennité aux jeunes princes leurs enfants. Quelques auteurs en ont fait l'application à la Chevalerie, dont ils ont, par ce moyen, fait remonter l'institution beaucoup plus haut qu'ils n'auroient dû.

Les cours et les châteaux étoient d'excellentes écoles de *courtoisie* [15], de politesse et des autres vertus, non-seulement pour les pages et les écuyers, mais encore pour les jeunes demoiselles. Elles y étoient instruites de bonne heure des devoirs les plus essentiels qu'elles auroient à remplir. On y cultivoit, on y perfectionnoit ces grâces naïves et ces sentiments tendres pour lesquels la nature semble les avoir formées. Elles prévenoient de civilité les chevaliers qui arrivoient dans les châteaux; suivant nos romanciers, elles les désarmoient au retour des tournois [16] et des expéditions de guerre, leur donnoient de nouveaux habits et les servoient à table. Les exemples en sont trop souvent et trop uniformément répétés, pour nous permettre de révoquer en doute la réalité de cet usage : nous n'y voyons rien d'ailleurs qui ne soit conforme à l'esprit et aux sentiments alors presque universellement répandus parmi les dames; et l'on ne peut y méconnoître le caractère d'utilité qui fut en tout le sceau de notre Chevalerie. Ces demoiselles, destinées à avoir pour maris ces mêmes chevaliers qui abordoient dans les maisons où elles étoient élevées, ne pouvoient manquer de se les attacher par les prévenances, les soins et les services qu'elles leur prodiguoient. Quelle union ne devoient point former des alliances établies sur de pareils fondements ? Les jeunes personnes apprenoient à rendre un jour à leur mari tous les services qu'un guerrier distingué par sa valeur peut attendre d'une femme tendre et généreuse, et leur préparoient la plus sensible récompense, et le plus doux délassement de leurs travaux. L'affection leur inspiroit le désir d'être les premières à laver la poussière et le sang dont ils s'étoient couverts, pour une gloire qui leur appartenoit à elles-mêmes. J'en crois donc volontiers nos romanciers, lorsqu'ils disent que les demoiselles et les dames savoient donner, même aux blessés [17], les secours ordinaires, habituels et assidus qu'une main adroite et compatissante est capable de leur procurer. Je reviens au jeune écuyer.

Pour donner une idée précise de ce qui le distinguoit du chevalier, j'observerai seulement l'usage métaphorique que l'on fait du mot d'écuyer en notre langue : nous l'avons transporté dans l'agriculture, pour signifier le rejeton qui pousse au pied d'un cep de vigne ; ce rejeton eût été un emblême très-juste pour figurer cette nouvelle race destinée à représenter la tige précieuse dont elle sortoit, à l'égaler un jour, à reproduire, à multiplier l'*espèce* [18].

Les écuyers se divisoient en plusieurs classes différentes, suivant les emplois auxquels ils étoient appliqués ; savoir, l'écuyer du corps, c'est-à-dire, de la personne, soit de la dame, soit du seigneur (le premier de ces services étoit un degré pour parvenir au second) ; l'écuyer de la chambre, ou le chambellan [19], l'écuyer tranchant, l'écuyer d'écurie, d'échansonnerie, l'écuyer de panneterie, etc. Le plus honorable de tous ces emplois étoit celui d'écuyer du corps, par cette raison appelé aussi écuyer d'honneur [20]. Il seroit assez difficile de les distinguer exactement, et de dire quel rang ils tenoient entre eux : peut-être étoient-ils souvent confondus dans des cours, et dans des maisons moins opulentes et moins nombreuses : un écuyer pouvoit y réunir en lui seul plusieurs offices différents.

Dans ce nouvel état d'écuyer, où l'on parvenoit d'ordinaire à l'âge de quatorze ans, les jeunes élèves [21] approchant de plus près la personne de leurs seigneurs [22] et de leurs dames, admis avec plus de confiance et de familiarité dans leurs entretiens et dans leurs assemblées, pouvoient encore mieux profiter des modèles sur lesquels ils devoient se former; ils apportoient plus d'application à les étudier, à cultiver l'affection de leurs maîtres [23], à chercher les moyens de plaire aux nobles étrangers, et autres personnes dont étoit composée la cour qu'ils servoient; à faire, aux chevaliers et écuyers de tous les pays qui la venoient visiter, ce qu'on appeloit proprement les honneurs [24], façon de parler que nous conservons encore à présent. Enfin ils redoubloient leurs efforts pour paroître avec tous les avantages que peuvent donner les grâces de la personne, l'accueil prévenant, la politesse du langage, la modestie, la sagesse et la retenue dans les conversations, accompagnées d'une liberté noble et aisée pour s'exprimer lorsqu'il en étoit besoin. Le jeune écuyer apprenoit long-temps dans le silence cet art de bien parler, lorsqu'en qualité d'écuyer tranchant, il étoit debout dans les repas et dans les festins, occupé à couper les viandes avec la propreté, l'adresse et l'élégance convenables, et à les faire distribuer aux nobles convives dont il étoit environné. Joinville, dans sa jeunesse, avoit rempli, à la cour de saint Louis, cet office [25] qui, dans les maisons des souverains, étoit quelquefois exercé par leurs propres enfants : le jeune comte de Foix tranchoit à la table de Gaston de Foix son père, suivant Froissart qui nous a conservé l'histoire de la fin tragique de ce jeune prince [26]. D'autres écuyers avoient le soin de préparer la table, de donner à laver [27]; ils apportoient les mets de chaque service, veilloient à la panneterie et à l'échansonnerie; ils avoient une attention continuelle afin que rien ne manquât aux assistants; ils donnoient encore à laver aux convives après les repas, relevoient les tables, et enfin disposoient tout ce qui étoit nécessaire pour l'assemblée qui suivoit, pour les *bals*, et les autres amusements auxquels ils prenoient part eux-mêmes avec les demoiselles de la suite des dames de haut état. Puis ils servoient les épices [28], ou dragées et confitures, le clairet [29], le piment [30], le vin cuit, l'hipocras [31], et les autres boissons qui terminoient toujours les festins, et que l'on prenoit encore en se mettant au lit : c'est ce qu'on appeloit le vin du coucher [32]. Les écuyers accompagnoient jusque-là les étrangers dans les chambres [33] qui leur avoient été destinées, et qu'ils leur avoient préparées eux-mêmes.

Froissart, qui a mieux réussi qu'aucun de nos historiens à peindre les mœurs de son siècle, nous a donné, dans le livre troisième de son histoire, un tableau naïf et fidèle de la cour du comte de Foix, qu'il avoit fréquentée; après avoir fait la description des repas de ce seigneur : « Brièvement tout considéré et avisé,
» dit-il, avant que je vinsse à sa cour, j'avois
» été en moult de cours de rois, de ducs, de
» princes, de comtes et de hautes dames :
» mais je ne fus oncques en nulle qui mieux
» me pleust, ni ne vis aucuns qui fussent sur
» le fait d'armes réjouis, plus que celui comte
» de Foix étoit. On veoit en la salle, en la
» chambre, en la cour, chevaliers et écuyers
» d'honneur aller et marcher, et les oyoit-on
» parler d'armes et d'amour; tout honneur
» étoit là-dedans trouvé; toute nouvelle, de
» quelque pays ne de quelque royaume que
» ce fust, là-dedans on y apprenoit; car de
» tout pays, pour la vaillance du seigneur
» elles y venoient. »

De ce service, que je crois n'avoir été que l'introduction à un autre qui demandoit plus de force, d'habileté et de talents, on devoit passer à celui de l'écurie : il consistoit au soin des *chevaux*, qui ne pouvoit être que noble dans les mains d'une noblesse guerrière qui ne combattoit qu'à cheval. Des écuyers habiles les dressoient à tous les usages de la guerre, et avoient sous eux d'autres écuyers plus jeunes, auxquels ils faisoient faire l'apprentissage de cet exercice. Bayard fut remis, par le duc de Savoie, entre les mains d'un écuyer de confiance, chargé de veiller à sa conduite et à son instruction. D'autres écuyers tenoient les armes [34] de leurs maîtres toujours propres et luisantes pour le moment où ils en avoient besoin; et toutes ces différentes espèces de services domestiques étoient mêlées du service militaire, tel, à peu près, qu'il se fait dans les *places de guerre*. Un écuyer alloit à minuit faire sa ronde dans toutes les chambres et les cours du château.

Si le maître montoit à cheval, des écuyers s'empressoient à l'aider, en lui tenant l'étrier; d'autres portoient les différentes pièces de son armure, ses brassards, ses gantelets, son heaume et son écu*. A l'égard de la cuirasse, nommée aussi haubergeon ou plastron, le chevalier devoit la quitter encore moins que les soldats grecs ou romains ne quittoient leurs boucliers. D'autres portoient son pennon, sa lance et son épée : mais, lorsqu'il étoit seulement en route, il ne montoit qu'un cheval d'une allure aisée et commode, roussin, courtaut, cheval amblant ou d'amble, coursier, palefroi [35], hacquenée; car les juments [36] étoient une monture dérogeante, affectée aux roturiers et aux chevaliers dégradés; et peut-être, par un usage prudent, on les avoit réservées pour la culture des terres, et pour multiplier leur espèce. C'étoit dans cette vue qu'on avoit imprimé une espèce de tache aux nobles qui auroient voulu s'en servir; et la politique avoit dès-lors imaginé ce moyen de maintenir un réglement qu'il importoit de faire observer par les François : c'est ainsi qu'un de nos rois, pour supprimer le luxe, ne permit les dorures qu'aux *femmes de mauvaise vie.*

Des chevaux de bataille, c'est-à-dire, des chevaux d'une taille élevée, étoient, dans le

---

* Peu de temps avant la révolution, la cavalcade du lieutenant civil, à Paris, présentoit encore une image de ce cérémonial. (*Note de l'éditeur.*)

cours d'une route, menés par des écuyers qui les tenoient à leur droite, d'où on les a appelés *destriers* [37]; ils les donnoient à leur maître lorsque l'ennemi paroissoit, ou que le danger sembloit l'appeler au combat; c'étoit ce qu'on appeloit *monter sur ses grands chevaux* [38], expression que nous avons conservée, aussi bien que celle de *haut à la main*, venue de la contenance fière avec laquelle un écuyer, accompagnant le maître, en portoit le heaume élevé sur le pommeau de la selle. Ce heaume, aussi bien que les autres parties de son armure offensive et défensive, lui étoient remises par les divers écuyers qui en étoient dépositaires, et tous avoient un égal empressement à l'armer; ils apprenoient eux-mêmes à s'armer un jour avec toutes les précautions nécessaires pour la sûreté de leurs personnes. C'étoit un art qui demandoit beaucoup d'adresse et d'habileté, que celui de rassembler et d'affermir les jointures d'une cuirasse et des autres pièces de l'armure, d'asseoir et de lacer exactement un heaume sur la tête, et de clouer et river soigneusement la visière ou ventaille [39]. Le succès et la sûreté des combattants dépendoient souvent de l'attention qu'ils y avoient apportée. Les officiers chargés du heaume, de la lance et de l'épée, les gardoient aussi lorsque le chevalier s'en étoit dessaisi pour entrer dans une église [40], ou dans un autre lieu respectable, et dans les nobles maisons où il arrivoit. Nous pouvons croire que cet usage d'ôter son heaume, a donné la première origine à l'usage de se découvrir dans les lieux, et pour les personnes à qui l'on doit de la considération. Lorsqu'une fois les chevaliers étoient montés sur leurs grands chevaux, et qu'ils en venoient aux mains, chaque écuyer, rangé derrière son maître, à qui il avoit remis l'épée, demeuroit, en quelque façon, spectateur oisif du combat; et cet usage pouvoit aisément s'accommoder à la façon dont les troupes de cavalerie se rangeoient en bataille sur une ligne, suivie de celle des écuyers [41], l'une et l'autre étant rangées en *haie*, selon la manière de parler usitée alors : car à peine commencions-nous, dans le siècle des capitaines la Noue et Moutluc, à combattre en escadron [42], ou, comme on s'exprimait alors, en *host*. Pendant ce temps-là l'écuyer, spectateur oisif dans un sens, ne l'étoit point dans un autre; et ce spectacle, utile à la conservation du maître, ne l'étoit pas moins à l'instruction du serviteur. Dans le choc terrible des deux haies de chevaliers qui fondoient les uns sur les autres les lances baissées, les uns blessés ou renversés se relevoient, saisissoient leurs épées, leurs haches, leurs masses, ou ce qu'on appeloit leurs *plommées* ou *plombées*, pour se défendre et se venger; et les autres cherchoient à profiter de leur avantage sur des ennemis abattus. Chaque écuyer étoit attentif à tous les mouvements de son maître, pour lui donner, en cas d'accident, de nouvelles armes, parer les coups qu'on lui portoit, le relever et lui donner un cheval frais, tandis que l'écuyer de celui qui avoit le dessus secondoit son maître par tous les moyens que lui suggéroit son adresse, sa valeur et son zèle, et se tenant toujours dans les bornes étroites de la défensive [43], l'aidoit à profiter de ses avantages, et à remporter une victoire complète. C'étoit aussi aux écuyers que les chevaliers confioient, dans la chaleur du combat, les prisonniers [44] qu'ils faisoient. Ce spectacle étoit une leçon vivante d'adresse et de courage, qui montrant sans cesse au jeune guerrier de nouveaux moyens de se défendre, et de se rendre supérieur à son ennemi, lui donnoit lieu, en même temps, d'éprouver sa propre valeur, et de connoître s'il étoit capable de soutenir tant de travaux et tant de périls. La jeunesse foible et sans expérience n'étoit point exposée à porter le fardeau pesant de la guerre, sans avoir appris, long-temps auparavant, si ses forces et ses talents y répondoient; une longue épreuve d'obéissance et de soumission, préparoit celui qui devoit un jour commander, à servir lui-même d'exemple. Mais l'écuyer ne passoit pas si promptement d'un service paisible, à ces occasions si périlleuses. Les cours et les châteaux étoient des écoles où l'on ne discontinuoit point de former les jeunes athlètes que l'on destinoit au service et à la défense de l'État. Des jeux pénibles, où le corps acquéroit la souplesse, l'agilité et la vigueur nécessaires dans les combats; des courses de bagues, de chevaux et de lances, l'avoient disposé de longue main aux tournois, qui n'étoient que de foibles images de la guerre. Les dames, dont la présence animoit l'ardeur de ceux qui vouloient s'y distinguer, se faisoient un noble amusement d'assister à ces jeux.

Le récit que nous fait l'historien de la vie de Boucicaut, peut faire juger des exercices par lesquels la jeunesse endurcie à la peine et à la fatigue, préparoit son corps au métier de la guerre : « Maintenant, dit l'historien, en

» parlant du jeune Boucicaut, il s'essayoit à
» saillir sur un coursier tout armé : puis au-
» trefois couroit et alloit longuement à pied
» pour s'accoutumer à avoir longue haleine,
» et souffrir longuement travail; autrefois fé-
» rissoit d'une coignée ou d'un mail grande
» pièce et grandement. Pour bien se duir au
» harnois, et endurcir ses bras et ses mains à
» longuement férir, et pour qu'il s'accou-
» tumast à légèrement lever ses bras, il faisoit
» le soubresaut armé de toutes pièces, fors
» le bacinet, et en dansant le faisoit armé
» d'une cotte d'acier; sailloit, sans mettre le
» pied à l'étrier, sur un coursier, armé de
» toutes pièces. A un grand homme monté
» sur un grand cheval, sailloit de derrière à
» chevauchon sur ses épaules, en prenant
» ledit homme par la manche à une main, sans
» autre avantage.... en mettant une main sur
» l'arçon de la selle d'un grand coursier, et
» l'autre emprès les oreilles, le prenoit par les
» creins en pleine terre, et sailloit par entre
» ses bras de l'autre part du coursier... Si deux
» parois de plastre fussent à une brasse l'une
» près de l'autre qui fussent de la hauteur
» d'une tour, à force de bras et de jambes,
» sans autre aide, montoit tout au plus haut sans

» cheoir au monter ne au devaloir. Item; il
» montoit au revers d'une grande échelle
» dressée contre un mur, tout au plus haut
» sans toucher des pieds, mais seulement sau-
» tant des deux mains ensemble d'échelon en
» échelon armé d'une cotte d'acier, et ôté la
» cotte, à une main sans plus, montoit plu-
» sieurs échelons... Quant il estoit au logis,
» s'essayoit avec les autres écuyers à jeter la
» lance ou autres essais de guerre, ne ja ne
» cessoit [45]. »

Il falloit, comme on le voit par ce récit, que l'aspirant à la chevalerie réunit en lui seul toute la force nécessaire pour les plus rudes métiers, et l'adresse des arts les plus difficiles, avec les talents d'un excellent homme de cheval. Nous serons donc moins surpris de voir que le seul titre d'écuyer ait été tellement en honneur, qu'on n'a point hésité de le donner au fils aîné d'un de nos rois [46].

Ce n'étoit pas non plus sans raison que l'on se défioit de la tendresse paternelle, qui peut-être auroit adouci, par une éducation domestique, la rigueur de ces épreuves. Un chevalier devoit placer son fils dans la maison d'un autre chevalier pour y apprendre l'office d'écuyer; pour l'exercer et acquérir la chevalerie [47]. Un auteur qui avoit long-temps suivi la cour et le métier des armes, et qui sous le règne de Charles V ayant vu fleurir la Chevalerie, gémissoit d'en voir la décadence sous celui de Charles VI, achèvera de nous apprendre par quels degrés différents on y parvenoit dans le temps de sa splendeur. « Les » jeunes gens [48], dit-il, passoient d'abord par » l'état de poursuivants, portant la lance et le » bacinet des chevaliers, apprenant à monter » à cheval, et voyant les trois métiers des » armes. » C'est-à-dire, qu'ils fréquentoient les cours des princes de leur nation; qu'ils suivoient les armées en temps de guerre, d'où leur venoit le nom de poursuivants d'armes; et qu'ils alloient, en temps de paix, faire des voyages ou des messages dans les pays éloignés, pour acquérir de plus en plus l'expérience des armes et des tournois, et pour connoître les mœurs étrangères. Ensuite ils devenoient archers, puis écuyers, servant à la cuisine et à la table, et portant derrière eux à cheval les malles de leur maître; enfin admis à être gendarmes, ils faisoient encore pendant huit ou dix ans l'apprentissage de la Chevalerie avant que de la recevoir : ils employoient de nouveau tout ce temps à suivre les tournois, à faire la guerre, et à visiter les pays lointains où l'honneur, les armes et les dames étoient le plus en recommandation. Le but de ces voyages étoit de s'instruire à la vue des tournois, des gages de batailles et des autres exercices qui se faisoient dans les cours, d'apprendre de nouveaux moyens pour se défendre, et des tours d'escrime particuliers. On ne les étudioit point légèrement et superficiellement : on les observoit avec une attention scrupuleuse ; et afin de n'en point perdre la mémoire, on y portoit des tablettes [49] pour enregistrer les faits et les circonstances les plus remarquables. On ne peut guère douter que les dames spectatrices, comme nous l'avons dit, des jeux de la jeune noblesse, n'assistassent aussi avec plaisir aux exercices des écuyers ; mais il paroît qu'elles s'étoient abstenues, dans les premiers temps, d'assister aux tournois. L'horreur de voir répandre le sang céda enfin, dans le cœur de ce sexe né sensible, à l'inclination encore plus naturelle et plus puissante qui les porte vers tout ce qui appartient au sentiment de la gloire : les dames accoururent en foule aux tournois ; et cette époque dut être celle de la plus grande célébrité de ces exercices.

La veille des tournois [50] étoit, pour ainsi

dire*, solemnisée par des espèces de joutes appelées tantôt essais [51] ou *éprouves*, épreuves; tantôt les vêpres du tournoi [52], et quelquefois *escrémie* [53], c'est-à-dire, escrimes; où les écuyers les plus adroits s'essayoient les uns contre les autres avec des armes [54] plus légères à porter, et plus aisées à manier que celles des chevaliers, plus faciles à rompre, et moins dangereuses pour ceux qu'elles blessoient. C'étoit le prélude du spectacle nommé le grand tournoi, la haute ou la forte journée du tournoi, le maître tournoi, la *maître éprouve*, que les plus braves et les plus adroits chevaliers devoient donner le lendemain, à une multitude innombrable d'assistants de toute espèce. Ceux d'entre les écuyers qui s'étoient le plus signalés dans ces premiers tournois, et qui en avoient remporté le prix, acquéroient quelquefois le droit de figurer dans les seconds, parmi l'ordre illustre des chevaliers, en obtenant eux-mêmes la Chevalerie : car c'étoit un des degrés, entre beaucoup d'autres [55], par lesquels les écuyers montoient en ce temple d'honneur, pour parler le langage figuré de ces temps-là. C'étoit le prix le plus insigne que l'on pût proposer dans les occasions importantes et périlleuses de la guerre, pour redoubler le courage des guerriers; elle se donnoit d'avance comme un caractère qui imprimoit des sentiments élevés au-dessus de l'humanité. Elle se donnoit pareillement après les combats, ainsi que nous le dirons, comme une récompense capable de payer les plus longs travaux et les actions les plus éclatantes, et d'acquitter en même temps les plus grands services rendus au souverain et à la patrie.

L'âge de vingt-un ans [56] étoit celui auquel les jeunes gens, après tant d'épreuves, pouvoient être admis à la Chevalerie : mais cette règle ne fut pas toujours constamment observée. La naissance donnoit à nos princes du sang [57], et à tous les souverains, des priviléges qui marquoient leur supériorité; et les autres aspirants à la Chevalerie l'obtinrent avant l'âge prescrit [58] par les anciennes lois, lorsque leur mérite les avoit rendus *vieux et meurs en cela;* ainsi que Brantôme s'exprime au sujet du vidame de Chartres, qui reçut fort jeune l'ordre du roi.

NOTES

DE

LA PREMIÈRE PARTIE.

(1) DANS le cas de séparation entre mari et femme, les enfants au-dessous de sept ans demeuroient sous la garde de leur mère, suivant la coutume de Beauvoisis en 1283, ch. LVII, p. 294.

Eustache Deschamps confirme cet usage; il fait ainsi parler une mère qui se plaint des soins que lui donnent le ménage et l'éducation de ses enfans :

> Il y a jusques à VII ans
> Et plus encore trop de peris *,
> Mais il n'en chaut à nos maris.

La loi qui ordonne de laisser les enfants entre les mains des femmes jusqu'à l'âge de sept ans, remonte à l'empereur Julien. Ce prince nous apprend, dans son *Misopogon*, qu'on l'avoit mis à cet âge entre les mains d'un gouverneur. Cet usage s'observe communément à l'égard des enfants de nos rois et de nos princes. (Poésies mss. du 14ᵉ siècle, fol. 510, col. 2.)

(2) La cour du chef seigneur (*chief Seignor*) au

* Périls.

royaume de Jérusalem, étoit appelée *haute cour*. On y comptoit quatre baronies (ou cours de barons) dont le caractère distinctif étoit d'avoir un *connétable* et un *maréchal*. Un grand nombre de seigneurs tenoient aussi des cours : quelques-uns avoient *cour coins* (de monnoie) et *justice;* d'autres *cour de bourgeoisie et justice*. Assises de Jérusalem, publiées par la Thaumassière, ch. cccxxiv et suiv., p. 216 et suiv.

(3) M. de Fleuri, dans son ouvrage sur les mœurs des chrétiens (p. 362, 388 jusqu'à 395), s'élève contre le faste qui régnoit, vers le 11ᵉ siècle, dans les maisons des grands seigneurs : il leur reproche d'avoir multiplié les chapelles domestiques. Cet abus continuoit encore dans le 14ᵉ siècle : on y voyoit de simples avocats avoir des chapelains. Eustache Deschamps, dans ses Poésies manuscrites, leur adresse ces vers :

> Vous usez de toutes noblesses,
> Vous estes francs sans servitute
> Plus que n'est le droit d'institute.
> Vous avez votre chapelain
> Pour chanter votre messe au main *,
> Au partir de votre maison.
> Vous êtes toujours en saison,
> Vous êtes comme saints en terre.

(4) Le passage suivant de D. Félibien justifie cette assertion. « Les abbés de Saint-Denys avoient nombre » d'officiers religieux et laïcs. Lorsque l'abbé de Saint- » Denys alloit en campagne, il étoit ordinairement ac- » compagné d'un chambelan et d'un maréchal, dont

---

* Matin.

» les offices étoient érigés en fief, comme l'on voit par
» les actes de 1189 et de 1231. Ces offices et ces fiefs
» ont été depuis réunis au domaine de l'abbaye, aussi
» bien que l'office de bouteiller de l'abbé, qui étoit pa-
» reillement un office érigé en fief, et possédé par un
» séculier domestique de l'abbé de St.-Denys, avant
» l'an 1182. » (Hist. de St.-Denis, par D. Félibien,
l. v, p. 279, note A.)

(5) On lit dans plusieurs romans, et surtout dans celui de Lancelot du Lac, que des écuyers servoient à la table de quelques chevaliers dont ils étoient frères; mais ces exemples ont besoin de témoignages plus authentiques. (T. II, fol. 34, v°, col. 1.)

Dans la Chronique des chevaliers catalans, écrite vers l'an 1500, on lit, à l'article *Copons* (p. 150) : « Le
» premier de cette famille qui s'établit en Catalogne,
» fut un serviteur de Pierre de Allamani, qui étoit aussi
» son parent. » Et plus bas : Quand Rémon Bérenger I,
» comte de Barcelone, fut revenu de ses conquêtes,
» et qu'il eut donné les terres de Pontons et de Durbans
» à Pierre de Allamani, celui-ci les donna à ce servi-
» teur, son parent, pour les tenir en fief du comte de
» Barcelone de la même manière qu'il les tenoit. C'est
» de ce Copons que sont issus les Copons, suivant Mon-
» tener. » (Manusc. en langue catalane, qui est proprement un nobiliaire de la Catalogne.)

(6) Ce mot, ainsi que celui d'écuyer et de valet, ont souvent été confondus. *Le chevalier doit avoir écuyer et garçon ou paige qui le servent et prennent garde de ses chevaux.* Dans le livre intitulé : *Ordre de Chevalerie*, fol. 2.

Saintré *Jouvencel*, âgé de treize ans, étant passé de l'hôtel du seigneur de Preuilli à la cour du roi Jean, où il fut *paige et enfant d'honneur*, est appelé quelquefois valet ou valleton, et d'autres fois écuyer; lorsqu'on lui adresse la parole ou qu'on parle de lui, il est traité tantôt de *maître* et tantôt de *sire* ou *beausire*.

Les écuyers furent aussi appelés *varlets, sergents* et *damoiseaux*. (Hist. de Saintré, p. 2, 13, 23. — *Ibid.*, 15 et 22.)

(7) C'est dans ce sens que Juvénal des Ursins dit : « Il y eut huit mille chevaliers et escuyers, et gens de » traits et gros *varlets* sans nombre. » (Hist. de Ch. VI, p. 57, sous l'an 1386.)

(8) Ce mot est synonyme de celui de domestique inférieur, dans le passage suivant de Froissart (t. I, p. 97) : « Se ferit ès tentes et ès logis des seigneurs de » France, et y firent bouter le feu, et n'y trouvèrent » que garçons et valets qui tantôt s'enfuirent. »

(9) Sous les rois de la première race, la jeune noblesse étoit instruite dans les maisons des grands seigneurs, d'où elle étoit ensuite admise à la cour des rois. Cette coutume subsistoit encore du temps de Montagne, et il en fait l'éloge en ces termes (t. 3, p. 175) : « C'est un bel usage de notre nation, qu'aux bonnes » maisons nos enfants soient reçeus pour y être nourris » et élevés pages comme en une eschole de noblesse, et » est discourtoisie, dit-on, et injure d'en refuser un » gentilhomme. »

La facilité d'entrer de bonne heure dans le service militaire a rendu ce secours mutuel moins nécessaire.

(10) Le jeune Bayard, au sortir de l'école, fut placé par ses parents dans la maison de l'évêque de Grenoble, son oncle, qui le mena avec lui à la cour de Savoie. Le prélat ayant été admis à la table du duc : « Durant » icelui (dîner) estoit son nepveu le bon chevalier » (Bayard) qui le servoit de boire très-bien en ordre, » et très-mignonnement se contenoit. » (Vie du chev. Bayard, c. 3, p. 11.)

Qu'on lise les chapitres 3, 4 et 5 de la *Vie du chevalier Bayard*, on y trouvera des détails capables de donner une juste idée de la protection que les seigneurs accordoient aux jeunes gens attachés à leur service, de l'émulation qu'ils leur inspiroient par leurs éloges, et des efforts que ces jeunes élèves faisoient continuellement pour mériter leurs bonnes grâces.

(11) L'un ne devoit point aller sans l'autre, et l'amant qui *entendoit à loyaument servir une dame*, étoit sauvé suivant la doctrine de *la Dame des belles cousines*. Voyez sa logique et sa théologie dans les neuf premiers chapitres de l'Histoire de Saintré.

(12) La galanterie françoise avoit introduit, dans le commerce épistolaire, cette formule dont se sert Olivier de la Marche, liv. II de ses Mémoires, en finissant une lettre qu'il écrit au maître d'hôtel du duc de Bretagne : « Je prie Dieu qu'il vous doint joye de votre dame et » ce que vous desirez. » C'est dans le même sens que la reine dit à Saintré : « Dieu vous doint joye de la » chose que plus desirez. » (Petit Jehan de Saintré, p. 193.)

(13) L'habitude de vivre ensemble formoit souvent

entre les jeunes gens une amitié que rien n'étoit capable de rompre, comme on peut le voir par l'intimité qui régna, dès la plus tendre jeunesse, entre Saintré et Boucicaut, élevés ensemble au service domestique du roi. (Saintré, ch. XLVII, p. 303.)

(14) On peut consulter, sur cet usage, le *Traité de l'Épée françoise*, par Savaron (pages 34 et 35), comme aussi le *Théâtre d'honneur* de Favin (page 84 et suivantes). Quelques auteurs, trompés par le rapport de cette cérémonie avec celle de la réception des chevaliers, l'auront prise pour la Chevalerie même dont ils ont fait remonter l'institution bien au-delà du onzième siècle auquel elle a commencé; d'autres ont supposé, avec aussi peu de fondement, que les dames avoient pu conférer la Chevalerie. Cependant on lit dans l'*Histoire de Duguesclin*, publiée par Ménard, à la fin de l'avis aux lecteurs, que Jeanne de la Val, veuve de ce connestable, ceignit l'épée qu'il avoit portée, à André de la Val, depuis maréchal de France, *lors fort jeune, et le fit chevalier*. Je ne trouve dans nos historiens aucun autre exemple qui puisse nous faire croire que les dames ayent jamais fait des chevaliers.

(15) Le chevalier de la Tour, dans ses Instructions à ses filles (folio 5, v°.), leur recommande la courtoisie autant, pour le moins, envers les personnes de petit état qu'envers les grands; telles sont les raisons qu'il en apporte: « Ceux-là, dit-il, vous porteront plus
» grant louenge, et plus grant renommée, et plus grant
» bien que les grans : car l'honneur et la courtoisie qui
» est portée aux grans, n'est faite que de leur droit que
» l'en leur doit faire; mais celle qui est portée aux pe-

» tits gentilz hommes et aux petites gentilz femmes et
» autres mendres; tel honneur et courtoysie vient de
» franc et doulx cuer; et le petit à qui on la fait s'en
» tient pour honnoré, et lors il l'exhaulce par tout et
» en donne los et gloire à celluy ou à celle qui luy a
» fait honneur. Et ainsi des petits à qui l'en fait cour-
» toysie et honneur vient le grant los et la bonne re-
» nommée, et se croist de jour en jour. » Le chevalier
cite pour exemple à ses filles une grande dame qu'il
vit en grande compagnie de chevaliers et de dames de
haut état, ôter son chaperon à un simple taillandier,
et lui faire la révérence (*et se húmilia*); comme on lui
en fit des reproches : J'aime mieux le lui avoir ôté, répondit-elle, que d'y avoir manqué pour un gentilhomme
(*que de ne l'avoir baissé contre ung gentilhomme*). Cet
ouvrage contient beaucoup d'autres leçons pareilles où
l'on voit souvent des mœurs simples, rudes et même
grossières, mais toujours pures, honnêtes et raisonnables : tel est encore cet avis qu'il donne (fol. 8, r°) aux
gentilz femmes et nobles demoiselles : « d'estre de doulce
» manière humble et fermes d'estat et de manière pour
» emparlées * et respondre courtoysement, n'estre pas
» trop enriseées **, ne enresvées ***, ne soursaillies ****, ne
» regarder trop legerement; car pour en faire moins,
» n'en vient se non bien, et maintes en ont perdu leurs
» mariages pour trop grans semblans, etc. »

(16) Voyez, dans le père Ménestrier, la réponse fière
et courageuse d'une dame espagnole à son mari, lorsqu'étant accourue pour le désarmer au retour d'un

---

* Causeuses. — ** Folâtres. — *** Évaporées. — **** Hardies.

tournoi dont il étoit sorti vainqueur, elle trouva encore un tronçon de lance resté dans sa jambe. (Traité de la Chevalerie ancienne et moderne, p. 173.)

(17) Consultez, à ce sujet, les Recherches sur l'origine de la chirurgie (pages 5 et 6). Le passage suivant n'est pas moins décisif : « Atant, dit une des héroïnes
» du roman de Perceforest (t. V, fol. 40, v°, col. 1),
» beau neveu, il me semble que vous avez votre bras à
» mal aise. Par ma foy, respondit Norgal, chère dame,
» il est ainsi; si vous prie que garde y veuillez prendre.
» Lors la dame appella une sienne fille qui se nommoit
» Helaine, laquelle fist grant chère à son cousin, puis
» print garde à son bras, et trouva qu'il estoit hors de
» son lieu, et fist tant qu'elle lui remist; puis dist : mon
» cousin, allez vous en, car vous estes guery; dont Nor-
» gal fut joyeulx à merveille, et en remercia moult de
» fois sa cousine : car il ne s'en cuidoit aller de grant
» temps après. »

(18) Ce mot d'écuyer est encore employé par les chasseurs dans une signification qui s'accorde parfaitement avec l'idée que nous devons avoir de l'attachement et de la subordination des écuyers à l'égard des chevaliers, dont ils suivoient tous les pas et observoient toutes les démarches. *Escuyer, en terme de chasse, jeune cerf qui accompagne et suit un vieux cerf.* Voyez Gaston Phœbus, Liv. de la Chasse, p. 14, col. 1.

(19) Les chambellans gardoient l'or et l'argent de leurs maîtres : ces officiers et les connétables étoient chargés de tirer des coffres la vaisselle d'or et d'argent destinée au service de la table; les bouteillers et les

échansons livroient le vin sans mesure. *Voyez le Tournoiement d'Antechrist parmi les Fabliaux manuscrits du roi*, 7615, fol. 187 et 188.

(20) Hardouin de la Jaille (*Liv. du champ de bataille*, fol. 43, *recto*), parlant des quatre personnages que l'on devoit choisir pour assister en qualité d'*escoutes* au gage de bataille, s'exprime en ces termes : « Si aucun de-
» mandoit s'il convient que ces quatre soient chevaliers,
» je dis que ouy, si trouver se peut ; et en leur défaut
» escuyers d'honneur de bonne monstre, non appren-
» tis d'armes porter. » L'écuyer d'honneur portoit à la guerre la bannière de son maître et crioit le cri d'armes du même seigneur. *Voyez l'Histoire de Duguesclin publiée par Ménard*, p. 443.

(21) L'éducation que les évêques se chargeoient de donner aux jeunes clercs qui leur étoient attachés, a beaucoup de ressemblance avec celle que les écuyers recevoient des chevaliers, et confirme l'idée que nos anciens auteurs ont eue de faire un parallèle assez exact entre la prélature et la Chevalerie. (M. de Fleuri, Traité des Études, p. 19.) Les maisons des chevaliers, considérées sous ce point de vue, étoient les séminaires des écuyers. (Voyez la seconde partie de ces Mémoires.)
« Chaque évêque, dit M. de Fleuri, prenoit un soin
» particulier de l'instruction de son clergé, principale-
» ment des jeunes clercs qui étoient continuellement at-
» tachés à sa personne pour lui servir de lecteurs et de
» secrétaires, le suivre et porter ses lettres et ses or-
» dres, etc. »

(22) La fonction des écuyers étoit encore d'habiller

et de deshabiller leurs maîtres ; ce qui les obligeoit de se trouver à leur lever et à leur coucher. *Voyez les Fabliaux manuscrits du roi.* (N. 7615, fol. 150, R. col. 1, dans la pièce intitulée *de la Robe vermeille.*)

(23) L'usage commun des temps que je décris, m'autorise à me servir de ce mot. Hardouin de la Jaille, dans son *Liv. du champ de bataille*, fol. 50, v°, s'exprime ainsi à ce sujet: « L'un de ses escuyers doit promener le
» cheval en son quartier des lices, vers la moitié, et
» l'autre escuyer plus avant d'un peu, gardant que les
» chevaux ne s'affrontent, ne combattent, ce que faire
» pourroient, ne de plus se doivent empescher fors
» quant vient à monter pour aider chacun son maistre
» et mettre hors les pavillons. »

Le mot de *maître* est aussi souvent donné à celui dont on étoit prisonnier. « Puisqu'un bon chevalier esprouvé
» en bataille est pris en bon fait d'armes, et qu'il s'est
» rendu et juré à tenir prison, il ne s'en doit partir sans
» le congié de son maistre. » (Hist. de Bertrand Duguesclin, par Ménard, p. 297 et 318.)

(24) Le mot *honneur* signifioit proprement le cérémonial d'une cour. L'épée d'honneur étoit celle qui se portoit dans les cérémonies; le trône d'honneur, le heaume d'honneur, le cheval d'honneur, le manteau d'honneur, la table d'honneur et autres phrases pareilles s'employoient dans le même sens. Les chevaliers et écuyers d'honneur ou du corps étoient ceux qui, attachés plus particulièrement à la personne de leurs maîtres, les accompagnoient presque partout, et étoient spécialement chargés de faire les honneurs de leurs cours

ou de leurs maisons, principalement dans les assemblées d'éclat et de solemnité.

(25) Joinville (Hist. de saint Louis, p. 20), faisant le récit *de la grant cour et maison ouverte*, que saint Louis tint à Saumur en Anjou, parle des nouveaux chevaliers qui étoient à la table du roi, et ajoute: « A » une autre table devant le roi..., mangeoit le roi de » Navarre, qui moult estoit paré et aourné de drap d'or » en cotte et mantel, la cainture, fermail et chapelle » d'or, fin, devant lequel je tranchoie. Devant le roi » saint Louis servoient du manger le comte d'Artois et » son frère, et le bon comte de Soissons, qui tranchoit » du coustel. » Joinville (*ibid.*, p. 22) n'étoit encore qu'écuyer, puisqu'il nous apprend qu'alors il n'avoit *encore vestu nul haubert.*

(26) Le comte de Foix « s'assit à table en la salle. » Gaston son fils avoit d'usage qu'il le servoit de tous » ses mets, et faisoit essai de toutes ses viandes. » (Froissart, l. 3, p. 31.)

(27) Les écuyers donnoient à laver après le repas, comme on le peut voir par les vers suivants. (Fabliaux manuscr. du roi, 7615, fol. 174, v°, col. 1, dans la pièce intitulée *de la male dame.*)

    Li Quens qui amor a souspris
    Manga o la bele meschine *.
    Moult par fu riche la cuisine **.
    Moult ont bons vins et bons clarez,
    Moult par fu li Quens honorez.

* Fille. — ** Repas.

Après manger se sont déduit
De paroles, puis si on fruit;
Et après le manger lavèrent,
Escuier de l'eve * donnèrent.

(28) Voyez tout ce qui est rapporté sur ce sujet dans le Glossaire latin de Ducange, au mot *species*.

(29) Liqueur composée de vin et de miel. « Si aucun » a fait aucune chose, partie de sa matière, partie d'au- » tre, si comme si aucun avoit fait claré de son vin et » d'autre miel, sçachez que celui qui a fait la chose en » doit être sire. » L'éditeur ajoute que « claré est com- » position de vin et de miel. » (Bouteiller, Somme ru-rale, tit. 36, p. 253.)

(30) Les statuts de Cluni nous apprennent quelle étoit cette composition : *Statutum est, ut ab omni mellis ac specierum cum vino confectione, quod vulgari nomine pigmentum vocatur.... fratres abstineant.* (*Statuta Cluniacensia*, cités par Ducange ; Glossaire latin, au mot *species.*)

(31) Dans le dit des quatre offices de la maison du roi, savoir panneterie, échansonnerie, cuisine et saus-serie à jouer par personnages. L'échansonnerie vante ainsi sa supériorité. (Poés. manuscr. d'Eustache Des-champs, fol. 376, col. 4.)

. . . . Il n'est esbatement
Où je ne soye la première.
. . . .
Je sers de vin le roi de France,

* Eau.

Les ducs, les comtes, les barons, etc.

. . . .

Les dames et les chevaliers,
Les damoiselles et Escuyers,

. . . .

Par moy est coulez l'ipocras.

(32) Le roman de Gérard de Roussillon, poëme provençal manuscrit, en fournit la preuve dans les vers suivants. (Roman de Gérard de Roussillon, manuscr., fol. 47, v°.)

> E las tablas son messas e van manjar.
> Quant an menjat, s'en prendon à issir;
> Et plan devan la sala s'en van burdir.
> Qui sap chanso ni fabla enquel là dit :
> Chivalier à burdir i à vandir.
> E Gerard e l'hi seu à esbaudir,
> Entro que venc la nuh aufredesir.
> Lo coms demandet vi e vai durmir.
> Et levet lo mati à l'esclarzir;
> Siei dozel l'ănderan gen à vestir *.

Dans les plus anciens états de la maison du roi *le vin du coucher* est souvent exprimé comme un droit attaché à certains offices.

(33) Les écuyers faisoient aussi les lits. (Fabliaux

---

* « Les tables étant mises ils vont manger. Après avoir mangé ils
» sortent, et vont se divertir dans la cour qui est devant. Celui
» qui sait une chanson ou une fable commence à la dire, et les
» chevaliers font les récits de leurs exploits et de leurs aventures,
» auxquels Gérard et les siens prennent plaisir, jusqu'à ce que la
» nuit soit devenue plus froide. Le comte demande le vin et va
» dormir. Au matin il se lève avec le jour, et ses escuyers l'aident
» à s'habiller. »

manuscr. du roi, 7615, dans le *court-mantel*, fol. 112, v°, c. 2.)

> Les lis firent li escuier,
> Si coucha chacuns son seignor.

(34) Tous les écrivains françois, imprimés ou manuscrits, fournissent des exemples de cet usage, sur lequel on peut consulter entre autres l'historien Froissart et le poëte Eustache Deschamps.

(35) Voyez le nouveau Glossaire latin de Ducange, aux mots *cursorius*, *palafredus*, *roucinus*, *dextrarius*; joignez aux exemples qui sont cités, celui du moine du Vigeois (Labbe, biblioth. manuscr., t. II, p. 323) dans sa Chronique. Cet écrivain emploie le mot *palafredus* comme synonyme à *mulus* (mulet); voyez aussi les vers des Fabliaux (Manuscr. du roi, 7615, fol. 208, v°, c. 2) où un écuyer dit au chevalier qu'il servoit :

> J'ai vendu votre palefroi,
> Car autrement ne poet * estre :
> Non ne menrez or cheval en destre **.

J'ajouterai encore à ces témoignages celui d'Eustache Deschamps, qui dit que *les destriers* (fol. 234, c. 1) *et grands chevaux* étoient destinés aux joutes; que les *coursiers* ou *moyens*, sont ceux qui vont plus légèrement en guerre, et les derniers, appelés *roussins*, sont les chevaux communs servant aux *vilains* pour leur labour. Il résultera de tant d'autorités différentes, que nos anciens écrivains ont souvent confondu tous ces mots, et que la plupart du temps ils transportoient tantôt l'ac-

---

* Pouvoit. — ** Vous ne menerez plus maintenant.

ception du genre à l'espèce, et tantôt l'espèce à l'acception générique.

(36) La Colombière (Théâtre d'hon. et de Chev., p. 563) rapporte à ce sujet un long fragment du roman de Meliadus de Léonnois : on peut y joindre celui du roman de Perceforest (t. I, c. 61, fol. 56, v°, c. 1), où il est parlé d'Estonne. « Lors regarde et voit en la
» moyenne (au milieu) une jeune jument si puissante et
» si grande comme se ce fut le cheval du roi, et pensa,
» s'il pouvoit avoir celle jument si puissante et si grande,
» qu'il monteroit sus; combien que à celui temps un
» chevalier ne pouvoit avoir plus grand blasme que de
» monter sus jument. Ne on ne pouvoit ung chevalier
» plus deshonnorer que de le faire chevaucher une ju-
» ment pour le blasme, et tenoit-on depuis que c'es-
» toient chevaliers recreus et de nulle valeur, ne ja plus
» chevalier qui ayma son honneur, ne joustoit à lui, ne
» frappoit d'épée non plus que un fol tondus. »

On peut voir (*ibid.*, fol. 57, v°, col. 1 et suiv.) la suite des aventures que lui attira cette monture, alors défendue aux chevaliers. Les juments étoient destinées à tirer des charrettes (*ibid.*, fol. 73, v°, col. 2, t. 4, fol. 67, v°, col. 1), et c'étoit un opprobre que d'être mené dans cette espèce de voiture.

(37) Les passages suivants en fournissent la preuve :
« Si voit venir monseigneur Gauvain (Lancelot du Lac;
» Perceforest, 22, fol. 3, r°, c. 2) et deux escuyers dont
» l'ung menoit son destrier en destre et portoit son
» glaive, et l'autre son heaume, l'autre son escu.
» Quant il entra en la forest, il rencontra quatre es-

» cuyers (*ibid.*, t. II, fol. 82, r°, c. 1) qui menoient
» quatre blancz destriers en dextre.

» Lors rencontra ung varlet (*ibid.*, t. III, fol. 82, r°, c. 1)
» qui chevauchoit ung roucin fort et bien courrant, et
» menoit à dextre ung destrier noir. »

(38) On pourroit en déterminer la hauteur si l'on osoit s'appuyer sur une autorité bien postérieure aux temps dont nous parlons. Du Bellai (du Bellai, l. 6 de ses Mémoires, p. 189) rapporte que suivant la capitulation de Fossan en 1537, on devoit laisser dans la place tous les *grands chevaux* qui excéderoient la hauteur de six palmes et quatre doigts; les petits chevaux étoient de six paumes seulement, suivant Monstrelet. (Vol. 2, p. 178, sous l'an 1440.)

(39) Poésies provençales, manuscrit d'Urfé, pièce 980, fol. 141, rect., col. 2.

> E gardatz qu'il capmail
> Faitz lassar per mesura *.

L'accident arrivé à Henri II et qui causa sa mort, fut peut-être la suite de quelque négligence à cet égard.

(40) Les écuyers tenoient les armes de leurs maîtres à l'entrée de l'église. (Roman de Gérard de Roussillon, en provençal, manuscr., fol. 39, verso.)

Pierre de Monrabey, arrivant au château de Roussillon :

> Intret en rossilho pèl pon prumier ;
> E dissen à l'arc vout sot lo clochier

---

* « Que votre camail ne soit ni trop lâche ni trop serré, qu'il soit
» lacé bien juste. »

> A sas armas corregro li chivalier,
> Et sa spasa command à son escudier,
> Et puis intret orat dins lo mostier *.

(41) L'écuyer, monté sur un roussin, précédoit son maître dans les marches.

> Le chevalier erra pensant,
> Et Huet ** chevaucha avant
> Sor son roncin grant aleure.

(Fabliaux mss. du roi, 7615, fol. 209, r°, col. 1.)

(42) Notre Chevalerie avoit coutume de combattre en *aile* (Disc. polit. et milit. 15, p. 343 et suiv.) ou en *haie*, c'est-à-dire sur une seule *file*. La Noue et Montluc (Comment., l. 7, p. 523), qui possédoient si parfaitement la tactique, firent inutilement connoître la nécessité de réformer cet ancien usage. Les avantages remportés à la bataille de Coutras (de Thou, l. 87) en 1587 par les troupes de Henri IV sur celles de Henri III, et ceux de Châtillon (*ibid.*, l. 95) sur les ligueurs en 1589, à la journée de Bonneval près de Chartres, eurent plus d'effet que les représentations de La Noue et de Montluc. On comprit alors qu'il étoit plus avantageux de ranger les troupes en *host* ou *escadrons*, que de les faire combattre suivant l'ancien usage. Charles-Quint est le premier, selon La Noue, qui ait formé sa cavalerie en escadrons: ce même auteur nous apprend que les Espagnols, les Italiens, les Allemands et les Bourguignons avoient toujours depuis pratiqué cette coutume.

---

* « Il entre dans le château par le premier pont, à l'arcade sous le clocher coururent les chevaliers; il confie son épée à son écuyer, ensuite il entre prier dans l'église. »

** Nom de l'écuyer.

(43) Telles étoient autrefois les fonctions de tous les écuyers à la guerre. Cet usage, qui depuis fut restreint aux seuls écuyers de nos rois, ne subsistoit plus même à leur égard du temps de Brantôme. (Brantôme, t. I, des Cap. Fr., p. 12.) A peine les anciens en avoient-ils conservé la tradition. « J'ai oui dire aux anciens capitaines,
» que jadis par les vieilles coutumes des batailles, les
» grands et premiers écuyers des rois de France de-
» voient être toujours auprès d'eux, sans jamais les dé-
» semparer ni abandonner, et ne faire que parer aux
» coups que l'on donne à leurs maîtres, ni sans s'amu-
» ser à autre chose que cela. Ainsi qu'on dit que fit ce
» brave et grand escuyer de Saint-Severin à la bataille
» de Pavie, à l'endroit du roi François, aussi y mou-
» rut-il en la bonne grace et louenge de son roy qui le
» sceut bien dire peu après. »

(44) Les chevaliers donnoient pendant le combat les prisonniers à garder à leurs écuyers.

Nec reliqui Comites pugnam virtute minori
Arripiunt, sternuntque viros, traduntque ligandos
Armigeris.
 (Guillaume le Breton, Philipide, l. 8, vers. 344 et suiv.)

 Les prisons * firent arrêter
 Et en lieu seur tourner,
 A leurs escuyers les livrèrent,
 Et à garder les commandèrent.
  (Roman du Brut., mss., fol. 92, v°, col. 2.)

(45) Ce récit paroîtra peut-être romanesque à ceux qui ne sont pas instruits de nos anciens usages : il suffit,

 * Prisouniers.

pour le rendre vraisemblable, de renvoyer aux Mémoires de Sully (t. XII, p. 288 et suiv.) où l'on voit le détail des exercices dont Henri IV étoit continuellement occupé plus de deux siècles après celui de Boucicaut. Tant que Henri vécut, il entretint dans sa cour l'ancien esprit de la Chevalerie, par le modèle qu'il en offroit sans cesse aux yeux de ses guerriers.

(46) Voyez les lettres de Charles VIII et de la reine sa femme, où il est parlé du dauphin leur fils, et celles de M. et de madame de Beaujeu. (Manuscrit de Béthune, Biblioth. du roi.)

(47) On lit dans le livre intitulé l'*Ordre de Chevalerie* (folio 2, recto) : « Et convient que le fils du chevalier
» pendant qu'il est escuyer, se sçache prendre garde de
» cheval, et convient qu'il serve avant et qu'il soit de-
» vant subject que seigneur ; car autrement ne cong-
» noistroit-il point la noblesse de sa seigneurie quant il
» seroit chevalier ; et pour ce que tout chevalier doit
» son fils mettre en service d'autre chevalier, affin qu'il
» apprenne à tailler à table et à servir, et à armer et
» habilier chevalier en sa jeunesse. Ainsi comme l'homme
» qui veut apprendre à estre cousturier ou charpentier,
» il convient qu'il ait maistre qu'il (qui) soit cousturier
» ou charpentier, tout ainsi convient-il que tout no-
» ble homme qui aime l'ordre de Chevalerie, et veut
» devenir et estre bon chevalier, ait premièrement
» maistre qui soit chevalier. »
On ne doit plus être étonné de rencontrer les noms des plus illustres maisons parmi les pages, les écuyers et même les domestiques inférieurs des chevaliers ou

seigneurs qui pouvoient ne valoir pas mieux et peut-être valoir moins du côté de la naissance. Le mérite seul décidoit du choix qu'on faisoit de celui à qui l'on s'attachoit. Comme sa maison étoit une école où l'on venoit s'instruire, on ne considéroit que la valeur, l'expérience et l'habileté dans l'art militaire du maître dont on vouloit recevoir les leçons. Ce fut sans doute ce motif qui détermina Antoine de Chabannes à entrer page d'abord dans la maison du comte de Ventadour, et ensuite dans celle de La Hire. Ce fut en sortant de cette école qu'il parvint à la capitainerie ou gouvernement de Creil-sur-Oise. (Voyez Godefroi, Annotations sur l'histoire de Charles VII, p. 879.)

(48) Dans les poésies manuscrites d'Eustache Deschamps (p. 77, col. 1 et 2) on y voit la *vaillance* personnifiée, qui se plaint du peu d'état qu'on fait d'elle à présent.

> Les jeunes gens poursuioient ;
> Lances bacinez portoient
> Des anciens chevaliers,
> Et la coustume aprenoient
> De chevauchier, et veoient
> Des armes les trois mestiers.
> Puis devenoient archiers,
> A table et partout servoient,
> Et les malectes troussoient
> Derrière eulx moult volontiers :
> Ainsi adonc le faisoient,
> Et en cuisine s'offroient
> A ce temps les escuyers.
>
> Puis gens d'armes devenoient,
> Et leurs vertus esprouvoient,

> Huit ou dix ans tous entiers.
> Es grans voyages aloient,
> Puis chevaliers devenoient
> Humbles, forts, appers, legiers.
> En honourant estrangiers
> (Par honour se contenoient,
> Aux joustes puis tournoient).
> Pour ce furent tenus chiers,
> Et les dames honouroient
> Qui pour leur bien les aimoient,
> S'en furent hardis et fiers
> En contre leurs ennemis,
> Et courtois à leurs amis.

Jean Bouchet, écrivain postérieur, représente en ces termes les conditions qu'on avoit exigées d'un homme de guerre pour l'admettre à l'état d'écuyer. « Ancien-
» nement aulcun ne souloyt estre dict escuyer s'il n'a-
» voit esté trouvé en faict de souveraine presse (ba-
» taille); aulcun n'estoit appellé aux gaiges d'armes
» s'il n'avoit droictement prins prisonnier de sa main.
» Mais le temps est venu que sçavoir ceindre l'espée et
» vestir le haubergeon, suffist à faire ung capitaine. »
[Le Chevalier sans reproche (Louis de la Trimouille), par Bouchet, fol. 106, verso.]

(49) Voyez le livre du Champ clos, par Hardouin de la Jaille, fol. 39, 40, 41, 42 et 56, et d'anciens vers françois rapportés par la Colomb., Théat. d'honn., t. I, p. 86.

(50) La veille des tournois étoit annoncée dès le jour qui la précédoit par les proclamations des officiers d'armes. Des chevaliers qui devoient combattre étant

venus visiter la place destinée pour les joutes : « Si ve-
» noient devant eux un herault qui crioit tout en
» hault : Seigneurs chevaliers demain aurez la veille du
» tournoy où prouesse sera vendue et achetée au fer et à
» l'acier. »

Les usages ont varié par rapport aux tournois, suivant les divers temps de la Chevalerie. Dans les commencements les plus anciens chevaliers joutoient entre eux, et le lendemain de cette joute les nouveaux chevaliers s'exerçoient dans d'autres tournois auxquels les anciens chevaliers se faisoient un plaisir d'assister en qualité de spectateurs. La coutume changea depuis : ce fut la veille des grands tournois que les jeunes chevaliers s'essayèrent les uns contre les autres, et l'on permit aux écuyers de se mêler avec eux. Ceux-ci étoient récompensés par l'ordre de la Chevalerie, lorsqu'ils se distinguoient dans ces sortes de combats. Ce mélange de chevaliers et d'écuyers introduisit dans la suite divers abus dans la Chevalerie, et la fit bientôt dégénérer, comme le remarque M. Le Laboureur. Les écuyers usurpèrent successivement et par degrés les honneurs et les distinctions qui n'appartenoient qu'aux chevaliers, et peu à peu ils se confondirent avec eux.

(51) Ce mot peut être employé pour les joutes ou les tournois qu'on faisoit la veille des grands tournois.

> Amour trouva premiers haulx instruments,
> Chansons, dances, festes, esbatements,
> Joustes, essaiz, behours et tournoyments.
>
> (Poésies d'Alain Chartier, p. 566.)

(52) Plusieurs passages de Perceforest justifient l'acception dans laquelle nous prenons ici le mot de *vespres*,

Nous ne citerons que le passage suivant tiré du tome VI, fol. 35, recto, col. 2. « Jusques à l'heure de vespres que » la jeune Chevalerie se print à appareiller, pour célé- » brer les *vespres du tournoi*, de la haulte journée au » lendemain. »

(53) Le même roman se sert dans le même sens du mot *escremie*. « Celluy qui remporta le pris de l'escre- » mie, estoit nommé Perneau et du lignage de Lyonel » du Glar; l'endemain fut la forte journée du tournoy. » (Perceforest, t. V, fol. 28, v°, col. 1.)

(54) Dans les joutes faites aux noces de M. d'Alençon, les lances étoient petites à cause des jeunes princes qui tenoient le pas. (Lettres de Louis XII, t. I, p. 207 et 208.)

(55) Toute espèce de service rendu à un chevalier, pouvoit mériter de sa reconnoissance la grâce d'être armé de sa main; mais celui qu'on avoit fait auprès de sa personne et dans sa maison., à titre d'écuyer pendant le cours de sept années, mettoit plus particulièrement en droit d'espérer l'honneur de la Chevalerie.

Dans le fabliau de *Guillaume au faucon* (c'est le même conte du Faucon, mis en vers par La Fontaine), au sujet d'un *vallez* ou *damoiseaux*, c'est-à-dire écuyer, qui servoit un châtelain dont il aimoit la femme, on lit les vers suivants (Fabliaux mss. de Saint-Germain-des-Prés, fol. 60, v°, col. 3):

> Et estoit moult de haute gent :
> Il n'estoit mie chevaliers :
> Vallez estoit; sept ans entiers
> Avoit un chastelain servi,

> Encore ne lui avoit meri *
> Le service que li faisoit.
> Por avoir armes le servoit.
> Li Vallez n'avoit nul talent **
> D'avoir armes hastivement :
> Si vous dirai raison porquoi:
> Amour l'auoit mis en effroi ;
> La dame au chevalier amoit :
> Et li estre *** molt li plaisoit ;
> Quar il l'aimoit en tel manière
> Qu'il ne s'en pooit traire arrière ****.

Il y avoit néanmoins du danger à servir trop bien certains seigneurs. Quelques-uns, plus touchés de leurs intérêts personnels que de l'avancement de leurs écuyers, ne vouloient pas perdre de bons serviteurs, et pour cette raison remettoient toujours à leur conférer la Chevalerie (Mss. du roi, n. 7225, fol. 134, r°, col. 1, pièce 568). Albert de Gapensac, poëte provençal, dit que sa dame veut en user envers lui comme le haut baron qui craint d'accorder la Chevalerie à son écuyer, de peur de se priver d'un serviteur dont il retire de grands services : *Ne craignez rien,* jure-t-il à cette dame, *plus vous me témoignerez d'amour et plus vous me trouverez fidèle.*

(56) Les sept premières années de l'enfance avoient été abandonnées à l'éducation des femmes, les sept suivantes étoient employées au service de page, et les sept autres à celui d'écuyer, avant que de parvenir à la Chevalerie ; sur quoi je remarquerai qu'on faisoit observer une marche à peu près semblable aux jeunes gens qui

---

* Acquitté, récompensé, payé. — ** Envie, empressement. — *** Logis. — **** Pouvoit retirer.

se destinoient à la Venerie, dont les amusements devoient servir de récréation aux travaux des chevaliers. Celui qui vouloit se former au métier de Veneur, entroit à sept ans dans la classe de page de la Venerie, où il demeuroit jusqu'à quatorze ans; alors il passoit dans celle de valet de chiens pour y rester jusqu'à l'âge de vingt ans. Au bout de ces vingt années qui toutes, à l'exception des sept premières, avoient été employées dans un exercice continuel de la chasse, il acquéroit le grade d'aide de la Venerie où il se formoit de plus en plus dans son art, et parvenoit enfin à l'état de veneur ou maître-veneur. (*Voy*. Gaston Phœbus, livre de la Chasse et de la Venerie, ch. XXII, p. 87, col. 2; ch. XXXVIII, p. 112, col. 2; ch. XLIV, p. 129 et 130, et ch. XLV, p. 133, col. 2.)

(57) Les fils des rois de France sont chevaliers sur les fonts à leur baptême, dit Monstrelet; en effet étant regardés, par le titre seul de leur naissance, comme les chefs de la Chevalerie, ils recevoient, dès le berceau, l'épée qui devoit en être la marque; et c'est conformément à ce principe qu'ils sont aujourd'hui revêtus en naissant du cordon de l'ordre du Saint-Esprit.

La reine, femme de Charles V, étant accouchée, en 1371, d'un second fils qui fut dans la suite duc d'Orléans; le connétable Duguesclin, son second parrain, aussitôt après les cérémonies du baptême, tira son épée, et la mettant toute nue dans la main de l'enfant qui étoit nud (*nudo tradidit ensem nudum*), lui dit : « Mon-
» seigneur, je vous donne cette espée et la mets entre
» votre main; et prie Dieu qu'il vous doint autel (tel)
» et si bon cœur que vous soyez encore aussi preux et
» aussi bon chevalier comme fut oncques roi de France

» qui portast espée. » (Godefroy, annotat. sur l'Hist. de Charles VI, p. 531 et 532.)

L'enfant dont accoucha la duchesse de Bourgogne, en 1433 (Monstrelet, vol. 2, p. 95, verso, et l'Hist. chronol. imp., dans le Recueil de Ch. VII, par Godefroi, p. 337), fut aussi fait chevalier sur les fonts en recevant le baptême, et nommé Charles par son père qui le constitua comte de Charolois. Charles-Quint, petit-fils de celui-ci, n'avoit qu'un an et demi lorsqu'il reçut l'ordre de la Toison, suivant Brantôme (Traité des Duels, p. 302); et François Ier fit chevalier, au baptême, son petit-fils François, fils de Henri II, suivant le P. Hilarion de Coste (dans ses Éloges des Dauphins, cités par la Roque, Orig. des noms, ch. 5, p. 12). Bayard avoit pareillement donné l'épée de chevalier au fils du duc de Bourbon encore enfant. Comme il passoit à Moulins, « il visita (Expilly, Supplém. à l'Hist. du
» Ch. Bayard) le duc de Bourbon qui lui fit de très-
» grandes caresses, et le pria de faire chevalier son fils
» aîné qui étoit encore entre les mains de ses nourrices
» et gouvernantes, disant que c'étoit le plus grand hon-
» neur que son fils pouvoit jamais recevoir au monde,
» et que ce lui seroit un augure de bonne fortune à
» l'avenir. Le sieur de Bayard, pour lui complaire, s'y
» accorda très-volontiers. »

(58) L'âge de quatorze ans, suivant nos anciennes loix, étoit le terme auquel finissoit la minorité des non nobles (*Voyez* Laurière, Ordonn. des rois de France, t. I, p. 164, et le même auteur, dans ses notes sur les Inst. Cout. de Loysel, l. 1, tit. 1, art. 34, p. 50 et suiv.). On ne consultoit, pour les déclarer majeurs, que les

forces acquises ordinairement à cet âge : on les jugeoit suffisantes alors pour la culture des terres, pour les arts mécaniques et le commerce auxquels ils étoient tous employés. Le metier des armes, bien différent, exigeoit une force de corps que le commun des hommes ne peut avoir avant vingt-un ans. Aussi les mêmes loix firent-elles d'autres dispositions par rapport aux nobles, dont l'unique profession étoit le service militaire : elles fixèrent à cet âge de vingt-un ans leur majorité, aussi bien que l'obligation d'accepter le duel, et la permission d'être admis à la Chevalerie. On dérogea néanmoins dans la suite à la disposition qui concernoit la Chevalerie, en faveur des jeunes gens qu'un tempérament plus robuste avoit mis de bonne heure en état de supporter le poids des armes, et chez qui une application continuelle à toutes sortes d'exercices, une adresse et des talents peu communs avoient suppléé au nombre des années. Dès l'an 1060 Foulques, comte d'Anjou, avoit reçu à dix-sept ans la Chevalerie des mains de son oncle Geoffroi (voyez *Historiæ Andegavensis*, fragm. t. 3, du spicilège, p. 253) ; et l'on trouve dans nos romans et dans d'autres auteurs plus sérieux, beaucoup d'exemples de chevaliers faits à quatorze ou quinze ans, et quelquefois encore plus jeunes. Il semble même qu'on eût fait une nouvelle loi qui admettoit les jeunes gens à la Chevalerie dès leur quinzième année, puisque l'aide de Chevalerie pouvoit être levé par les seigneurs aussitôt que son fils, pour la Chevalerie duquel ce droit étoit levé, avoit atteint cet âge de quinze ans (voyez *Carta magna*, fol. 368, édit. de Lond., 1514, in-16). Il faut donc mettre des exceptions à la règle générale de quelques auteurs, qui décident formellement qu'on ne pouvoit recevoir la

Chevalerie qu'à vingt-un ans. Leur décision ne regarde que les possesseurs d'un fief de haubert, lequel exigeoit le service de chevaliers. Tout seigneur de fief généralement parlant, entroit en jouissance de sa terre à vingt-un ans, suivant la loi qui avoit fixé à cet âge la majorité des nobles ; mais si le fief étant de haubert, emportoit la nécessité de le servir comme chevalier, le suzerain alors, non auparavant, pouvoit forcer le vassal parvenu à l'âge de vingt-un ans, à recevoir la Chevalerie, s'il n'avoit demandé et obtenu le délai (*voyez* les établissements de saint Louis, t. I des ord. des rois de France, c. LXXII, p. 164); autrement le seigneur dominant étoit toujours en droit de tenir sous sa main ou en sa garde le fief que son homme ne pouvoit défendre avec ses pleines armes, comme on s'exprimoit alors, c'est-à-dire avec celles qui constituoient le chevalier. C'est pour cette raison et dans ce cas-là qu'il a été accordé des priviléges* pour ne pouvoir être forcé à recevoir la Chevalerie, et pour acquérir des fiefs, quoiqu'on ne l'eût pas reçue.

Plusieurs motifs pouvoient porter ceux qui étoient en âge ou en état d'obtenir la Chevalerie, à différer leur réception. Les dépenses qu'elle entraînoit, les obligations contractées par le serment qu'il falloit faire, les loix austères de l'ordre pour qui se proposoit de les observer religieusement, les travaux qu'il imposoit, tout étoit capable d'effrayer quiconque vouloit prendre de bonne foi de semblables engagements. Quelquefois on

---

* *Voyez* un Privilége accordé par le roi de Navarre, comte de Champagne, en 1267, aux héritiers de Jean de Pampelune, son chambellan, rapporté par Pithou, Cout. de Troyes, notes sur l'art. 2 du tit. 1 *de l'Estat des personnes*.

avoit une telle vénération, un tel attachement pour un souverain ou quelque autre chevalier, qu'on desiroit de n'être armé que de sa main : souvent aussi on attendoit des circonstances propres à relever encore l'honneur de la Chevalerie qu'on recevoit, comme des batailles ou autres rencontres de guerre; il y en eut même qui n'eussent pas cru la mériter s'ils n'étoient entrés en armes sur les terres des infidèles, pour la recevoir, soit avant que de combattre, soit après avoir combattu.

SECONDE PARTIE.

La Chevalerie, si l'on veut uniquement la considérer comme une cérémonie par laquelle les jeunes gens destinés à la profession militaire recevoient les premières armes qu'ils devoient porter, étoit connue dès le temps de Charlemagne (*)[1]. Il donna solemnellement l'épée et tout l'équipage d'un homme de guerre au prince Louis son fils, qu'il avoit fait venir de l'Aquitaine. On trouvera même de semblables exemples sous la première race de nos rois, et dans des siècles beaucoup plus reculés, puisque Tacite[2] témoigne qu'un pareil usage étoit établi chez les Germains, auxquels la nation françoise rapporte son origine.

Mais, à regarder la Chevalerie comme une

---

* Cette cérémonie, usitée même long-temps avant Charlemagne, n'avoit aucun rapport avec la Chevalerie, telle que la considère l'auteur de ces Mémoires. Au reste, nous avons suffisamment combattu, dans notre introduction, cette erreur trop souvent renouvelée.
(*Note de l'éditeur.*)

dignité [3] qui donnoit le premier rang dans l'ordre militaire [4], et qui se conféroit par une espèce d'investiture accompagnée de certaines cérémonies et d'un serment solemnel, il seroit difficile de la faire remonter au-delà du onzième siècle [5].

Ce fut alors que le gouvernement françois sortit du chaos où l'avoient plongé les troubles qui suivirent l'extinction de la seconde race de nos rois. Déjà l'autorité royale commençoit à se faire respecter; tout reprenoit une nouvelle face; les loix se formèrent; les communes et les bourgeoisies furent instituées; les fiefs acquirent une forme et une discipline plus régulières.

Le caractère d'investiture [6], que plusieurs auteurs, dont j'emprunte les termes, ont reconnu dans les formalités de la Chevalerie, peut, ce me semble, nous faire conjecturer qu'il faut en chercher l'origine dans les fiefs mêmes et dans la politique des souverains et des hauts barons. Ils voulurent, sans doute, resserrer les liens de la féodalité en ajoutant à la cérémonie de l'hommage, celle de donner les armes aux jeunes vassaux dans les premières expéditions où ils devoient les conduire. Peut-être que dans la suite en conférant de pareilles armes à d'autres personnes qui, sans tenir d'eux aucuns fiefs, s'offroient à les servir par affection ou par le seul désir de la gloire, ils employèrent cette ressource pour s'acquérir de nouveaux guerriers, toujours prêts à les suivre en quelque temps, en quelque occasion que ce fût, et non pas comme les feudataires, sous de certaines réserves, ni pour un temps limité. Ceux-ci durent recevoir avec joie ces nouvelles recrues de braves volontaires qui, grossissant leurs troupes, fortifioient leur parti. Comme tout chevalier avoit le droit de faire des chevaliers [7], on vit sans jalousie le suzerain user d'un pouvoir que l'on partageoit avec lui. L'honneur d'avoir été armé dans des fêtes [8] somptueuses et magnifiques, dont le seigneur qui recevoit les chevaliers portoit ordinairement tous les frais, les distributions [9] qui s'y faisoient de robes ou livrées, de fourrures précieuses, de riches étoffes, de manteaux magnifiques [10], d'armes, de joyaux et de présents de toute espèce, sans excepter l'or et l'argent qui se répandoient avec profusion ; enfin le désir de paroître dignes de cette faveur signalée, furent, pour ces nouveaux guerriers, des motifs plus puissants que l'obligation de servir un fief, et de remplir les devoirs qu'exigeoit la qualité de feudataire.

Si quelques écrivains trouvent de la ressemblance entre les formalités de la Chevalerie et celles de l'investiture, presque tous nos auteurs se réunissent pour y reconnoître des rapports sensibles avec les cérémonies employées par l'Église dans l'administration des sacrements [11]. Les plus anciens panégyristes de la Chevalerie parlent de ses engagements comme de ceux de l'ordre monastique, et même du sacerdoce ; ils semblent vouloir la mettre au niveau de la prélature [12]. On me dispensera de les suivre dans le parallèle de la prêtrise ou de l'épiscopat avec la Chevalerie : je me contenterai de dire, pour leur excuse plutôt que pour leur justification, qu'emportés par l'excès d'un zèle pieux, ils croyoient ne pouvoir trop exalter un ordre auquel le maintien de la foi chrétienne étoit confié ; un ordre dont la première obligation consistoit à la défendre contre tous ses ennemis ; un ordre enfin qui devoit naturellement procurer de très-grands avantages à la religion, à l'État et à la société. Mais avant que d'examiner ces avantages, il est à propos de faire connoître quelles étoient les cérémonies instituées pour la création d'un chevalier [13].

Des jeûnes austères [14], des nuits passées en prières [15] avec un prêtre et des parrains, dans des églises ou dans des chapelles, les sacrements de la pénitence [16] et de l'eucharistie reçus avec dévotion, des bains qui figuroient la pureté nécessaire dans l'état de la Chevalerie, des habits blancs [17] pris à l'imitation des néophytes, comme le symbole de cette même pureté, un aveu sincère de toutes les fautes de sa vie, une attention sérieuse à des sermons où l'on expliquoit les principaux articles de la foi et de la morale chrétienne, étoient les préliminaires de la cérémonie par laquelle le novice alloit être ceint de l'épée de chevalier. Après avoir rempli tous ces devoirs, il entroit dans une église, et s'avançoit vers l'autel avec cette épée passée en écharpe à son col. Il la présentoit au prêtre célébrant qui la bénissoit, comme l'on bénit encore les drapeaux de nos régiments : le prêtre la remettoit ensuite au col du novice ; celui-ci, dans un habillement très-simple, alloit ensuite, les mains jointes, se mettre à genoux aux pieds de celui ou de celle [18] qui devoit l'armer. Cette scène auguste se passoit dans une église ou dans une chapelle, et souvent aussi dans la salle ou dans la cour d'un palais ou d'un château, et même en pleine campagne. Le seigneur à qui le novice présentoit l'épée, lui demandoit à quel dessein il désiroit d'entrer dans l'ordre [19], et si ses vœux ne tendoient qu'au maintien et à l'honneur de la religion et de la Chevalerie. Le novice faisoit les réponses convenables; et le seigneur, après avoir reçu son serment, consentoit à lui accorder sa demande. Aussitôt le novice étoit revêtu par un ou par plusieurs chevaliers, quelquefois par des dames ou des demoiselles [20], de toutes les marques extérieures de la Chevalerie. On lui donnoit successivement, et dans le même ordre à peu près où je le rapporte, les éperons, en commençant par la gauche [21], le haubert ou la cotte de maille, la cuirasse, les brassards et les gantelets, puis on lui ceignoit l'épée [22]. Quand il avoit été ainsi *adoubé* [23], c'est le terme duquel on se servoit, il restoit à genoux [24] avec la contenance la plus modeste. Alors le seigneur qui devoit lui conférer l'ordre se levoit de son siége ou de son trône, et lui donnoit l'accolade ou l'accolée : c'étoit ordinairement trois coups du plat de son épée nue sur l'épaule, ou sur le col de celui qu'il faisoit chevalier; c'étoit quelquefois un coup de la paulme de la main sur la joue. On prétendoit l'avertir de toutes les peines [25] auxquelles il devoit se préparer, et qu'il devoit supporter avec patience et fermeté, s'il vouloit remplir dignement son état. En donnant l'accolade, le seigneur prononçoit ces paroles, ou d'autres semblables : *Au nom de Dieu, de saint Michel et de saint George* [26], *je te fais chevalier;* auxquelles on ajoutoit quelquefois ces mots : *Soyez preux, hardi et loyal.* Il ne lui manquoit plus que le heaume ou casque, l'écu ou bouclier, et la lance qu'on lui donnoit aussitôt; ensuite on amenoit un cheval, qu'il montoit, souvent sans s'aider de l'étrier. Pour faire parade de sa nouvelle dignité autant que de son adresse, il caracoloit [27] en faisant brandir sa lance et flamboyer son épée, comme on parloit alors; peu après il se montroit dans le même équipage au milieu d'une place publique [28].

Il étoit convenable que le peuple ne tardât point à connoître celui qui, par ce nouvel état, devenoit son défenseur [29], et pouvoit être son juge; car anciennement l'administration de la justice appartenoit au chevalier, lorsque le chevalier possédoit des terres en fief. Le chevalier, suivant l'auteur du *Jouvencel*, étoit au corps politique ce que sont les bras au corps humain [30] : les bras sont, dit-il, placés au milieu pour être également à portée de défendre le chef, c'est l'église, duquel il tire l'influence, et pour défendre aussi les autres membres inférieurs qui leur donnent leur nourriture. Il paroît que la création du chevalier étoit en même temps célébrée par les acclamations du peuple, qui s'empressoit de marquer, par des danses faites autour de lui [31], la joie qu'il ressentoit d'avoir acquis un nouveau chevalier. Plusieurs chevaliers ayant été souvent créés dans une même promotion, se seront peut-être réunis pour caracoler en cadence, et mêler ainsi leurs danses à celles du peuple qui les environnoit : ce sera l'origine des fêtes ou ballets à cheval dont nous avons quelques exemples, et qui se dansoient encore à la cour du temps de Brantôme et de Bassompierre.

J'ai rapporté, le plus sommairement qu'il m'a été possible, des cérémonies dont plusieurs étoient accompagnées de prières et de formules, qui se trouvent encore dans les anciens rituels [32]. En parlant de ces cérémonies qui ont été sujettes à beaucoup d'augmentations, de retranchements et de variations, j'ai seulement voulu montrer quelle idée on attachoit à l'institution d'un chevalier, quels moyens on employoit pour lui faire sentir l'étendue et la sainteté de ses engagements, qu'il ne pouvoit jamais violer sans se rendre criminel de parjure et de sacrilége. On peut présumer assez de la piété de nos anciens chevaliers, pour croire qu'ils renouveloient tacitement leurs vœux aux grandes fêtes, peut-être même toutes les fois qu'ils entendoient la messe, et que, se tenant debout lorsqu'on lisoit ou chantoit l'Évangile [33], ils mettoient l'épée à la main et la tenoient la pointe en haut pour marquer la disposition continuelle où ils étoient de défendre la foi. Ce pieux usage qui subsiste encore parmi les gentilshommes polonois, étoit observé dans les cérémonies qui suivoient le serment de la Chevalerie.

Indépendamment de la défense de la religion [34], des ministres et des temples, à laquelle s'étoit engagé le nouveau chevalier, les autres loix de la Chevalerie renfermées dans le serment de sa réception [35], auroient pu être adoptées par les plus sages législateurs et par les plus vertueux philosophes de toutes les nations et de tous les siècles. En vertu de ces loix, les veuves, les orphelins [36] et tous ceux que l'injustice faisoit gémir dans l'oppression, étoient en droit de réclamer la protection d'un chevalier, et d'exiger pour leur défense non-seulement le secours de son bras, mais encore le sacrifice de son sang et de sa vie. Se soustraire à cette obligation, c'étoit manquer à une dette sacrée, c'étoit se déshonorer pour le reste de ses jours. Les dames [37] avoient encore un privilége plus particulier. Sans armes pour se maintenir dans la possession de leurs biens, dénuées des moyens de prouver leur innocence attaquée, elles auroient vu souvent leur fortune et leurs terres devenir la proie d'un voisin injuste et puissant, ou leur réputation succomber sous les traits de la calomnie, si les chevaliers n'eussent toujours été prêts à s'armer pour les défendre : c'étoit un des points capitaux de leur institution, de ne point médire des dames et de ne point permettre que personne osât en médire devant eux.

Si la négligence à s'acquitter de ce qu'ils devoient à des particuliers opprimés ou offensés, étoit seule capable de les diffamer, de quel opprobre ne se seroit pas couvert celui qui, dans la guerre, auroit oublié ce qu'il devoit à son prince et à sa patrie ? Juge né [38] par son état de tous ses pairs, c'est-à-dire de tous ceux qui, dans l'ordre des fiefs, étoient ses égaux, et juge supérieur de ses vassaux, il ne se seroit pas moins déshonoré dans son tribunal par des sentences rendues contre les loix de l'équité, qu'il l'eût été dans un champ de bataille par des actions contraires aux loix de la guerre. Mais la sévérité de la justice et la rigueur de la guerre devoient être encore tempérées dans sa personne par une douceur, une modestie [39], une politesse que le nom de courtoisie exprimoit parfaitement, et dont on ne trouve dans aucunes autres loix des préceptes aussi formels que dans celles de la Chevalerie. Aussi nulle autre loi n'insiste avec tant de force sur la nécessité de tenir inviolablement sa parole [40], et n'inspire tant d'horreur pour le mensonge et la fausseté. On peut voir dans la Colombière les vingt-six articles du serment des chevaliers, parmi lesquels je remarquerai celui qui les obligeoit, au retour de leurs entreprises ou expéditions, à rendre un compte fidèle et exact de toutes les aventures heureuses ou malheureuses, honorables ou humiliantes qu'ils avoient eues, et qui toutes devoient être inscrites dans les relations des hérauts ou officiers d'armes. Le récit de leurs succès animoit le courage des autres chevaliers; le récit de leurs disgrâces consoloit d'avance ceux qui pouvoient éprouver le même sort, et leur apprenoit à ne jamais se laisser abattre. Enfin c'étoit un moyen de maintenir et de rendre à toute épreuve, dans le cœur et dans l'esprit des chevaliers, l'amour du vrai, la seule base solide de toutes les vertus. Si cet amour pour la vérité n'a point passé jusqu'à nous dans toute la pureté de l'âge d'or de la Chevalerie, du moins a-t-il produit un tel mépris pour ceux qui l'altèrent, que l'on a toujours regardé un démenti comme l'outrage le plus sanglant et le plus irréparable qu'un homme d'honneur pût recevoir. Ce n'est peut-être pas la seule trace de vertu que la Chevalerie, sans que nous le sachions, ait laissée dans les mœurs et dans les coutumes de notre nation; heureuse en ce point, si quelquefois elle n'avoit pas porté à un excès pernicieux de délicatesse ces mêmes vertus qui, dans l'origine, n'avoient eu pour objet que le bien public et le service du roi. Les préceptes renfermés dans le serment de la Chevalerie, sont le germe de toute la morale répandue dans les ouvrages de nos poëtes et de nos romanciers; ils sont encore plus particulièrement exprimés dans une pièce de vers françois, composée il y a près de cinq cents ans sous le titre de *Roman des Aîles*. Le

poëte feint que la prouesse d'un chevalier est portée sur deux ailes qui lui sont nécessaires, et sans lesquelles sa renommée ne pourroit prendre un noble essor, ni étendre au loin son vol. L'une est *largesse*, c'est-à-dire, libéralité ou générosité : l'autre est *courtoisie*, c'est-à-dire, civilité ou honnêteté : chacune est garnie de sept plumes qui sont les signes des diverses conditions ou modifications de ces deux vertus, aussi essentielles que la prouesse même à la réputation d'un bon chevalier : « Chevalerie, dit-il dans son début,
» est la fontaine de courtoisie, et l'on ne peut
» tant y puiser qu'elle en soit jamais tarie :
» de Dieu vint ; et les chevaliers sur qui elle
» découle de la tête aux pieds, en sont les
» possesseurs : ils tiennent en fief tout ce qui en
» arrose le reste du monde ; autres gens n'en
» ont que l'écorce. » Par cet échantillon, on peut juger du style figuré qui règne dans cette pièce, de la suite et de la liaison que le poëte observe dans ses métaphores.

Sans recourir à l'autorité des poëtes et des romanciers qui toutefois ne sont en cela que les échos des historiens, nous allons rapporter les paroles d'un illustre prélat ; c'étoit l'évêque d'Auxerre qui, dans le lieu saint, en présence de toute la cour, ayant officié pontificalement aux obsèques que Charles VI fit faire au brave Duguesclin, neuf ans après la mort de ce connétable, et faisant l'oraison funèbre de ce héros, nous représente les devoirs d'un véritable chevalier. Je rapporte les propres termes qui nous ont été conservés par le moine de Saint-Denys, l'historien le plus authentique du règne de Charles VI.

Il prit pour *théme*, c'est-à-dire, pour son texte: *Nominatus est usque ad extrema: Sa renommée a volé d'un bout du monde à l'autre*, et fit voir par le récit de ses grands travaux de guerre, de ses merveilleux faits d'armes, de ses trophées et de ses triomphes, qu'il avoit été la véritable fleur de la Chevalerie, et que le vrai nom de preux ne se donnoit qu'à ceux qui, comme lui, se signaloient également en valeur et en probité. Il prit sujet de passer de-là aux qualités nécessaires à la réputation d'un vrai et franc chevalier, et s'il releva bien haut l'honneur de la Chevalerie, il fit bien connoître aussi, par ce qu'il dit de son origine et de sa première institution, qu'on ne l'avoit pas jugée plus nécessaire pour la défense, que pour le gouvernement politique des États, et que c'étoit un ordre qui obligeoit à de grands devoirs, tant envers le roi qu'envers le public. Il les exhorta à servir leur souverain avec une parfaite soumission : il leur remontra que ce n'étoit que par son ordre et pour son service qu'ils devoient prendre les armes..... Enfin il prouva qu'il falloit autant d'honneur et de vertu, que de valeur et d'expérience dans les armes, pour mériter, dans cette condition, la grâce de Dieu et l'estime des hommes.

Cependant la discipline primitive de l'ancienne Chevalerie étoit tombée dans le relâchement[42] dès ce temps-là. Les plus sages réglements ne furent pas capables d'arrêter les progrès de la corruption. Les loix, malheureusement, n'ont pas le pouvoir de rendre les hommes plus vertueux : mais elles ont l'avantage de les forcer à respecter la vertu, du moins en apparence ; et ce respect ne fût-il qu'extérieur, est une espèce de récompense pour ceux qui la pratiquent ; c'est un lien qui les retient dans le devoir ; c'est un attrait propre à ramener ceux qui s'en sont écartés.

Les loix de la Chevalerie, qui défendoient de médire des dames, les obligeoient à mettre plus de décence dans leurs mœurs et dans leur conduite ; et les dames qui, se respectant elles-mêmes, vouloient être respectées, étoient bien sûres qu'on ne manqueroit point aux égards qu'on leur devoit. Mais si par une conduite opposée, elles donnoient matière à une censure légitime, elles devoient craindre de trouver des chevaliers tout prêts à l'exercer. Le chevalier de la Tour, dans une instruction qu'il adresse à ses filles vers l'an 1371, fait mention d'un chevalier de son temps qui, passant près des châteaux habités par des dames, notoit d'infamie [43], en termes que je n'oserois transcrire, la demeure de celles qui n'étoient pas dignes de recevoir les loyaux chevaliers, poursuivants l'honneur et la vertu: il donnoit aussi de justes éloges à celles qui méritoient l'estime publique. Le même chevalier, qui veilloit à la police générale avec tant de sévérité, ayant aperçu, dans une assemblée, un jeune homme de condition que l'on auroit pris pour un jongleur ou pour un ménestrier, à la façon ridicule et indécente dont il étoit vêtu, l'obligea d'aller chercher d'autres habits plus convenables à sa naissance et à l'état qu'il professoit : tant étoit grande l'autorité que donnoit le titre de chevalier.

Les occasions les plus communes et les plus fréquentes où l'on faisoit des chevaliers, sans parler de celles que la guerre fournissoit, étoient les grandes fêtes de l'Église, surtout la Pentecôte [44], les publications de paix ou de trèves, le sacre ou le couronnement des rois, les naissances ou baptêmes [45] des princes des maisons souveraines, les jours où ces princes recevoient eux-mêmes la Chevalerie, ou l'investiture [46] de quelques grands fiefs ou apanages, leurs fiançailles, leurs mariages [47], et leurs entrées [48] dans les principales villes de leur domination. On ne pouvoit célébrer d'une façon plus convenable les actes les plus importants des princes, chefs naturels de la Chevalerie ; on ne pouvoit choisir des circonstances plus propres à donner du lustre à la réception des nouveaux chevaliers.

Dans les temps de paix, l'appareil et le cérémonial de leur promotion étoit plus régulier et plus pompeux. Les chevaliers alors, au défaut de la guerre qu'ils attendoient [49] avec impatience, n'avoient d'autres moyens pour témoigner leur reconnoissance de la faveur qu'ils venoient de recevoir, que de donner aux princes une image vivante des combats, par le spectacle des tournois [50], qui suivoit presque toujours leur promotion. Ils y signaloient à l'envi leur adresse, leur force et leur bravoure.

Il est aisé d'imaginer quel mouvement devoit produire dans tous les cœurs la proclamation de ces tournois solemnels : annoncés long-temps d'avance, et toujours dans les termes les plus fastueux, ils animoient dans chaque province ou chaque canton, et dans chaque cour, tous les chevaliers et les écuyers à faire d'autres tournois, où par toutes sortes d'exercices ils se disposoient à paroître sur un plus grand théâtre.

Les gentilshommes [51], loin de rester oisifs dans leurs châteaux, répétoient journellement entre eux les mêmes exercices, afin d'obtenir les récompenses toujours glorieuses, promises dans les tournois particuliers ; et par une longue et continuelle habitude des armes, ils se préparoient comme par degrés, à parvenir un jour au triomphe de ces tournois solemnels, où l'on avoit pour spectateurs, l'élite de toutes les cours de l'Europe.

On peut se rappeler ici ce qu'on a lu dans Hérodote au sujet des jeux olympiques. Quelques transfuges d'Arcadie ayant fait, en présence de Xercès, le récit de ces combats qui se célébroient dans le temps même que trois cents Spartiates arrêtoient l'armée des Perses au détroit des Thermopyles, un seigneur persan parut trembler pour le sort de sa nation :

Quels hommes allons-nous combattre, s'écria-t-il ! *Insensibles à l'intérêt, ils ne sont animés que du motif de la gloire.* Lorsque l'envoyé de l'empire *ottoman*, qui sous Charles VII avoit assisté à nos tournois, fut de retour auprès de son maître, il dut, malgré le discours que lui prête l'abbé de Saint-Réal, par le récit de ces combats, faire la même impression sur tous les esprits.

Tandis qu'on préparoit les lieux destinés aux tournois, on étaloit le long des cloitres de quelques monastères [52] voisins, les écus armoiriés de ceux qui prétendoient entrer dans les lices; et ils y restoient plusieurs jours exposés à la curiosité et à l'examen des seigneurs, des dames et demoiselles. Un héraut ou poursuivant d'armes nommoit aux dames ceux à qui ils appartenoient; et si parmi les prétendants il s'en trouvoit quelqu'un dont une dame eût sujet de se plaindre, soit parce qu'il avoit mal parlé d'elle, soit pour quelqu'autre offense ou injure, elle touchoit le timbre ou écu de ses armes pour le recommander aux juges du tournoi, c'est-à-dire, pour leur en demander justice. Ceux-ci, après avoir fait les informations [53] nécessaires, devoient prononcer; et si le crime avoit été prouvé juridiquement, la punition suivoit de près. Le chevalier se présentoit-il au tournoi malgré les ordonnances qui l'en excluoient, une grêle de coups [54] que tous les autres chevaliers, et peut-être les dames elles-mêmes, faisoient tomber sur lui, le punissoit de sa témérité, et lui apprenoit à respecter l'honneur des dames et les loix de la Chevalerie. La merci des dames qu'il devoit réclamer à haute voix, étoit seule capable de mettre des bornes au ressentiment des chevaliers et au châtiment du coupable.

Je ne ferai point la description des lices [55] pour le tournoi, ni des tentes et des pavillons superbes dont toute la campagne étoit couverte aux environs, ni des *hours*, c'est-à-dire, des échafauds dressés autour de la carrière, où tant de braves et de nobles personnages devoient se signaler. Je ne distinguerai point les différentes espèces de combats qui s'y donnoient, joutes [56], castilles [57], pas d'armes [58], et combats à la foule [59] : il me suffit de faire remarquer que ces échafauds, souvent construits en forme de tours, étoient partagés en loges et en gradins, décorés avec toute la magnificence possible de riches tapis, de pavillons, de bannières, de banderolles et d'écussons. Aussi les destinoit-on à placer les rois, les reines, les princes et princesses, et tout ce qui composoit leur cour, les dames et les demoiselles, enfin les anciens chevaliers, qu'une longue expérience au maniement des armes avoit rendus les juges les plus compétents. Ces respectables vieillards, à qui leur grand âge ne permettoit plus de s'y distinguer encore, touchés d'une tendresse pleine d'estime pour cette jeunesse valeureuse, qui leur rappeloit le souvenir de leurs propres exploits, voyoient avec plaisir leur antique valeur renaitre dans ces essaims de jeunes guerriers.

La richesse des étoffes et des pierreries relevoit encore l'éclat du spectacle. Des juges nommés exprès, des maréchaux du camp, des conseillers ou assistants, avoient en divers lieux des places marquées pour maintenir dans le champ de bataille les loix de la Chevalerie et des tournois, et pour donner leurs avis et leurs secours à ceux qui pourroient en avoir besoin. Une multitude de rois, hérauts [60] et poursuivants d'armes, répandus de toutes parts, avoient les yeux fixés sur tous les combattants, pour faire un rapport fidèle des coups qui seroient portés et reçus; ils avertissoient d'avance les jeunes chevaliers qui faisoient leur première entrée dans les tournois, de ce qu'ils devoient à la noblesse de leurs ancêtres *Souviens-toi*, s'écrioient-ils, *de qui tu es fils, et ne forligne pas*. Une foule de ménestriers, avec toutes sortes d'instruments d'une musique guerrière, étoient prêts à célébrer les prouesses qui devoient éclater dans cette grande journée. Des valets ou sergents prompts et actifs avoient ordre de se porter de tous les côtés où le service des lices les appelleroit, soit pour donner des armes aux combattants, soit pour contenir la populace dans le silence et le respect [61].

Le bruit des fanfares annonçoit l'arrivée des chevaliers superbement armés et équipés, suivis de leurs écuyers, tous à cheval; ils s'avançoient à pas lents, avec une contenance grave et majestueuse. Des dames et des demoiselles amenoient quelquefois sur les rangs ces fiers esclaves attachés avec des chaînes, qu'elles leur ôtoient seulement lorsqu'entrés dans l'enceinte des lices ou barrières, ils étoient prêts à s'élancer. Le titre d'esclave ou de serviteur de la dame [62], que chacun nommoit hautement en entrant au tournoi [63], étoit un titre d'honneur qui ne pouvoit être acheté par de trop nobles exploits [64]; il étoit regardé, par celui qui le portoit, comme un gage assuré de la victoire, comme un engagement à ne rien faire

qui ne fût digne d'une qualité si distinguée :
Servants d'amour [65], leur dit un de nos poëtes,
dans une ballade qu'il composa pour le tournoi fait à Saint-Denys sous Charles VI, au commencement de mai 1389,

> Servants d'amour regardés doucement
> Aux échaffauts [66], anges de Paradis,
> Lors joûterez fort et joyeusement,
> Et vous serés honorés et chéris.

A ce titre les dames daignoient joindre ordinairement ce qu'on appeloit *faveur* [67], *joyau*, *noblesse*, *nobloy* ou *enseigne* [68] : c'étoit une écharpe, un voile, une coiffe, une manche [69], une mantille, un bracelet, un nœud ou une boucle ; en un mot quelque pièce détachée de leur habillement ou de leur parure ; quelquefois un ouvrage tissu de leurs mains, dont le chevalier favorisé ornoit le haut de son heaume ou de sa lance, son écu, sa cotte d'armes, quelqu'autre partie de son armure et de son vêtement. Souvent dans la chaleur de l'action, le sort des armes faisoit passer ces gages précieux au pouvoir d'un ennemi vainqueur ; ou divers accidents en occasionoient la perte. En ce cas, la dame en renvoyoit d'autres à son chevalier, pour le consoler et pour relever son courage : ainsi elle l'animoit à se venger, et à conquérir à son tour les faveurs dont ses adversaires étoient parés, et dont il devoit ensuite lui faire une offrande [70]. Ne regardons point ces présents comme des marques puériles de l'affection des dames ; c'étoit un moyen que l'on avoit imaginé pour suppléer aux banderolles des lances et des casques, et aux armoiries des écus, des cottes et des housses, par lesquels les spectateurs distinguoient chaque chevalier dans la foule des combattants. Lorsque toutes ces marques, sans lesquelles on ne pouvoit démêler ceux qui se signaloient, avoient été rompues ou déchirées [71], ce qui arrivoit souvent par les coups qu'ils se portoient en se heurtant et se froissant les uns les autres, et s'arrachant à l'envi leurs armes et leurs vêtements, les nouvelles faveurs qu'on leur portoit servoient d'enseignes aux dames pour reconnoître celui qu'elles ne vouloient point perdre de vue, et dont la gloire devoit rejaillir sur elles. Quelques-unes de ces circonstances sont empruntées des récits de nos romanciers ; mais l'accord de ces auteurs avec les relations historiques de ces tournois, justifie la sincérité de leurs dépositions. Enfin on ne peut douter que les dames, attentives à ces combats, n'y prissent un intérêt sensible aux succès de leurs champions. L'attention des autres spectateurs n'étoit guère moins capable d'encourager les combattants : chaque coup de lance ou d'épée, extraordinaire ou singulier, tout avantage remarquable que remportoit quelqu'un de nos tournoyants, étoit célébré par les sons éclatants des ménestriers, et par les voix des hérauts. Mille cris perçants faisoient retentir, à plusieurs reprises, le nom du vainqueur; usage qui, dans notre langue, a formé le mot de *Renommée*, comme celui de *Grido* dans celle des Italiens, qui disent *un cavaliere di grand grido*, pour signifier un gentilhomme de grande réputation. Mais souvent les hérauts ne désignoient les vainqueurs que par ces acclamations: *Honneur aux fils des preux* [72]. On vouloit aussi leur rappeler la gloire de leurs ancêtres, et les avertir que ce n'étoit qu'au bout de la carrière d'une vie illustre et sans tache que le titre de preux les attendoit; que s'ils se relâchoient un instant, ce seul instant pouvoit leur faire perdre le fruit de tant de travaux. D'autres fois on crioit: *L'amour des dames, la mort des héraux, louenge et pris aux chevaliers qui soûtiennent les griefs, faits et armes par qui valeur hardement et prouesse est guaige en sang mêlé de sueur.* Aux escrimes ou tournois de la veille, où le danger étoit moins grand, on se contentoit de crier : *L'amour aux dames, la mort aux chevaux.*

A proportion des criées et huées qu'avoient excitées les hérauts et les ménestriers, ils étoient payés par les champions. Leurs présents étoient reçus avec d'autres cris; les mots de largesse [73] ou noblesse, c'est-à-dire, libéralité, se répétoient à chaque distribution nouvelle. Une des vertus les plus recommandées aux chevaliers, étoit la générosité : c'est aussi la vertu que les jongleurs, les poëtes et les romanciers ont le plus exaltée dans leurs chansons et dans leurs écrits : elle se signaloit encore par la richesse des armes et des habillements. Les débris qui tomboient dans la carrière, les éclats des armes, les paillettes d'or et d'argent dont étoit jonché le champ de bataille, tout se partageoit entre les hérauts et les ménestriers. On vit une espèce d'imitation de cette antique magnificence chevaleresque à la cour de Louis XIII, lorsque le duc de Bukingham, allant à l'audience de la reine, parut avec un habit chargé de perles que l'on avoit exprès mal attachées ; il s'étoit ménagé par ce moyen un prétexte honnête de les faire accepter à ceux qui les ramassoient pour les lui remettre.

Les principaux réglements des tournois [74] appelés avec justice *école de prouesse* dans le roman de Perceforest, consistoient à ne point frapper de la pointe [75], mais du tranchant de l'épée, ni combattre hors de son rang [76] ; à ne point blesser le cheval de son adversaire [77] ; à ne porter des coups de lance qu'au visage [78] et entre les quatre membres, c'est-à-dire, au plastron ; à ne plus frapper un chevalier dès qu'il avoit ôté la visière [79] de son casque, ou qu'il s'étoit déheaumé ; à ne point se réunir plusieurs contre un seul dans certains combats, comme celui qui étoit proprement appelé joute. Le juge de paix choisi par les dames, avec une attention scrupuleuse et l'appareil le plus curieux, mais dont le détail m'écarteroit trop de l'objet de ce Mémoire, étoit toujours prêt d'interposer son ministère pacifique, lorsqu'un chevalier, ayant violé par inadvertance les loix du combat, avoit attiré contre lui seul les armes de plusieurs combattants. Le champion des dames, armé d'une longue pique ou d'une lance surmontée d'une coiffe, n'avoit pas plutôt abaissé sur le heaume de ce chevalier le signe de la clémence et de la sauve-garde des dames, que l'on ne pouvoit plus toucher au coupable. Il étoit absous de sa faute lorsqu'on la croyoit en quelque façon involontaire [80] : mais si l'on s'apercevoit qu'il eût eu dessein de la commettre, on devoit la lui faire expier par une rigoureuse punition. Il étoit juste que celles qui avoient été l'ame de ces combats y fussent célébrées d'une façon particulière. Les chevaliers ne terminoient aucune joute de la lance, sans faire à leur honneur une dernière joute qu'ils nommoient le coup ou la lance des dames [81] ; et cet hommage ou tribut se répétoit en combattant pour elles à l'épée, à la hache d'armes et à la dague [82]. C'étoit, de toutes les joutes, celle où l'on se piquoit de faire de plus nobles efforts.

Le tournoi fini, on s'occupoit du soin de distribuer, avec toute l'équité et l'impartialité possibles, le prix que l'on avoit proposé, suivant les divers genres de force ou d'adresse par lesquels on s'étoit distingué ; soit pour avoir brisé le plus grand nombre de lances, soit pour avoir fait le plus beau coup de lance ou d'épée, soit pour être resté plus long-temps à cheval sans être démonté ni désarçonné ;

soit enfin pour avoir tenu plus long-temps de pied ferme dans la foule du tournoi sans se déheaumer ou sans lever la visière pour reprendre haleine ou se délasser.

Les officiers d'armes dont les regards avoient été continuellement fixés sur cette multitude de combattants, pour observer tout ce qui se passoit, en faisoient leurs rapports devant les juges et les autres chevaliers préposés aux joutes; on alloit encore dans tous les rangs recueillir les voix ; enfin les princes souverains, les anciens chevaliers et les juges nommés exprès avant le tournoi, prononçoient le nom du vainqueur. Souvent on a vu la question portée au pied du tribunal des dames [83], ou des demoiselles, et souvent elles ont adjugé le prix comme souveraines du tournoi. S'il arrivoit qu'il ne fût point accordé au héros qu'elles en avoient estimé le plus digne, elles lui décernoient un second prix [84] qui n'étoit guère moins glorieux que le premier, et souvent peut-être plus flatteur pour celui qui le recevoit.

Enfin lorsque le prix avoit été décerné, les officiers d'armes alloient prendre, parmi les dames ou les demoiselles, celles qui devoient le porter et le présenter au vainqueur. Le baiser [85] qu'il avoit droit de leur donner, en recevant le gage de sa gloire, sembloit être le dernier terme de son triomphe. Il étoit conduit par elles dans le palais au milieu d'une foule de peuple. Tout retentissoit autour de lui des éloges les plus fastueux, et souvent les plus excessifs, donnés par les hérauts et les juges d'armes, du son des instruments, des cris éclatants qui publioient sa victoire. Si l'on veut bien se rappeler l'estime que notre nation a prodiguée de tout temps aux vertus et aux talents militaires, et le nombre prodigieux de spectateurs qui accouroient à nos tournois, de toutes les provinces et de tous les royaumes, on concevra sans peine quelle impression devoit faire sur des hommes passionnés pour la gloire, cette espèce de triomphe, et l'espérance de pouvoir un jour en obtenir de pareils.

Les jeux de la Grèce célébrés par Pindare avec toute la pompe de sa poésie, et les triomphes de l'ancienne Rome, ne nous donnent point l'idée d'une récompense plus glorieuse. L'éclat de ces triomphes de la Chevalerie n'humilioit point les vaincus; ceux-ci ne rougissoient point d'exalter la prouesse du vainqueur; il pouvoit à son tour leur céder la palme une autre fois, et sa bravoure illustroit en quelque façon leur défaite : enfin la sagesse des

Grecs et la politique des Romains n'avoient rien imaginé de si noble ni de plus utile pour former des braves défenseurs de la patrie.

Le vainqueur, conduit dans le palais, y étoit désarmé par les dames qui le revêtoient d'habits précieux : lorsqu'il avoit pris quelque repos, elles le menoient à la salle où il étoit attendu par le prince, qui le faisoit asseoir au festin dans la place la plus honorable. Exposé aux regards et à l'admiration des convives et des spectateurs, et souvent servi par les dames, au milieu de tant de gloire, il auroit eu besoin d'être averti comme les anciens triomphateurs, qu'il étoit mortel, si les préceptes de la Chevalerie ne lui avoient appris qu'un maintien simple et modeste est l'extérieur le plus propre à rehausser l'éclat de la victoire :

>Un chevalier, n'en doutez pas,
>Doit férir hault et parler bas,

lui avoit-elle appris, dans la simplicité de son ancien langage. Souvent elle lui avoit donné cet avis que l'on ne peut trop répéter à la jeunesse guerrière : *Soyez toujours le dernier à parler dans les assemblées des gens plus âgés que vous, et le premier à frapper dans les com-*

bats. Enfin elle ne cessoit de dire à tous les chevaliers, qu'ils ne pouvoient trop vanter les autres, ni trop peu parler d'eux-mêmes.

Lancelot du Lac nous peint, dans un endroit de son roman, l'air timide, embarrassé et même honteux, d'un jeune héros assis à table entre le roi et la reine, après s'être couvert de gloire dans un tournoi.

Les mêmes principes de modestie [86] inspiroient aux chevaliers vainqueurs des attentions particulières pour consoler les vaincus et pour adoucir leurs peines : « Aujourd'hui la fortune
» et le sort des armes me donnent l'avantage,
» disoient-ils à ceux qui leur tendoient les
» mains; je ne dois rien à ma valeur, demain
» peut-être succomberai-je sous les coups
» d'un ennemi moins redoutable que vous. »
Ces leçons de générosité [87], ces exemples d'humanité, tant de fois répétés dans les tournois, ne pouvoient être oubliés, même à la guerre au milieu du carnage et de la fureur des combats. Nos chevaliers n'y perdoient pas de vue la maxime générale, d'être aussi compatissants après la victoire, qu'inflexibles avant que de l'obtenir. Sans vouloir décider entre les François et les Anglois, à laquelle des deux nations la Chevalerie doit son origine, l'humanité et la

courtoisie dont ils ont usé de part et d'autre envers les prisonniers, doit les faire reconnoître par tous les peuples de l'Europe, sinon pour les instituteurs, du moins comme les plus fermes soutiens de la Chevalerie : elle seule auroit pu inspirer des sentiments aussi purs et des procédés aussi généreux que ceux dont on voit les exemples toujours continués dans les deux nations, tandis que les peuples les plus voisins ne cessoient de donner à cet égard des exemples affreux de cruauté et de barbarie. Les François et les Anglois n'ont pas montré moins souvent une fidélité à toute épreuve, pour garder la foi qu'ils avoient jurée à ceux dont ils étoient prisonniers.

Les exploits des différents acteurs du tournoi, leur prouesse, leur vigueur et leur adresse, les aventures des anciens chevaliers et des héros qui avoient illustré le corps de la nation et de la Chevalerie, faisoient le sujet des conversations dont les festins étoient entremélés et suivis ; on les inscrivoit sur les registres publics [88] et authentiques des officiers d'armes, c'étoit la matière des chansons, des lays et des autres poëmes [89] que chantoient les dames, les demoiselles et les ménestriers, qui méloient leur voix aux sons de toutes sortes d'instruments.

Les jeux qu'un spectateur curieux auroit vus dans les appartements du palais, au sortir des repas qui terminoient les tournois, étoient moins des amusements ruineux, ou du moins oisifs, que des occasions d'exercer son adresse, son esprit, son imagination et ses talents. Le même spectateur auroit vu des dames et des chevaliers jouer aux échecs, jeu que l'on peut regarder avec raison comme le rudiment de la tactique, la plus savante et la moins équivoque de toutes les parties de l'art militaire. S'il eût prêté l'oreille aux entretiens des dames [90], il les auroit entendu échauffer le courage de leurs respectueux amants, par les éloges des chevaliers qui avoient paru dans les joutes avec plus d'éclat, par les témoignages d'estime et de reconnoissance qu'elles prodiguoient à leurs serviteurs, lorsqu'ils s'étoient distingués. On les auroit entendu leur proposer encore de nouveaux prix à mériter non-seulement dans les tournois [91], mais encore dans les combats sanglants de la guerre, des prisonniers à faire, un poste à enlever aux ennemis, une escalade, ou quelqu'autre exploit. C'étoit là ce qu'une dame exigeoit de son amant, pour juger s'il étoit digne d'elle, et pour s'assurer de son amour. On croira que je parle d'après quelque romancier, mais je n'ai besoin que du témoignage de Froissart pour donner la preuve de ce que j'avance. Un chevalier du Bourbonnois, nommé *Bonnelance*, dit-il, *vaillant homme aux armes, gracieux et amoureux*, s'étant trouvé à Montferrand en Auvergne *en grant esbatement avec dames et demoiselles*, elles le pressèrent de faire quelque exploit contre les Anglois; l'une d'elles *qu'il avoit en graces* (qu'il aimoit) plus que les autres, lui dit qu'elle verroit volontiers un Anglois: *Si je puis être assez heureux pour en prendre quelqu'un, je vous l'amènerai*, avoit-il répondu. A quelque temps de-là il fit une course qui le mit en état de tenir sa parole. Il ramena à Montferrand les prisonniers qu'il avoit faits, au grand contentement des dames et demoiselles qui vinrent souvent le visiter; et s'adressant à celle qui lui avoit demandé un Anglois: *En voici plusieurs*, lui dit-il, *je vous les lerrai en cette ville tant qu'ils auront trouvé qui leur rançon payera. Les dames commencèrent à rire, qui tournèrent cette chose en reveil* (joie), *et dirent grant mercy*. Bonnelance s'en alla avec elles, et fut dedans Montferrand trois jours, entre les dames et demoiselles.

Quelques historiens ont dit que le désir de la gloire fut le seul motif de l'union de

Charles VII et de la belle Agnès Sorel : c'est, sans doute, trop dire; mais on peut présumer que ce sentiment contribua beaucoup à l'entretenir. Il étoit alors le principe, ou du moins le prétexte de toute la galanterie dont les dames, pour cette raison, faisoient parade, aussi bien que leurs amants. On ne peut guère douter que plusieurs d'entre eux n'aient fait de la gloire l'unique objet de leur passion. Si l'on examine bien les hommes, surtout le caractère des peuples qu'un tempérament plein de feux rend susceptibles de sentiments élevés, on ne sera point surpris qu'une sage et habile politique fasse prendre à leur cœur, à leur esprit et à leur imagination toutes les formes et toutes les impressions qu'elle voudra leur communiquer.

Les chansons de gestes [92], c'est-à-dire, historiques, ou les autres poëmes composés pour célébrer les tournois, étant répandus dans toutes les cours de l'univers, y portoient le nom et la gloire de ceux qui en avoient remporté le prix, échauffoient tous les cœurs, excitoient une noble émulation. C'étoit aussi le dessein de ceux qui écrivoient les romans et les histoires. Les préambules de tous les ouvrages que l'on composoit alors, soit en vers, soit en prose, sont remplis de ce motif louable qui avoit fait prendre la plume à leurs auteurs, et doivent achever de nous convaincre que le même esprit [93] régnoit, à cet égard, dans tous les ordres de l'État. Il inspiroit encore plus particulièrement Alain Chartier, dans le poëme où cet auteur fait parler quatre dames dont les amants ont chacun éprouvé un sort différent à la funeste bataille d'Azincourt. L'un d'eux a été tué; l'autre a été fait prisonnier; le troisième est perdu et ne se retrouve point; le quatrième est sain et sauf, mais il ne doit son salut qu'à une fuite honteuse. On représente la dame de celui-ci comme infiniment plus à plaindre que ses compagnes, d'avoir placé son affection dans un lâche chevalier : *Selon la loi d'amour*, dit-elle, *je l'eusse mieux aimé mort que vif.* Le poëte ne blessoit point la vraisemblance ; les sentiments qu'il prêtoit aux dames étoient alors gravés dans tous les cœurs.

Une estime si universelle du courage, et l'ardeur qu'elle inspira pour la guerre, étoient les heureux fruits de l'ancienne Chevalerie militaire, qui fut elle-même la source féconde d'où sont sortis tant de héros, la gloire et l'appui de la nation françoise.

NOTES

DE

LA SECONDE PARTIE.

(1) Voyez Aimoin, liv. V, chap. 11, p. 267 et suivantes. Louis-le-Débonnaire ceignit pareillement l'épée à Charles son fils, en 838. (Annales de saint Bertin, Duch., t. III, p. 193. B.) Je supprime plusieurs autres exemples que l'histoire me fourniroit presque sans interruption, jusqu'au quinzième siècle. L'usage de donner les premières armes à ceux qui se destinoient au métier de la guerre, et la cérémonie qui s'observoit en cette occasion, ont porté nos historiens à faire remonter l'origine de la Chevalerie à des temps où cette institution n'étoit pas encore connue.

(2) Tacite, après avoir représenté la cavalerie des Germains comme n'étant armée que d'un javelot qu'il appelle *framea*, et d'un écu, dit (Tacite, de Morib. Germ., edit. Vart., art. 13, p. 621 et seq.): « Qu'ils ne
» traitent d'aucune affaire, soit publique, soit parti-
» culière, qu'ils ne soient armés; mais, ajoute-t-il, il
» n'est permis à personne de prendre les armes qu'il
» n'ait reçu de la cité le droit de les porter. La prise de
» possession se fait dans une assemblée nationale; le

» père ou le plus proche parent pare le jeune homme de
» l'écu et du javelot: c'est la robe virile de ces peuples
» et le premier degré d'honneur de leur jeunesse ; jus-
» que-là le jeune homme n'avoit appartenu qu'à sa fa-
» mille ; par-là il devenoit membre de la république. »

(3) On voit, dans une longue pièce de Nat. de Mons, manuscrit d'Urfé, que les chevaliers sont regardés comme étant au-dessus des autres hommes. (Poés. prov. manuscr., G. pièce 939, fol. 124, recto, col. 2.)

E an la senhoria
Sobre las autras gens.

La même chose est répétée presque dans les mêmes termes, dans le roman de Floire et de Blancheflor. (Manuscrit de Saint-Germain-des-Prés, fol. 41, verso, col. 2.)

Chevaliers sont de moult grant pris ;
Il ont de tous gens le pris,
Et le los et la seignorie.

(4) Suivant l'expression du chevalier de La Tour, dans son Guidon des guerres (fol. 90, recto, col. 1), les chevaliers avoient « l'état en l'ouvrage des batailles,
» comme les maîtres et les docteurs en autres sciences.»
Du Tillet dit dans le même sens: « Toute Chevalerie de
» soy a prééminence et honneur pour la marque en
» faicts d'armes. » (Recueil des rois de France, chapitre des gouverneurs et lieutenants-généraux, p. 354.)

Telle est l'idée que nos anciens nous donnent en général de toute la Chevalerie; mais en prenant encore chaque chevalier en particulier, ils le regardent comme un capitaine qui avoit mille hommes sous ses ordres. Le roi Charles, dans le roman de Gérard de Roussillon, en provençal (manuscr., fol. 77, recto), fait ces plaintes de l'ingratitude de Gérard : « Je l'ai nourri, dit-il, dès » son bas âge jusqu'à ce qu'il fût en état d'entrètenir » mille hommes sous son commandement; » ce qui semble signifier jusqu'à ce qu'il fût chevalier.

« Le chevalier est élu entre mille comme le meilleur,» suivant Eustache Deschamps. (Poés. manuscr., fol. 115, col. 4.) « Il est élu entre mille hommes à avoir plus » noble office que tous les mille, » suivant l'auteur du livre de l'Ordre de Chevalerie (fol. 2, verso). Nos écrivains, dans ces passages, avoient peut-être en vue l'espèce d'allusion équivoque du mot latin *miles*, chevalier, avec celui de *mille*.

(5) Les mots *miles, militia, militare*, etc., s'appliquoient anciennement, suivant Ducange (Gloss. lat.) au service qui se faisoit dans les palais ou les maisons des rois et des princes. Dans les neuvième et dixième siècles ils désignèrent le service des fiefs; enfin ils furent employés pour exprimer une nouvelle espèce de milice qui servoit à cheval et avoit le premier rang à la guerre sur l'infanterie et la cavalerie. Un des plus anciens passages rapportés par Ducange, peut faire connoître ce qui constituoit la Chevalerie proprement dite, et ce qui établissoit la distinction entre les chevaliers et les écuyers. Il est tiré de Foucher de Chartres (Hist. Hieros., l. 2, c. 31). *Milites nostri*, dit cet auteur, chapelain de Godefroi de Bouillon, *erant quingenti, exceptis illis qui militari nomine non censebantur, tamen equitantes.* (Voyez la note 14 de la première partie.)

(6) C'est l'idée qu'en avoit Le Laboureur dans son Traité de la Pairie, p. 278, lorsqu'il dit: « Aussi les » cérémonies de la Chevalerie sont-elles une espèce » d'investiture et représentent-elles une manière d'hom- » mage. » (Voyez les conjectures de ce judicieux écrivain sur l'institution de la Chevalerie, p. 277.)

(7) Philippe, fils de Philippe-le-Bel, ayant fait chevaliers, à la fête de la Pentecôte, ses trois fils, Louis, Philippe et Charles, ces princes firent aussitôt quatre cents autres chevaliers. A cet exemple, rapporté par le P. Mabillon d'après la Chronique de saint Denis, on peut ajouter celui de Malcom, roi d'Écosse, qui accompagnoit au siége de Toulouse Henri, roi d'Angleterre, et qui, fait chevalier par ce prince, en créa sur-le-champ trente autres. (C'est un fait tiré de la Chronique de Geofroi du Vigeois.)

(8) Voyez la cinquième dissertation de Ducange, à la suite de Joinville, *sur les cours et les fêtes solennelles des rois de France*, p. 157 et suivantes. On peut encore juger de la magnificence de ces fêtes par la description qu'on lit dans Muratori, de la cour plénière tenue à Rimini, pour armer chevaliers des seigneurs de la maison de Malatesta, et d'autres; on y compta plus de quinze cents saltimbanques, bateleurs, comédiens et bouffons.

Voyez aussi Sauval, Histoire de Paris, XII, 640, XIII, 710, 711, 716.

(9) Dans la pièce intitulée le *Court-Mantel*, dont le fond est le même que la *Coupe enchantée* de l'Arioste,

mise en vers par La Fontaine, on voit la description d'une cour plénière, tenue par le bon roi Artus,

> Qui fist aux chevaliers donner
> Robes moult riches et moult beles,
> Et grant planté * d'armes nouveles,
> Et moult riches chevaux d'Espaigne,
> De Hongrie et d'Alemaigne.
> Ni ot si poure chevalier
> Qui n'ait armes et bon destrier,
> Et robes, se prendre les vout :
> Onques si grant planté n'en out .
> A une feste mes donnée.

(10) Le manteau fourré de vair ou d'autre riche pelleterie, étoit particulièrement réservé aux chevaliers. On trouvera un grand détail sur cet article dans la note 11 de la quatrième partie.

(11) L'habillement blanc et le bain répondoient aux cérémonies du baptême; l'accolade et le soufflet à celles de la confirmation, et le mot *espouser,* dont quelques auteurs se servent pour *adouber, armer chevalier,* indique une espèce de mariage. (Perceforest, vol. II, f. 119, verso, col. 1.) Enfin la Chevalerie étoit regardée comme une ordination, un sacerdoce.

Comme le parrain faisoit des présents à celui qu'il tenoit sur les fonts, suivant un auteur cité par Ducange (Dissert. des adopt. d'hon., à la suite de Joinville, p. 274), de même aussi celui qui conféroit la Chevalerie devoit faire quelque don, accorder quelque grâce à celui qui l'avoit reçue. « Celui jour (Ordre de Chevalerie, fol. 12,

---
* Quantité.

» recto et verso) de la création des chevaliers, convient
» faire grant feste, donner beaux dons et grants, et faire
» grants mangiers, jouster et bouhourder, et les autres
» choses qui appartiennent à feste de Chevalerie. Et le
» seigneur qui fait nouveau chevalier doit donner au
» chevalier nouveau et aux autres chevaliers. Et aussi
» doit le chevalier nouveau donner aux autres celui jour.
» Car qui tant grant don reçoit comme est l'ordre de
» Chevalerie, son ordre dément s'il ne donne selon
» qu'il doit donner. »

Cet usage est confirmé par un passage bien précis du roman de Lancelot du Lac (t. III, fol. 71 et 72). « Comme
» c'étoit, dit-il, la costume alors, le nouveau cheva-
» lier pria Galaad (qui lui avoit conféré la Chevalerie)
» de lui accorder le premier don qu'il lui demandoit, et
» qu'en pareil cas on ne doit jamais refuser à son nou-
» veau chevalier, si la demande n'estoit déraisonnable
» ou préjudiciable à celui à qui elle estoit faite. Galaad
» le promit, et le nouveau chevalier le prie de permet-
» tre qu'il le suive dans la queste qu'il alloit faire. »

(12) Plusieurs traits de ressemblance concourent à former ce parallèle : 1° le rapport des noms ou qualifications ; 2° celui des habillements ; 3° la conformité de leurs priviléges ; 4° celle de leurs devoirs ou obligations.

1°. Nos anciens auteurs, qui distinguent ordinairement les chevaliers par le nom de héros, *heroes*, ont quelquefois appliqué le même mot aux prélats. (Chronique du Vigeois ; Labbe, t. II, p. 310, 314, 321 et 322.) Le moine du Vigeois (p. 319), parlant du concile de Limoges, se sert de ces termes : *Heroes qui per dies septem concilium celebravére, Lemovicind discedunt ab urbe.* L'auteur du livre intitulé l'Ordre de Chevalerie (p. 12), ayant encore qualifié de chevalier terrien (temporel) celui qui a conféré la Chevalerie, donne le titre de chevalier spirituel au prêtre célébrant, devant qui s'est présenté le novice pour la recevoir.

2°. Les habits de l'un sont comparés à ceux de l'autre. « De même que tous les ornements dont le prestre est re- » vestu quand il chante la messe ont une signification » qui se rapporte à son office, de même aussi l'office de » chevalier, qui a grande concordance à celui de prestre, » a des armes et des vestements qui se rapportent à la » noblesse de sa Chevalerie et de son ordre. » (Voyez l'Ordre de Chevalerie, p. 13 et 14, où l'on pourra lire le détail de ce parallèle.)

3°. Le privilége attaché à l'habillement ecclésiastique étoit également affecté à l'habillement des chevaliers, comme on le verra dans la quatrième partie; et si le chevalier entroit dans l'ordre par quelque vue d'intérêt temporel, il étoit regardé comme simoniaque.

4°. Afin qu'il ne manquât rien au parallèle entre les deux états de *clergie* et de Chevalerie, nos anciens auteurs voudroient étendre sur les chevaliers l'obligation du célibat; et comme l'Église défend le mariage à ses ministres, ils voudroient aussi l'interdire aux suppôts de la Chevalerie. (Voyez à ce sujet les poésies manuscrites d'Eustache Deschamps, p. 546, col. 4.)

Nos législateurs se relâchent néanmoins de leur sévérité en faveur de l'amour : comme ils n'y voient que l'honneur, la vertu et le désir de la perfection, non-seulement ils le permettent aux gens d'Église, aux clercs, ils le réservent même pour eux et pour les chevaliers, comme un apanage qui les distinguoit des autres états inférieurs.

On lit dans nos anciens fabliaux (manuscr. du roi, 7615, fol. 185, recto, col. 2) ces vers adressés à une dame :

> Et quand venra à ami faire,
> Et amez un biau clerc debonnere
> Qui soit vaillant, preux et cortois,
> Ou un biau chevalier ancois* ;
> Qu'en chevalier et en clergie
> Est tretoute la cortoisie.

Au reste les auteurs qui ont traité de la Chevalerie étoient bien en droit de la comparer à l'état ecclésiastique, et même à la prélature, puisqu'un prélat avoit mis les ornements épiscopaux en parallèle avec les armes d'un chevalier. Ce prélat est Durand, évêque de Mende, dans son livre intitulé : *Rationale divini officii*, *lib*. 3, cité par Sainte-Marie, Ordre de Chevalerie. Voyez encore la note 34 de la quatrième partie.

(13) Voyez Ducange, Glossaire latin, aux mots *alapa militaris, miles,* et autres ; et ses dissertations à la suite de Joinville.

Le livre intitulé l'Ordre de Chevalerie, et un autre traitant des devoirs d'un homme de guerre, sous le titre de Jouvencel.

La Colombière, Théâtre d'honneur et de Chevalerie.

Le P. Ménestrier, ses divers Traités de la Chevalerie.

Favin, Théâtre d'honneur et de Chevalerie.

* Plutôt.

Le P. Honoré de Sainte-Marie, des Ordres de Chevalerie, et beaucoup d'autres auteurs. Un ouvrage moins connu, composé sous le titre *de la Salade,* par Antoine de la Sale, vers le milieu du quinzième siècle, explique en ces termes les différentes manières d'armer un chevalier, dans le chapitre intitulé : Comment ung escuyer se doit faire chevalier, fol. 54, recto et verso.

« L'escuyer, quant il a bien voyagé, et a esté en
» plusieurs faicts d'armes dont il en est sailly à honneur,
» et qu'il a bien de quoi maintenir l'estat de Chevalerie;
» car aultrement ne lui est honneur et vault mieulx estre
» bon escuyer que ung poure chevalier, dont pour plus
» honnourablement li estre que avant la bataille, l'as-
» saut ou la rencontre, où bennieres de princes soient;
» alors doit requerir aulcun seigneur ou preudhomme
» chevalier qui le face chevalier au nom de Dieu, de
» Notre-Dame et de monseigneur saint George, le bon
» chevalier à lui baillant son espée nue en baisant la
» croix; en oultres bons chevaliers se font au sainct
» sépulchre de Notre Seigneur, pour amour et honneur
» de lui. Aultres se font à saincte Katherine, ou là où ils
» ont leurs dévotions. Aultres se font qui sont baignez
» en cuves, et puis revestus tout de neuf, et celle nuyt
» vont veiller en l'église, où ils doyvent estre en devo-
» tion jusques après la grant messe chantée. Lors le
» prince, ou aulcun aultre seigneur chevalier, lui ceint
» l'espée dorée, et en plusieurs aultres plus legieres fa-
» çons. »

Voyez encore des descriptions très-exactes, très-amples et très-complètes des cérémonies pratiquées pour conférer la Chevalerie, dans le 122ᵉ chapitre du deuxième volume de Perceforest, et dans le chapitre 57 du treizième livre d'Amadis, p. 422 jusqu'à 428. On y peut joindre l'inspection d'une miniature qui les représente, au fol. 158, recto, de la Destruction de Troie, en vers, par Beneois de Sainte-More, manuscrit du roi, n. 7189.

(14) Tout ce qui concerne cette loi rigoureuse, est détaillé dans un passage long et curieux du livre intitulé l'Ordre de la Chevalerie, fol. 11, recto et verso, auquel nous renvoyons le lecteur.

(15) Cette pieuse coutume, connue sous le nom *de la veille des armes*, avoit été observée dès les premiers temps pour les duels judiciaires ou épreuves du duel. La Chronique latine d'Ademar de Chabannois (Labbe, Biblioth. manuscr., t. II, p. 183), qui finit à l'an 1029, fait le récit d'un combat de cette espèce. Le champion victorieux, n'ayant point été blessé, alla sur-le-champ, à pied, rendre grâces à Dieu sur le tombeau de saint Cibar, où il avoit veillé la nuit précédente.

(16) Le novice recevoit la communion après que le prêtre lui avoit passé l'épée autour du col. (Préf. du P. Mabillon sur le troisième siècle de l'ordre de Saint-Benoît, art. 96, p. 144.)

(17) Nous apprenons de Perceforest (vol. I, fol. 20, verso, col. 1) que les rois et les reines de la Grande-Bretagne avoient coutume de prendre, la veille au soir de leur couronnement, des habits blancs en signe de pureté. C'étoit aussi l'habillement des novices la veille de leur réception dans l'ordre de la Chevalerie.

(18) On lit dans le roman de Partenopex de Blois,

écrit dans le treizième siècle, parmi les manuscrits de Saint-Germain-des-Prés, fol. 151, recto, col. 2, que la fée Meillor, avant le grand tournoi qui devoit se faire dans son royaume, ceignit l'épée à plus de cent personnes (qu'elle les fit chevaliers). « L'usage étoit alors bon ou
» mauvais, dit le même romancier (*ibid.* col. 3), que
» ceux qui se présentoient pour qu'on leur ceignît
» l'épée, la portoient pendue à leur col, et avoient la
» tête armée, en sorte qu'on ne les connoissoit point au
» visage. »

Partenopex fut ainsi fait chevalier par sa dame, sans qu'elle le connût, *ibidem*. L'auteur de Tirant le Blanc (tom. II, p. 41) fait encore mention de quelques écuyers qui ne vouloient être armés chevaliers que par les dames. Je ne puis me fonder sur des témoignages plus authentiques pour croire que les dames aient eu le pouvoir de faire des chevaliers, et j'ai fait voir dans la première partie (note 14), que l'exemple de la dame de Laval, rapporté par Mesnard, ne peut avoir d'application à cette cérémonie.

La Roque (Traité de la Noblesse, p. 430) fait une autre question au sujet des dames, savoir, si elles peuvent être chevalières : les titres d'*Equitissa*, de *Militissa* que quelques-unes ont pris et qui le font pencher pour l'affirmative, ne désignoient peut-être que l'état de leur mari si elles en avoient, ou de leur père si elles étoient encore filles, de même qu'on voit, dans la chronique du Vigeois, des personnes dont la condition est exprimée par ces mots *de genere equestri, de genere militari*. Le petit nombre d'exemples qu'il rapporte pour prouver que les dames étoient capables de recevoir les ordres de Chevalerie, fait voir seulement que le caprice a pu faire violer quelquefois la règle générale qui devoit les en exclure, puisqu'elles ne peuvent exercer la profession des armes.

(19) On interrogeoit sur les motifs de sa demande, le novice qui se présentoit pour recevoir la Chevalerie. « Celui qui la donne, dit un de nos anciens écrivains » (Ordre de Chevalerie, p. 10 et 11), doit savoir, de » celui qui la demande, à quelle intention il souhaite » de l'obtenir; car si c'est pour être riche, pour se » reposer et être honoré, sans faire honneur à la Cheva- » lerie, il en est indigne, et seroit à l'ordre de Cheva- » lerie qu'il recevroit, ce que le Clerc simoniaque est à » la prélation (prélature). » L'auteur du même ouvrage (p. 10 et 11) exclut de la Chevalerie l'écuyer taché de vaine gloire, celui qui est *chueur* ou *flatteur;* car « un » tel homme fomente la corruption dont le chevalier, » par son état, doit être le destructeur, et il corrompt » la noblesse de cœur que le chevalier doit avoir en » partage. » Il observe aussi qu'on ne doit pas non plus admettre dans l'ordre l'homme estropié, ou ayant quelqu'autre indisposition corporelle qui le rendroit peu propre au métier des armes, quelque riche et quelque noble qu'il soit, ou quelque courage qu'il pût avoir. Un autre auteur auquel je renvoie pour abréger, explique toutes les qualités que doit avoir un chevalier, quelles doivent être sa taille, sa figure, sa physionomie. Cet auteur est le chevalier de la Tour. Voyez, dans son *Guidon-des guerres,* le chapitre intitulé: *les Signes du fort chevalier* (fol. 90, verso, col. 2), et le chapitre des *Signes de saige chevalier* (fol. 91, verso, col. 2). « Nul ne doit estre reçeu, dit un peu plus haut

» le même écrivain, à la dignité de chevalier, si on ne
» sçet qu'il ayme le bien du royaume et du commun,
» et qu'il soit bon et expert en l'ouvrage batailleux, et
» qu'il veuille, suivant les commandements du prince,
» appaiser les discors du peuple et soy combattre pour
» oster, à son poüoir, tout ce qu'il sçet empescher le
» bien commun. » Ce maintien du bon ordre étoit un
des devoirs essentiels de la Chevalerie, sur lesquels on
peut consulter dans Perceforest (vol. 2, ch. 42, fol. 147)
les instructions données par le roi Péléon à son fils et à
ses neveux, lorsqu'il les arma chevaliers : « Celui qui
» veut entrer en un ordre, leur dit-il, soit en religion,
» ou en mariage, ou en chevalerie, ou en quelque estat
» que ce soit, il doit premièrement son cueur et sa cons-
» cience nettoyer et purger de tous vices, et remplir et
» aorner de toutes vertus, et encharger grant voulenté
» de faire et accomplir tout ce que l'ordre enseigne à
» faire. »

Pour tout dire en un mot, il devoit être sans reproche, suivant le récit formel de Monstrelet (vol. 3, fol.
85, recto et verso) : « Lorsque le duc de Bourgogne,
» en 1461, tint la fête de la Toison d'or, le duc d'Alen-
» çon y fit assister un chevalier à sa place, étant pri-
» sonnier pour le jugement rendu contre lui ; et quoi-
» qu'à cette assemblée il ne dût y avoir que des cheva-
» liers sans reproche, le duc de Bourgogne le souffrit,
» parce qu'il le tenoit pour homme d'honneur condamné
» injustement et sans sa participation. »

Plusieurs de nos chevaliers méritèrent, par distinction, le surnom particulier de *Chevaliers sans reproche*
(Mém. d'Olivier de la Marche, p. 50), tels que Duguesclin, Barbasan, Louis de la Trimouille et Bayard :

joignons-y le brave d'Aumont, mort en 1595, à qui M. de Thou rend ce glorieux témoignage : « Qu'il étoit
» tellement estimé dans les deux partis du roi et de la
» ligue, que s'il eût été question de trouver un cheva-
» lier françois *sans reproche*, tel que nos pères en ont
» eu autrefois, tout le monde auroit jeté les yeux sur
» *d'Aumont.* » (Voyez livre CXIII, trad., t. XII, p. 446.)

(20) On voit, dans le roman du Don Florés de Grèce (fol. 70, verso, et 71, recto), un chevalier près d'aller au combat, qui est armé par une jeune demoiselle « qui,
» de ses blanches et délicates mains, commença à nouer
» et lacer esguilettes et courroyes. Or devinez, ajoute
» l'auteur, comment patiemment il prenoit en gré cette
» faveur. Certes il n'eust pas voulu avoir desja eu la
» victoire pour perdre tant de privauté de celle en la-
» quelle il vivoit du tout. »

(21) Cette coutume avoit changé suivant un passage de Lancelot du Lac (t. I, fol. 75) : *Éperon dextre chaussé au nouveau chevalier, comme c'étoit alors la coutume.*

(22) C'étoit le signe le plus essentiel de la Chevalerie. Comme le jeune Lancelot avoit été oublié parmi le grand nombre de ceux qui reçurent l'épée de la main du roi Artus, la reine lui en donna une; alors il devint chevalier, et fut chevalier de cette princesse. (Lancelot, t. I, fol. 32, p. 392 et suivantes.)

(23) C'est-à-dire revêtu de son armure. Voyez-en la description bien circonstanciée dans Perceforest (t. II, fol. 119, recto; col. 1 et 2, verso); où il faut remarquer

le terme d'*épouser* qui y est employé en parlant de ceux qui ont donné les armes au nouveau chevalier.

(24) On lit à la page 12 du livre intitulé *Ordre de la Chevalerie :* « L'escuyer se doit agenouiller devant l'au-
» tel, et lever à Dieu ses yeux corporels et spirituels, et
» ses mains au ciel, et le chevalier lui doit ceindre l'é-
» pée en signifiance de chasteté et de justice, et en si-
» gnifiance de charité. »

(25) Selon le même auteur, même page : « Le cheva-
» lier doit baiser l'escuyer (qu'il reçoit chevalier), et lui
» donner une paulmée afin qu'il soit souvenant de ce
» qu'il promet et de la grande charge à quoi il est obli-
» gé, et du grand honneur qu'il reçoit et prend par
» l'ordre de Chevalerie. »

(26) On pouvoit encore réclamer d'autres saints en conférant la Chevalerie. Saintré, prêt à combattre les infidèles en Prusse, pria le roi de Bohême de lui accorder la Chevalerie *de par Dieu, Notre-Dame et monseigneur saint Denys.*

(27) Perceforest (vol. I, fol. 112, recto, col. 1) nous donne le portrait d'un jeune homme que le roi Alexandre venoit de faire chevalier, et qui ensuite fut laissé seul à l'entrée d'une forêt. « Adonc regarde hault et bas,
» et lui est advis que c'estoit belle chose d'ung homme
» quant il est armé. Lors se pensa qu'il s'armeroit du
» tout : si print son heaulme et le mit sur son chef, et
» son escu, et le pendit à son col, et puis vint à son
» cheval et saillit sus de plaine terre que des estriers ne
» se daigna aider. Et quant il fut sus il se print à esten-

» dre et à soy afficher ès estriers, et joignit son escu à
» son costé senestre et à soy polir en ses armes. Lors va
» saisir son glaive et le print à pannoyer (*paumoyer*
» i. e. *tourner*) et à escremer et à tournoyer entour
» son chef, et dist à soy-mesmes : *Or ne me fault riens*
» *de toute ma joie fors que je trouvasse à qui jouster*
» *pour savoir si je pourray aucune chose valoir.* Après
» ce il fiert le cheval des esperons : il fait un tour parmy
» la forest si joyeux et si desirant de jouster que se il
» cuidast lance recouvrer, il allast jouster au premier
» arbre qu'il trouvast ; ainsi s'en va chevauchant parmi
» la forest jusques au bas vespres » Et ailleurs : « Si-tost
» que le roy les eut fait chevaliers, ils montèrent sur
» leurs chevaulx tous armés qu'ils estoient. Lors pendi-
» rent leurs escus à leurs colz et prindrent leurs glaives
» ès poings, et puis poignirent leurs chevaulx par la
» praerie si bien et si gentement, que le roi et Cassiel,
» le souldan et la chevalerie qui là estoit, dirent aper-
» tement qu'ils ne pouoient faillir à estre preux en faiz
» d'armes. » (Perceforest, vol. I, fol. 106, v°, col. 2.)

(28) En voici la preuve dans le passage suivant tiré
de l'Ordre de Chevalerie (p. 12) : « Le nouveau cheva-
» lier doit chevaucher parmi la ville, et se doit mon-
» trer aux gens, affin que tous saichent qu'il est cheva-
» lier nouvellement fait et ordonné chevalier, et qu'il
» est obligé de deffendre et maintenir le haut honneur
» de Chevalerie, car de tant aura-t-il en soy plus grand
» reffrenement de mal faire : car par la grande vergo-
» gne qu'il aura des gens qui servent la Chevalerie, il
» se retirera souvent de mesprendre contre l'Ordre de
» Chevalerie. »

(29) Eustache Deschamps, dans ses poésies manuscrites, dit (fol. 127) que trois Ordres sont nécessaires dans un État, suivant l'écriture : « Les chevaliers pour » défendre; les prêtres pour prier Dieu, et les labou- » reurs pour cultiver la terre. » Et fol. 403 : « Que les » terres des rois et des chevaliers leur avoient été don- » nées pour défendre le peuple. »

(30) Le Jouvencel (fol. 94 jusqu'à 97) compare l'Église au chef de l'homme ; la Chevalerie à ses bras, et l'état des bourgeois, marchands et laboureurs aux autres membres inférieurs. »

(31) Audigier, héros d'un roman burlesque, ayant été ridiculement armé chevalier,

> Sor le destrier armé sist Audigier;
> Entor lui ot de gens plus d'un millier
> Les queroles * commencent sor un fumier.

Ce roman, écrit au 13ᵉ siècle, est conservé parmi les fabliaux manuscrits de Saint-Germain-des-Prés.

(32) Voyez ces prières et ces formules rapportées par André Favin (Théâtre d'honneur et de chevalerie, p. 89 et 90), et dans la remontrance de Juvénal des Ursins, archevêque de Reims, pour la réformation du royaume (mss. de Dupuy, n. 519, fol. 39).

(33) C'est sans doute par une suite de cette cérémonie que les empereurs, à certaines fêtes, ont chanté l'Évangile tenant à la main leur épée nue : *Evangelium nudato ense in vigiliis Natalis Domini in matutinis Mo-*

---

* *Caroles*, danses.

guntiæ legit Carolus IV imperator (Chronic. Belgicum, p. 286, cité par Ducange, Gloss. lat., au mot *Evangelium*).

(34) Suivant le livre de l'Ordre de Chevalerie, déjà cité bien des fois dans ces notes, *office de Chevalerie est de maintenir la foi catholique.* Nos anciens poëtes confirment ce principe; entre plusieurs passages d'Eustache Deschamps dont les poésies, encore manuscrites, furent composées vers la fin du 14e siècle, nous ne citerons que celui-ci :

> Chevaliers en ce monde cy
> Ne peuvent vivre sans soucy ;
> Ils doivent le peuple défendre,
> Et leur sang pour la foy espandre.

(35) Ce serment est rapporté dans le Jouvencel (fol. 93 et suiv.). On avoit déjà négligé cette pratique au temps de Charles VII, et c'est un des points sur lesquels on s'écartoit alors de la régularité de l'ancien cérémonial, comme nous l'apprend Juvénal des Ursins, archevêque de Reims, dans ses remontrances au roi pour la réformation du royaume. Le manuscrit en est conservé parmi ceux de Dupuy (n. 519); Godefroi le cite dans sa préface sur l'Histoire de Charles VI, et comptoit en faire usage dans celle de Charles VII.

(36) L'obligation de les défendre étoit un des premiers devoirs du chevalier : « Office de chevalier est de » maintenir femmes veuves et orphelins, et hommes » més-aisés et non puissants. » (Ordre de Chevalerie, fol. 6, verso.)

(37) C'est de toutes les loix de la Chevalerie celle qui fut maintenue, de tout temps, avec le plus de vigueur parmi la noblesse françoise. « Si une honneste dame, dit
» Brantôme (Dames Gal.), veut se maintenir en sa
» fermeté et constance, il faut que son serviteur n'es-
» pargne nullement sa vie pour la maintenir et deffen-
» dre, si elle court la moindre fortune du monde, soit
» ou de sa vie ou de son honneur, ou de quelque mes-
» chante parole, ainsi que j'en ay veu en nostre cour
» plusieurs qui ont fait taire les médisants tout court
» quand ils sont venus à détracter de leurs maistresses
» et dames, auxquelles, par devoir de Chevalerie et par
» ses loix, nous sommes tenus de servir de champions
» à leurs afflictions. »

Ce droit que les dames avoient sur la Chevalerie devoit être conditionnel : il supposoit que leur conduite et leur réputation ne les rendoient point indignes de l'espèce d'association qui les unissoit à cet ordre uniquement fondé sur l'honneur.

Une princesse, suivant Tirant le Blanc (t. I, p. 266), se soumet *à perdre tout droit à la Chevalerie, et consent que jamais chevalier ne puisse prendre armes pour sa deffense,* si elle ne tient pas la promesse de mariage qu'elle donne à un chevalier qui l'aimoit.

C'étoit donc un nouveau lien qui assujettissoit les dames à conserver précieusement les mœurs pures et honnêtes que les chevaliers exigeoient d'elles, à s'observer scrupuleusement dans toutes les démarches de leur vie ; et c'étoit par conséquent un nouveau service que la Chevalerie rendoit à la société. La demoiselle dont Gérard de Nevers entreprit la défense, ayant vu l'empressement avec lequel il s'y porta, « elle prit son gand

» senestre, si le bailla à Gérard qui moult volentiers le
» prit, en lui disant : Sire, mon corps, ma vie, mes
» terres et mon honneur, je mets en la garde de Dieu
» et de vous, auquel je prie Dieu qu'il doint à vous
» telle grâce octroyer que au dessus en puissiez venir et
» nous oster du danger où nous sommes. » (Roman de
Gérard de Nevers, part. I, p. 71.)

(38) Le portrait de Foulque, neveu de Gérard (au fol. 52, verso, et 53, recto, du Roman de Gérard de Roussillon, mss., en provençal), renferme toutes les qualités d'un chevalier accompli, et par conséquent l'assemblage de toutes les vertus qu'exigeoit la Chevalerie. Il a toutes les bonnes qualités qu'on peut avoir, sans qu'on puisse lui reprocher un seul défaut. Preux, courtois, affable, franc, débonnaire, éloquent, il sait également bien chasser en bois et en rivière (*les exercices de la vénerie et de la fauconnerie*), jouer aux échets, aux tables et aux dez; prodigue de ses biens, il les répand sur tous ceux qui l'approchent, et sur tout le monde sans distinction (*lhi bo e lhi malvatz*). Ennemi déclaré de l'injustice et de quiconque osoit en prendre le parti, quand il n'avoit pas le pouvoir de la réprimer il en étoit inconsolable : enfin il ne sortit jamais de sa cour qu'il n'ait soutenu en champ clos l'équité de ses jugements :

    Ni anc de jutgamen no so tornatz
    Que ans non s'en combatez en camp armatz.

Ce dernier trait est une confirmation de ce que M. le président Montesquieu a avancé des cours de justice (Esprit des Loix, liv. XXVIII, ch. 27). Un autre ouvrage, écrit aussi en provençal, achèvera de nous représenter tous les devoirs des chevaliers : c'est une *tenson*, dispute ou jeu parti entre trois troubadours. Il s'agit de choisir dans un pareil nombre de chevaliers, au service desquels ils pourroient s'attacher, celui qui méritoit la préférence ; et chacun de nos poëtes devoit exposer les raisons du parti qu'il prendroit. L'un de ces seigneurs est recommandable par sa droiture et son équité ; l'autre, plein de bravoure, est toujours prêt à défendre ses sujets, et à venger les torts et les injures qu'on peut leur faire ; le troisième, libéral et magnifique, se distingue par l'usage qu'il fait de ses richesses pour tenir cour ouverte à tout le monde, y faire grande chère, et répandre l'argent à pleines mains. Ces trois qualités réunies, l'équité, la valeur et la générosité, auroient donc formé un chevalier accompli ; aussi comprennent-elles toutes les différentes obligations que la Chevalerie imposoit pour le bonheur de l'humanité, à celui qui embrassoit ses loix. Juge de ses feudataires et protecteur de ses vassaux, il devoit rendre aux uns une justice impartiale, et défendre les autres contre leurs ennemis ; et comme père de tous les habitants de ses domaines, il devoit les assister dans leurs besoins, les soulager dans leur misère.

(39) L'auteur du Jouvencel, fol. 5, v°, représente ainsi le héros de son roman : « Il conduisoit tout soulz la
» main de Dieu et en son nom pour s'employer en faicts
» notables sans vanter ou hault louer soi-même, car
» louenge est réputée blâme en la bouche de celluy qui
» se loe ; mais elle exaulce celluy qui ne se attribue point
» de loenge, mais à Dieu. Se l'escuyer a vaine gloire de
» ce qu'il a fait, il n'est pas digne d'estre chevalier ; car
» vaine gloire est ung vice qui destruit et anéantit les

» mérites et les guerdons, ou bénéfices de Chevalerie. » (L'Ordre de Chevalerie, fol. 10 et 11.)

Le roi Perceforest, conformément à ces principes (Roman de Perceforest, vol. II, fol. 121, verso, col. 1 et 2), instruisant ses chevaliers, leur dit : « Si me souvient
» d'une parolle que ung hermite me dist une fois pour
» moy chastier; car il me dist que si j'avois autant de
» possessions comme avoit le roy Alexandre, et de sens
» comme le sage Salomon, et de chevalerie (valeur,
» bravoure) comme eut le preux Hector de Troye, seul
» orgueil, s'il régnoit en moy, destruiroit tout. » Il leur donne encore d'aussi sages leçons pour les préserver de ce vice qui entraîne après soi tous les autres, et fait perdre le nom de chevalier. Voyez aussi avec quelle force il leur recommande la simplicité, la courtoisie, la douceur, la clémence et l'humanité qui doivent sans cesse les porter à secourir les dames, les demoiselles, les veuves, les orphelins, tous ceux sans exception qui sont persécutés par la mauvaise fortune.

(40) La fidélité à tenir sa parole, cette vertu héréditaire des François, étoit regardée comme le plus beau titre des Gaulois, au jugement des Romains leurs ennemis. Tacite ne relève pas moins la bonne foi que la bravoure dans les Germains nos ancêtres : « Nulle nation
» ne l'emporte, dit-il, sur les Germains du côté de la
» valeur et de la bonne foi; » et cet éloge ne doit pas être suspect de partialité dans un écrivain qui leur reproche ailleurs l'emportement avec lequel ils se livroient au jeu. « Même sans avoir bu (chose étrange) ils se font
» du jeu de dez une occupation sérieuse, et s'y livrent
» avec tant de fureur, qu'après avoir joué tout ce qu'ils

» ont, ils finissent par se jouer eux-mêmes, par risquer
» en un seul coup leur personne et leur liberté. Celui
» qui perd se constitue lui-même esclave ; quoique plus
» jeune, quoique plus fort, il se laisse garotter et vendre.
» Telle est l'obstination avec laquelle ils persistent dans
» leur travers : il faut, disent-ils, tenir sa parole. »
(De Morib. Germ., c. 24. Je me sers de la traduction
de M. l'abbé de La Bléterie.)

Nos Romans anciens ne cessent de recommander cette vertu, tant par leurs préceptes que par les exemples qu'ils nous offrent.

Le roi Artus ayant donné sa parole à un chevalier de lui laisser emmener la reine sa femme, n'écouta ni les plaintes de cette princesse, ni les représentations qu'on put lui faire; il ne répondit autre chose, sinon qu'il l'avoit promis, et que *roi ne se doit dédire de sa promesse.* Lyonnel, qui veut l'en détourner, lui réplique : *Donc est le roy plus serf* (esclave de sa parole) *que autre, et qui vouldroit estre roy honny soit-il.* (En ce cas maudit soit qui voudroit être roi.) La reine est emmenée pour acquitter la parole de son mari. (Lancelot du Lac, t. II, fol. 2, recto, col. 1.)

La foi donnée au nom de la Chevalerie étoit de tous les serments le plus inviolable. Les chevaliers pris à la guerre s'engageoient-ils à venir se remettre en prison aussitôt qu'ils en seroient requis, on n'hésitoit point de leur donner leur liberté pour le temps qu'ils demandoient; on ne doutoit pas de trouver en eux autant de Régulus, qu'aucune peine ne pourroit effrayer, quand il seroit question d'acquitter leur engagement. Les souverains eux-mêmes croyoient qu'en jurant par le titre de chevalier, ils étoient aussi étroitement liés que s'ils

eussent juré par une couronne qu'ils sembloient ne tenir que de leur Chevalerie (comme on le voit dans la quatrième partie). « Le duc Jehan de Bretagne ayant
» traité paix avec le roy Charles VI, le 15 janvier 1380,
» jura le 20 avril ensuivant, l'observance dudit traité,
» par la foy de son corps et comme loyal chevalier. »
(Voyez du Tillet, Recueil des rois de France, au chapitre des Chevaliers de l'Ordre du roi et de l'état de Chevalerie, p. 318.)

Mais je ne crois pas qu'on exige une preuve plus complète de cette fidélité chevaleresque que l'exemple rapporté par Joinville, p. 79. Au récit des malheurs arrivés à l'armée chrétienne, et de la prison de saint Louis, il joint la description de l'état encore plus déplorable où se trouvoit réduite la reine sa femme. Instruite de tant d'infortunes, livrée au plus affreux désespoir, à des agitations qui ne lui permettoient pas de fermer l'œil, et n'attendant que le moment d'accoucher, elle se voyoit encore sur le point de tomber vive au pouvoir des infidèles. Dans cette situation, que Joinville nous peint de ses couleurs naïves, elle prend une dernière résolution, elle se jette aux genoux d'un *chevalier vieil et ancien, de l'aage de quatre-vingtz ans et plus*, et le conjure de lui accorder une grâce: le vieillard y consent, et lui en donne sa foi. Cette grâce unique, demandée avec tant d'instance, étoit de lui couper la tête avant que les Sarrasins la pussent prendre, s'ils devenoient maîtres de la ville de Damiette où elle étoit renfermée. La réponse fait encore mieux voir quelle étoit l'obligation des chevaliers. Il n'avoit pas attendu jusque-là à prendre son parti ; « et le chevalier, dit Joinville, lui respondit
» que très-voulentiers il le feroit, et que jà l'avoit-il eû

» en pensée d'ainsi le faire si le cas y escheoit. » En effet, si l'honneur de toutes les dames, en général, étoit extrêmement recommandé aux chevaliers, il l'étoit bien davantage à ceux qui étoient particulièrement attachés à la maison ou à la personne d'une dame. Attenter à l'honneur de la femme de son seigneur, étoit un crime capital de lèze-féodalité, et le plus irrémissible de tous ceux qui emportoient la confiscation du fief que l'on tenoit sous son hommage; lui enlever le cœur de sa femme, c'étoit lui arracher la vie.

Si l'on en croit l'auteur du roman de Lancelot du Lac (t. III, fol. 34, recto, col. 2), le vassal ou le chevalier informé de la mauvaise conduite que tenoit la femme de son seigneur, ne pouvoit le lui dissimuler sans se rendre criminel; il ne devoit avoir rien de caché pour lui. Aggravain découvre au roi Artus l'affront fait à ce prince dans la personne de sa femme, par Lancelot qu'elle aimoit, et Mordrec ajoute : « Nous la vous
» avons tant celé que nous avons peu, mais au dernier
» convient-il que la vérité soit descouverte, et de tant
» que nous l'avons celé nous sommes parjurez, si nous
» en acquitons et disons plainement qu'il est ainsi. »
(Lancelot du Lac, t. III, p. 134, recto, col. 2.)

(41) La somme des biens qu'un chevalier peut posséder, suivant Lancelot du Lac (t. II, fol. 160, recto), sont : *Force, hardiesse, beauté, gentillesse, débonaireté, courtoisie, largesse et force d'avoir* (richesses) *et d'amis.* Tel peut être l'état de sa fortune, et nous allons voir, dans des auteurs plus graves, la liste des vertus qu'il doit avoir. Lisez, dans le Jouvencel (fol. 33, verso, et 34, recto), ce qui est dit *de la sobriété, de la conti-*

nence et des autres vertus requises au métier des armes; et les vices, comme *le jurement, la cruauté et l'avarice,* que doit fuir l'homme de guerre.

L'Ordre de Chevalerie (fol. 8, 9, 10 et 11) entre encore à ce sujet dans un plus grand détail; le parjure, l'orgueil, l'impureté ou l'incontinence, la paresse, l'avarice, la colère, la gourmandise, l'ivrognerie, doivent être en horreur au chevalier. Qu'il s'abstienne de même de toute parole vilaine ou injurieuse, et demande la noblesse de courage à foi, espérance, charité, justice, force, attrempance, loyauté et aux autres vertus. Le même auteur continue (fol. 14, 15 et 16): *Coustumes* (c'est-à-dire vertus et mœurs) *exigées d'un chevalier, savoir sept vertus dont trois théologales, foy, espérance et charité; et quatre cardinales, justice, prudence, force et attrempance;* suit l'explication des unes et des autres, qui sont opposées aux sept péchés mortels, *gloutonnerie, luxure, oisiveté, orgueil, avarice, envie et ire* (colère), expliqués pareillement.

Sera-t-on dédommagé de la sécheresse de ces préceptes édifiants par quelques passages de nos anciens poëtes?

Tout le monde, suivant le poëte provençal Arnaut de Marvelh (manuscr. d'Urfé, G. pièce 951, fol. 129, verso, col. 5, conférée avec le manuscr. N.), ne parvient point à se faire une réputation par les mêmes moyens. Parmi les chevaliers, les uns l'obtiennent par leur valeur à la guerre, les autres par la splendeur et l'abondance de leurs festins; ceux-ci par leur inclination à rendre service; ceux-là par leur politesse et leur affabilité; quelques-uns par l'éclat de leurs noms et la richesse de leurs habits, d'autres par la générosité avec laquelle ils répandent leurs bienfaits. Comme il est difficile de réunir toutes ces qualités, celui qui en possède un plus grand nombre est celui qui se fait le plus estimer ; mais aussi celui qui n'en a aucune, eût-il le nom de chevalier, *je ne le regarde point*, dit le poëte, *comme un véritable chevalier*.

Les dames ont aussi diverses manières de se mettre en honneur ; la beauté, la vertu, l'éloquence, la bonne grâce, le don de plaire et celui de la sagesse. C'est un grand mérite que celui de la beauté dans une dame ; mais rien ne l'embellit tant que l'esprit et la sagesse : c'est là ce qui lui attire de tout le monde l'hommage qui lui est dû. Qu'on me permette encore de citer la ballade suivante, tirée des poésies manuscrites d'Eustache Deschamps (fol. 309, col. 4). C'est un abrégé de toute cette morale.

BALLADE.

Vous qui voulez l'ordre de chevalier,
Il vous convient mener nouvelle vie ;
Dévotement en oraison veillier,
Pechié fuir, orgueil et villenie :
L'Église devez deffendre,
La vefve, aussi l'orphenin entreprandre ;
Estre hardis et le peuple garder ;
Prodoms loyaulx sanz rien de l'autruy prendre ;
Ainsi se doit chevalier gouverner.

Humble cuer ait, toudis * doit travailler,
Et poursuir faitz de Chevalerie,
Guerre loyal, estre grant voyagier,
Tournoiz suir ** et jouster pour sa mie :

* Toujours. — ** Suivre.

Il doit a tout honneur tendre,
Si c'om ne puist de lui blasme reprandre,
Ne lascheté en ses œuvres trouver;
Et entre touz se doit tenir le mendre;
Ainsi se doit gouverner chevalier.

Il doit amer son seigneur droiturier,
Et dessus touz garder sa seignourie;
Lurgesse avoir, estre vray justicier;
Des prodomes suir la compaignie,
Leurs diz oir et aprendre,
Et des vaillands les prouesses comprandre,
Afin qu'il puist les grands faiz achever,
Comme jadis fist le roy Alexandre;
Ainsi se doit chevalier gouverner.

(42) Le désir de ranimer la Chevalerie porta le roi Jean, en 1351, à créer l'ordre des chevaliers de l'Étoile. Voyez les lettres de leur institution au second tome des Ordonnances de nos rois, pages 465 et 466. (Ordonnances des rois de France, t. IV, p. 116. *Ibid.*, p. 161, 162.) Voyez encore plus particulièrement celles du même prince, d'octobre 1352, par lesquelles il fait don des confiscations et épaves au profit du collége des chanoines qui desservent l'église de Saint-Ouen, dans laquelle est établi l'ordre de l'Étoile (et qui furent confirmées par d'autres du 17 février suivant). Il rappelle, dans celles d'octobre 1352, les exploits de l'antique Chevalerie qui avoit tellement brillé dans tout l'univers par l'éclat de sa valeur et de sa vertu (*per universum orbem sic strenuitate et nobilitate floruit et viguit probitate*). Après Dieu, dit-il, c'étoit elle qui, par sa bonne intelligence et sa franchise (*sinceriter et unanimiter*), avoit fait triompher les rois ses prédécesseurs de tous leurs

ennemis, qui, comme par miracle (*divinitùs*), avoit ramené à la pureté de la foi catholique un nombre prodigieux d'infidèles (dans les croisades), *et infinitos quos perfidus inimicus humani generis in verâ fide Christi, dolo sive calliditate, errasse fecerat, ad veræ catholicæ fidei puritatem divinitùs revocárunt*, et qui enfin avoit fait succéder aux troubles et à la guerre, la paix et la tranquillité dont l'État avoit joui long-temps. L'inaction et l'oisiveté de ces temps pacifiques, le peu d'usage qu'on fit des armes, et l'interruption des exercices militaires jointes à d'autres causes, firent déchoir les chevaliers; ils se livrèrent au luxe et à la mollesse (*occiosis et vanis operibus*), et oubliant le soin de leur honneur et de leur réputation, ne s'occupèrent plus que de leur intérêt particulier. (*Honoris et famæ proh dolor! neglectâ pulchritudine ad utilitatem privatam libentiùs declinantes.*) Le roi, par sa nouvelle institution des chevaliers de la noble maison, se propose de détacher sa Chevalerie de ses frivoles occupations, de rétablir parmi elle cette heureuse concorde, source des anciens avantages et des triomphes qu'elle eut autrefois. Il veut que, brûlant d'une nouvelle soif pour l'honneur et pour la gloire (*sitientes honorem et famam*), elle recouvre son premier lustre et son antique splendeur.

Si la Chevalerie s'étoit relevée sous le roi Jean, les efforts de ce prince et de Charles V son fils, ne purent l'empêcher de retomber encore quelquefois dans le relâchement; le même historien de Saint-Denis nous apprend qu'on avoit perdu jusqu'au souvenir de ses anciens usages. Après avoir fait un récit très-curieux de la Chevalerie que le roi Charles VI conféra à Saint-Denis en 1389, au jeune roi de Sicile et au comte du Maine,

il dit que ces princes, qui étoient frères, comparurent pour faire la veille des armes, dans un équipage aussi modeste qu'extraordinaire, afin de garder les anciennes coutumes de la nouvelle Chevalerie, c'est-à-dire de la réception des nouveaux chevaliers qui les obligeoit à paroître en jeunes écuyers; puis ayant fait le détail de leur équipage, il ajoute : « Cela sembla étrange à beaucoup
» de gens, parce qu'il y en avoit fort peu qui sçussent
» que c'étoit l'ancien ordre de pareille Chevalerie, »
c'est-à-dire les anciennes cérémonies de la Chevalerie.

(43) La singularité des détails renfermés dans ce passage du chevalier de la Tour, m'a paru mériter qu'on le rapportât : c'est dans le chapitre intitulé, *De l'honneur que on souloit faire à celles qui avoient bonne renommée en celluy temps dessus.* « Le temps de lors, dit-il, étoit
» en paix et demenoient grant festes et grant joyeusetés,
» et toutes manières de Chevalerie de dames et damoi-
» selles se assembloient là où ils sçavoient les festes qui
» estoient faictes menu et souvent. Et là venoient par
» grand honneur les bons chevaliers de celluy temps.
» Mais s'il advenoit par aucune advanture que dame ne
» damoiselle que eut mauvais renom, ne qui fust blasmée
» de son honneur, se mist avec une bonne dame ou
» damoiselle de bonne renommée, combien qu'elle feust
» plus gentil femme ou eust plus noble et plus riche
» mary, tantost ces bons chevaliers de leurs droits n'a-
» voient point de honte de venir à elles devant tous, et
» de prendre les bonnes et les mettre au-dessus des
» blasmées, et leur disoient devant tous : *Dame, ne*
» *vous desplaise se ceste dame ou damoiselle va devant;*
» *car combien qu'elle ne soit pas si noble ou si riche*

» *comme vous, elle n'est point blasmée, ains est mise au*
» *compte des bonnes, et ainsi ne dit l'on pas de vous, dont*
» *il me desplaist; mais l'en fera honneur à qui l'a desservi*
» (mérité), *et ne vous en mereveillez pas.* Ainsi parloient
» les bons chevaliers et mettoient les bonnes et de bonne
» renommée les premières dont elles remercioient Dieu
» en leur cueur de elles estre tenues nettement, par quoy
» elles estoient honnorées et mises devant. Et les autres
» se prenoient au nez et baissoient le visaige, et recevoient
» de grant vergongnes. Et pour ce estoit bon exemple à
» toutes gentilz femmes, car pour la honte qu'elles
» oyoient dire des autres femmes, elles doubtoient et
» craignoient à faire mal à point. Mais, Dieu mercy,
» aujourd'huy on porte aussi bien honneur aux blasmées
» comme aux bonnes, dont maintes y prennent mal
» exemple, et dient que c'est tout ung, et que l'on porte
» aussi grant honneur à celles qui sont blasmées et dif-
» famées comme l'en fait aux bonnes, il n'y a force à
» mal faire, tout se passe : mais toutes fois c'est mal dit
» et mal pensé, car en bonne foy combien que en leur
» présence on leur face honneur et courtoysie, quant
» l'en est parti d'elles l'en s'en bourde. Mais je pense
» que c'est mal fait et qu'il vaulsoit encores mieux devant
» tous leur monstrer leurs faultes et leurs folies, comme
» on faisoit en celluy temps dont je vous ay parlé. Et
» vous diray encores plus comme j'ay ouy racompter à
» plusieurs chevaliers qui virent celluy messire Geoffroy
» qui disoit que quant il chevauchoit par les champs,
» et il veoit le chasteau ou manoir de quelque dame, il
» demandoit tousjours à qui il estoit; et quant on lui
» disoit *il est à celle,* se la dame estoit blasmée de son
» honneur, il se fust avant (plutôt) tort (détourné)

» d'une demie lieue qu'il ne fust venu jusques devant la
» porte; et là prenoit ung petit de croye qu'il portoit et
» notoit cette * porte, et y faisoit ung signe et l'en ve-
» noit, et aussi au contraire quant il passoit devant
» l'ostel de dame ou damoiselle de bonne renommée, se
» il n'avoit trop grand haste, il la venoit veoir et hu-
» choit : *Ma bonne amye ou ma bonne dame ou damoi-*
» *selle, je prie à Dieu que en ce bien et en cest honneur*
» *il vous veuille maintenir au nombre des bonnes ; car*
» *bien devez estre louée et honorée.* Et par celle voye les
» bonnes se craignoient et se tenoient plus fermes de
» faire chose dont elles peussent perdre leur honneur et
» leur estat. Si vouldroye que celluy temps fust revenu,
» car je pense qu'il n'en seroit pas tant de blasmées
» comme il est à présent. »

(44) Un grand nombre de fils et de frères de nos rois, depuis le règne de Philippe-Auguste jusqu'à celui de Philippe-le-Bel, reçurent la Chevalerie le jour de la Pentecôte. Henri III a depuis choisi la même fête pour l'institution de l'ordre du Saint-Esprit.

(45) Le roman de Perceforest (vol. I, fol. 105) fait allusion à cette coutume; et Louis XIV suivoit encore en ce point les usages de l'ancienne Chevalerie, lorsqu'en 1661 il se détermina à faire une promotion de chevaliers de l'ordre à l'occasion de la naissance du dauphin.

(46) La preuve s'en tire du passage suivant de la

* On sera au fait de cette note d'infamie si l'on se rapelle ici ce qu'on a lu dans le Glossaire latin de Ducange, au mot *Bombus*.

chronique latine de Nangis sous l'an 1273 : *Comes fuxi regi Franciæ reconciliatus recepit terram suam, et ab ipso rege efficitur miles novus.*

(47) La même chronique nous apprend qu'en 1238 on fit, à Compiègne, des chevaliers au mariage de Robert, l'aîné des frères de saint Louis; et qu'on en fit à Saumur en 1241, au mariage d'Alphonse, son second frère.

(48) Entre plusieurs exemples je choisirai seulement celui de Charles VIII à son entrée dans Naples. « Comme
» les belles et grandes dames du pays et de la ville pa-
» roissoient aux rues et aux places principales, belles et
» si bien ornées de la teste et du corps qu'il n'y avoit
» rien de si beau à voir à nos François nouveaux qui
» n'avoient veu les leurs de France si gentilles ny si
» belles parures, lesquelles en passant présentoient au
» roi leurs jeunes enfants et prioient de leur donner
» l'ordre de la Chevalerie de sa propre main, réputant
» à grand honneur et bonne fortune; ce qu'il ne refu-
» soit point. »

(49) Le roi d'Angleterre ayant épousé la fille du roi Charles VI, refusa les offres que les chevaliers françois et anglois lui firent de célébrer ses noces par des joutes, suivant la coutume, et pour lui faire plaisir; mais voulant faire de leurs armes un emploi qui lui fût plus utile, il leur dit : « Je prie à M. le roi de qui j'ai espousé la fille,
» et à tous ses serviteurs et à mes serviteurs je com-
» mande que demain matin nous soyons tous prêts pour
» aller mettre le siége devant la cité de Sens où les
» ennemis de M. le roi sont, et là pour chacun de nous

» jouxter et tournoyer et montrer sa proesse et son har-
» dement ; car la plus belle proesse n'est au monde que
» de faire justice des mauvais, afin que le pauvre peuple
» se puisse vivre : adonc le roy luy octroya, et chacun
» s'y accorda, et ainsi fut fait (Journ. de Paris, sous
» Charles VI et VII, p. 63). » Cet usurpateur de la couronne de nos rois affectoit ainsi de suivre les principes de la Chevalerie dans le temps même qu'il en sapoit le principal fondement, la foi que tout chevalier doit à son souverain.

(50) On reconnoît déjà dans les exercices des Germains représentés par Tacite (Mœurs des Germains, ch. XXIV, p. 647 et 648), l'intrépidité et l'agilité qui brillèrent depuis dans nos tournois ; mais on verra encore bien mieux dans Nithard la sagesse et la modestie qui tempérèrent l'activité et l'ardeur de ces combats. Cet historien, neveu de Charlemagne (liv. III, pag. 27), nous a laissé une description aussi touchante que curieuse de l'union dans laquelle vécurent Louis de Germanie et Charles son frère après le traité de paix qui suivit la bataille de Fontenai en 842. Ils se faisoient des présents continuels, ils n'avoient qu'une même maison ; et comme ils menoient en tout une vie commune, les amusements de l'un étoient aussi ceux de l'autre. Ils assistoient ensemble aux exercices qui se faisoient entre leurs différents sujets, à nombre égal, au milieu d'une prodigieuse multitude de spectateurs. A voir ces combats on auroit dit qu'une inimitié mortelle animoit les deux partis, tant ils fondoient avec fureur les uns sur les autres, jusqu'à ce que l'un des deux se couvrant de ses boucliers eût pris la fuite. Bientôt la troupe qui avoit plié reprenant cou-

rage, faisoit face à l'ennemi et le poursuivoit à son tour : enfin les deux rois s'avançoient à cheval avec toute leur jeunesse, faisoient à grands cris briller leurs lances ou javelots, et chargeoient tantôt ceux-ci, tantôt ceux-là. Une chose digne d'admiration étoit la noblesse et la retenue d'une aussi nombreuse assemblée de tant de nations différentes; et ce qu'on auroit à peine espéré entre un petit nombre d'amis, on n'auroit pas vu donner un seul coup, on n'y auroit pas ouï prononcer un seul mot offensant.

Ces jeux ne sont encore jusqu'ici que des combats en troupes, semblables à ceux qu'on appeloit depuis *combats à la foulle*, ou peut-être *trespignées :* ils se perfectionnèrent dans les siècles suivants, on les distingua par les diverses portions de troupes qui pouvoient venir aux mains dans les différentes circonstances de la guerre, et l'on en vint jusqu'à la joute qui étoit proprement le duel ou le combat seul à seul. Le genre des armes servit encore à établir une autre distinction : les combats furent divisés par les différentes armes qu'on y employoit, et le tout fut assujetti à des loix générales et à des réglements particuliers. Ce dut être le fruit d'une longue expérience qui ne peut s'acquérir que par degrés insensibles, et l'on ne sauroit guère assigner des époques sûres aux divers progrès que firent les tournois : cependant plusieurs auteurs en ont attribué l'invention à Geoffroi de Preuilli mort en 1066 : d'autres ont conjecturé plus raisonnablement qu'il n'avoit fait qu'en rédiger les loix qui devoient s'y observer; peut-être aussi imagina-t-il, dans les exercices ou les évolutions du tournoi, quelques nouveautés qui les perfectionnèrent et qui le firent regarder comme l'auteur de ces jeux militaires.

L'auteur des *Pandectæ triumphales*, cité par Favin (Théât. d'honn. et de Cheval., p. 1744), prétend que l'empereur Henri-l'Oiseleur introduisit en Allemagne l'usage des tournois, jusqu'alors inconnu à cette nation, mais qui étoit pratiqué par la noblesse de France et d'Angleterre. Ces mots : *Francorum more vetusto cingula militiæ nova præbuit* (*ibid.* Duchesne, t. V, p. 162, B.), dont se sert Guillaume-le-Breton, dans sa *Philippide*, lorsqu'il parle de Philippe-Auguste qui donna la Chevalerie au jeune Artus, en 1201, et les termes de *conflictus Gallicos*, employés par Mathieu Paris, écrivain anglois, sous l'an 1179, pour exprimer les tournois, ne permettent pas de faire à d'autres qu'aux François l'honneur de les regarder comme les instituteurs de ces exercices. De nos cours ils passèrent à celles d'Angleterre et d'Allemagne; et, de l'aveu même des auteurs de l'histoire Byzantine, les peuples d'Orient en ont appris de nous et l'art et la pratique; les François s'y sont toujours distingués par-dessus les autres nations jusqu'au temps de Brantôme. Cet écrivain dit, en parlant du départ de Charles VIII de Naples : « Après que ce gen-
» til roy eust laissé son royaume paisible, et donné aux
» seigneurs et dames du royaume force beaux plaisirs et
» passetemps, de beaux tournois à la mode de France
» qui ont tousjours emporté le prix par-dessus les au-
» tres, et où il étoit tousjours des premiers tenants et des
» mieux faisants. » (Brantôme, Cap. Fr., tome I, page 9.)

Voyez tout ce qui a été écrit sur l'origine et l'usage des tournois par Ducange, au mot *Torneamentum*, et dans ses Dissertations à la suite de Joinville.

Le P. Ménestrier, divers Traités sur la Chevalerie.

Le P. Honoré de Sainte-Marie, Dissertation historique sur la Chevalerie ancienne et moderne.

La Colombière, Théâtre d'honneur et de Chevalerie, où il donne, t. I, p. 519, la liste de plusieurs relations de tournois faits depuis l'an 1500.

(51) L'habitude du maniement des armes et des chevaux, se conserva long-temps parmi notre noblesse, qui en faisoit un jeu continuel dans les châteaux, comme on peut le voir par l'exemple du duc d'Épernon. (Voyez M. de Thou, l. XCII.)

(52) Voyez, sur l'ancien usage de porter ses armoiries, timbres, etc., dans les monastères, avant les tournois, d'offrir aux églises, après le prix remporté, les armes et le cheval avec lesquels on avoit combattu, le chapitre XV de l'Origine des Ornements des armoiries, par le P. Ménestrier, p. 378 et suivantes.

(53) Lorsque les loix de la Chevalerie eurent ordonné, je ne sais dans quel temps, que les seuls nobles seroient admis aux tournois, on fit aussi des informations sur l'état et la naissance de ceux qui s'y présentoient, de même qu'on l'avoit pratiqué du temps de saint Chrysostôme dans les combats du cirque pour les esclaves; l'agonothète demandoit, à haute voix, s'il y avoit quelqu'un qui voulût dire que celui qui s'offroit au combat étoit esclave, auquel cas il étoit rejeté. Favin (Théâtre d'honneur et de Chevalerie, vol. II, p. 1747, où il rapporte les réglements attribués à l'empereur Henri-l'Oiseleur, mort vers l'an 937) prétend qu'on faisoit encore des informations de vie et de mœurs, et qu'il y avoit des peines pour ceux qui étoient coupables d'a-

dultère, ou qui avoient eu commerce criminel avec des religieuses.

(54) L'instrument dont on se servoit pour cette punition, étoit une houssine ou baguette qu'Eustache Deschamps (poés. manuscr. du roi, p. 561) appelle *ramon de behourt*, branche, rameau pour le tournoi.

(55) Voyez ce que rapporte Sauval, dans son Histoire de Paris, t. II, l. XII, des lices plantées exprès pour ces exercices au Palais, au Louvre, à l'hôtel Saint-Paul, à celui des Tournelles et autres lieux dans Paris. Il faut peut-être chercher dans cet usage des tournois, l'origine peu connue du privilége attaché aux maisons de Paris occupées par les princes du sang et les grands officiers de la couronne, au-devant desquelles on voit des barrières : peut-être eurent-ils le droit exclusif de faire planter ces lices, comme étant les seuls qui pouvoient donner dans leurs hôtels le spectacle des joutes et des tournois.

(56) Joute étoit proprement le combat à la lance seul à seul ; on a étendu la signification de ce mot à d'autres combats, suivant l'abus de nos anciens écrivains qui, en confondant ainsi tous les termes, ont souvent mis de la confusion dans nos idées.

(57) Le mot *castille*, qui s'est conservé dans le langage familier pour *dispute, querelle*, s'étoit dit anciennement de l'attaque d'une tour ou d'un château, et fut employé depuis pour les jeux militaires qui n'en étoient que la représentation. Parmi plusieurs combats de cette espèce que je pourrois citer, je renverrai au récit du

bastion que M. d'Amboise fit, en 1507, tenir à Milan devant le roi Louis XII. (Voy. J. d'Auton, Histoire de Louis XII, c. 34, p. 262.) « A grands coups de bastons » embourrez et à tail d'espée...., tant que les bastons » embourrez furent tous rompus et coupez dont grandes » fourches et grosses perches et leviers furent mis en » besogne. » Le roi eut besoin de toute son autorité pour séparer les combattants dont plusieurs étoient « en- » noircis et barbouillez de fange pour l'eau que ceulx » d'amont (d'en haut) jettoient dans les fossez. »

La cour de France, en 1546, passant l'hiver à la Rocheguyon, s'amusoit à faire des castilles que l'on attaquoit et défendoit avec des pelotes de neige; mais le bon ordre que Nithard a fait remarquer dans les jeux militaires de son temps, ne régnoit point dans celui-ci. La division se mit entre les chefs; la querelle s'échauffa; il en coûta la vie au duc d'Enghien. (Voy. l'Histoire de M. de Thou, l. II, p. 133, la trad.) M. de Rosni, en 1606, pour la naissance du dauphin, fit construire à la hâte une castille ou forteresse de bois qui fut vigoureusement attaquée et défendue, suivant M. de Thou, l. CXXXVI (traduct., p. 553 du XIVe tome). Voy. la Dissertation de Ducange, à la suite de Joinville, sur les tournois.

(58) Le pas ou le pas d'armes s'est dit des combats simulés qui représentoient tout ce qui se faisoit à la guerre lorsqu'on défendoit et qu'on attaquoit un pont, un défilé, un passage de rivière ou tout autre passage étroit qu'il étoit important de garder et de forcer. Comme c'étoit un des combats les plus difficiles à soutenir, il semble avoir formé dans notre langue ces façons de parler:

Etre dans un mauvais pas, sortir d'un mauvais pas, et autres pareilles. Voyez, dans la sixième et septième dissertation de Ducange, à la suite de Joinville, tout ce qui concerne les tournois et leurs différentes espèces. Voyez aussi tout ce que la Colombière a rapporté au sujet des pas d'armes dans son Théâtre d'honneur et de Chevalerie, t. I, c. IX et XX. Voyez Saint-Julien de Balleure, dans ses Mélanges historiques, p. 440, où il fait mention de celui qui fut tenu à tous venants au camp d'Attigni durant les trèves, par Gabriel de Saint-Julien, son cousin, et le sieur de Cressia, au lieu appelé le *Crot Madame*, sans que personne pût leur faire perdre le terrain (*le Crot*) qu'ils défendoient. J'en supprime un grand nombre d'autres.

(59) Olivier de la Marche, l. I, p. 164, fait mention de joutes en 1439, qui furent exécutées *en harnois de jouste, en selle de guerre et à la foule sans toile*. Je crois que ce dernier acte des tournois, dont parle aussi le P. Ménestrier, p. 288, est le même que nos écrivains désignent aussi par le mot *trepignez*, qui signifie l'action de trépigner, fouler aux pieds pour exprimer le désordre et la confusion de ces jeux.

(60) Les hérauts avoient huit parisis de chaque chevalier pour attacher le casque aux fenêtres, au-dessus du blason, pour le tournois. Ceux qui y entroient pour la première fois devoient, pour leur bienvenue, leur heaume aux officiers d'armes; mais avec la distinction suivante qui marquoit la prééminence du combat à la lance sur le combat à l'épée. Si l'on avoit payé le heaume pour le combat à l'épée, il falloit encore le payer

pour celui de la lance; mais lorsqu'une fois on avoit payé ce droit pour la lance, on en étoit quitte pour le combat à l'épée et autres, selon cet axiome, que *la lance affranchit l'épée; l'épée n'affranchit pas la lance.* (Le P. Ménestrier, Ornements des Armoiries, p. 21.) Voyez les cris que faisoient les hérauts et poursuivants d'armes, et les éloges qu'ils prodiguoient aux combattants. (*Ibid.*, c. X, intitulé *du Cri*, p. 200 et suiv.)

(61) Au gage de bataille entre trois chevaliers portugois et pareil nombre de François en 1414, lorsque les premiers se mirent sur les rangs, « ils firent leur
» révérance au roy qui fit crier par les heraulx qu'au-
» cun, sous peine de la teste, ne fust si osé d'empes-
» cher (troubler) les champions de parole ni de geste
» ou par tout autre signe. » (Histoire de Charles VI, par le moine de Saint-Denis, p. 971.)

(62) De même que le vassal à la guerre prenoit le cri du seigneur dont il relevoit, de même aussi les chevaliers demandoient aux dames dont ils étoient serviteurs, quels cris elles vouloient qu'ils fissent retentir en combattant pour elles dans les tournois. (Voyez une chanson de Froissart, dans les manuscr. du roi, n. 7214.)

Comme le vassal marchoit encore sous l'étendard chargé des armes du seigneur dominant, les chevaliers prirent pareillement, dans les tournois, les devises et les livrées de leurs dames. (Voy. le P. Ménestrier, Origine des Ornements des Armoiries.) Après avoir, au c. X de l'Origine des Devises des Armoiries, rapporté un grand nombre d'exemples, il dit (p. 244): « Il y a
» quantité de demi-mots que j'appelle énigmatiques et

» de sens couvert, parce qu'ils ne sont entendus que de
» celui qui les porte; c'est ce qu'on a affecté en la plus-
» part des tournois où les chevaliers prenant des devises
» d'amour, se contentoient d'être entendus des person-
» nes qu'ils aimoient, sans que les autres pénétrassent
» dans le sens de leur passion. »

L'usage de ces devises a donné lieu à cette fiction des arrêts d'amour. Un amant ayant entrepris de jouter, « fit faire harnois et habillements qu'il divisa à la plai-
» sance (de sa dame) et où il fit mettre la livrée de sa-
» dite dame, et avec ce eut chevaulx et lance et housse
» de même. Quand vint au departir qu'il cuidoit trou-
» ver sadite dame pour avoir sa bénédiction, elle fei-
» gnit d'estre malade en se faisant excuser, et dire
» qu'elle ne pouvoit parler à lui.... La court d'amour
» condamna la damoiselle à habiller, vestir et armer
» ledit amoureux demandeur la première fois qu'il vou-
» dra jouster, et conduire son cheval par la bride tout
» du long des lices ung tour seulement, luy bailler sa
» lance en disant : Adieu, mon amy, ayez bon cœur,
» ne vous souciez de rien, car on prie pour vous. »
(*Arresta amorum*, p. 366 *ad* 368.)

(63) Les chevaliers étoient souvent invités à se rendre aux tournois avec leurs femmes, leurs sœurs ou autres parentes, mais surtout avec leurs maîtresses (Perceforest, vol. III, fol. 125, verso, col. 1). Les champions ne manquoient pas de les nommer dans les joutes, afin de s'encourager eux-mêmes. Les loix ont censuré cet abus, suivant l'auteur de la *Vie de Michel Cervantes*, à la tête de l'édition de *Don-Quichotte*, la Haye, 1744.

(64) Le désir de plaire aux dames fut toujours l'ame des tournois. On lira avec plaisir, dans le roman de Perceforest (vol. IV, ch. VI, fol. 19, verso, et 20, recto), les plaintes que fait ce prince à l'un de ses confidents, de l'inaction et de la langueur de ses chevaliers qui, dans le sein de leur bonheur, ont abandonné les joutes, les tournois, les quêtes merveilleuses, et tous les bons exercices de la Chevalerie; il compare leur engourdissement au silence du rossignol qui ne cesse de *mener joyeuseté en servant sa dame de mélodieux chant*, jusqu'à ce qu'elle se soit rendue à ses prières. Les chevaliers pareillement, à la vue *des clairs visages, des yeux vairs et riants et des doux regards attrayants des pucelles*, ayant commencé à faire joutes et tournois, remplirent l'univers du bruit de leur vaillance; ils firent des exploits incroyables, jusqu'à ce qu'enfin ils eussent désarmé la rigueur des beautés qu'ils servoient. Le prince, en convenant que ce dernier prix des victoires de ses chevaliers, étoit une récompense bien justement acquise à leur courage, vouloit néanmoins que les dames l'eussent encore fait acheter plus long-temps : « Maintenant, dit-il, je voy
» plainement que cette renommée a tant heurté aux
» cueurs des pucelles qu'elles ont leurs cueurs adoulcis
» et ouvers... Mais si elles se fussent tenues plus fières,
» et eussent encore tenu enclos et enserrez leurs mérites
» et leurs guerredons dans les secrettes aumoires (ar-
» moires) de leurs cueurs..... jamais la Chevalerie ne
» fust si-tost departie de moy, et se aucun l'eust fait,
» ce n'eust point esté la moytié, ains eusse establis
» joustes et tournois, et tousjours plus forts et plus re-
» doutables pour conquerre les guerredons des dames
» dont ils jouissent maintenant comme vous savez. »

(65) Je rapporterai en entier, pour ceux qui aimeront cette lecture, la ballade d'Eustache Deschamps d'où j'ai tiré cet envoi. (Fol. 149, col. 4, et 150, col. 1 et 2.)

  Armes, amours, deduit, joye et plaisance,
  Espoir, desir, souvenir, hardement,
  Jeunesse, aussi manière et contenance,
  Humble regart, trait amoureusement;
  Gens corps, jolis, parez très-richement,
  Avisez bien ceste saison nouvelle,
  Ce jour de may, cette grant feste et belle
  Qui par le roy se fait à Saint-Denys,
  A bien jouster gardez votre querelle,
  Et vous serez honnorez et chéris.

  Car là sera la grant biauté de France,
  Vint chevaliers, vint dames ensement *,
  Qui les mettront armez par ordenance
  Sur la place, toutes d'un parement,
  Le premier jour; et puis secondement
  Vint escuyers chacun sa damoiselle,
  D'uns paremens joye se renouvelle,
  Et là feront les heraulx plusieurs cris
  Aux biens joustans; tenez fort votre selle,
  Et vous serez honnorez et chéris.

  Or y perra qui bien ferra de lance,
  Et qui sera de beau gouvernement
  Pour acquerir d'amour la bienveillance,
  Et qui durra ou harnois longuement,
  Cilz aura los, doulz regart, proprement
  Le monstrera; amour qui ne chancelle,
  L'enflambera d'amoureuse estincelle,
  Honneur donra, aux mieulx faisans les prix :

* Aussi.

Avisez tous ceste doulce nouvelle,
Et vous serez honnorez et chéris.

L'ENVOY.

Servants d'amour, regardez doulcement
Aux eschaffaux anges de Paradis *,
Lors jousterez fort et joyeusement,
Et vous serez honnorez et chéris.

(66) Au tournoi ou pas d'armes tenu à Milan, en 1507, par Galéas de St.-Severin et autres Lombards, « le roi (Louis XII) estoit là présent en son eschaffaut... » les dames à plains eschaffauts y estoient aussi tant » gorgiases (parées) que c'estoit une droite fayerie » (féerie). » (J. d'Auton., Hist. de Louis XII, en 1507, p. 270.)

(67) Voyez le chap. 2 de l'*Origine des ornements des armoiries*, par le P. Ménestrier, p. 28, 29 et suiv. Le moine de Saint-Denis, auteur de l'Histoire de Charles VI (trad. par le Laboureur, p. 170), après avoir nommé plusieurs dames qui, au tournoi pour la Chevalerie du roi de Sicile et de son frère, en 1389, marchèrent avec les chevaliers jusqu'à la barrière, dit qu'alors « elles tirèrent de leur sein diverses livrées de ru- » bans et de galends de soye pour récompenser la valeur » de ces nobles champions. » Olivier de la Marche, décrivant un combat plus sérieux (c'étoit un gage de bataille, mais non à outrance, qui fut fait à la cour de Bourgogne, en 1445), parle aussi des faveurs données par les dames. Il dit (l. I de ses Mém., ch. XIV, p. 243) que le chevalier qui l'avoit entrepris « chargea pour

---

* Beautés angéliques.

» emprise une manchette de dame, faicte d'un délié
» volet moult gentement brodé, et fit attacher icelle em-
» prise à son bras senestre, à une aiguillette noire et
» bleue, richement garnic de diamants, de perles et
» d'autres pierreries. » Après le témoignage de tels historiens, je citerai avec plus de confiance nos romanciers
qui ne font que confirmer et expliquer l'usage de ces
faveurs des dames.

L'opiniâtreté des combattants, et la nécessité de leur
envoyer continuellement de nouvelles faveurs, faisoient
quelquefois oublier aux dames l'affection qu'elles ont
pour la décence extérieure de leur personne. On lit dans
Perceforest (vol. I, fol. 155, verso, col. 1) qu'à la fin
d'un tournoi « les dames étoient si dénues de leurs atours
» que la plus grande partie étoit en pur chef (nue tête),
» car elles s'en alloient les cheveux sur leurs épaules
» gisants, plus jaunes que fin or, en plus leurs cottes
» sans manches, car tout avoient donné aux chevaliers
» pour eux parer et guimples et chaperons, manteaux
» et camises, manches et habits : mais quand elles se
» virent à tel point, elles en furent ainsi comme toutes
» honteuses; mais sitost qu'elles veirent que chacune
» étoit en tel point, elles se prirent toutes à rire de
» leur adventure, car elles avoient donné leurs joyaux
» et leurs habits de si grand cœur aux chevaliers, qu'elles
» ne s'apercevoient de leur dénuement et devestement. »

On portoit encore publiquement dans le siècle dernier
les faveurs de cette espèce qu'on avoit reçues des dames;
mais on n'étoit peut-être pas aussi scrupuleux sur la fidélité qu'exigeoit la reconnoissance. « En 1632, madame
» la princesse de Phalsbourg avoit donné à M. de Puy-
» laurent, qui étoit amoureux d'elle, une marque de

» Chevalerie d'un nœud traversé d'une épée; mais il la
» quitta depuis pour prendre un gland de la couleur de
» mademoiselle de Chimay dont il étoit devenu amou-
» reux. » (Mém. du duc d'Orléans, p. 230.) Voyez
Perceforest (vol. II, fol. 97; vol. I, fol. 24, et vol. V,
fol. 105), pour justifier le sens dans lequel nous prenons ici les mots de *joyau, noblesse et nobloy.*

(68) L'usage de ces enseignes, appelées d'autres fois *connoissances,* c'est-à-dire signes pour se reconnoître, a produit dans notre langue ces façons de parler, *à telles enseignes, à bonnes enseignes.* Henri IV qui conserva toujours le caractère de l'ancienne Chevalerie, portoit encore dans sa parure des enseignes gagnées dans des combats plus sérieux et plus importants. Comme il étoit devant Dreux, et qu'il reçut la visite de *sa bonne cousine,* la duchesse de Guise à qui il avoit envoyé un passe-port, il alla au-devant d'elle, et l'ayant conduite en son logis et en sa chambre, il lui dit : « Ma cousine, vous
» voyez comme je vous ayme, car je me suis paré pour
» l'amour de vous. Sire ou Monsieur, lui répondit-elle
» en riant, je ne vous en remercie point, car je ne vois
» pas que vous ayez si grande parure sur vous que vous
» en deviez vanter si paré comme dites. Si ay, dit le roi,
» mais vous ne vous en avisez pas ; voilà une enseigne
» (qu'il montra à son chapeau) que j'ai gagnée à la ba-
» taille de Coutras pour ma part du butin et victoire ;
» cette qui est attachée, je l'ay gagnée à la bataille
» d'Ivry : voulez-vous donc, ma cousine, voir sur moi
» deux plus belles marques et parures pour me montrer
» bien paré? Madame de Guise le lui avoua en lui ré-
» pliquant : Vous ne sçauriez, sire, pourtant m'en mon-

» trer une seule de monsieur mon mary. Non, dit-il,
» d'autant que nous ne nous sommes jamais rencontrez
» ni attacquez; mais si nous en fussions par cas venus
» là, je ne sçay ce que s'en fust esté. A quoi repliqua
» madame de Guise : Sire, s'il ne vous a point attaqué,
» Dieu vous en a gardé; mais il s'est bien attaqué à vos
» lieutenants et les a fort bien frottez, témoin le baron
» Doué duquel il en a remporté de fort bonnes enseignes
» et belles marques, sans s'en estre paré que d'un beau
» chapeau de triomphe qui lui durera pour jamais. »

(69) Voyez comment Bayard se défendit modestement de recevoir le prix du tournoi qu'il avoit entrepris à Carignan en Piémont, disant que l'honneur en estoit dû uniquement au manchon que la dame lui avoit donné (Hist. du ch. Bayard, édit. de Th. Godefroi, p. 67). Le manchon, garni d'un rubis de la valeur de cent ducats, fut reporté à la dame en présence de son mari qui, connoissant *la grande honnesteté du bon chevalier, n'en entra aucunement en jalousie.* Le rubis proposé pour le prix fut donné par la dame à celui qui, après Bayard, avoit le mieux jouté. A l'égard du manchon : « Puis-
» qu'ainsi est, dit-elle, que monseigneur Bayard me
» fait ce bien de dire que mon manchon lui a fait ga-
» gner le prix, je le garderai toute ma vie pour l'amour
» de lui. »

(70) Ce n'étoit pas les seules offrandes que les chevaliers vainqueurs faisoient aux dames; ils leur présentoient quelquefois aussi les champions qu'ils avoient renversés et les chevaux dont ils leur avoient fait vider les arçons. Dans le roman de *Floire et de Blancheflor* (mss. de Saint-Germain, fol. 41, intitulé *le Jugement*

d'amors, dans un manuscrit du roi), la demoiselle qui aime un chevalier, reproche à celle qui a pris un clerc pour son ami, d'avoir fait un mauvais choix. J'en ai fait un bien meilleur, dit-elle :

> Mais mon ami est bel et gent :
> Quand il vait à tournoiement
> Et il abat un chevalier,
> Il me présente son destrier.

(71) Les chevaliers ayant leurs habits tous déchirés dans les joutes, en sorte qu'on ne les reconnoissoit plus à leurs blasons, les dames spectatrices, afin de les distinguer dans la mêlée, leur envoyoient des bannières ou timbres pour leurs heaumes, des écus chargés de parures, leurs propres mantelets fourrés, comme on le voit aux fol. 135, verso, col. 2 ; 136, 137, verso, col. 2 ; 139, recto, col. 2 ; 141, recto, col. 1 et 2 de Perceforest, vol. I. On peut voir dans le même roman (vol. I, fol. 144, verso, col. 1) la description curieuse d'un paon artificiel qu'une demoiselle envoya à son ami pour être porté sur son casque dans le tournoi. Le sommet du heaume d'un chevalier que nos romans appellent quelquefois *le plus haut de ses biens*, étoit la place la plus éminente où l'on pouvoit attacher les faveurs des dames : c'est de-là que les bourlets et les lambrequins des armes ont tiré leur origine. Voyez le P. Ménestrier, *Orig. des ornements des armoiries,* ch. II, p. 28 et suivantes.

(72) Monstrelet nous apprend, dans le passage suivant, quelle étoit la raison de ce cri. « Il n'est, dit-il,
» nul si bon chevalier au monde qu'il ne puisse bien
» faire une faute, voire si grande que tous les biens

» qu'il aura faits devant seront adnihillez; et pour ce on
» ne crie aux joustes ne aux batailles, aux preux, mais
» on crie bien aux fils des preux après la mort de leur
» père; car nul chevalier ne peut estre jugé preux se ce
» n'est après le trépassement. » (Vol. I, ch. 29, p. 48,
recto.)

On se rappellera que le moine du Vigeois (fol. 312), cité plus haut, donne aux seigneurs et aux chevaliers le nom de *heröes;* et aux nouveaux chevaliers, celui de *filii héröum.* Le roman de Perceforest nous apprend, avec plus de détail que n'a fait l'historien Monstrelet, quels étoient les cris que faisoient les officiers d'armes dans les tournois (voyez le vol. I de ce roman, fol. 106, 108 et 109).

(73) Après le récit des joutes qui se firent en 1440 pour les noces de mademoiselle de Clèves, nièce du duc de Bourgogne, avec le duc d'Orléans, joutes dans lesquelles le comte de Saint-Pol emporta *le prix des dames,* l'historien ajoute : « Esquels jours furent donnez moult
» grands dons à tous les officiers d'armes par les princes
» dessusdits, pour lesquels ils crièrent à haulte voix par
» plusieurs fois largesse, en dénommant ceux qui ces
» dons leur avoient fait. » (Monstrelet, vol. II, p. 178 verso.)

Une dame célèbre en ces termes la générosité de son chevalier :

Mon tenant donne à aucun destrier,
A l'autre donne palefroy ou courcier.

(Poésies mss. d'Eustache Deschamps, fol. 192, col. 4.)

D'autres fois les chevaliers abandonnoient à des chevaliers pauvres, qui manquoient peut-être de monture, les chevaux qu'ils avoient pris; sur quoi je ferai remarquer que toutes les vertus recommandées par la Chevalerie tournoient au bien public, au profit de l'État (Perceforest, vol. I, fol. 26, verso, col. 1).

(74) Voyez les réglements qu'on suppose avoir été donnés par l'empereur Henri-l'Oiseleur, et que Favin a rapportés, p. 1755 et suiv. de son *Théât. d'honn. et de Chevalerie.*

Voyez aussi ceux qui sont rapportés par la Colombière, t. I, ch. III, IV et V.

(75) Dans les belles ordonnances qu'Alexandre est supposé avoir faites pour les tournois, on lit : « Chevalier se doibt garder de porter en cest esbatement armeure qui puisse frapper d'estoc, mais chascun porte son espée, son escu et son glaive pour jouster, et si se garde de frapper par derrière un chevalier, ni vilaner (offenser, injurier) l'ung l'autre tant comme ils auront le chef descouvert. » (Perceforest, vol. I, fol. 23, recto, col. 2.)

(76) Anciennement « le chevalier qui chevauchoit hors de son lieu estoit tenu pour récreant ou affolé (rendu ou blessé). » (Perceforest, vol. VI, f. 93, verso, col. 2.)

(77) C'étoit une faute contre les usages de la Chevalerie, de frapper le cheval de celui contre lequel on joutoit. Voyez à ce sujet, dans Lancelot du Lac (t. I, fol. 102, verso, col. 1) le discours d'Hector à un chevalier qui lui avoit tué son cheval.

(78) Il ne falloit frapper ni trop haut, ni trop bas : si les coups portoient trop bas, c'étoit une faute contre les statuts des tournois, suivant le roman de Partenopex de Blois (manuscr. de Saint-Germain-des-Prés, p. 154, verso, col. 3), et suivant Froissart (l. II, c. 64, p. 112), auteur plus digne de foi. Cet historien, dans un récit très-curieux et très-instructif des joutes faites en 1380, au chastel Josselin entre les François et les Anglois des deux armées ennemies, dit que Fermiton, Anglois, et Chastel Morant, François, « vindrent de course » à pié l'un contre l'autre pour asseoir les glaives entre » les quatre membres, car autrement le faire estoit vi- » lain. » Cependant le pied ayant glissé au chevalier anglois, il perça de part en part la cuisse du François, qui malgré la violence du coup ne put être renversé. Les chevaliers et écuyers furent indignés, également d'un côté comme d'un autre, « et fut dit que c'estoit » villainement poussé. L'Anglois s'excusa, et dit que » ce luy desplaisoit grandement, et s'il eust cuidé au » commencement des armes avoir ainsi ouvré, il n'y eust » oncques commencé; et qu'il ne l'avoit peû amender, » car il glissa d'un pié pour le grand pous (action de » pousser) que Jean de Chastel Morant luy avoit donné. » Cette règle s'observoit encore du temps de Brantôme. (Cap. Fr., t. III, p. 20.)

(79) On voit dans Perceforest un chevalier qui, dans l'ardeur de la vengeance, frappe son adversaire dans le temps qu'il avoit la tête découverte de son heaume; ce qui étoit un procédé infâme, dont il lui fit depuis ses excuses comme d'une trahison.

(80) Les fautes commises dans les tournois étoient

bien pardonnables si l'on se figure le désordre et la confusion qui s'y mettoient au rapport de nos romanciers, si l'on considère le trouble et l'agitation des champions dans la foule d'un combat ; elle étoit quelquefois si grande et la poussière si épaisse, qu'on ne pouvoit plus rien démêler. (Voyez Perceforest, vol. VI , fol. 39, v°, col. 1 et 2, fol. 4, recto, col. 1 et 2, et verso, col. 2.) C'est ce qui fit donner à un chevalier inconnu le nom de chevalier à la fumée, parce que sa valeur entraînoit partout où il se portoit la foule des combattants, et que la fumée le suivoit partout. Le même auteur nous dépeint un autre chevalier qui, ramassant avec précipitation le chaperon d'une damoiselle, et tout étourdi * de l'ardeur du combat, mit sur sa tête, au lieu de son heaume qu'il avoit perdu, le chaperon même de la damoiselle, et donna, par ce déguisement singulier, un spectacle qui divertit toute l'assemblée.

(81) Comme le combat de la lance à cours de cheval étoit la plus noble des joutes, le coup de la lance pour les dames réveilloit l'attention des spectateurs ; il donnoit une nouvelle ardeur aux champions fatigués. On lit, dans le récit d'une joute de Gauvain, cette description : « Si s'entreficrent sur leurs écus sitôt comme
» les chevaux purrent courre, tellement que toutes leurs
» lances volent en pièces, et messire Gauvain met l'épée
» à la main et va courir sus au chevalier : Haa, sire
» chevalier, aux épées viendrons nous tout à temps, et
» il ne fait onqués si belle Chevalerie que joûte, et je
» vous prie que pour l'amour de celle que plus aimez,
» joûtont tant de ces lances que vous voyez pourront

---

* Ce mot nous est venu de celui d'*estour*, combat.

» durer, et que l'on sache lequel sera abbatu. » (Lancelot du Lac, t. I, f. 82, verso, col. 2.) Un autre chevalier tient ce discours à son adversaire dans le roman de Flores de Grèce: « Pendant que nous sommes à cheval, » et que lances ne vous peuvent manquer (p. 75, verso), » esprouvons-nous encore quelques coups, étant » comm'il m'est avis le plaisir de la course trop plus » beau que le combat à l'épée. » C'est pour cette raison que la lance affranchissoit l'épée, et que l'épée n'affranchissoit pas la lance, comme on l'a vu dans la note 60, ci-dessus. La joute à l'épée cependant étoit la plus dangereuse de toutes, suivant le roman de Perceforest. (Voyez vol. VI, fol. 30, verso, col. 2, et 33, verso, col. 1.)

(82) La lance, l'épée, la hache ou masse d'armes et la dague étoient les quatre différentes sortes d'armes offensives employées dans les tournois. Saintré et ses compagnons avoient promis de ne point ôter de dessus leurs épaules le signe ou le gage de leur entreprise d'armes, jusqu'à ce qu'ils eussent trouvé un nombre de chevaliers et écuyers de nom et d'armes, et sans reproche, pareil au leur, qui les combattissent de *lances de ject, de haches d'armes, d'espées de corps, et de dagues.* (Hist. de Saintré, p. 522.)

(83) Nous pouvons l'assurer sur le témoignage formel du moine de Saint-Denis, dans son Histoire de la Chevalerie, c. VI, p. 170 et suivantes. Cet historien en faisant le récit d'un tournoi fait à Saint-Denis en 1389, pour la Chevalerie du roi de Sicile et de son frère, nous apprend qu'après le souper les dames, comme juges du champ et de l'honneur de la lice, adjugèrent le prix à deux chevaliers.... « Le jour suivant, ajoute-t-il, on

» abandonna la lice aux vingt-deux écuyers qui avoient
» servi leurs maîtres, pour s'exercer avec les mêmes
» armes et les mêmes chevaux : ils furent conduits par
» autant de damoiselles avec pareille cérémonie et pa-
» reille autorité de juger et de donner le prix à qui fe-
» roit le mieux ; et après avoir couru jusques à la nuit
» avec un succès digne de leur entreprise, ils se rendi-
» rent au souper du roy pour subir le jugement des da-
» moiselles. Le troisième jour qui devoit être le dernier
» des joustes, on ne garda point d'ordre, les escuyers y
» coururent pesle mesle avec les chevaliers, et il s'y fit
» de très-belles armes dont il fut encore décidé par les
» suffrages des dames. » Voyez dans l'Histoire du chevalier Bayard (publiée par Théod. Godefroi, p. 51, 52
et 53), les cérémonies observées au sujet du prix du
tournoi qu'il avoit fait publier dans la ville d'Aire en
Picardie pour l'amour des dames. Après plusieurs contestations, comme Bayard fut estimé avoir le mieux fait,
les gentilshommes et les dames lui déférèrent l'honneur
de remettre lui-même le prix à qui bon lui sembleroit.
« Il en fut tout honteux, et demeura un peu pensif,
» puis après dict : je ne sçai par quelle faveur cet hon-
» neur m'est faicte, mais il me semble qu'il y en a qui
» l'ont trop mieux mérité que moy ; mais puisqu'il plaist
» aux seigneurs et dames que j'en soye juge, suppliant
» à tous messeigneurs mes compagnons et qui ont
» mieulx fait que moy, n'en estre desplaisants, je donne
» le prix de la première journée à monseigneur de Bel-
» labre, et de la seconde au capitaine David, Escossois.
» Si leur fait incontinent delivrer les presents, ny depuis
» homme ne femme n'en murmura, ains commencèrent
» les dances et passetemps. »

(84) Une reine, suivant le roman de Perceforest (vol. VI, fol. 93, 94 et 95), précédée de deux ménestriers jouant de leurs instruments et marchant entre deux demoiselles qui, les mains élevées, portoient le prix, s'avance vers les deux chevaliers qui avoient également partagé l'honneur du tournoi; elle les complimente et leur dit que le roi peut bien leur donner de riches prix, mais qu'à leur âge le plus agréable est un chapeau de roses qui est un trésor pour les amoureux, qui seront assises par les mains des deux demoiselles sur le chef d'un chacun d'eux, car on n'avoit pu discerner lequel avoit le mieux fait.

(85) Le prix étoit adjugé tantôt sur les lices mêmes, et tantôt dans le palais au milieu des divertissements qui venoient à la suite du tournoi, comme on le vit dans les fêtes du duc de Bourgogne à Lille, en 1453. (Mathieu de Couci, parmi les hist. de Charles VII, édit. de Godefroi, p. 679; et Mém. d'Olivier de la Marche, L. I, p. 437.) « Tandis qu'on dançoit en telle maniere les
» roys d'armes et heraux, avecques les nobles hommes
» qui furent ordonnez pour l'enqueste, allerent aux da-
» mes et aux damoiselles, sçavoir à qui l'on devoit don-
» ner et présenter le prix pour avoir le mieux jousté et
» rompu bois pour ce jour; et fut trouvé que M. de Cha-
» rolois l'avoit gaigné et desservy. Si prirent les officiers
» d'armes, deux damoiselles, princesses (mademoiselle
» de Bourbon et mademoiselle d'Estampes) pour le prix
» présenter; et elles le baillerent à mon dict. seigneur
» de Charolois, lequel les baisa, comme il avoit accous-
» tumé, et qu'il est de coustume, et fut crié *Montjoye!*
» moult hautement. »

(86) Suivant la maxime de Perceforest (vol. V, c. 7, p. 22, verso, col. 1), « le chevalier est ravisseur des » biens d'autruy qui les vaillances d'autruy taist, et ce-» luy est reprouvé vanteur qui revelle les siennes. »

(87) Jacques de Lalain et Piétois, en 1450 (Olivier de la Marche, Mém., L. I, p. 315 et suiv.), ayant fait armes à pied, se renversèrent l'un sur l'autre ; ils furent relevés par les *escoutes* et amenés aux juges qui les firent *toucher ensemble* en signe de paix : comme Lalain, par modestie, voulut envoyer son bracelet, suivant la convention faite pour le prix, Piétois déclara qu'ayant été aussi bien que lui porté par terre, il se croiroit également obligé de lui donner le sien. Ce nouveau combat de politesse finit par ne plus parler de bracelet et par former une étroite liaison d'amitié entre ces généreux ennemis.

(88) Les auteurs des romans de Lancelot du Lac et de Perceforest, font souvent mention des registres où les clercs avoient inscrit les aventures merveilleuses qui y sont rapportées. On lit même dans Perceforest (vol. XI, fol. 77, verso, et 68, recto), que chaque chevalier étoit obligé de raconter les aventures qu'il avoit eues, au clerc chargé de tenir ces registres publics, et de lui en attester la vérité par serment. L'usage de ces registres tenus par les rois d'armes, est constaté par des autorités plus graves que celle de nos romanciers. Mathieu de Couci (dans le Recueil des hist. de Charles VII, par Godefroi, p. 677), après l'énumération des vœux que firent les convives au banquet donné à Lille en 1453, ajoute : « Tels furent les vœux qui furent baillez audit

» roy d'armes Toison-d'Or, lesquels vœux j'ay icy en-
» registrez au plus près que j'ai peu, suivant son or-
» donnance, laquelle il avoit faite comme il disoit selon
» et par l'ordre qui lui avoit esté baillé par escrit. »

(89) On peut croire que des monuments encore plus solides consacroient quelquefois à la postérité les noms des vainqueurs aux joutes. Le continuateur de Monstrelet (P. Defrey, à la suite de Monstrelet, fol. 97, recto) nous apprend qu'en mémoire d'un tournoi solemnel donné par Charles VIII à Lyon, en 1495, « furent faits
» et dressés trois pilliers de pierre, esquels sont encore
» escrites à présent aucuns vers en langue latine, com-
» posez pour icelle jouste en grande singularité; car le-
» dit roy Charles VIII estoit le principal tenant. »

(90) Dans de pareilles conversations on répétoit souvent ces axiomes capables de fortifier l'ame des jeunes guerriers :

>Qui bien et mal ne peut souffrir,
>A grant honneur ne peut venir.
>
>(Petit Jehan de Saintré, p. 136.)

C'est là que, pour inspirer l'amour de la gloire, pour rehausser l'ambition de la jeunesse, on lui redisoit sans cesse ce proverbe : *Qu'à desirer un cheval d'or on en avoit toujours la bride*, pour lui faire entendre que rien n'étoit impossible à qui le vouloit bien. On ne peut rien de plus curieux en ce genre, ni de plus naïf, que la conversation de Bayard avec la dame de Fluxas, rapportée par l'historien de ce chevalier, publiée par Théod. Godefroy, p. 63 et 64.

(91) Voyez l'Histoire de Petit-Jehan de Saintré, p. 164 et 167. La dame à qui il avoit donné son cœur lui propose des joutes et des combats contre les Anglois, croyant ne pouvoir donner de plus grandes marques de tendresse à son amant, qu'en prenant un vif intérêt pour sa gloire.

(92) Voyez ce que j'ai dit de ces chansons de gestes dans un Mémoire concernant les principaux historiens de France, t. XV du Recueil de l'Académie des belles-lettres, p. 582, note A.

(93) Duguesclin (Histoire de Bertrand Duguesclin, publiée par Ménard, p. 303; et celle écrite par Paul Hay du Chastelet, l. IV, p. 138), prisonnier des Anglois, comptoit bien sur l'amour qui régnoit de son temps et particulièrement dans le cœur des dames pour les vertus héroïques, lorsqu'étant arbitre du prix de sa rançon il la porta lui-même à une somme excessive. Comme le prince de Galles, étonné de sa présomption, lui demanda par quel moyen il croyoit pouvoir s'acquitter envers lui : « J'ai des amis, répondit-il, les rois de France
» et de Castille ne me manqueroient pas au besoin ; je
» connois cent chevaliers en Bretagne qui vendroient
» leurs terres ; enfin il n'y a pas de femme en France
» filant sa quenouille qui ne travaillât de ses mains pour
» me tirer des vôtres. *Si le gaigneroient aincois à filler*
» *toutes les filleresses qui en France sont que ce que je*
» *demeurasse plus entre vos mains.* » Quel étoit donc le charme qui les séduisoit ? Sa valeur et sa vertu. C'étoit l'homme du monde le plus laid : la reine d'Angleterre elle-même fut des premières à donner une somme

considérable pour rendre la liberté à l'ennemi de sa nation ; sur quoi se jetant à ses pieds pour lui marquer sa reconnoissance : *J'avois cru jusqu'ici, lui dit-il, estre le plus laid homme de France; mais je commence à n'avoir pas si mauvaise opinion de moy, puisque les dames me font de tels présents.* Voyez tout le chapitre qui contient ce récit, il fera mieux connoître l'esprit de la Chevalerie que je ne puis le faire dans tout le cours de ces Mémoires.

TROISIÈME PARTIE.

Les tournois toujours dangereux, souvent ensanglantés et quelquefois mortels [1], n'avoient été imaginés que pour tenir continuellement en haleine les gens de guerre, surtout dans les temps où la paix ne laissoit point d'autre exercice à leur courage. L'objet de ces jeux justement appelés *écoles de prouesse*, étoit le même que celui de nos camps de paix. On vouloit former de nouveaux guerriers au maniement des armes, et aux évolutions militaires, fortifier les anciens et les perfectionner de plus en plus.

Dans ces écoles de guerre [2], les maîtres mêmes apprenoient à connoître les talents de leurs élèves, s'entretenoient dans l'habitude du commandement, étudioient avec plus de réflexion les mouvements et les manœuvres, par des expériences moins périlleuses et moins précipitées que celles qui se font devant l'ennemi : ils s'appliquoient à rendre ces manœuvres plus régulières et plus sûres; ils tâchoient en même temps d'en inventer de nouvelles[3].

On fixe communément au onzième siècle l'origine des tournois ; mais on pourroit la faire remonter jusqu'au temps où les nations ayant commencé à faire la guerre méthodiquement, établirent quelques règles et quelques principes, et la réduisirent en art : les tournois cependant ne doivent être regardés que comme de foibles images et de légers essais des expéditions militaires et des véritables combats.

Les entreprises de guerre et de Chevalerie, surtout celles des croisades, étoient annoncées et publiées avec un appareil capable d'inspirer à tous les guerriers, l'ardeur d'y concourir et de partager la gloire qui devoit en être le prix. L'engagement[4] en étoit scellé par des actes que la religion, l'honneur et l'amour, ou réunis ou séparés, rendoient également irrévocables. Soit que l'on s'enfermât dans une place pour la défendre ; soit qu'on en fît l'investissement pour l'attaquer ; soit qu'en pleine campagne on se trouvât en présence de l'ennemi, des serments inviolables et des vœux dont rien ne pouvoit dispenser, obligeoient également les chefs et ceux qu'ils commandoient, à répandre tout leur sang

plutôt que de trahir ou d'abandonner l'intérêt
de l'État. Outre ces vœux généraux[5], la piété
du temps en suggéroit d'autres aux particuliers, qui consistoient à visiter divers lieux
saints auxquels ils avoient dévotion ; à déposer
leurs armes ou celles des ennemis vaincus,
dans les temples et dans les monastères ; à faire
différents jeûnes, à pratiquer divers exercices de
pénitence. La valeur[6] dictoit aussi des vœux singuliers, tels que d'être le premier à planter son
pennon sur les murs ou sur la plus haute tour de
la place dont on vouloit se rendre maître, de se
jeter au milieu des ennemis, de leur porter le
premier coup ; en un mot, de faire tel exploit,
de donner telle preuve d'audace et quelquefois
de témérité. Les plus braves chevaliers se piquoient toujours d'enchérir les uns sur les
autres, par une émulation qui toujours avoit
pour objet l'avantage de la patrie et la destruction de l'ennemi.

Le plus authentique de tous les vœux étoit
celui que l'on appeloit le vœu du paon[7] ou du
faisan. Ces nobles oiseaux, car on les qualifioit ainsi, représentoient parfaitement, par
l'éclat et la variété de leurs couleurs, la majesté des rois et les superbes habillements dont
ces monarques étoient parés pour tenir ce que

l'on nommoit *tinel*, ou cour plénière. La chair du paon ou du faisan étoit, si l'on en croit nos vieux romanciers, la nourriture particulière des preux et des amoureux. Leur plumage avoit été regardé par les dames des cercles de Provence, comme le plus riche ornement dont elles pussent décorer les troubadours [8]; elles en avoient tissu les couronnes qu'elles donnoient comme la récompense des talents poétiques consacrés alors à célébrer la valeur et la galanterie. Enfin, selon Mathieu Paris, une figure de paon servoit de but aux chevaliers qui s'exerçoient à la course des chevaux et au maniement de la lance.

Le jour donc que l'on devoit prendre l'engagement solennel, un paon ou bien un faisan, quelquefois rôti, mais toujours paré de ses plus belles plumes, étoit apporté majestueusement par des dames ou par des demoiselles, dans un grand bassin d'or ou d'argent, au milieu de la nombreuse assemblée de chevaliers convoqués. On le présentoit à chacun d'eux, et chacun faisoit son vœu sur l'oiseau; ensuite on le reportoit sur une table, pour être enfin distribué à tous les assistants. L'habileté de celui qui tranchoit consistoit à le partager de manière que tous pussent en avoir.

L'auteur de l'ouvrage intitulé *les Vœux du Paon*, qui, tout romancier qu'il est, n'avance rien en cela que de vraisemblable, nous apprend que les dames ou demoiselles choisissoient un des plus braves de l'assemblée pour aller avec elle porter le paon au chevalier qu'il estimoit le plus preux. Le chevalier choisi par les dames mettoit le plat devant celui qu'il croyoit mériter la préférence, coupoit l'oiseau et le distribuoit [9] sous ses yeux. Une distinction si glorieuse, attachée à la plus éminente valeur, ne devoit s'accepter qu'après une longue et modeste résistance. Ainsi que les chevaliers admis dans l'ordre du Saint-Esprit protestent qu'ils n'en sont point dignes, le chevalier à qui on déféroit l'honneur d'être reconnu pour le plus valeureux, paroissoit toujours croire qu'il l'étoit moins que personne. Pour satisfaire pleinement le lecteur sur le détail de cette cérémonie singulière, je vais la rapporter en abrégé telle qu'on la fit à Lille, en 1453, à la cour de Philippe-le-Bon, duc de Bourgogne, pour la croisade contre les Turcs qui venoient d'achever la conquête de l'empire d'Orient par la prise de Constantinople. Mathieu de Couci et Olivier de la Marche [10], témoins oculaires de cette fête, nous en ont laissé une description très-ample et très-détaillée.

Le temps nécessaire pour les apprêts et pour attendre les chevaliers, s'étoit passé en divers festins donnés par les principaux seigneurs : le dernier fut celui du duc de Clèves, où l'on proclama le banquet de son oncle le duc de Bourgogne, qui devoit se donner dix-huit jours après, suivant la coutume. Par un degré fait exprès, une dame monta sur la table où le duc de Bourgogne avoit pris place, se mit à genoux devant lui et posa sur la tête de ce prince un chapelet, c'est-à-dire une couronne ou guirlande de fleurs. L'usage d'offrir dans les bals un bouquet à la personne qui doit donner le bal suivant, est apparemment un reste de l'ancienne coutume.

Cette première cérémonie fut l'annonce des hauts mystères de religion et de Chevalerie qui devoient se manifester dans le banquet où le duc de Bourgogne réunit toute sa cour et toute la noblesse de ses États.

Enfin le jour du banquet arriva. Si la magnificence du prince fut admirée dans la multitude et l'abondance des services, elle éclata surtout dans les spectacles connus alors sous le nom d'entremets[11], qui rendirent la fête et plus amusante et plus solemnelle. On vit paroître dans la salle diverses décorations, des machines, des figures d'hommes et d'animaux extraordinaires, des arbres, des montagnes, des rivières, une mer, des vaisseaux. Tous ces objets entremêlés de personnages, d'oiseaux, et d'autres animaux vivants, étoient en mouvement dans la salle ou sur la table, et représentoient des actions relatives au dessein que le duc avoit formé. C'étoient les fêtes du palais d'Alcine de notre ancienne cour. On ne peut imaginer sans étonnement quelle devoit être l'étendue de cette salle qui contenoit une table si spacieuse, ou plutôt un vaste théâtre, avec tout le terrain nécessaire pour faire mouvoir tant de machines et tant de personnages, sans compter la multitude des convives et la foule des spectateurs.

Tout-à-coup entra un géant armé en sarrasin de Grenade et à l'antique; il conduisoit un éléphant qui portoit un château dans lequel étoit une dame éplorée et vêtue de longs habits de deuil, en forme de religieuse ou de femme dévote. Quand elle se vit dans la salle, au milieu de l'assemblée, elle récita un triolet pour ordonner au géant d'arrêter; mais celui-ci, la regardant d'un œil fixe, continua sa marche jusqu'à ce qu'il fût arrivé devant la table du duc. Dans ce moment la dame captive qui représentoit la religion, fit une longue complainte en vers sur les maux qu'elle souffroit sous la tyrannie des infidèles; elle se plaignit de la lenteur de ceux qui devoient la secourir et la délivrer. Cette lamentation finie, Toison-d'Or (roi d'armes de l'ordre de la Toison), précédé d'une longue file d'officiers d'armes, portant sur le poing un faisan en vie, orné d'un collier d'or enrichi de pierreries et de perles, s'avança vers le duc de Bourgogne, et lui présenta deux damoiselles, dont l'une étoit Yolande, fille bâtarde de ce prince, et l'autre Isabeau de Neufchâtel, fille du seigneur de Montaigu, chacune accompagnée d'un chevalier de la Toison-d'Or. En même temps le roi d'armes offrit au duc l'oiseau qu'il portoit, au nom des mêmes dames qui se recommandoient à la protection de leur souverain : *Afin*, disent les auteurs de la relation, *de se conformer aux anciennes coutumes, suivant lesquelles dans les grandes fêtes et nobles assemblées on présente aux princes, seigneurs et nobles hommes un paon, ou quelqu'autre noble oiseau, pour faire des vœux utiles aux dames et damoiselles qui implorent leur assistance.* Le duc, après avoir attentivement écouté la requête du roi d'armes, lui remit un billet dont la lecture fut faite à haute voix, et qui commençoit par ces mots : *Je voue à Dieu mon créateur tout premièrement, et à la très-glorieuse Vierge sa mère, et après aux dames et au faisan*, etc. Le reste contenoit des promesses authentiques de porter la guerre chez les infidèles pour la défense de l'Église opprimée. Mathieu de Coûci et Olivier de la Marche ne laissent point se retirer la dame et son cortége sans expliquer tous ces personnages allégoriques, et le château qu'ils disent être le château de la Foi. Le vœu du duc fut un signal auquel toute sa cour répondit par d'autres vœux diversifiés à l'infini : chacun tendoit à signaler son courage contre les Turcs par quelque exploit rare et singulier, soit seul, soit avec un autre chevalier qui faisoit le même vœu, peut-être en vertu de quelqu'une des associations ou fraternités d'armes dont nous parlerons dans la suite. Tous s'imposoient des pénitences arbitraires, qu'ils juroient de continuer jusqu'à l'entier accomplissement de leur vœu. Les uns, par exemple, devoient ne point coucher dans un lit; les autres ne point manger sur nappe; ceux-ci s'abstenir de viande ou de vin certains jours de la semaine; ceux-là ne porter jamais certaine partie de leur armure, ou la porter jour et nuit, et quelques autres se vêtir d'étamine ou de haire, etc.

La conclusion des vœux fut célébrée par un nouveau spectacle. Une dame vêtue de blanc en habit de religieuse, et portant sur son épaule un rouleau dans lequel étoit écrit en lettres d'or *Grâce-Dieu*, vint remercier l'assemblée, et présenter douze dames conduites par autant de chevaliers. Ces dames, qui figuroient différentes vertus, dont chacune portoit son nom sur l'épaule dans un billet ou brevet, devoient être les compagnes du voyage pour en assurer le succès. Elles passèrent successivement en revue, et présentèrent l'une après l'autre leur brevet à Grâce-Dieu qui en faisoit lecture, et récitoit à chaque fois un couplet de huit vers. Il n'est point hors de propos de les nommer ici, pour faire encore mieux connoître quelles vertus constituoient le véritable et parfait chevalier : foi, charité, justice, raison, prudence, tempérance, force, vérité, largesse, diligence, espérance et vaillance étoient leurs noms; *et toutes enfin commencèrent à danser en guise de mommeries et à faire bonne chère pour remplir et rachever plus joyeusement la fête.*

Il est des siècles où les hommes ont besoin d'objets sensibles pour être remués et excités à bien faire; et peut-être n'en est-il point où ils n'en aient besoin. L'habileté consiste à mettre en œuvre les moyens qui conviennent le mieux à l'esprit du siècle et au caractère de la nation. Tout l'appareil des cérémonies qu'on vient de voir, étoit le mobile alors nécessaire pour déterminer les chevaliers, que les rapides conquêtes des Turcs et les anciens malheurs de nos croisades auroient peut-être découragés. Si des causes particulières firent échouer l'entreprise en forçant l'armée de s'arrêter, sa marche rapide vers les contrées des infidèles n'en prouve pas moins quel courage inspiroit l'honneur de la Chevalerie, et quelle avoit été l'ardeur de tant de braves *convives*.

S'il se faisoit plus de chevaliers pendant la guerre que pendant la paix, en temps de guerre la Chevalerie se conféroit d'une manière plus expéditive et plus militaire. On présentoit son épée par la croix ou la garde, au prince ou au général de qui on vouloit recevoir l'accolade; c'étoit tout le cérémonial. Peut-être même n'exigeoit-on souvent d'autres titres que les titres personnels d'une valeur reconnue; peut-être aussi cette espèce de

Chevalerie ne donnoit-elle que des droits et des priviléges attachés à la personne, et qui ne passoient point des pères aux enfants; et sans doute elle n'imposoit point l'obligation de prêter serment.

Il n'arrivoit point à la guerre d'événement de quelque importance qui ne fût ou précédé ou suivi d'une promotion de chevaliers. L'entrée [12] ou le débarquement des armées et des flottes dans le pays ennemi; les marches, les retraites, les partis envoyés en avant, le passage des ponts et des rivières, l'attaque et la défense des places [13], de leurs faubourgs, des palissades, des barrières, des châteaux, des donjons; les sorties, les embuscades, les chocs, les rencontres ou les batailles [14], *tant sur terre que sur mer*, toutes ces circonstances de la guerre suscitoient continuellement à l'État de nouveaux défenseurs, sous le titre de chevaliers, qui leur étoit accordé comme un gage du désir qu'ils avoient de répandre leur sang, ou comme le prix de celui qu'ils avoient répandu.

Il seroit difficile de décider quelles promotions ont produit de plus beaux faits de guerre, ou celles qui suivirent les combats [15], ou celles qui les précédèrent, et auxquelles on donna la préférence du temps de Brantôme; mais on peut juger à quel prix on mettoit la Chevalerie par le trait que je vais rapporter.

Édouard, roi d'Angleterre, qui se trouvoit en personne à la bataille de Créci, en 1346, pressé d'envoyer un prompt secours au prince de Galles son fils, âgé de treize à quatorze ans, que les ennemis enveloppoient et serroient de toute part : *Est-il donc mort,* demanda-t-il, *ou renversé, ou tellement blessé qu'il ne puisse plus se défendre;* et comme celui que l'on avoit dépêché vers le roi, l'assura que le jeune prince vivoit encore, mais qu'il étoit dans le plus pressant danger : *Or retournez devers lui et devers ceux qui vous ont envoyé,* répondit le roi, *et leur dites de par moy qu'ils ne m'envoyent meshui quérir ni requere pour adventure qui leur advienne, tant que mon fils soit en vie, et leur dites que je leur mande qu'ils laissent gagner à l'enfant ses éperons;* c'étoit la Chevalerie qu'il venoit de recevoir; mais je *veuil*, ajouta-t-il, *se Dieu l'accorde, que la journée soit sienne et que l'honneur lui en demeure.*

Les avantages sensibles qu'on retiroit de ces promotions les rendirent très-fréquentes et très-nombreuses. Plusieurs centaines de chevaliers furent créés du temps de Charles VI au siége d'une seule place; et le règne de Charle VII, règne fécond en événements, fit naître encore un peuple de chevaliers. A mesure que nous gagnions du terrain sur les Anglois, et que nous les forcions de rendre les places qu'ils avoient usurpées, ils ajoutoient aux articles de chaque capitulation [16], que si, dans un terme marqué, il venoit une armée pour défendre la place, on seroit obligé de recevoir bataille et que la place resteroit au parti vainqueur. Tandis que nos gendarmes en bataille attendoient de pied ferme cette armée, les chevaliers se multiplioient à l'infini dans la même journée. C'est à la Chevalerie [17] que nous fûmes redevables du recouvrement de nos provinces : jamais elle ne fut plus en honneur parmi nous; jamais aussi la gloire du nom françois ne fut portée à un plus haut degré.

La France et l'Angleterre si long-temps ennemies virent souvent alors, même dans le temps de trèves ou de paix, leurs champions prendre les armes les uns contre les autres, non pour défendre ni pour attaquer des villes et des provinces, mais pour un intérêt qui leur étoit encore plus sensible, pour soutenir la prééminence de valeur sans cesse disputée entre les deux nations. On vit des duels ou des combats particuliers, à nombre égal, de plusieurs chevaliers et écuyers françois contre des Anglois ou des Portugois qui, abusant du prétexte de combattre pour l'honneur des dames, prenoient parti dans la querelle de ceux-ci. Ces défis furent souvent terminés à notre avantage, mais toujours de part et d'autre à l'honneur de la Chevalerie [18].

La gloire que notre nation s'est acquise dans ces combats, fut celle de quelques champions particuliers de la Chevalerie ; mais il faut faire voir les communs efforts que fit le corps entier de cette milice pour l'honneur et la défense de l'État. Loin de vouloir m'arrêter au temps heureux de ses succès et de sa plus grande splendeur, je choisirai exprès, pour agir avec le moins de partialité que je pourrai, ces temps malheureux de notre histoire, où nos ennemis iroient eux-mêmes choisir les preuves les plus triomphantes pour décider de la supériorité de leurs armes sur les nôtres. Je parle des règnes du roi Jean et des trois Charles ses successeurs.

Notre Chevalerie qui n'eût peut-être jamais été vaincue, si elle ne s'étoit pas toujours crue invincible, apprit à Poitiers que la prudence et la sagesse ne sont pas moins nécessaires à la guerre que dans les conseils. Le roi demeura long-temps prisonnier avec plusieurs princes de son sang. Les membres séparés de leur chef restèrent presque sans mouvement; ou s'ils se ranimèrent, divisés entre eux, ils n'opposèrent qu'une foible résistance à l'ennemi commun: enfin tout sembloit concourir à la destruction totale de la Chevalerie. Une faction connue sous le nom de la Jacquerie, d'abord formée dans le Beauvoisis, s'étendit dans les provinces, et se ligua pour porter les derniers coups à cet illustre corps.

Plus de cent mille paysans armés, résolus d'exterminer la noblesse, ravageoient les terres, brûloient les châteaux, faisoient main basse sur les chevaliers, sur les écuyers, sur les gentilshommes, sans épargner les femmes ni les enfants. Leurs troupes grossissoient à mesure qu'ils se répandoient dans les campagnes. Pour mieux signaler une haine invétérée contre tous les nobles, et comme pour insulter à la douceur et à l'humanité de la Chevalerie, ils érigèrent en vertu la férocité la plus brutale, et la plus barbare inhumanité.

La duchesse de Normandie, femme du régent, la duchesse d'Orléans et trois cents dames et damoiselles étoient à Meaux avec le duc d'Orléans, et ne s'y trouvoient plus en sûreté. Quel-

ques détachements de ces furieux, joints par
d'autres accourus de Paris et des environs, se
croyoient sûrs de partager une proie qu'il sembloit impossible de leur enlever. Les habitants
avoient ouvert leurs portes, et de concert avec
les factieux, ils avoient réduit les dames à se
retrancher dans le terrain appelé le *Marché de
Meaux*, poste séparé du reste de la ville par la
rivière de Marne. Le danger étoit extrême ; il
n'y avoit point d'excès qu'on ne dût attendre
de ces bandes effrénées, que rien n'arrêtoit,
et par qui rien n'étoit respecté. Le comte de
Foix et le captal de Buch qui, dans ces circonstances, revenoient alors de la croisade de
Prusse, apprirent ces funestes nouvelles à Châ-
lons. Bien qu'ils n'eussent que soixante lances,
c'est-à-dire, soixante chevaliers et leur suite
ordinaire ; sur-le-champ ils prennent la résolution d'aller se joindre au petit nombre de
ceux qui défendoient la forteresse de Meaux.
L'honneur des dames ne permet pas au comte
de Foix de réfléchir sur le danger, ni au captal
de Buch de penser qu'il étoit Anglois : il profite
avec empressement de la liberté que les trèves
entre la France et l'Angleterre lui laissent
de suivre des sentiments plus forts dans le
cœur des chevaliers que toutes les inimitiés na-

tionales. L'un et l'autre étoient dans la place auprès du duc d'Orléans, lorsque les Jacquiers rassemblés se disposent de toutes parts à faire un commun effort pour recueillir le fruit de tous leurs forfaits et pour y mettre le comble. Nos braves chevaliers et leur suite n'avoient d'autre ressource apparente qu'une mort certaine, ni d'autres remparts à opposer aux rebelles que la bannière du duc d'Orléans, celle du comte de Foix et le pennon du captal. Ils se font ouvrir les portes et marchent fièrement aux ennemis. A cet aspect la frayeur saisit les troupes de la Jacquerie ; les chevaliers se font jour à travers leurs rangs ébranlés, leur tuent sept mille hommes et reviennent triomphants auprès des dames : mémorable journée, également glorieuse pour les héros et pour les dames, dont le courage avoit encore ranimé leur valeur.

Enguerrand de Couci poursuivit de tous côtés les restes épars de ces brigands ; il acheva de dissiper et d'exterminer une faction qui avoit juré la perte de toute la noblesse françoise, et par conséquent la ruine de l'État.

Charles V, instruit de l'utilité de la Chevalerie par les expériences qu'il en avoit faites pendant qu'il gouvernoit le royaume en qualité de régent, ne négligea point, lorsqu'il fut monté sur le trône, une institution si capable de faire prospérer les grands projets de sa politique. Ses ordonnances militaires, secondées par les soins et par l'exemple du brave Duguesclin, firent bientôt revivre, dans le cœur de la noblesse et dans les armées, l'ancien esprit et l'ancienne discipline de la Chevalerie, et bientôt ce prince éprouva ce que peut une milice bien réglée. On le vit envoyer tout à la fois plusieurs armées dans différentes provinces de son royaume qui n'étoit, pour ainsi dire, qu'un seul et même champ de bataille par la multitude d'ennemis dont il étoit inondé. Le monarque, avec l'élite de ses guerriers, dont il forme une cinquième armée, ou plutôt un corps de réserve, se tient au centre, prêt à porter un prompt secours partout où il seroit nécessaire : il est l'ame qui dirige tous les mouvements de ces différents corps ; il leur inspire la confiance et remet dans tous les cœurs françois une nouvelle ardeur. Cette conduite si sage, si ferme et si bien ordonnée, reçut la récompense qu'elle méritoit : quelques campagnes ne laissent à nos ennemis qu'un hameau ou quelque poste dans chacune des provinces dont ils avoient été entièrement les maîtres. La prudence rend aux François ce que leur imprudence leur avoit fait perdre : la Chevalerie reprend un nouveau lustre, et le monarque acquiert de plus en plus le surnom de *sage*, titre sublime par sa simplicité.

Si nos chevaliers s'illustrèrent par leur courage sous le règne de Charles V, et délivrèrent la France des calamités dont elle étoit accablée, ils n'acquirent pas moins d'honneur au commencement du règne de Charles VI, par leur activité, par leur vigilance en prévenant les malheurs dont elle étoit menacée dès-lors, et qui devoient infailliblement entraîner la ruine de l'État. Mais le vulgaire, souvent prodigue d'éloges pour les héros que leurs conquêtes ont rendu célèbres, est peut-être trop réservé pour ceux qui ont su détourner les orages, ou du moins en arrêter les suites et les funestes progrès.

Pour concevoir une idée plus juste des services essentiels que notre Chevalerie rendit à l'État du temps de Charles VI, il suffit de réfléchir sur la situation où le royaume se trouvoit lorsque ce prince monta sur le trône.

Charles VI, à peine sorti de l'enfance, vit les Gantois, peuple formidable par sa multitude et par sa fureur, s'armer contre le comte de Flandre, leur seigneur légitime, dont le roi étoit le suzerain, et s'appuyer de l'alliance du roi d'Angleterre, en lui promettant de faire valoir ses droits chimériques sur l'empire françois. Charles soutenu de ses chevaliers vole au secours de son vassal, attaque, rompt et met en fuite les bataillons ennemis qui laissent sur la place vingt-six mille de leurs morts : il revient aussitôt, et grâce à la contenance assurée, à l'inébranlable fidélité de la Chevalerie, il étouffe dans sa naissance une sédition dont le feu s'allumoit au cœur du royaume, où la populace, pour lever l'étendard de la révolte, n'attendoit que les premiers succès du soulèvement des Pays-Bas.

Des commencements si glorieux promettoient à l'État un règne paisible, et l'amour qu'on portoit au prince, et qui ne se démentit jamais, étoit pour le peuple comme un gage presque certain d'une prospérité dont rien ne pourroit arrêter le cours. Néanmoins la division de nos princes qui sembloient ne pouvoir être vaincus que par eux-mêmes, en les armant les uns contre les autres pendant les tristes temps de la maladie de Charles VI, annonçoit encore à l'État de nouveaux malheurs. L'autorité que donnent toujours à nos rois le respect et l'attachement pour leur personne, suspendit, pendant quelques intervalles, les cruels effets de nos dissensions, tant que ce prince respira. Sa mort enfin plongea la nation dans le funeste abîme de calamités dont les cœurs françois avoient frémi depuis si long-temps. Ils virent le sceptre passer dans des mains étrangères, l'héritier légitime dépouillé de ses droits, réduit à une seule ville de son royaume, n'ayant plus qu'une ombre d'autorité, manquant presque du nécessaire, et presque dans le cas de porter envie à la fortune des simples particuliers. Qu'étoit donc devenue la Chevalerie? Ses malheurs et son désespoir l'avoient fait tomber, elle et le monarque, dans un abattement presque léthargique. Une dame ranime Charles assoupi; une autre en habit de guerre se montre à la nation. Les dames, dont la Chevalerie avoit jusque-là défendu l'honneur, lui rendirent à elle-même celui qu'elle avoit perdu. Au signal d'une fille armée, les François croient voir l'image de la Chevalerie ressuscitée; tout se range sous ce drapeau, la Chevalerie reprend vigueur, les usurpateurs sont chassés, le roi triomphant rentre dans tous ses droits, et la nation recouvre son légitime souverain.

Le soin que nos rois, Charles V, Charles VI

et Charles VII avoient pris consécutivement de veiller à la conservation de leur État et à la défense de leurs sujets, avoit passé de race en race jusqu'à eux; ils le transmirent à la plupart de leurs successeurs : car il n'en est presque aucun qui, souvent au péril de sa vie, n'ait pris les armes, soit pour délivrer son peuple des ennemis domestiques et des vexations des seigneurs particuliers, soit pour repousser les efforts des puissances qui vouloient envahir les domaines de la France. Les chevaliers, fidèles soutiens du trône, furent les compagnons inséparables de ces travaux continuels.

La Chevalerie, toujours protégée par nos rois, qui lui servirent toujours et de guides et de modèles, mit elle seule ce royaume dans l'état florissant où nous le voyons; en sorte que si nous voulions faire l'histoire des triomphes de notre Chevalerie, il faudroit ici répéter tout ce qu'on lit dans les fastes de notre nation. Les autres corps de milice contribuèrent foiblement à la gloire de nos armes. Quelques archers qui, pour l'ordinaire, valoient encore moins que ceux de nos ennemis; des communes nombreuses, très-mal disciplinées, encore plus mal aguerries, ne rendoient presque d'autres services que d'égorger et de dépouiller les troupes que la Chevalerie avoit rompues, enfoncées et mises en fuite. C'étoit donc elle, proprement, qui portoit seule tout le poids de la guerre de campagne, et qui faisoit et soutenoit les siéges, toujours également prête à combattre à cheval ou à mettre pied à terre, pour forcer des retranchements et pour monter à l'assaut.

Dans ces occasions les chevaliers faisoient usage de tout ce qu'ils avoient appris par un exercice continuel, dans les différentes espèces de tournois, qui représentoient toujours une action militaire [19], et quelquefois même les attaques des places. Les tournois de ce genre étoient ceux qu'on appeloit *castilles*, mot qui subsiste encore dans le langage populaire pour signifier une querelle, un différend. Je n'oserois assurer que l'on y creusât, comme dans les siéges véritables, ces routes souterraines tracées d'un côté par les assiégeants pour renverser les tours et les remparts de la place, et de l'autre par les assiégés, pour rendre le travail inutile. Ce qu'il y a de sûr, c'est que l'on regardoit les mines comme une carrière d'autant plus noble que le péril étoit plus certain; on s'y précipitoit à l'envi, pour mériter ou

pour obtenir le titre de chevalier. En 1388, le duc de Bourbon assiégeant le château de Verteuil dans l'Angoumois, fit ouvrir une mine dans laquelle il combattit long-temps à l'épée contre un écuyer qui commandoit, dans l'absence du capitaine. Ils s'étoient porté plusieurs coups, lorsque l'écuyer entendant crier *Bourbon, Bourbon, notre Dame* (c'étoit le cri ou enseigne du duc), apprend avec étonnement qu'il est aux mains avec le prince : il recule par respect ; touché de l'honneur qu'il vient de recevoir, il rend les armes, remet les clefs de la place, est fait chevalier par cet illustre ennemi, contre lequel il promet de ne s'armer jamais. L'histoire parle souvent de ces combats souterrains ; mais elle n'en rapporte point d'exemples plus mémorables que celui du siége de Melun, en 1420 : « Comme on disoit (ce
» sont les propres termes de Juvénal des Ur-
» sins) qu'en mines se faisoient les vaillantes
» armes, on fit savoir que s'il y avoit personne
» qui voulût faire armes, qu'il y vînt. » Plusieurs chevaliers et écuyers se présentèrent pour combattre seul à seul, ou deux contre deux dans cette mine : elle étoit étroite et si tortueuse qu'on ne pouvoit y manier aisément la hache d'armes; il falloit en couper

le manche pour l'accourcir : « Là ne pouvoit-
» on prendre l'un à l'autre ; car il y avoit un
» gros chevron au travers de la mine de hau-
» teur jusqu'à la poitrine, et il étoit deffendu
» que nul ne passât par dessus ne par dessous.»
Des flambeaux et d'autres lumières éclairoient
les hauts faits d'armes, qui autrement eussent
été ensevelis dans ce lieu ténébreux. Le roi
d'Angleterre et le duc de Bourgogne firent
plusieurs chevaliers, et « de grands seigneurs,
» lesquels vaillamment s'étoient portés au fait
» des armes, qui avoient été faites en ladite
» mine; et sonnoient, à ce sujet, trompettes
» et ménestriers en leurs siéges, et faisoient
» une grande joie. » Le seigneur de Barbasan qui commandoit dans la place, n'en ayant
pas un assez grand nombre, y suppléoit par
les cloches de la ville.

Les écuyers qui s'étoient distingués dans les
actions militaires recevoient la Chevalerie.
L'espoir de cette glorieuse récompense enfan-
toit tous les jours des prodiges de valeur; mais
la politique avoit imaginé sagement une autre
espèce de récompense pour les chevaliers
mêmes dont l'ardeur se seroit peut-être ra-
lentie s'ils n'eussent eu rien à espérer. On proposoit dans chaque armée un prix pour celui

qui, dans une bataille, ou dans un siége, auroit le mieux fait, selon le rapport des hérauts d'armes, chargés d'examiner les combattants dans toutes les circonstances de l'action, suivant le témoignage non équivoque de toute l'armée, au jugement des princes et des généraux.

Le prix de la valeur [20] étoit en usage partout où la Chevalerie avoit étendu ses loix : si, de tant d'exemples que je pourrois alléguer, je cite par préférence ceux que nous offre l'histoire d'Édouard III, roi d'Angleterre, et du prince de Galles son fils, surnommé le *Prince noir*, c'est que ces exemples me paroissent, en même temps, les plus mémorables et les plus propres à faire connoître les formalités de cette sage institution.

Ces deux princes, il est vrai, furent les plus redoutables adversaires que notre nation ait eu à combattre; mais nos anciens chevaliers françois, admirateurs de la vertu, même dans leurs ennemis, n'auroient point désavoué les éloges que nous pourrions leur donner, puisque Edouard et son fils ne durent leurs succès qu'à leur zèle pour la Chevalerie. D'ailleurs, que nous importe d'où nous empruntions nos exemples? Nous pouvons dire, sans rien hasarder, que toutes les vertus héroïques qui régnoient alors dans les États chrétiens, étoient l'ouvrage de la Chevalerie, et qu'elles appartenoient également à tout l'ordre des chevaliers.

Édouard III eut la générosité de couronner un ennemi qui ne l'avoit point ménagé. En 1347 le calme sembloit régner entre les François et les Anglois sur la foi d'une trève, lorsque le seigneur Geoffroi de Charni, qui commandoit à Saint-Omer, peu fidèle aux devoirs les plus essentiels d'un loyal chevalier, et poussé d'un zèle indiscret pour les intérêts de sa patrie, osa former, sans l'aveu du roi, le dessein de surprendre Calais. Édouard averti de ce projet passe la mer, presque seul, avec son fils le prince de Galles : à peine est-il arrivé qu'il se range sous la bannière du seigneur de Mauni, son sujet, auquel il avoit donné le commandement, et marche contre les François rangés en bataille aux portes de la ville, dont ils se croyoient déjà les maîtres. On s'attaque de part et d'autre avec une égale ardeur dans l'obscurité de la nuit, et le roi vient aux mains avec Eustache de Ribaumont, *fort et hardi chevalier, qui deux fois l'abbat à genoux*. Le monarque se relève toujours, et prenant enfin le dessus, il force ce redoutable ennemi de lui remettre son épée et de se rendre. Le lendemain matin les Anglois vainqueurs rentrèrent dans la ville avec les principaux seigneurs françois qu'ils avoient fait prisonniers. Édouard voulut, dès le soir même, célébrer sa victoire et la solemnité du jour, c'étoit le premier de l'année 1348 : il donna donc à souper à ses chevaliers, après les avoir revêtus de robes neuves, aussi bien que les François. « Le roi » s'assit, » ajoute Froissart, dont je vais copier les termes, « le roi s'assit et fit seoir ces » chevaliers (françois) delez lui moult hono- » rablement et les servit du premier metz, le » gentil prince de Galles et les chevaliers » d'Angleterre, et au second metz ils s'en » allèrent seoir à une autre table... Quand » l'on eut soupé l'on leva les tables : si demoura le roi en sa salle entre les chevaliers » françois et anglois, et étoit à nu chef et » portoit un chapelet de fines perles sur son » chef: si commença le roi d'aller de l'un » à l'autre. » Après avoir fait au seigneur de Charni, chef de l'entreprise des François, quelques reproches mêlés d'une plaisanterie douce et enjouée, sur le dessein qu'il avoit eu de lui enlever Calais, « vint le roi à messire » Eustache de Ribaumont : Vous êtes le che-

» valier au monde que veisse oncques plus
» vaillamment assaillir ses ennemis, ne son
» corps défendre, ni ne me trouvai oncques
» en bataille où je veisse quitant me donnast
» affaire corps à corps que vous avez hui fait ;
» si vous en donne le prix sur tou les cheva-
» liers de ma court par droite sentence. Adonc
» print le roi son chapelet qu'il portoit sur
» son chef (qui étoit bon et riche) et le meist
» sur le chef de monseigneur Eustache, et
» dit : Monseigneur Eustache, je vous donne
» ce chapelet pour le mieux combattant de la
» journée de ceux du dedans et du dehors, et
» vous prie que vous le portez cette année
» pour l'amour de moi. Je sai que vous êtes
» gai et amoureux, et que volontiers vous trou-
» vés entre dames et damoiselles, si dites par
» tout où vous irez que je le vous ai donné.
» Si vous quite votre prison, et vous en pou-
» vez partir demain s'il vous plaist. »

Ne craignons point encore de rappeler une journée beaucoup plus funeste à la France, et néanmoins toujours honorable à la Chevalerie, comme au prince malheureux qui fut la victime de sa propre valeur. On sait quels honneurs le prince de Galles rendit, après la bataille de Poitiers, au roi Jean son prisonnier;

avec quels témoignages de respect et de vénération il refusa constamment de s'asseoir à la table de ce monarque : « Il m'est advis, lui dit-
» il, pour le consoler des disgrâces du sort,
» que avez grand raison de vous éliesser,
» combien que la journée ne soit tournée à
» vostre gré; car vous avez aujourd'hui con-
» quis le haut nom de prouesse, et avez passé
» aujourd'hui tous les mieux faisants de vostre
» costé : je ne le die mie, cher sire, pour vous
» louer ; car tous ceux de nostre partie qui
» ont veu les uns et les autres, se sont, par
» pleine conscience, à ce accordez, et vous
» en donnent le prix et chappelet. »

Ajoutons encore ce récit d'Olivier de la Marche. En 1452 le duc de Bourgogne, après une escarmouche très-rude entre ses troupes et les Gantois révoltés, où se distinguèrent plusieurs seigneurs, entre autres le seigneur de Lalain ; le duc de Bourgogne, dis-je, « qui
» bien sçavoit que ses gens avoient eû à souf-
» frir, les attendit au boulevart outre la ri-
» vière, et là fit apporter son souper, et sou-
» pèrent avec lui les chevaliers qui avoient
» été à la journée, et fit seoir messire Jacques
» de Lalain emprès de lui et au dessus de lui,
» et dist qu'il vouloit tenir les bonnes et ancien-

» nes coustumes, qui estoient que l'on devoit
» honnorer le meilleur chevalier du jour. »

Comme la Chevalerie s'étoit toujours étudiée à présenter, dans les tournois, un tableau fidèle des travaux et des périls de la guerre, elle avoit toujours conservé, dans la guerre même, une image de la courtoisie et de la galanterie [21] qui régnoit dans les tournois. Le désir de plaire à sa dame et de paroître digne d'elle étoit pour un chevalier, dans les véritables combats, comme dans les combats simulés, un autre motif qui le portoit aux actions héroïques, et mettoit le comble à son intrépidité.

Combien de fois ne vit-on pas à la guerre des chevaliers prendre les noms de poursuivants [22] d'amour, et d'autres titres pareils, se parer du portrait, de la devise [23] et de la livrée de leurs maîtresses, aller sérieusement dans les siéges, dans les escarmouches et dans les batailles offrir le combat [24] à l'ennemi, pour lui disputer l'avantage d'avoir une dame plus belle et plus vertueuse que la sienne, et de l'aimer avec plus de passion. Prouver la supériorité de sa valeur, c'étoit alors prouver l'excellence et la beauté de la dame qu'on servoit, et de qui l'on étoit aimé : on supposoit que la plus belle de toutes les

dames ne pouvoit aimer que le plus brave de
tous les chevaliers; et le parti du vainqueur
trouvoit toujours son avantage dans cette heureuse supposition. Mais le pourroit-on croire,
si l'on n'étoit appuyé sur le témoignage des
historiens comme sur les romanciers, pourroit-
on se persuader que des assiégeants et des assiégés, au fort de l'action, aient suspendu
leurs hostilités pour laisser un champ libre à
des écuyers qui vouloient immortaliser la
beauté de leurs dames, en combattant pour
elles? C'est néanmoins ce qu'on vit arriver au
siége du château de Touri en Beauce, suivant
Froissart. S'imaginera-t-on aisément encore
que dans le feu d'une guerre très-vive des escadrons de chevaliers et d'écuyers françois et
anglois, qui s'étoient rencontrés près de Cher-
bourg [25] en 1379, ayant mis pied à terre pour
combattre avec plus d'acharnement, arrê-
tèrent les transports de leur fureur pour
donner à l'un d'entre eux, qui seul étoit resté
à cheval, le loisir de défier celui des ennemis
qui seroit le plus amoureux? Un pareil défi ne
manquoit jamais d'être accepté. Les escadrons
demeurèrent spectateurs immobiles des coups
que se portoient les deux amants; et l'on n'en
vint aux mains qu'après avoir vu l'un d'eux

payer de sa vie le titre de serviteur qu'il avoit peut-être obtenu de sa dame. Les héros grecs sont-ils donc plus sages dans Homère, lorsqu'au milieu de la mêlée ils s'arrêtent tout-à-coup pour se raconter leur généalogie ou celle de leurs chevaux ? Ce combat singulier fut suivi d'une action des plus sanglantes ; et Froissart, pour donner plus de poids à son récit, ajoute : *Ainsi alla ceste besongne comme je fu à donc informé.*

L'esprit de galanterie, l'ame de ces combats, dont l'histoire nous fournit des exemples sans nombre, ne s'étoit point encore perdu dans les guerres d'Henri IV et de Louis XIV ; on y faisoit quelquefois le coup de pistolet pour l'amour et pour l'honneur de sa dame : au siége d'une place on vit un officier blessé à mort, écrire sur un gabion le nom de sa maîtresse en rendant le dernier soupir.

Outre le prix décerné au plus brave chevalier du jour, quelquefois au sortir d'un combat, d'un assaut ou d'une autre action, on donnoit aux autres guerriers qui s'étoient signalés, des chaînes d'or [26] qu'ils pendoient à leur col, et dont les chaînons étoient multipliés à proportion de leur mérite. Je conjecture que des chaînes semblables avoient originairement servi d'attache au bouclier qui se passoit dans le col : ainsi le présent que l'on faisoit au chevalier lui pouvant être d'usage pour affermir le bouclier qui le couvroit, il semble que c'étoit un gage de l'intérêt que l'on prenoit à la conservation de sa personne. On donna depuis à ce présent une signification allégorique; on voulut faire entendre à ceux qui le recevoient, que leur valeur n'avoit besoin que d'être enchaînée. *Par la Pâque Dieu*, dit Louis XI, en donnant une chaîne d'or de cinq cents écus au brave Raoul de Lannoi, *par la Pâque Dieu, mon ami, vous êtes trop furieux en un combat : il vous faut enchaîner; car je ne veux point vous perdre, désirant me servir de vous plus d'une fois.*

C'est ainsi que la politique guerrière des Romains avoit diversifié les bracelets, les couronnes, les colliers et les autres distinctions militaires, suivant les différentes espèces de services rendus à la patrie, et les différents degrés de valeur.

Celles que l'on accordoit à nos chevaliers, peut-être d'après les Romains, dont il semble que l'on avoit emprunté plusieurs usages, étoient d'autant plus flatteuses qu'ordinairement elles se distribuoient sur le champ de bataille : dans de telles circonstances elles ne pouvoient être données à la faveur, à l'intrigue et à l'importunité. Un mouvement subit d'estime et d'admiration, à la vue des actions éclatantes, est une sorte d'inspiration infaillible contre laquelle l'envie n'ose réclamer. Je ferai, dans la suite de ces Mémoires, un article séparé des autres distinctions et des autres récompenses attachées à l'état de chevalier.

Si la politique savoit habilement mettre en œuvre et l'amour de la gloire, et celui des dames pour entretenir des sentiments d'honneur et de bravoure dans l'ordre des chevaliers, elle savoit aussi que le lien de l'amitié, si utile à tous les hommes, étoit nécessaire pour unir tant de héros entre lesquels une double rivalité pouvoit devenir une source de divisions préjudiciables à l'intérêt commun. Cet inconvénient, trop souvent fatal aux États, avoit été prévenu par les sociétés ou fraternités d'armes, formées entre les enfants de la Chevalerie. Je crois avoir entrevu que ceux qui l'avoient conférée étoient regardés comme autant de pères de familles [17]; les conseillers ou assistants comme les parrains des nouveaux chevaliers, et ceux-ci comme les enfants d'un même père. Mais on voit des associations plus marquées entre des chevaliers qui devenoient frères ou compagnons d'armes, comme on parloit alors. L'estime ou la confiance mutuelle donnoient la naissance à ces engagements. Des chevaliers qui s'étoient souvent trouvés aux mêmes expéditions, concevoient l'un pour l'autre cette inclination dont un cœur vertueux ne manque guère d'être prévenu, quand il trouve des vertus semblables aux siennes. Dans le désir de fortifier des liens si naturels, ils s'associoient pour quelque haute entreprise qui devoit avoir un terme fixe, ou même pour toutes celles qu'ils pourroient jamais faire ; ils se juroient d'en partager également les travaux et la gloire, les dangers et le profit, et de ne se point abandonner tant qu'ils auroient besoin l'un de l'autre.

Les fraternités d'armes [28] se contractoient de plusieurs façons différentes : trois chevaliers, suivant le roman de Lancelot du Lac, se firent saigner ensemble, et mêlèrent leur sang. Cette fraternité n'est point une fiction romanesque, puisque M. Ducange cite plusieurs exemples pareils tirés des histoires étrangères, surtout de celles des pays d'outremer. Si cette pratique, comme il le dit, étoit barbare, rien n'étoit plus éloigné de la barbarie que le sentiment qui l'inspiroit. L'historien de Duguesclin parle d'un cœur d'or envoyé par le roi de Navarre à celui de Portugal, lorsqu'ils firent la paix ensemble. On pourroit regarder ce présent comme un symbole d'association, à moins qu'il ne soit relatif au titre de frère, que les souverains se donnoient entre eux.

D'autres compagnons d'armes imprimoient à leurs serments les plus sacrés caractères de la religion : pour s'unir plus étroitement ils baisoient ensemble la paix que l'on présente aux fidèles dans les cérémonies de la messe ; quelquefois ils recevoient en même temps la communion. Cependant lorsque le duc de Bourgogne, au mépris d'un engagement si solennel, eut fait assassiner le duc d'Orléans son frère d'armes, il trouva dans le docteur Jean Petit, un apologiste qui ne craignit point de soutenir qu'en cas *d'alliance, de promesse et de confédération d'un chevalier à l'autre, de quelque façon que cela se fasse, s'il arrive qu'il tourne au préjudice de l'un des promettants ou de ses confédérés, de sa femme ou de ses enfants, il n'est point obligé de la garder ;* mais sa proposition ayant été soumise à la décision de l'évêque et de l'université de Paris, fut condamnée d'une voix unanime *comme erronnée dans la foi et dans les mœurs, et comme ouvrant le chemin au parjure.*

L'assistance qu'on devoit à son frère d'armes l'emportoit aussi sur celle que les dames étoient en droit d'exiger. Une demoiselle ayant en vain réclamé la protection d'un chevalier, celui-ci se disculpa en alléguant la nécessité dans laquelle il s'étoit trouvé pour lors, de voler au secours de son frère d'armes. Une pareille justification n'auroit pas été reçue s'il avoit manqué à son souverain. Ce que l'on devoit au prince l'emportoit sur tous les autres devoirs: des frères d'armes de nation différente n'étoient liés ensemble qu'autant que leurs souverains étoient unis; et si les princes se déclaroient la guerre [29], elle entraînoit la dissolution de toute société entre leurs sujets respectifs: excepté ce cas, rien n'étoit plus indissoluble que les nœuds de cette fraternité. Les frères d'armes, comme s'ils eussent été membres d'une même famille, portoient une armure et des habits semblables; ils vouloient que l'ennemi pût s'y méprendre, et courir également les dangers dont l'un et l'autre étoient menacés. Charles VIII, à la bataille de Fornoue, choisit neuf preux dans sa plus brave noblesse, et leur fit prendre une armure complète, entièrement pareille à la sienne. Il trompa, par ce stratagème, une troupe d'ennemis qui, s'étant ligués pour le tuer, le cherchèrent dans tous les rangs, et crurent le trouver partout où quelqu'un des neuf preux se rencontra. L'honneur que le roi fit à ces illustres guerriers, en les choisissant, étoit d'autant pus insigne qu'il sembloit être la marque d'une fraternité d'armes avec leur souverain. La conjecture ne paroîtra pas trop hasardée, si l'on considère que les souverains ne dédaignoient point de recevoir la Chevalerie des mains de leurs sujets; plus touchés d'un rang acquis dans l'ordre de la gloire et de la vertu, que de celui qu'ils avoient dans l'ordre politique par le droit de leur naissance.

L'union des frères d'armes étoit si intime qu'elle ne leur permettoit pas d'avouer, du moins ouvertement, des amis qui n'auroient point été les amis de l'un et de l'autre. Le duc de Bourbon crut devoir refuser de Henri de Transtamare, roi de Castille, une somme considérable, uniquement parce que ce prince étoit ennemi de Boucicaut, son frère d'armes. L'obligation de s'aider mutuellement dans leurs entreprises de Chevalerie, sans pouvoir se séparer, les mettoit dans la nécessité de ne prendre que de concert aucun engagement [30] de cette espèce.

A la fin de l'expédition, ou lorsqu'une rupture survenue entre les souverains annuloit la société, on se rendoit mutuellement un compte [31] exact de la dépense et de la recette, de la perte et du gain. Le roi, voyant partir Saintré pour la croisade de Prusse, lui demanda si lui et ses compagnons étoient à bourse commune. On voit, dans l'histoire de Boucicaut, qu'il fit un compte de société avec l'Anglois Carvalai, lorsque la guerre fut déclarée entre la France et l'Angleterre.

L'exemple le plus propre à faire sentir l'utilité de ces associations, est celui du brave Duguesclin et de Louis de Sancerre [32], frères d'armes et compagnons inséparables; ils travaillèrent long-temps à reprendre une partie considérable de la Guienne sur les Anglois : par une telle union, ils donnèrent en même temps aux grands capitaines le modèle le plus parfait, et méritèrent l'éternelle reconnoissance des peuples dont ils furent les libérateurs.

Après la mort de Duguesclin, Louis de Sancerre qui, dans la suite, fut aussi connétable, continuant le grand ouvrage qu'ils avoient commencé en commun, acheva, autant qu'il put, la conquête de cette province.

Les fraternités militaires donnoient à des

seigneurs particuliers le moyen de faire des entreprises dignes des plus puissants souverains ; mais ce devoit être toujours avec l'aveu et sous l'autorité de celui dont ils étoient nés sujets. Lorsque la guerre ne les retenoit plus au service de leur monarque et de leur patrie, ils s'associoient pour aller purger une province des brigands qui l'infestoient, pour délivrer des nations éloignées qui gémissoient sous le joug des infidèles, pour venger un prince opprimé, détrôner un usurpateur, et par conséquent un ennemi de la Chevalerie. On peut voir dans l'histoire l'entreprise du duc de Bourbon contre les brigands du Lyonnois, celle de Saintré dans la Prusse contre les payens, et celle de Duguesclin dans l'Aragon, contre Pierre-le-Cruel. Boucicaut forma un ordre de Chevalerie sous le nom de la Blanche-Dame à l'écu vert, pour faire restituer à des dames [33] les biens dont elles avoient été dépouillées par d'injustes ravisseurs, dans le trouble des guerres précédentes. Il fit seul une autre entreprise, uniquement pour venger la mémoire d'un seigneur que l'on avoit assassiné [34].

Il n'y avoit point de contrée où la Chevalerie ne travaillât utilement pour le public ou pour les particuliers. Rien n'étoit petit ni méprisable aux yeux d'un chevalier lorsqu'il s'agissoit de faire le bien. Avoit-il, dans ses voyages ou dans ses expéditions, reçu l'hospitalité ou quelque assistance de l'homme de la plus vile condition, la reconnoissance [35] ne le lui faisoit plus regarder que comme un noble et généreux bienfaiteur : il se déclaroit à jamais son chevalier, et juroit de renoncer à tout ce que la gloire lui pourroit offrir de plus brillant pour s'acquitter de cette dette, pour le protéger, le défendre et le secourir au besoin. Ce serment étoit regardé comme inviolable ; du moins sommes-nous fondés à le croire sur la foi des romans. Combien d'usages de l'antiquité nous paroissent suffisamment prouvés par le seul témoignage des poëtes ! Pourquoi nos romanciers n'auroient-ils pas le même privilége ?

NOTES

DE

LA TROISIÈME PARTIE.

(1) On pourroit donner une liste très-ample des chevaliers blessés ou tués dans les tournois, sans compter ceux qui étoient quelquefois écrasés dans la foule : « Robert, » comte de Clermont en Beauvoisiz, fils de saint Louis, » dit Fauchet (Orig. Fran. liv. I, pag. 82), et chef de » la maison qui aujourd'hui porte le nom de Bourbon, » en un de ces tournois reçut tant de coups de masse » que le reste de sa vie il s'en porta mal. » Raoul, comte d'Eu, connétable de France, perdit la vie en 1344 (Chron. de Saint-Denys, t. II, fol. 109, verso), aux joutes qui se firent pour le mariage de Philippe, fils de Philippe de Valois. Mais un des tournois les plus meurtriers est celui qui fut fait à Nuys, auquel, suivant Philippe Mouskes (manusc. pag. 836), il y eut quarante-deux chevaliers, et autant d'écuyers (varlets), qui furent tués. Voyez la Colombière (t. I, p. 252), *au chap. 17 des tournois à fer esmoulu et à outrance*, et des accidents funestes qui y sont arrivés.

(2) Les tournois étoient appelés *imaginariæ bellorum prolusiones*, dans l'histoire de Jérusalem, en 1177; et

par d'autres auteurs *belli prœludia*. Ducange, au mot *torneamentum*.

(3) L'adresse étoit encore plus nécessaire que la force aux exercices de la joute : le plus brave et le plus vigoureux chevalier pouvoit être renversé par un autre bien plus foible, mais plus adroit. Suivant les avis que donne un chevalier, dans le roman de Perceforest (vol. IV, fol. 114, verso, col. 1), il ne suffisoit pas au jouteur de bien conduire son cheval, de bien porter ses armes et de bien asséner son coup, en se roidissant contre le fer de son ennemi : il falloit qu'il jugeât le coup qu'on lui portoit, qu'il sût dans quelle partie de son armure il seroit frappé; car s'il le recevoit de travers, alors le jouteur, perdant l'équilibre, perdoit aussi toute sa force, et ne pouvoit manquer d'être renversé de son cheval, ou d'essuyer quelque accident encore plus fâcheux (Cap. Estr. t. I, p. 169).

On pouvoit donc tous les jours apprendre quelque chose de nouveau dans un art aussi difficile, et qui avoit autant de finesses et de subtilités que celui de la joute et des autres exercices de nos tournois. Plus on le pratiquoit, plus on pouvoit s'y rendre habile; et c'est un éloge que donne Brantôme au marquis de Guast.

(4) Les chevaliers qui faisoient des emprises ou entreprises d'armes, soit courtoises, soit à outrance, c'est-à-dire, meurtrières, chargeoient leurs armes de chaînes, ou d'autres marques attachées par la main des dames, qui leur accordoient souvent un baiser, *moitié oui, moitié non*, comme celui que Saintré obtint de la sienne (Saintré, p. 522 et 530). Ce signe, qu'ils ne quittoient

plus, étoit le gage de l'entreprise qu'ils juroient quelquefois à genoux sur les évangiles (Lancelot du Lac, t. III, fol. 69, verso, col. 1 et 2). Ils se préparoient à l'exécuter par des abstinences (Histoire de Boucicaut, p. 51), et par des actes de piété qui se faisoient dans une église où ils se confessoient (Flores de Grèce, fol. 119, verso), et dans laquelle ils devoient envoyer au retour tantôt les armes qui les avoient fait triompher, tantôt celles qu'ils avoient remportées sur leurs ennemis. On pourroit faire remonter l'origine de ces chaînes regardées comme symboles d'un engagement jusqu'au temps de Tacite, qui rapporte quelque chose de semblable des Cattes, dans les mœurs des Germains (chap. XXXI, p. 665). Je me borne à des siècles postérieurs, où les débiteurs (Assises de Jérus., chap. CXIX et CXCIX, et notes) insolvables devenant esclaves de leurs créanciers, et proprement *esclaves de leur parole*, comme nous nous exprimons, portoient des chaînes de même que les autres serfs, avec cette seule distinction qu'au lieu de *fers*, ils n'avoient qu'un *anneau de fer au bras*. Les pénitents*, dans les pélerinages auxquels ils se vouoient, également débiteurs envers l'Église, portèrent aussi des chaînes pour marque de leur esclavage ; et c'est de-là, sans doute, que nos chevaliers en avoient pris de pareilles, pour acquitter le vœu qu'ils faisoient d'accomplir une entreprise d'armes.

« Le seigneur de Loiselench (Polonois venu à la cour
» de France) portoit une emprise d'armes à cheval et à
» pié deux cercles d'or, l'ung au-dessus du coulde du

---

* Voyez un passage singulier rapporté par Mabill., *siècle Ben. Préf.*, n. 41. Voyez Ducange, *Glos. lat.*, aux mots *Pœnitentes et circuli ferrei* ; et Fleuri, *Mœurs des Chrét.*, p. 394 et 395.

» bras senestre, et l'autre au-dessus du coulde du pié,
» tous deux enchaînez d'une assez longue chaîne d'or,
» et ce par l'espace de cinq ans, etc., jusqu'à ce qu'il
» trouvast chevalier ou escuyer de nom et d'armes sans
» reprouche qui le délivrast de ses armes... pour lesquelles
» plustost et plus honnorablement accomplir s'appensa
» venir en la très-belle cour de France, où tous nobles et
» chevaleureux hommes estoient très-honnorez et receus,
» et aussi pour avoir accointance d'eulx (Saintré,
» chap. XLVIII, p. 309). » L'abbé de Vertot rapporte
aussi, d'après les mémoires de Peiresc (mém. de l'Acad.
des belles-lettres, t. II, p. 641), un cartel de Jean de
Bourbon, qui, en 1414, pour éviter l'oisiveté, acquérir
de la gloire et la bonne grâce de sa dame, fit vœu, lui
avec seize autres chevaliers et écuyers de nom et d'armes,
de porter pendant deux ans, tous les dimanches, à la
jambe gauche un fer de prisonnier, savoir en or pour
les chevaliers et en argent pour les écuyers, jusqu'à ce
qu'ils eussent trouvé pareil nombre de chevaliers et d'é-
cuyers pour les combattre.

Olivier de la Marche, déjà cité tant de fois dans ces
notes, explique aussi (Mém., liv. I, p. 243) les formalités observées en 1445, pour lever ses *emprises*, c'est-
à-dire, pour les ôter à celui qui les portoit. On lit dans
le récit détaillé que cet historien nous a conservé des
armes à pied et à cheval faites à la cour de Bourgogne,
que Galiot se proposant d'accepter le défi d'armes fait
par le seigneur de Ternant : « Il s'agenouilla devant le
» duc de Bourgogne, luy requérant qu'il luy donnast
» congé et licence de toucher à l'emprise que portoit le
» seigneur de Ternant, et le bon duc le fit lever et luy
» donna le congé. Lors demanda Galiot aux rois d'armes

» et héraux la coustume du pays, et dist qu'en son pays
» quand le requérant arrache l'emprise de son com-
» pagnon, c'est pour la vie de l'un et de l'autre; mais
» quand on n'y fait que toucher seulement, c'est pour
» Chevalerie. Sur quoy lui respondit toison-d'or que le
» seigneur de Ternant avoit chargé son emprise pour
» Chevalerie, et que la coustume estoit de toucher à
» l'emprise quand on estoit présent. Lors s'avança ledict
» escuyer et toucha à l'emprise du chevalier, en soy
» agenouillant bien bas, et dist : noble chevalier, je
» touche à votre emprise, et au plaisir de Dieu vous
» fourniray et accompliray tout ce que je sçauray que
» vous desirez de faire, soit à pié, soit à cheval. Et le
» seigneur de Ternant le mercia bien humblement, et
» lui dist que bien fust-il venu, et qu'en icelle journée
» il luy envoyeroit par escript les armes qu'il desiroit à
» faire et accomplir. »

Il falloit, pour lever ces emprises, avoir la permission du seigneur à la cour duquel on se trouvoit, ainsi qu'on vient de le voir : pareille permission avoit dû être accordée auparavant à celui qui prenoit ou chargeoit l'emprise, comme nous l'apprenons de l'histoire de Saintré, qui avoit manqué à cet acte de soumission. Le roi voyant venir après coup, lui et ses compagnons, pour la lui demander, quoiqu'ils eussent déjà pris d'avance les marques que les dames avoient attachées sur les épaules, leur en fit des reproches (pag. 535 et 536) : *Mes amis*, leur dit-il, *vous faites comme celuy qui espouse sa cousine, puis en demande dispense.* Il finit par la leur accorder.

Les emprises ayant une fois été attachées sur l'armure d'un chevalier, il ne pouvoit plus se décharger de ce poids qu'au bout d'une ou de plusieurs années, suivant les conditions du vœu, à moins qu'il n'eût trouvé quelque chevalier qui, s'offrant de faire armes contre lui, le délivrât en lui levant son emprise, c'est-à-dire, en lui ôtant les chaînes ou autres marques qui en tenoient lieu, telles que des pièces différentes d'une armure, des visières de heaume, des garde-bras, des rondelles, etc.

Ma conjecture sur la conformité de ces emprises avec les chaînes des pénitents, se trouve d'accord avec l'emploi du mot *délivrer :* dans Monstrelet (vol. I, chap. 2, fol. 2, verso) délivrer est pris pour *aiser de la penance* (c'est-à-dire, pour acquitter de la pénitence) celui qui avoit chargé une emprise.

Le retour de ces expéditions glorieusement terminées étoit une espèce de triomphe. Voyez la réception faite dans Paris à Saintré, après celle qu'il avoit entreprise : il eut cette fois un baiser de toutes les dames, et il ne dit pas qu'aucune l'ait accordé *moitié oui, moitié non*. Voyez la Colombière, au chap. 20 des pas et emprises des anciens chevaliers (Théât. d'hon., t. I, pag. 266 et suiv.)

(5) Voyez la Colombière, *Théât. d'honn. le ch. XXI des veux militaires* (t. I, p. 280 et suiv.). J'y joindrai seulement quelques-uns de ceux qui sont rapportés dans l'histoire de Bertrand Duguesclin (publiée par Ménard, pag. 39). Avant que de partir pour soutenir un défi d'armes proposé par un Anglois, il entendit la messe; et lorsque l'on étoit à l'offrande, il fit à Dieu celle de son corps et de ses armes qu'il promit d'employer contre les infidèles s'il sortoit vainqueur de ce combat. Bientôt après il en eut encore un autre à soutenir contre un Anglois qui, en jetant son gage de ba-

taille, avoit juré de ne point dormir au lit sans l'avoir accompli (*ibid.*, p. 55). Bertrand, relevant le gage, fit vœu de ne manger que trois soupes en vin au nom de la Sainte-Trinité, jusqu'à ce qu'il l'eût combattu. Je rapporte ces faits pour la justification de ceux qu'on voit dans nos romans; d'ailleurs ces exemples peuvent servir d'éclaircissemens à quelques passages obscurs des anciens auteurs, tels que le Dante (voyez le XXXIIIe chant de son Purgatoire : *che vendetta di Dio non teme suppe*).

Duguesclin étant devant la place de Montcontour que Clisson assiégeoit depuis long-temps sans pouvoir la forcer, jura de ne manger de viande et de ne se déshabiller qu'il ne l'eût prise : *Jamais ne mangerai de chair ne despouillerai ne de jour ne de nuit* (Hist. de Bertrand Duguesclin, p. 488). Une autre fois il avoit fait vœu de ne prendre aucune nourriture après le souper qu'il alloit faire jusqu'à ce qu'il eût vu les Anglois pour les combattre (*ibid.*, p. 410). Son écuyer d'honneur, au siége de Bressière en Poitou, promit à Dieu de planter dans la journée, sur la tour de cette ville, la bannière de son maître qu'il portoit, en criant *Duguesclin*, ou de mourir plutôt que d'y manquer (*ibid.*, p. 443). Voyez avec quelle opiniâtreté il combattoit pour ne pas fausser son serment. On lit dans la même histoire (*ibid.*, p. 322 et 323) plusieurs autres vœux faits par des assiégés, de manger toutes leurs bêtes; et pour dernière ressource, de se manger les uns les autres par rage de faim plutôt que de se rendre. On jure de la part des assiégeants (*ibid.*, p. 295) de tenir le siége toute sa vie, et de mourir en bataille si l'on venoit la présenter, ou de donner tant d'assauts qu'on emportera la place de vive force : *J'ay vœu à Dieu et à saint Yve* (*ibid.*, p. 310), dit Bertrand aux habitants de Tarascon, *que par force d'assault vous auray.* De-là ces façons de parler si fréquentes *avoir de vœu, vouer, voër à Dieu, à Dieu le vœu, etc.* Cependant Balzac (Traité du prince, ch. 22), exaltant la patience merveilleuse des François au siége de La Rochelle, la met fort au-dessus de celle de nos anciens chevaliers, quoiqu'ils s'engageassent par des serments dont il rappelle les termes, à ne se point désister de la résolution qu'ils avoient prise.

(6) Voyez encore la Colombière (Théât. d'hon., t. I, p. 381 et suiv.) au sujet des vœux dictés par la valeur : les romans nous en fournissent une infinité d'exemples singuliers. Je me contente, pour prouver que l'usage nous en est connu par de meilleures autorités, de rapporter le témoignage de Froissart (liv. I, pag. 190, 191 et 196). *James d'Endelée,* suivant cet historien, avoit fait vœu qu'à la première bataille où se trouveroit le roi d'Angleterre ou quelqu'un de ses fils, il seroit le premier assaillant ou le meilleur combattant de son côté, ou qu'il mourroit à la peine : il tint parole à la bataille de Poitiers, comme on le voit dans le récit du même auteur.

(7) Voyez le roman intitulé *des Vœux du Paon et le Retour du Paon, manuscrits du roi,* n°s 7973, 7689, 7990 et 7990². Voyez encore dans la généalogie de la maison de Montmorency par Duchesne (liv. I, pag. 29 et suiv., et 34), tout ce qu'il rapporte pour faire voir en quelle considération le paon avoit été anciennement à l'occasion d'un seigneur de Montmorency au temps de Philippe-le-Bel qui portoit sur son timbre ce noble oiseau faisant la roue.

Gaston, cinquième du nom, infant de Navarre, autrement dit prince de Viane, comte de Foix, qui avoit été créé pair de France par Charles VII, ayant été depuis fiancé à la fille de ce prince, Magdeleine de France, et décoré de l'ordre de l'Etoile, voulut célébrer tant d'honneurs accumulés sur sa personne par un magnifique festin donné à Tours en 1458, et suivi de joutes qu'il y fit publier. Le banquet fut composé de cinq services et de sept entremets, et l'on y apporta dans un grand navire un paon vif qui avoit à son col les armes de la reine de France; des banderoles, rangées tout autour du vaisseau, portoient aussi celles de toutes les princesses et des dames de la cour qui furent très-glorieuses de l'honneur que ce comte leur avoit fait Favin, Théât. d'honn. et de Chev., liv. III, p. 571 et suiv., où l'on voit une description curieuse de cette fête et des entremets qui parurent un *paradis terrestre,* suivant ses termes.

(8) Le père Ménestrier (Traité des tournois, p. 40), faisant la description d'une fête donnée pour la paix en 1659 par la ville de Marseille, dit que « les trouba- » dours venoient au septième rang tous couronnés de » plumes de paon qui leur furent autrefois consacrées » dans les fameux cercles des principales dames de cette » province. » Les yeux représentés sur le plumage du paon et dont il paroît environné lorsqu'il fait la roue, exprimoient les regards de tout le monde fixés sur les troubadours pour écouter leurs compositions. Le pape Paul III envoyant au roi Pepin une épée bénite, accompagna ce présent d'un manteau tissu de plumes de paon; et Duchesne (Généal. de Montmorency, p. 29 et 30)

cite les vers suivants tirés de la bible de Guiot de Provins au sujet du pape :

> Rien ne deust voir si cler;
> Coronne li fet en * porter
> Toute la plume de poon **
> On li oillet *** sont environ,
> Trestout en tour à la roonde,
> Cil doit vooir par tout le monde.

(9) Voyez dans le roman de Lancelot du Lac (t. I, fol. 118, recto) l'éloge donné au roi Artus pour avoir tranché le paon à la table ronde au gré de cent cinquante chevaliers qui étoient assis au festin, et qui furent tous contents de la part qu'il leur fit.

(10) J'ose inviter le lecteur à voir dans l'original les singulières descriptions de cette fête dont je n'ai pu donner qu'une idée très-imparfaite pour qui voudroit connoître exactement nos anciens usages. Elles se trouvent dans Mathieu de Couci (dans le chap. VII de Godefroy, p. 664 et suiv.), et dans les Mémoires d'Olivier de la Marche (édition de Gand, p. 412 et suiv.). Joignez-y le récit succinct qu'en a fait Monstrelet, ff. 55 et 56.

On verra encore dans Mathieu de Couci (pag. 679 et 680) une fête de même genre sous le nom de fête de la licorne, donnée par Louis de Luxembourg, comte de Saint-Paul, pour publier une joute qu'il proposa de quarante nobles hommes contre un pareil nombre de combattants.

* Fait-on. — ** Paon. — *** Yeux.

(11) Voyez Ducange (gloss. lat.), aux mots *intromeysium* et *intromissum*, employés, comme nous faisons, pour le troisième service de la table. Le mot *entremets* s'est dit pendant long-temps au lieu de celui d'intermède dans nos pièces de théâtre : *entremets de la tragédie de Sophonisbe* dans les œuvres de Baïf; il signifioit une espèce de spectacle muet accompagné de machines, une représentation comme théâtrale où l'on voyoit des hommes et des bêtes exprimer une action, quelquefois des bateleurs et autres gens de cette espèce y faisoient leurs tours. Ces divertissements avoient été imaginés pour occuper les convives dans l'intervalle des services d'un grand festin, dans l'entre-deux d'un mets ou service à un autre mets, d'où ce mot *entremets*.

Les entremets dont l'usage s'étoit vraisemblablement introduit avant le règne de saint Louis, furent employés aux noces de son frère Robert à Compiègne, en 1237 : *Illi qui dicuntur ministelli* (ménestriers, Chron. d'Albéric, p. 562) *in spectaculo vanitatis multa ibi fecerunt, sicut ille qui in equo super cordam in aëre equitaret, et sicut illi qui duos boves de scarlate vestitos equitabant cornitantes*, sonnant de leurs cornets ou trompettes, *ad singula fercula quæ apponebantur regi in mensá*.

Une chronique manuscrite de saint Germain, fait une ample description des entremets qui se virent au festin que Charles V donna en 1378 au roi des Romains, fils de l'empereur Charles de Luxembourg que ses indispositions empêchèrent de s'y trouver. Je pourrois citer un grand nombre de ces espèces de représentations qui furent long-temps à la mode dans nos cours. On voyoit les restes de cette ancienne magnificence aux noces du prince de Navarre en 1572 (de Thou, liv. LII), avec la sœur du roi, de même qu'à la suite d'un autre festin que la reine donna l'année suivante au duc d'Anjou, roi de Pologne (de Thou, liv. LII). Le goût de ces anciens plaisirs s'étoit conservé à Florence jusqu'en 1600, suivant la description du banquet donné dans cette ville (*ibid.* liv. XV) pour le mariage de Marie de Médicis avec Henri IV.

(12) Les Anglois en firent dans leurs armées à leur descente sur les terres de France en 1337 et en 1380 : nous en fîmes à notre débarquement en Angleterre en 1403 et 1404 ; de même encore que nous en avions créé à l'attaque du pont de Taillebourg en 1385, les Anglois en créèrent aussi en 1441, lorsqu'ils eurent passé la rivière d'Oise pour forcer le roi Charles VII à lever le siége de Pontoise que leurs gens défendoient. On vit faire des chevaliers pour une simple embuscade (Froissart, liv. II, p. 269.); et deux François de l'armée de Castille étant détachés pour aller à la découverte de l'armée portugoise, acquirent par ce seul exploit l'honneur de la Chevalerie en 1385 (*ibid.*, liv. III, p. 53).

(13) Nous ne finirions jamais, si nous voulions rapporter les différentes occasions où l'on fit des promotions de chevaliers dans toutes les diverses circonstances des siéges. Je remarquerai cependant celle qui fut faite à l'attaque des palissades de Paris par le roi d'Angleterre en 1359 (*ibid.*, liv. I, pag. 242). Il vouloit y comprendre son écuyer du corps, Colart d'Auberthicourt ; mais celui-ci s'en excusa, disant qu'il ne pouvoit trouver son casque : c'étoit donc une pièce du harnois essentielle dans les promotions. On fit au siége de Bourges en 1412, plus de cinq cents chevaliers (Monstrelet, vol. I, ch. 93, pag. 150, recto).

(14) La marine eut aussi ses chevaliers, quoique les exemples en soient plus rares :

> Bons sont les chevaliers de terre,
> Bons sont les chevaliers de mer,

dit un de nos anciens poëtes (Eust. Deschamps, qui écrivoit sous Charles VI; voyez les poés. manusc. du roi, 356, col. 3). Les Anglois en créèrent (Froissart, tom. I, pag. 40) dès 1333 sur la flotte qui alloit attaquer la ville de Cayant; et l'amiral qui les commandoit en 1588 (de Thou, liv. 89, tom. X, pag. 183), fit encore des chevaliers pour récompenser ceux qui s'étoient le plus distingués à la défaite de la flotte de Philippe. Parmi les François, Brillac (Pierre Desrey, Voyage de Charles VIII à Naples, p. 198) fut fait chevalier en 1494 avant le combat naval où le duc d'Orléans défit le prince de Tarente aux environs de Rapaille, près du port de Gênes.

(15) Si l'on a vu les actions de la guerre les plus simples et les plus ordinaires consacrées quelquefois par des promotions de chevaliers, on ne vit aucune bataille pendant plusieurs siècles qui ne fût terminée ou précédée par de pareils honneurs conférés dans une forme toute simple et militaire : on ne faisoit au plus que ceindre l'épée en donnant la paumée ou l'accolade, suivant le roman de Lancelot du Lac (tom. II, fol. 9, recto, col. 2), confirmé par l'auteur des Vigiles de Charles VII (tom. II, pag. 21), au sujet des chevaliers faits en 1449 à la bataille de Fromigni. Les gens de guerre qui dans la bataille ne s'étoient point montrés moins dignes de la Chevalerie que ceux à qui elle avoit été accordée auparavant,

la recevoient après l'action comme une juste récompense de leurs services; ceux qui l'avoient obtenue avant que le combat fût engagé, étoient ordinairement mis au premier rang, afin de leur donner le moyen de justifier l'opinion qu'on avoit conçue de leur intrépidité. Froissart (liv. III, p. 55) nous apprend comme ils gagnoient leurs éperons. Denys de Portugal à la bataille de Juberoth, prêt à combattre les Castillans, année 1385, « adonc fit le roi demander parmy l'ost que quiconque » vouloit devenir chevalier se tirast avant, et lui don- » neroit l'ordre de Chevalerie au nom de Dieu et de saint » Georges; et me semble, selon ce que je fus informé, » qu'il y eut là fait soixante chevaliers nouveaux, des- » quels le roi eust grande joye, et les mist au premier » front de la bataille, et leur dit au departir de luy : » beaux seigneurs, l'ordre de Chevalerie est si noble et » si haute que nul erreur ne sauroit penser, et ne doit » chevalier estre à ordure, n'a villeté, n'a couardie, » mais doit estre fier et hardy comme un lyon quand il » a le bassinet en la teste et il voit ses ennemis, et pour » ce que je veux que vous montrez huy prouesse là où il » appartiendra à montrer, je vous envoye et ordonne » au premier chef de la bataille, et faittes tant que nous » y ayons honneur et vous aussi, car autrement vos » esperons ne seroient pas bien assis. » Parlant plus bas des Anglois qui étoient dans son armée, il est dit qu'aucun ne voulut être chevalier, quoique quelques-uns en fussent requis par le roi; mais qu'ils s'en excusèrent pour ce jour.

Les promotions aux batailles étoient ordinairement nombreuses; quatre cent soixante-sept François furent faits chevaliers en 1382 à celle de Rosebeck, et l'on en créa cinq cents avant celle d'Azincourt en 1415. Voici

comme nos historiens parlent de ces créations militaires. Olivier de la Marche (liv. I, pag. 361), sous l'an 1452, parlant des exploits que firent contre les Gantois, dans une escarmouche devant Overmeere, quelques nouveaux chevaliers de l'armée du duc de Bourgogne : « Et presse-
» tement rompirent les dictz Gandois et se meirent en
» fuyte, et certes il en mourut bien en celle rencontre
» quinze cents, et fut un droit (curée pour de tels oi-
» seaux) enoysellement et un gibier pour les jeunes et
» nouveaux chevaliers. » Jean d'Auton (Annales de Louis XII, sous l'an 1500, pag. 100) rapporte en ces termes celle qui fut faite par Louis de la Trimouille en 1500 avant la bataille de Novarre, étant prêts de charger : « Il demanda, dit l'historien, si là estoient
» nuls gentils hommes qui l'ordre de Chevalerie vou-
» lussent prendre, dont grand nombre de gens d'armes
» françois qui à ce jour à l'exercice des armes vouloient
» la force de leurs bras desployer et perpétuer leurs
» noms pour ouvrir au courage le chemin de prouesse,
» se voulurent enrichir du titre de Chevalerie. »

Pour confirmer par des faits les éloges qu'ils paraissent donner à ces promotions militaires, je citerai seulement l'action audacieuse que fit à Rosebeck le jeune Boucicaut qui avoit obtenu depuis peu le titre de chevalier (Hist. de Boucicaut, édit. de Godefroi, ch. X, p. 32 et suiv.). L'historien se propose de donner, dans la personne de Boucicaut, un exemple pour ceux qui désirent venir au haut honneur et prouesse de Chevalerie en montrant les travaux qu'il avoit entrepris dès son enfance pour s'y élever, et qu'il avoit continués toute sa vie. Il étoit encore très-jeune lorsqu'il suivit le roi Charles VI à la guerre contre les Flamands, et il y fut fait chevalier par le duc de Bourbon dans la compagnie duquel il étoit. Boucicaut, nouvellement fait chevalier, se trouvant à la bataille de Rosebeck, voulut se mesurer avec un Flamand *grand et corsu;* comme il lui portoit un coup de sa hache qu'il tenoit à deux mains, le Flamand, jugeant à sa taille que c'étoit un enfant, le dédaigna, et dit en lui faisant voler sa hache : *Va teter, va, enfant; or veói-je bien que les François ont faute de gens quand les enfants mènent en bataille.* L'enfant, devenu furieux par la perte de son arme, se coule sous le bras du géant, et tirant sa dague la lui plonge dans le flanc, malgré sa cuirasse, et le laisse étendu par terre. *Les enfants de ton pays,* lui dit-il à son tour, *se jouent-ils à tels jeux ?* (Ligue de Cambrai, liv. I, p. 200, sous l'an 1509). On peut comparer ce trait du jeune Boucicaut avec celui que rapporte l'abbé Dubos au sujet du jeune Boutières qui, à l'âge de seize ans, fit un géant Albanois prisonnier, et lui proposa encore un défi pour prouver qu'il l'avoit pris sans aide et corps à corps.

Nous voyons (de Thou, liv. 13) jusqu'en 1554 la Chevalerie accordée par le duc de Guise avec d'autres grâces pour récompenser les officiers qui s'étoient distingués à la bataille de Renti (t. II, p. 456 et 464).

La saine politique auroit cependant quelquefois demandé qu'on n'eût fait ces promotions qu'après la bataille, les honneurs acquis ne produisent pas toujours les mêmes effets que ceux dont on espère être décoré : d'ailleurs telle bataille paroît très-prochaine qui ne se donne jamais, comme on le vit à Vironfosse, en 1339. Les armées étoient en présence; il ne restoit qu'à charger : par provision on fit des chevaliers, et l'on se sépara sans avoir fait autre chose (Du Tillet, Rec. des rois de

France, chap. de l'ordre de Chevalerie, p. 319). Un lièvre qui passa dans ces entrefaites devant le camp des François, fit donner depuis par dérision à ces nouveaux chevaliers le titre ou sobriquet de *Chevaliers du lièvre.*

Brantôme (cap. F., t. I, p. 14 et suiv.) n'avoit donc pas grand tort de préférer la Chevalerie conférée après les batailles, à celle qui se donnoit d'avance. Ayant rapporté les services que rendit à Louis XI le bâtard de Bourbon, surtout « lorsqu'il l'appella et reprit de co-
» lere quand il estoit prêt d'aller à la charge, et que
» l'ennemi marchoit la teste baissée, il lui dit et lui cria :
» Sire, sire, avancez-vous, il n'est meshuy temps de
» s'amuser à faire des chevaliers, voici l'ennemi, al-
» lons à lui, etc. » Il fait ensuite une disgression sur l'empressement qu'avoient autrefois les seigneurs et gentilshommes, d'être faits chevaliers par leurs rois et leurs généraux d'armée, avant la bataille plutôt qu'après : ensuite il cite cette réponse que lui fit à ce sujet feu M. de Sansac : « Le bon homme, très-digne chevalier de son
» temps, et qui entendoit fort bien les choses cheva-
» leresques, me répondit que tel estoit l'humeur d'au-
» cuns qui vouloient ainsi gagner les devants, craignant
» que le roy ou le général y mourust ou fust pris, et
» par ainsi qu'ils fussent frustrez de ce bel honneur
» qu'ils prétendoient et desiroient, ou bien s'ils ve-
» noient à y mourir eux-mêmes, que pour le moins
» cela leur demeurast et servist de perpétuelle mémoire
» de gloire et à leurs héritiers, que pour le moins on
» eust peu dire qu'ils estoient morts chevaliers faits de
» la main du roy. » Puis reprenant la parole sur la même matière, il continue ainsi, pages 15 et 16 : « Au-
» jourd'huy cette petite usance de cérémonie d'ambition

» ne se pratique guerre plus, car ou mourant vaillam-
» ment là, ou survivant ayant très bien fait, l'on est
» aussi honorablement créé comme si cette cérémonie
» s'y fust solemnisée, et possible encore mieux.

» Il y a aussi un abus que tel estoit accolé ou touché
» (car ainsi se faisoient les chevaliers, ou par le tou-
» chement du bout de l'espée sur l'espaule, ou par l'ac-
» colade) qui venant puis après au combat, au lieu de
» bien faire ou de bien combattre, il s'enfuyoit à bon
» escient de la bataille, ne faisant rien qui vaille, et
» voilà une Chevalerie et une accolade bien employée.
» Et c'est pourquoy, disoit M. de Sansac, qu'il estoit
» bien meilleur une fois et plus honorable de se faire
» créer chevalier après la bataille, ayant très bien com-
» battu et fait bien le devoir de chevalier, ainsi que le
» roy François I voulut estre fait chevalier de la main
» du brave M. Bayard, après la bataille de Suisses, et
» comme de nostre temps fut fait M. de Thavanes, che-
» valier tant de l'honneur que de l'ordre du roy Henry
» après la bataille de Renti. »

(16) Ces capitulations conditionnelles qui furent très-
fréquentes dans nos guerres avec les Anglois, et souvent
répétées depuis, se continuèrent jusqu'au règne de
Henri IV, et même sous Louis XIII, à la reddition de
Landrecies, en 1637. (Vie du maréchal de Fabert, t. I,
p. 203.) Les habitants de Senlis, assiégés par les ligueurs (de Thou, l. XCV), imitèrent même en 1589,
l'ostentation de nos anciens chevaliers : comme on avoit
amené du canon pour les forcer de se rendre, ainsi qu'ils
en étoient sommés, on les vit accourir sur leurs remparts et se former en bataille : « Qu'est-il besoin de ca-

» non, s'écrièrent-ils, pour ruiner nos défenses? nous
» sommes prêts à renverser nos murailles, promettez-
» nous seulement de nous donner l'assaut. » Villars (*Ib.*,
l. CIII, p. 214) dans le parti contraire ne soutint pas
avec moins de fierté les attaques que firent les royalistes
en 1592, contre la ville de Rouen où il commandoit : il
donna un tournoi au dehors à l'une des portes de la
ville, et proposa des prix comme s'il eût été en pleine
paix. Il vouloit par ce spectacle braver ses ennemis :
*Ut contemptum nostrorum præ se ferret, extra Hilaria-
nam portam Hastiludium præmio proposito, quasi in al-
tissimâ securitate instituit.*

(17) C'est le témoignage glorieux que Montholon
(*Ibid.*, l. XCII, p. 339, édit. de Genève), garde-des-
sceaux, rend à la noblesse françoise dans un discours
prononcé devant le roi Henri III aux États de 1588.

(18) Parmi ces différents défis d'armes des Anglois
contre les François, je choisirai ceux qui ont été le
mieux décrits par nos historiens, et qui renferment
quelque particularité remarquable, comme celui des
sept François (Hist. chron. dans le Recueil de Ch. VI,
par Godefroi, p. 413) issus de la maison d'Orléans, qui,
au retour de leur victoire en 1408, firent leur entrée
dans Paris tous vêtus de blanc. Le sire de Clari (Froissart, l. IV, p. 15 et suiv.) reconduisant en 1389 en Angleterre le sire de Courtenai qui avoit jouté une fois seulement contre messire Gui de la Trimouille, dissimula
les propos injurieux de l'Anglois contre la chevalerie
françoise. Il les avoit entendus sans rien dire, dans la
crainte de violer la sauvegarde qui lui avoit été confiée;

mais il les avoit encore sur le cœur, lorsqu'ayant remis l'étranger sur les terres des Anglois, il crut n'être plus obligé à garder aucun ménagement : alors il les releva avec fierté, combattit l'Anglois à fer émoulu, lui perça l'épaule et le renversa par terre. Au lieu de la gloire que le François comptoit avoir acquise, il fut au retour mis en prison par jugement du connétable et des maréchaux de France, pour avoir jouté sans la permission du roi, et encore contre un étranger dont la garde lui avoit été remise : ses terres furent saisies quelque temps et peu s'en fallut qu'il ne subît le bannissement ; mais les seigneurs et les dames obtinrent enfin la rémission d'une faute à laquelle ils ne pouvoient refuser leurs éloges.

Voyez encore dans Froissart (l. IV, p. 20) sous la même année, le récit d'un défi d'armes à faire près de Calais pendant trente jours consécutifs, à l'exception des vendredis, qui fut proposé par trois chevaliers chambellans du roi, parmi lesquels étoit le jeune Boucicaut. Ils profitèrent de l'exemple précédent pour faire dresser en bonne forme les lettres du roi dont la lecture est très-instructive sur cette matière. On y voit que chacun avoit exposé une targe (écu) de guerre, et une autre de paix ; que l'étranger qui venoit heurter l'un ou l'autre avoit la guerre ou la paix, et que celui qui heurtoit les deux avoit l'un et l'autre, c'est-à-dire le combat à outrance et le combat de courtoisie. On y trouve encore d'autres usages curieux ; principalement sur la question proposée au sujet de ces armes qui sembloient enfreindre les trèves où l'on étoit avec l'Angleterre : enfin le combat fut accordé.

La loi qui exigeoit la permission du roi pour ces défis, n'étoit peut-être pas bien précise ou fut souvent négligée. Dans la suite un grand seigneur d'Angleterre nommé *Cornouaille*, en 1409, étant passé en France sans un sauf conduit pour faire armes à outrance pour *l'amour de sa dame*, trouva un chevalier tout prêt à lui *accomplir le fait d'amour*. (Juvénal des Ursins, Hist. de Charles VI, p. 199.) Comme ils étoient sur le point de commencer le combat, ils furent séparés par ordre du roi, qui fit en même temps une loi portant défense « qu'à jamais nuls ne feussent reçeus au royaume de » France à faire gage de bataille ou fait d'armes, sinon » qu'il eût gage jugé par le roi ou la cour de parlement.»

L'amour et les dames figuroient avec honneur dans les cartels envoyés pour ces défis d'armes. Monstrelet (vol. I, c. 2, fol. 2, v°, et 3, r°, v° et 5) nous a conservé soigneusement les exploits envoyés de part et d'autre pour un pareil défi entre un chevalier anglois, demandeur, et Michel d'Orris, Aragonois, défendeur, en 1400.

L'agresseur en priant Dieu (*celui qui est fondeur de tous biens*) d'accorder à l'ennemi qu'il provoque, joie, honneur et plaisance avec tous les biens qu'il désire à sa dame, prie encore le même ennemi de le recommander à cette dame. « Si prie au dieu d'amour, écrit-» il une autre fois, qu'ainsy comme desirez l'amour de » madame la vostre, il ne vous lait de vostre dite ve-» nue (il ne retarde votre départ). »

L'Anglois ne recevant pas assez promptement réponse à sa dernière lettre, mande dans une autre qu'apparemment l'Aragonois, après avoir accepté le défi, étoit tombé dans la disgrâce auprès du dieu d'amour qui lui avoit fait changer de dessein. Ce dieu se plaisoit anciennement *pour esbaudir armes et cognoistre Chevalerie* (réveiller les armes et éprouver les chevaliers), *à tenir les nobles de sa cour en si royale gouvernance* (dans des sentiments si généreux), qu'ils ne cherchoient que l'accroissement de leur honneur, et qu'ayant une fois entrepris des faits d'armes, pour rien au monde ils ne se seroient écartés du pays qu'ils ne les eussent terminés. Il falloit donc que l'Aragonois eût été banni de la cour d'amour. Cependant l'Anglois (qui étoit venu en France, lieu du rendez-vous), veut bien encore lui accorder un répit, après lequel, « au plaisir de Dieu, » dit-il, je pense m'en retourner en Angleterre par de- » vers nos dames, auxquelles j'ay espoir que sera té- » moigné par chevaliers et escuyers que je n'ay en rien » mesprins (fait faute) envers ledit dieu d'amours, le- » quel veuille avoir lesdittes madame et la vostre pour » recommandées, etc. » L'Aragonois, justifiant son retard, tant s'en faut, dit-il, qu'il ait été banni de la cour d'amours, et qu'il ait changé d'avis: « Si vous requiers » (c'est la fin de sa lettre) pour l'ordre de Cheva- » lerie, et pour la chose que plus aymez, que vous me » vueillez délivrer des armes qui cy-après s'ensui- » vent. »

Tous ces détails sont rapportés très-sérieusement par Monstrelet; le moine de Saint-Denis, historien encore plus grave du règne de Charles VI, l'auteur du Journal de ce prince, et Jean Lefèvre de Saint-Remi, écrivain du même règne, nous ont laissé plusieurs descriptions de tournois, surtout de ceux faits en France par les Anglois et par des chevaliers de Portugal, qui avoient pris parti pour eux dans nos anciennes querelles; et le moine de Saint-Denis, dont la raison et la sagesse dictent toujours les récits, parle très-judicieusement des armes proposées, en 1390, pendant la trêve qui promettoit une prochaine paix avec l'Angleterre. Quelques propos téméraires, échappés à des Anglois, tout fiers de leurs précédents succès, allumèrent la colère de la noblesse françoise offensée. Trois de nos chevaliers, dont le plus grand étoit à peine d'une taille médiocre, se présentèrent pour venger notre gloire attaquée, non-seulement contre les Anglois, mais même contre toutes les nations qui voudroient les essayer. La permission du roi fut accordée malgré la foiblesse apparente des champions dans une affaire de cette importance. Deux écus furent arborés, l'un pour la joute à la lance, et l'autre pour le combat à l'épée. Grand nombre de redoutables combattants, accourus de toutes parts, ne firent que redoubler l'ardeur des tenants, qui furent bien aises de voir ces étrangers dédaigner l'écu de la lance, comme trop joyeux et trop commun, pour ne toucher à la pointe de l'épée que celui de l'épée qui marquoit le duel. De nos trois tenants, deux étant blessés, furent contraints de garder le lit pendant neuf jours avant que de recommencer, et le troisième, qui seul pendant quelque temps avoit tenu pour les trois, ne put se trouver au dernier combat. Toutes ces armes néanmoins, terminées à notre gloire, apprirent à ceux des nôtres qui d'avance avoient censuré cette entreprise, qu'ils connoissoient mal le cœur des François. Lisez tout ce récit, où l'on voit un nombre prodigieux des plus grands noms de l'Europe qui vinrent s'éprouver contre ceux de Roie, Sampi et Boucicaut. La générosité des François ne triompha pas moins que leur valeur; ils rendirent les armes et les chevaux qui devoient leur rester par les conditions du défi, et renvoyèrent ces illustres étrangers comblés de présents.

Le même auteur, après avoir parlé dans la suite de son Histoire d'un défi d'armes que les Portugois étoient venus faire dans notre cour, passe, en ces termes, au récit d'un autre combat que des chevaliers de la même nation demandèrent peu après, en 1414. « Ce tournoi
» de France, dit-il (l. XXXIV, c. 15, p. 970 et 971),
» me fait ressouvenir d'un combat que les Portugois
» vinrent chercher en France, et que j'aurois tort d'ou-
» blier pour l'honneur de la patrie, puisque nos Fran-
» çois en remportèrent toute la gloire, au jugement
» même des Anglois, qu'on ne sauroit soupçonner de
» nous avoir été trop favorables sur une chose qu'ils
» nous envient. La fierté, je n'ose dire la présomption
» de cette nation étrangère, en fit sortir vingt braves
» chevaliers de naissance illustre avec un pompeux
» équipage, qui vinrent supplier notre roi, par beau-
» coup d'instances, de leur permettre de s'éprouver
» contre autant de François à toutes sortes d'armes, soit
» en duel d'un contre un, soit en nombre égal, à con-
» dition que le vainqueur pourroit tuer son vaincu s'il
» ne se rendoit à rançon; ils dirent l'avoir ainsi juré
» entre eux; et quoique les plus sages jugeassent qu'il
» y avoit d'autant plus de cruauté en ce défi, que c'é-
» toit faire une inimitié gratuite entre des gens qui
» n'avoient aucun sujet de haine; il ne fut pas possible
» de les en détourner, et il fut bien aussi difficile au
» roi de refuser à nos François d'accepter un parti où
» il s'agissoit de l'honneur de la nation, contre des
» gens dont il falloit rabattre les fumées, et qui se van-
» teroient éternellement de nous avoir fait peur. Il leur

» échappa même, fort galamment, de dire au roi que
» l'honneur de la France étoit naturellement si cher à
» ses enfants, que si le diable lui-même sortoit d'enfer
» pour un défi de valeur, il se trouveroit des gens pour
» le combattre.

» Quelque expérience à toutes sortes d'armes, et
» quelque valeur que montrassent ces Portugois, l'a-
» vantage demeura aux François. Un autre Portugois
» ne fut pas plus heureux contre un écuyer de Breta-
» gne, qui pendant un combat d'une heure et demie,
» à grands coups de lances et avec un chappelis d'é-
» pées qui faisoit horreur, n'avoit pas levé sa visière une
» seule fois pour reprendre haleine et pour se rafraî-
» chir; et trois autres encore disputèrent moins long-
» temps le terrain. *En ce temps aussi* (Journal de Pa-
» ris, sous Charles VI et VII, p. 25) *estoient chevaliers*
» *d'Espagne et de Portugal, dont trois de Portugal bien*
» *renommez de Chevalerie, prindrent, par je ne sai*
» *quelle folle entreprise, champ de bataille encontre*
» *trois chevaliers de France.... et fut à oultrance or-*
» *donné.... et fut avant soleil... qu'ils entrassent en*
» *champ; mais en bonne vérité de Dieu ils ne mirent pas*
» *tant qu'on mettroit à aller de la porte Saint-Martin*
» *à la porte Saint-Antoine à cheval, que les Portugal-*
» *lois ne fussent déconfiz par les trois François.*

» Plusieurs Portugois, presque coup sur coup, se
» présentèrent ainsi pour s'éprouver contre nos gens,
» et tous eurent le même sort. *Enfin,* dit l'historien,
» *délivrez de la vanité qui leur enfloit le courage, ils*
» *s'en retournèrent dans leur pays, bien heureux d'estre*
» *obligés d'avouer, par une juste confusion, qu'ils*

» *avoient trop présumé de leur valeur, et qu'ils estoient*
» *venus de bien loin et à grands frais pour faire humi-*
» *lier leur orgueil.* » On vit encore néanmoins l'année
d'après d'autres combats pareils entre eux et les François, suivant l'historien Jean Lefèvre de Saint-Remi,
c. 52, p. 76 et 77.

Je pourrois ajouter à tous ces combats ceux qui furent
proposés dans les diverses factions qui trop souvent partagèrent notre nation et nos princes, comme celles des
Armagnacs, des Orléanois, des Bourguignons, des royalistes. J'inscrirois dans la liste de tant de défis celui que
Henri IV, en 1590, après la levée du siége de Paris,
offrit par un héraut au duc de Mayenne, pour vider
leur querelle, afin qu'un combat décisif mît fin une
fois aux calamités de la France. Voy. de Thou, l. XCIX:
*Ut prælii copiam faceret, et finem Galliæ calamitatibus
semel imponeret.*

(19) Voyez ce qui a été dit de ces différentes espèces
de combats dans les notes sur la seconde partie. Un
passage du roman de Lancelot du Lac (t. I, fol. 102,
v°, col. 1) nous peut faire juger que la course de la
lance, appelée proprement *joute,* se faisoit seul à seul;
et qu'à l'égard des autres combats, les deux lignes opposées se mêloient pour en venir aux mains: ce qui faisoit donner à ces actions le nom de mêlées. On lit ces
mots dans le récit d'une joute à la lance : « Lors s'en-
» tréloignent eux deux, et viennent de si grante alleure,
» comme les chevaux peuvent aller, et s'entreﬁerent les
» plus grands coups qu'ils peuvent, et Persides rompt
» sa lance et Hector le ﬁert, si qu'il le porta par terre
» emmy le champ. Sire, dict Hector, je ne sai com-

» ment vous le ferez à la meslée, mais en joûte sai-je
» bien que vous en avez le pris. »

Les combats des autres armes, savoir, de l'épée, de la hache et de la dague, étoient les trois actes, dans cette espèce de scène souvent tragique, qui suivoient la joute : peut-être furent-ils appelés particulièrement tournois à cause de l'action des champions qui se tournoient dans tous les sens, au lieu que la course des lances se faisoit en ligne droite. Dès que ces quatre actes de nos anciens spectacles commençoient, les dames placées dans leurs loges en ouvroient les rideaux, pour voir les nobles jeux qu'elles attendoient. Ils étoient terminés par un dernier combat à la foule, où tout le monde se mêloit comme dans une véritable bataille. Ainsi tout y devenoit une école où toutes les manœuvres de la guerre étoient développées. Les joutes représentoient les combats seul à seul, les tournois dont elles étoient suivies par troupes de deux, trois, quatre et davantage, à nombre égal, figuroient les escarmouches et autres affaires que le hasard peut susciter dans les diverses rencontres de la guerre qu'on peut appeler *guerre de campagne;* les combats à la foule étoient comme les essais ou les répétitions des batailles générales. Dans le détail des tournois donnés au Plessis-les-Tours, pour les noces de madame Claude de France, fille de Louis XII, on vit des combats à la foule, suivant Jean d'Auton. (Annales de Louis XII, sous les années 1506, 1507, p. 5 et 6.) Outre ces occasions, la guerre de campagne présente encore des défilés, des gués et des ponts dont il faut faire l'attaque et la défense ; on se préparoit à ces actions militaires dans les pas d'armes. A l'égard de la guerre des siéges, on l'étudioit également bien dans les autres exercices des tournois. Les combats à la barrière faisoient connoître quelle conduite on devoit tenir aux approches et aux barrières d'une place ; les castilles étoient des assauts simulés des tours et remparts d'une ville dont on auroit fait le siége ; les joutes dans les mines enfin représentoient les derniers efforts que l'on fait pour enlever une place à l'ennemi.

(20) De toutes les récompenses que la Chevalerie proposoit, la plus glorieuse sans doute étoit le prix de la valeur décerné au jugement de ceux mêmes qui avoient droit d'y prétendre ; c'est un tribunal sans appel : aussi Joinville (p. 54) ne crut pas pouvoir mieux finir l'éloge de messire Henri de Cône, son oncle, qui mourut couvert de blessures dans une action contre les Turcs, qu'en ajoutant ces propres paroles : « Et lui ouï » dire à sa mort qu'il avoit esté en son tems en trente- » six batailles et journées de guerre, desquelles sou- » ventes fois il avoit emporté le prix d'armes. »

Le roi Jean, qui voulut ranimer la Chevalerie languissante, comme nous l'avons dit, par l'institution de l'ordre de l'Étoile ou *de la Noble-Maison* (Ord. des rois de France, t. II, p. 466), eut grand soin de rappeler dans ses statuts les anciennes loix qui servoient d'aiguillon à la valeur. Il ordonna que la veille et le jour de la première fête de *la Noble-Maison,* il y auroit une table d'honneur où seroient assis les neuf plus braves hommes (les neuf preux) qui se trouveroient à cette fête et qui étoient admis dans le nouvel ordre. Ils devoient être choisis dans les trois différents états qui distinguoient alors les chevaliers, savoir : *Les trois plus souffisants* (capables, preux) *princes, les trois plus souffi-*

sants bannerets et les trois plus souffisants bacheliers (simples chevaliers.) Tous les ans aux mêmes jours on devoit pareillement choisir dans chacune de ces trois classes un pareil nombre de confrères qui, dans le cours de l'année, auroient fait plus d'exploits en armes de guerre et non de paix, c'est-à-dire non dans les tournois; car ils n'étoient point mis ici en ligne de compte.

Les Anglois, comme on l'a vu, décernèrent des honneurs équivalents à ceux-là, pour celui qui dans une action avoit surpassé tous les autres combattants. James d'Endelée, brave chevalier anglois, après la bataille de Poitiers, reçut du prince de Galles les plus grands éloges : « Par votre vaillance, lui dit ce prince
» couvert de gloire lui-même, avez huy acquis la grace
» et renommée de nous tous, et estes tenu par certaine
» science pour le plus preux. Messire James, ajouta-
» t-il encore, je et tous les nostres vous tenons à la
» journée d'huy pour le meilleur de nostre costé. »
(Froissart, l. I, p. 196.)

(21) Dans le défi d'armes qui fut proposé en 1414 pendant le siége d'Arras, à Lens en Artois, entre quatre François, dont étoit chef le bâtard de Bourbon, jeune enfant, et quatre Bourguignons dont étoit chef le chevalier Cottebrune, qui depuis devint maréchal :
« Celui-ci qui grant et puissant estoit, fit apporter
» grosses lances à merveilles et les plus beaux fers de
» lances que jamais on peust veoir; mais quand il sceult
» qu'il avoit affaire à ung enfant, il trouva manière
» d'avoir lances gracieuses desquelles il feist ses armes
» à l'encontre du bastard de Bourbon si gracieusement

» que nul ne fust blessé. » (Jean Lefèvre de Saint-Remi, Histoire de Charles VI, p. 66.)

J'ai vu encore quelque part que nos armées étant en présence se livroient carrière et laissoient entre elles un terrain réglé tel qu'il le falloit pour la course des chevaux et pour asseoir le coup de lance dans une proportion convenable. C'est ainsi qu'Olivier de la Marche (liv. I de ses Mémoires, p. 245) explique la manœuvre de ces hommes préposés dans les tournois, qui à chaque course, à chaque attaque, ne manquoient pas de prendre de nouveau, avec une corde nouée, la dimension du lieu d'où les jouteurs devoient repartir pour recommencer une nouvelle joute. Aux armes qui se firent dans les mines du même siége d'Arras, entre Montaigu, commandant de la place, et le comte d'Eu, tout y fut réglé comme on auroit pu le faire dans une joute de courtoisie, jusque-là que le vaincu, suivant les conditions stipulées auparavant, devoit donner au vainqueur un diamant de cent écus. Le comte d'Eu, jeune et vigoureux, ayant défendu si bien le passage que Montaigu ne put jamais le forcer, celui-ci *paya voullentier le diamant qu'il fit présenter au comte d'Eu pour donner à sa dame.* (Jean Lefévre de St.-Remi, Hist. de Charles VI, p. 65 et 66. sous l'an 1414.)

L'amour, autant que la simple galanterie, étoit souvent aussi de la partie dans les expéditions de nos braves chevaliers.

Froissart (ch. cxcxvi, p. 222 du vol. I), parlant de monseigneur Eustache d'Auberthicourt qui, commandant sept cents hommes, avoit fait des prises considérables dans la Champagne, et tenoit bien douze forteresses sous ses ordres (année 1358) : « Il aima donc par

» amours, dit-il, et depuis espousa madame Ysabelle
» de Julliers, fille jadis au comte de Julliers. Cette dame
» avoit aussi en amour monseigneur Eustace pour les
» grandes appertisses d'armes qu'elle en oyoit recorder,
» et luy envoya la dite, haquenées et coursiers et lettres
» amoureuses, par quoi ledit messire Eustace en estoit
» plus hardi, et faisoit tant de Chevaleries et faits d'ar-
» mes que chacun gaignoit avec luy. »

Brantôme (*Cap. Fr.*, t. IV, p. 238) nous apprend que de son temps plus que jamais, l'amour avoit encore ses héros : « Les gens de cour se sont fait remarquer très-
» braves et vaillants et certes plus que le temps passé. »
Puis reprenant ce qu'il avoit dit plus haut de M. de Randan : « Estant à Metz, continue-t-il, un cavalier de dom
» Louys d'Avila, colonel de la cavalerie de l'empereur,
» se présenta et demanda à tirer un coup de lance pour
» l'amour de sa dame. Monsieur de Randan le prit aus-
» sistost au mot par le congé de son général, et s'estant
» mis sur les rangs, fust ou pour l'amour de sa mais-
» tresse qu'il espousa depuis, ou pour l'amour de quel-
» qu'autre bien grande; car il n'en estoit point dépour-
» veu, jousta si furieusement et dextrement qu'il en
» porta son ennemi par terre à demy mort, et retourna
» tout victorieux et glorieux dans la ville, ayant fait et
» apporté beaucoup d'honneur à luy et à sa patrie, et
» dont chacun le loua et en estima extrêmement et non
» sans cause. »

Voyez encore dans le Novennaire, sous l'an 1591 (t. II, p. 502, verso), le cartel envoyé par le comte d'Essex au comte de Villars qui commandoit dans Rouen pour la Ligue. Le comte d'Essex offroit de soutenir, à pied ou à cheval, armé ou en pourpoint, que la querelle du roi étoit plus juste que celle de la Ligue, que lui comte d'Essex étoit meilleur que Villars, et qu'il avoit une plus belle maîtresse que Villars. Celui-ci répond qu'il ne croit point ce qu'il avoit avancé de l'excellence de sa maîtresse.

(22) Un écuyer anglois, capitaine du château de Beaufort, qui, en 1369, prit parti pour la France, se nommoit le *Poursuivant d'amours* (Froissart, l. I, ch. LIV, p. 351, édit. de Ménard, p. 430). Il est encore fait mention de lui sous ce nom dans l'Histoire de Bertrand Duguesclin.

(23) Comme monseigneur Jean Chandos, Anglois, peu avant la bataille de Poitiers, s'étoit avancé pour observer l'armée françoise, il fut rencontré au retour par monseigneur Jean de Clermont, l'un des maréchaux de France, qui de son côté revenoit à cheval, après avoir également considéré la contenance de l'armée angloise : « Si portoient chacun d'eux, dit l'historien, une
» même devise d'une bleue dame, euvrée d'une bordure
» au ray (rayon) du soleil, et tousjours dessus leurs hauts
» vestements, en quelque estat qu'ils fussent. Si dit
» monseigneur de Clermont : Chandos, depuis quand
» avez-vous emprins à porter ma devise ? Mais vous la
» mienne, respondit Chandos, car autant bien est elle
» mienne, comme vostre : je le vous nie, dit monsei-
» gneur Jehan de Clermont, et si la souffrance ne fust
» entre les vostres et les nostres, je vous montrasse
» tantost que vous n'avez nulle cause de la porter. Ha !
» dit monseigneur Jehan Chandos, vous me trouverez
» demain tout appareillé de deffendre, et de prouver
» par fait d'armes que aussi bien elle est mienne comme
» vostre. Monseigneur Jehan de Clermont dit à Chan-

» dos : Ce sont bien les parolles de vos Anglois, qui ne
» savent adviser riens de nouvel, mais quant qu'ils voyent
» leur estre bel. Atant passèrent outre, ni n'y eut adonc
» plus fait ne plus dit, et chacun s'en retourna devers
» ses gens. »

(24) Le sire de Languerant, en 1378, ayant mis en embuscade dans un bois quarante lances qu'il commandoit, leur ordonna de l'attendre jusqu'à ce qu'il fût revenu de reconnoître la forteresse de Cardillac occupée par les Anglois. Il s'avança tout seul jusqu'aux barrières, et s'adressant à la garde : « Où est Bernard Courant
» vostre capitaine? demanda-t-il. Dites luy que le sire
» Languerant luy demande une jouste; il est bien si bon
» homme d'armes et si vaillant qu'il ne la refusera pas
» pour l'amour de sa dame; et s'il la refuse ce luy tour-
» nera à grand blâme, et diray par tout où je viendrai
» qu'il m'aura refusé par couardise une jouste de fer de
» lance. » Elle ne fut point refusée, et Languerant y perdit la vie. (Froissart, liv. II, p. 43 et 44.)

(25) C'est Froissart qui nous a conservé ce trait dans le livre II de son Histoire, ch. XXXIII, p. 50, sous l'an 1378. Le récit curieux qu'il en fait mérite d'être lu, et c'est à regret que nous ne transcrivons point ce passage.

(26) On pourroit dire aussi que comme on avoit d'eux l'idée que les anciens avoient de leurs dieux tutélaires, ils étoient retenus par ces chaînes, de même que les Tyriens en donnèrent à leurs dieux dans la crainte qu'ils ne leur fussent enlevés (Plutarque, Quest. Rom. LXI). Voyez ce que rapporte le P. Ménestrier au sujet des

chaînes d'or (Orig. des orne. d'arm., p. 173 et suiv.). L'histoire fait fort souvent mention de ces chaînes données à nos chevaliers qui en avoient aussi fait le signe des entreprises de Chevalerie, comme on l'a vu dans la note 4 ci-dessus.

Nos rois qui furent jusqu'en 1614, et même jusqu'en 1668, dans l'usage de donner des chaînes d'or aux colonels de régiments suisses, et qui en donnent encore aux ambassadeurs de cette nation dans les renouvellements d'alliance, accordèrent souvent une pareille distinction aux autres officiers de leurs armées, et même à ceux de leurs alliés (Bassompierre, t. I, p. 401). Louis XIV, en 1666, envoya son ordre de Saint-Michel à l'amiral Ruyter avec une chaîne d'or et son portrait : plusieurs de nos rois ont poussé la générosité jusqu'à récompenser leurs plus redoutables ennemis par ces marques glorieuses de leur estime (Pélisson, Hist. de Louis XIV, depuis 1661 jusqu'à 1678, t. II, liv. IV, p. 72 et 73). Louis XII mit au col de Gonsalve une chaîne d'or pour marque de la considération qu'il portoit à cette valeur même qui lui avoit enlevé le royaume de Naples. (Montluc, t. II, p. 539.)

(27) Lorsque Philippe de Valois, n'étant point encore roi, alla porter la guerre en Italie, en 1320, pour défendre le parti des Guelfes, Galéas Visconti, qui soutenoit la faction des Gibelins, pouvant attaquer ce prince avec des forces bien supérieures, ne voulut point profiter de ses avantages; il préféra la voie de la négociation pour lui persuader de retirer ses troupes (Muratori, Annales d'Italie, t. VIII, p. 117). Galéas craignoit de combattre un prince dont il respectoit la personne, et

de manquer à ce qu'il devoit au père de Philippe, à Charles, comte de Valois, qui lui avoit conféré la Chevalerie (Philippe et lui étoient en quelque façon fils d'un même père, ils étoient frères dans l'ordre de la Chevalerie). C'étoit sans doute pour cette raison de fraternité que les compagnons d'un même ordre ne pouvoient se défier et se battre l'un contre l'autre sans la permission du roi, comme le dit Brantôme (Duels, p. 285.). Le roi fit grâce de la vie au maréchal de Gié, condamné à mort, en considération de la Chevalerie que ce prince avoit reçue de sa main. Gauvain qui avoit fait compagnie à Lancelot lorsque celui-ci fut armé chevalier, refusa de soutenir contre lui le gage de bataille; il sembla se regarder comme parrain de Lancelot, et ne vouloit point combattre son filleul (Roman de Lancelot du Lac, t. III, p. 147. r°, col. 2 et suiv.).

(28) Voyez la XXIe dissertation de Ducange, à la suite de Joinville, sous le titre des adoptions d'honneur en frère, et par occasion *des frères d'armes;* et le Dict. de Nicot, aux mots *compagnons et frères d'armes*. Le mot de *frère* étoit anciennement un terme d'amitié que nous donnions même à des inconnus (suiv. Phil. Mouskes, mss.) d'un état très-inférieur, ainsi qu'en usent encore les Polonois et les Bohémiens les uns à l'égard des autres. L'union fraternelle et l'interpellation de frère furent encore plus communes entre des gentilshommes qui avoient servi ensemble. Cette remarque peut n'être point inutile aux généalogistes. Brantôme (Cap. Fr., t. I, p. 130, et t. IV, p. 107) dit en parlant de M. de Téligny : *Mon grand amy et frère d'alliance, mon frère d'alliance et de considération.* Il donne le même titre de

mon frère et grand amy au baron de Vitaux en lui parlant. Bassompierre et Schomberg se traitent mutuellement de *frère*, et le même Bassompierre (Mém., t. II, p. 367 et 372) appelle les chevaliers de Cramail et de Grammont, en 1621, *ses anciens frères et amis ;* et madame de Sévigné écrivoit encore en 1674 (Lett., t. II, p. 310) : « J'estime fort Barbantanne ; c'est un des plus
» braves hommes du monde, d'une valeur presque romanesque dont j'ai oui parler mille fois à Bussi ; ils
» sont frères d'armes. »

Les plus illustres guerriers des siècles précédents leur en avoient donné l'exemple. Sans compter les alliances sous ce nom de *frère*, que les souverains et les princes faisoient les uns avec les autres, quelquefois avec ceux d'un rang inégal, comme celle du roi de Sicile (Hist. d'Artus III, connétable de France et duc de Bretagne) qui, en 1439, étoit frère d'armes du connétable Artus III, duc de Bretagne (Hist. de Duguesclin, publiée par Ménard, p. 113) ; le comte d'Auxerre est appelé compagnon (je l'interprète frère d'armes) du comte Vert (Hist. d'Artus III, connét. et duc de Bret., p. 772) à la bataille de Cocherel, en 1364. Le connétable Duguesclin, parlant de Louis de Sancerre, en 1372, dit de lui : *mon frère de Sanxerre.* Le même Duguesclin et Clisson conclurent ensemble, en 1370, une fraternité d'armes dont on peut lire le titre original rapporté par Ducange (Dissert. 21, à la suite de Joinville). Et Froissart, dans le récit de l'assassinat du connétable Clisson, en 1392, dit que « le seigneur de Coucy qui se tenoit en son hostel, si-tost qu'il sceut au matin les nouvelles, monta
» à cheval, et se partit luy huytième tant seulement, et
» vint à l'hostel du connestable derrière le Temple, où

» on l'avoit rapporté, car moult s'entre-aymoient et » s'appelloient frères et compagnons d'armes. » (Liv. IV, ch. XXXIX, p. 144.)

Dès le temps de Joinville ces sortes de confraternités étoient connues; parlant de Gille le Brun, connétable de France, il l'appelle son frère: ce que Ducange (p. 36 de ses Observat.) explique de la fraternité d'armes qui les unissoit; car ils n'étoient point parents.

Le christianisme avoit fondé l'usage entre les hommes de se traiter de frères; la Chevalerie le continua : ce ne fut pas toujours un titre d'amitié purement arbitraire et sans effet; on y joignoit une espèce de formalité par laquelle on s'adoptoit mutuellement en cette qualité de frères, de même que nous voyons des adoptions de père et de fils, dont Bassompierre nous donne un exemple entre lui et le duc d'Ossone. Tout le monde sait que François Ier appeloit Semblançai son père, et que Henri II traitoit de son compère le connétable de Montmorenci. Outre les cérémonies des associations de frères, autrement frères d'armes, compagnons d'armes et compagnons de foi, que j'ai déjà rapportées, ils faisoient quelquefois entre eux l'échange de leurs armes et se les donnoient l'un à l'autre; de même qu'on le voit de Glaucus et de Diomède dans Homère (voyez Ducange, Gloss. lat., au mot *arma mutare*). L'engagement réciproque qu'on prenoit alors consistoit à ne jamais abandonner son compagnon dans quelque péril qu'il se trouvât, à l'aider *de son corps et de son avoir* jusqu'à la mort, et à soutenir même pour lui, dans certain cas, le gage de bataille, s'il mouroit avant que de l'avoir accompli (Hardouin de la Jaille, Gage de bat., fol. 51 et 52).

Le frère d'armes devoit être l'ennemi des ennemis de

son compagnon, l'ami de ses amis : tous deux devoient partager par moitié leurs biens présents et à venir, et employer leurs biens et leur vie à la délivrance l'un de l'autre lorsqu'ils étoient pris. Les chevaliers de l'ordre du Croissant avoient été formés sur ce modèle (voyez Tyran-le-Blanc, t. II, p. 335).

Du Tillet (Rec. des rois de Fr., ch. des chevaliers de l'ordre et état de Chevalerie, p. 316) dit que « les che- » valiers du Croissant porté au bras, estoient obligez l'un » à l'autre d'estre compagnons de toutes fortunes et » périls, amis fidèles, aydants l'un l'autre au besoin, ne » pouvants porter armes l'un contre l'autre. »

Un chevalier, dans Perceforest (vol. VI, fol. 69, verso, col. 1), parlant de son frère d'armes, s'exprime encore ainsi : « Compagnons d'armes avons esté dès notre com- » mencement, aymé avons et encore faisons l'ung l'autre » en telle manière que l'ung ayderoit l'autre jusqu'à la » mort, sauf son honneur ; et par vraye amour suis-je » venu avec luy en intention de le conforter et ayder de » mon corps et de mon avoir, si comme il feroit de » moy se mestier (besoin) en avoye. »

Je crois cependant que ces associations ne se contractoient pas toujours pour la vie, et qu'elles se bornoient souvent à des expéditions passagères, comme une entreprise d'armes, telle que fut celle de Saintré ; une guerre, une simple campagne, une bataille, un siége ou quelque autre expédition militaire (Hist. de Saintré, p. 522 et suiv.). Boucicaut et Regnault de Roye étant partis de compagnie, je crois, comme frères d'armes, pour aller contre les Sarrasins, et ayant repassé depuis par la Hongrie, dont ils assistèrent le roi dans la guerre contre le marquis de Moravie, se séparèrent l'un de l'autre lorsqu'elle fut terminée. (Hist. du maréchal de Boucicaut, publiée par Godefroi, ch. XVI, p. 55 et suiv.)

Il semble même que les adoptions des frères d'armes ont quelquefois été bornées à l'assistance mutuelle qu'on se promettoit en allant ensemble donner ou repousser un assaut. Le brave capitaine Sainte-Colombe ayant été blessé à mort dans un assaut du siége de Rouen que M. de Guise commandoit, le prince le visita et l'assura qu'il lui *fera part à jamais de sa fortune et de ses moyens, comme à son compagnon et frère d'assaut* (Brantôme, Cap. Fr., t. IV, p. 131).

On a vu, à la honte de la Chevalerie, le duc de Bourgogne violer les serments les plus sacrés de sa fraternité d'armes avec le duc d'Orléans; mais on peut opposer à cet exemple celui du duc de Bretagne, long-temps ennemi irréconciliable du connétable Clisson. Enfin la haine du duc fit place aux sentiments qu'inspire la fraternité, lorsqu'ils furent devenus frères d'armes: jamais amitié ne fut plus sincère que celle qui régna depuis entre eux jusqu'à la mort de ce duc. Clisson la lui continua encore après dans la personne de ses enfants; il fut toujours leur père.

Le moine de Saint-Denys (Histoire de Charles VI, l. XIII, c. VI, p. 248), en 1393, ayant rapporté la négociation du duc de Bourgogne pour la paix du duc de Bretagne et du roi, qui fut heureusement conclue, admire la bonne foi avec laquelle les restitutions furent faites, et les dommages furent réparés de part et d'autre; puis il ajoute: « Mais ce qui surprit davantage toute
» la France et ce qui consomma la joie des Bretons, ce
» fut de voir que cette haine auparavant irréconciliable

» entre le duc et Olivier de Clisson, se convertit tout-
» à-coup en une ferme et nouvelle amitié. Ils jurèrent
» une alliance éternelle entre eux, ils devinrent frères
» d'armes; et le duc venant en France pour accomplir
» les propositions du mariage de son fils aîné avec la
» fille du roi, il laissa au sire de Clisson le gouverne-
» ment de son pays et la garde de sa femme et de ses
» enfants. »

Outre le service des armes qui se rendoit à toutes épreuves entre frères d'armes, il n'y avoit point d'occasion que l'un ne saisît avec ardeur, si l'autre avoit besoin d'assistance, point de bons offices qu'il ne cherchât à lui rendre; il n'oublioit jamais, dans quelque cas que ce fût, le titre par lequel ils étoient unis. Le moine de Saint-Denys (*Ibid.*, l. XXXIV, c. VII, p. 348), après avoir fait un portrait affreux des cruautés et des violences commises en 1414 au sac de la ville de Soissons qui s'étoit révoltée, ajoute que le chef de la rébellion, Enguerrand de Bournonville, fut décapité, « quelques ins-
» tances que fissent, pour lui sauver la vie, beaucoup
» de grands et célèbres officiers de l'armée, et quelque
» offre qu'ils pussent faire de grandes sommes d'argent
» pour le délivrer, par manière de rançon. Ils croyoient
» tous devoir ce témoignage d'affection à sa valeur, et
» au long temps qu'ils avoient fait la guerre ensemble,
» en Lombardie et en France où ils avoient été amis et
» frères d'armes, comme aussi à la magnificence dont
» il usoit de tous ses profits de guerre. »

Je terminerai cette note où je me suis arrêté peut-être avec trop d'affection par le portrait que fait Brantôme (*Cap. Fr.*, t. IV, p. 159) de deux jeunes frères d'armes qui de son temps étoient partis ensemble pour

aller chercher fortune. Il dit de l'un d'eux, gentilhomme de l'illustre maison d'Auton en Saintonge, qu'ayant laissé dans son pays son frère aîné possesseur de grandes terres, « il lui prit envie, comme c'est la coustume
» ordinaire des cadets, de ne s'amuser aux cendres ca-
» sanieres, mais d'aller voir le monde; il afferma ses
» terres, il en prit de l'argent ce qu'il peut; et asso-
» ciant avec soy et prenant pour frere d'alliance et de
» fortune un autre jeune cadet d'Angoumois, de la
» maison de Berneuil, dit de Monsoreau, tous deux
» mettent la plume au vent comme bons freres jurez de
» ne s'abandonner jamais et vivre et mourir ensemble,
» vont busquer fortune. »

(29) Les Anglois, assemblés peu avant la bataille de Pontvalain, tiennent conseil pour délibérer comment ils attaqueroient le connétable Duguesclin. Huë de Carvalai, l'un d'entre eux, ouvre son avis en ces termes: « Se m'aist dieux, Bertran est le meilleur chevalier qui
» regne à present : il est duc, comte et connestable, et
» a esté long-temps mon compaignon en Espaigne, où
» je trouvay en luy honneur, largesse et amistié si ha-
» bundamment et avecques ce hardement, fierté, vas-
» selage et emprise, qu'il n'a homme jusques en Calabre
» qui sceut que j'amasse autant à veoir ne accompaigner
» de jour ou de nuit pour moy aventurer à vivre ou à
» mourir ne fust ce qu'il guerrie monseigneur le prince.
» Car en ce cas je dois mettre poyne de le nuyre et gre-
» ver comme mon ennemi. Si vous diray mon advis. » (Hist. de Bert. Duguesclin, publiée par Ménard, p. 407.)

(30) Boucicaut, passant à son retour d'Espagne par

le comté de Foix, se trouva plusieurs fois à boire et à manger avec des Anglois. Comme ils jugèrent à des abstinences particulières qu'ils lui virent faire dans ses repas, qu'il avoit voué quelque entreprise d'armes, ils lui dirent que s'il ne demandoit autre chose on auroit bientôt trouvé qui le délivreroit; Boucicaut leur répondit: « Voirement estoit-ce pour combattre à oultrance; mais
» qu'il avoit campaignon; c'estoit un chevalier nommé
» messire Regnault de Roye, sans lequel il ne pouvoit
» rien faire, et toutes fois s'il y avoit aucun d'eulx qui
» voulussent la bataille, il leur octroyoit et que à leur
» volonté prissent jour tant que il l'eust faict à sçavoir
» à son compaignon. » (Histoire du maréchal de Boucicaut, publiée par Godefroi, p. 51.)

(31) Lorsque le prince de Galles eut déclaré la guerre au roi Henri de Castille, il manda à tous les Anglois qui étoient alors au service de ce prince de le quitter pour se rendre auprès de lui. Hue de Carvalai, qui étoit du nombre, obligé de se séparer de Bertrand, vint lui faire ses adieux. « Gentil sire, lui dit-il, il nous con-
» vient de partir, nous avons esté ensemble par bonne
» compaignie, comme preudomme, et avons toujours
» eu du vostre à nostre voulenté que oncques n'y ot
» noise ne tançon, tant des avoirs conquestez que des
» joyaulx donnez, ne oncques n'en demandasmes part,
» si pensé bien que j'ay plus receu que vous, dont je suis
» vostre tenu. Et pour ce vous pris que nous en comp-
» tons ensemble. Et ce que je vous devray, je vous paie-
» ray ou assigneray. Si dist Bertran, ce c'est qu'un
» sermon, je n'ay point pensé à ce compte, ne ne sçay
» que ce puet monter. Je ne sçay se vous me devez, ou

» se je vous doy. Or soit tout quitte puisque vient au
» départir. Mais se de cy en avant nous acreons l'un à
» l'autre, nous ferons nouvelle depte et le convendra
» escripre. Il n'y a que du bien faire, raison donne que
» vous (suiviez) vostre maistre. Ainsi le doibt faire tout
» preudomme. Bonne amour fist l'amour de nous et aussi
» en fera la departie : dont me poise qu'il convient que
» elle soit. Lors le baisa Bertran et tous ses compagnons
» aussi : moult fut piteuse la departie. » (Histoire de
Bertrand Duguesclin, publiée par Ménard, c. XXIV,
p. 248 et 249.)

Duguesclin tomba dans la suite au pouvoir des Anglois, qui le retinrent long-temps prisonnier. Après avoir enfin obtenu sa liberté sous parole d'acquitter sa rançon, Carvalai, son ancien frère d'armes, qu'il avoit retrouvé, et qui pendant quelque temps lui tint bonne compagnie, voulut lui parler encore du compte qu'ils avoient à régler ensemble. « Bertran, dit-il à son ami
» avant que de se séparer, nous avons esté compagnons
» ou pays d'Espangne par de la de prisons, et d'avoir
» (c'est-à-dire en société tant pour les prisonniers que
» pour le butin que nous aurions), dont je ne comptay
» oncques à vous et sçay bien de pieça que je suis vos-
» tre tenu (redevable, en reste avec vous) dont je voul-
» dray avoir advis : mais de tout le moins je vous aide-
» ray ici de trente mille doubles d'or. Je ne sçay, dit
» Bertran, comment il va du compte, mais que de la
» bonne compagnie; ne je n'en vueil point compter;
» mais se j'ay mestier je vous prieray. Adonc baisierent
» li uns l'autre au departir. » (*Ibid.*, p. 306.)

(32) Le moine de Saint-Denys (Hist. de Charles VI,

t. XXII, c. X, p. 459) rapportant la mort de Louis de Sancerre, connétable, arrivée en 1402, fait ainsi l'éloge de ce connétable : « C'est assez pour donner une
» idée et pour faire le pourtraict en petit d'un si grand
» personnage, de remarquer ici qu'il fut le compagnon
» inséparable et le frère d'armes du fameux Duguesclin,
» et que l'ayant secondé dans ses conquestes de Guyenne,
» non-seulement il les maintint après sa mort, mais il
» les étendit par plusieurs victoires. »

(33) Le chevalier au Cygne prend la défense d'une dame dont le duc de Saxe usurpoit les terres, et la rétablit dans ses droits. (Phil. Mouskes, manuscr., fol. 417 et 418.) Les romans de Lancelot (t. II, fol. 71, verso, col. 2) et de Perceforest (vol. I, fol. 3, recto et verso) rappellent fréquemment cet usage fondé sur les sentiments généreux de nos anciens chevaliers ; et le duc de Bourgogne se faisant honneur de les imiter en ce point, en donne deux preuves éclatantes rapportées par Olivier de la Marche (Avis du Gage de bataille, fol. 12, verso).
« Car par deux fois en sa vie il voulut combattre en
» lice, l'une des fois à l'encontre du duc de Glocestre,
» frère du roy d'Angleterre, et pour la querelle de Hol-
» lande et de Hainaut ; et l'autre fois il voulut combat-
» tre un duc de Sasse pour la querelle de madame Ca-
» therine de Chevoix, sa belle-tante, à cause de la du-
» ché de Luxembourg, où elle prétendoit droit par suc-
» cession ; et ledit duc de Sasse querelloit pareillement
» ladite duché. Ainsi ce noble duc offrit par deux fois
» son corps à combattre devant l'empereur ès deux per-
» sonnages que je dis. »

Lisez, dans l'Histoire du maréchal de Boucicaut, le

chapitre contenant (Edit. de Godefroi, c. XXXIX, p. 146 et suiv.) *les lettres d'armes par lesquelles se obligeoient treize chevaliers à deffendre le droit de toutes genti-femmes à leur pouvoir qui les en requerroient. (Ibid.,* c. XXXVIII, p. 143.) Il avoit été souvent indigné de voir des dames et des demoiselles obligées de venir porter leurs plaintes au pied du trône comme *à la fontaine de justice.* Honteux que la Chevalerie n'eût pas d'elle-même pris les armes pour défendre leurs querelles, il résolut de lever un ordre de ces treize chevaliers de la Dame blanche à l'écu verd, qui, pendant cinq ans, se dévouèrent à l'entreprise qu'il leur proposa. « Chacun » d'eulx portoit liée autour du bras une targe (un écu) » d'or esmaillée de verd, à tout (avec) une dame blan- » che dedans. » Une pareille ardeur anima deux cheva-liers de Picardie en 1425, pour le maintien des droits de Jacqueline de Bavière. Quand le comte de Saint-Pol, dit Monstrelet, reçut dans son château de Hesdin sa sœur, la duchesse de Bourgogne : « Audit lieu de Hesdin » estoient Jehan, bastard de Saint-Pol, et Andrieu de » Humieres, lesquels portoient chacun sur son bras dex- » tre une rondelle d'argent où il y avoit painct une raye » de soleil, et l'avoient entreprins pour ce qu'ils vou- » loient soustenir contre tous Anglois et autres leurs » alliez, que le duc Jehan de Brabant avoit meilleure » querelle de demander et avoir le païs et seigneuries » de la duchesse Jaqueline de Bavière, sa femme, que » n'avoit le duc de Glocestre. » (Monstrelet, vol. II, fol. 25, verso, sous l'an 1425.)

(34) Comme il alloit pour la troisième fois en Prusse contre les infidèles, il apprit, étant à Konisberg, qu'en-

tre plusieurs étrangers qui faisoient le voyage pour le même dessein, Guillaume de Douglas, seigneur écossois, avoit été assassiné par un Anglois, et que ses propres compatriotes négligeoient d'en poursuivre la vengeance. L'ame noble et vertueuse de Boucicaut se révolta contre l'atrocité du crime qui demeuroit impuni. Il provoqua les Anglois; il défia quiconque d'entre eux seroit assez hardi de soutenir que l'Écossois n'avoit pas été injustement mis à mort. (Histoire du maréchal de Boucicaut, publiée par Godefroi, c. XVIII, p. 67 et suiv.)

Voyez, dans l'Histoire de Charles VI (l. XXII, c. VIII, p. 456 et 457), par le moine de Saint-Denys, la substance des lettres de défi du duc d'Orléans, adressées en 1402 au duc de Lancastre, meurtrier de Richard II, roi d'Angleterre, pour le combattre à la tête de cent gentilshommes, sous la condition que les vaincus seroient à la discrétion des vainqueurs. Le cartel fut mal reçu, le héraut qui le porta renvoyé sans présents, contre la noble coutume, et le combat rejeté comme inégal, à cause de l'inégalité des parties, depuis que Lancastre étoit monté sur le trône d'Angleterre. « J'ai
» vû toutes les pièces de part et d'autre, dit l'historien,
» et j'ai long-temps délibéré si je devois les mettre ici;
» mais comme cela se passa en paroles et en injures
» comme des querelles de vieilles, j'ai cru que ce seroit
» assez d'en parler sommairement. »

(35) Les exemples de cette espèce, trop peu importants par eux-mêmes, ne peuvent guère se rencontrer que dans nos romans; mais on les y voit souvent répétés.

QUATRIÈME PARTIE.

On a vu dans tous les temps et dans toutes les professions, des hommes assez vertueux pour regarder comme une récompense suffisante la pratique même de la vertu, et la satisfaction d'avoir rempli les devoirs de leur état : je ne doute point qu'il ne se trouvât des chevaliers pour qui le plaisir d'être utile aux autres hommes, et le témoignage intérieur qu'une ame généreuse se rend à elle-même, ne fussent beaucoup plus flatteurs que les applaudissements et les cris tumultueux des officiers d'armes dans les tournois et dans les combats.

Néanmoins des motifs si épurés n'étoient pas de nature à faire assez d'impression sur la plupart de ceux même qui se piquoient de penser autrement que le vulgaire. Une sage politique vouloit multiplier les chevaliers : il fallut donc attacher à cette profession des avantages extérieurs, en rehausser l'éclat par des prérogatives honorables, et donner à ceux qui l'exerçoient une prééminence marquée sur tous les écuyers, et sur tout le reste de la noblesse. Je commencerai par les distinctions de l'armure et de l'habillement : elles m'obligeront d'entrer dans des détails qui paroîtront peut-être frivoles à quelques lecteurs ; mais on cessera de les regarder comme tels, si l'on considère que toute distinction devient importante quand elle est le prix de la vertu.

Une lance [1] forte et difficile à rompre, un haubert [2] ou haubergeon, c'est-à-dire une double cotte de mailles tissues de fer, à l'épreuve de l'épée, étoient les armes [3] assignées aux chevaliers [4] exclusivement; la cotte [5] d'armes, faite d'une simple étoffe armoriée, étoit l'enseigne de leur prééminence sur tous les autres ordres de l'État et de la guerre. Les écuyers [6] mêmes n'avoient pas la permission d'en venir aux mains avec eux; et quand un écuyer l'auroit eue, couvert de sa cuirasse foible et légère, armé seulement de l'épée et de l'écu, comment eût-il pu se défendre d'un adversaire presque invulnérable? Le peuple ne portoit en voyage, et peut-être même dans les combats, qu'une espèce de couteau qui pendoit le long de la cuisse.

Si les armes des chevaliers et des écuyers

étoient enrichies d'ornements précieux, le plus pur de tous les métaux [7] étoit réservé pour celles des chevaliers, pour leurs éperons, pour les housses et pour les harnois de leurs chevaux. Travaillé en étoffe, il enrichissoit leurs robes, leurs manteaux, et toutes les parties de leurs vêtements et de leurs équipages; il servoit, dans les assemblées, à faire reconnoitre, à distinguer leurs personnes et celles de leurs femmes, comme on les distinguoit dans les discours et dans les actes, ou autres écrits, par les titres de *don*, *sire*, *messire* [8], *monseigneur*, et par ceux de *dame* [9], de *madame* et autres. L'argent destiné pour les écuyers, que l'on qualifioit de *monsieur* et de *damoiseau*, et pour leurs femmes, à qui l'on donnoit le titre de *damoiselles* [10], marquoit aussi la différence qu'on devoit mettre entre eux et les personnes d'un état inférieur, qui ne portoient que des étoffes de laine, ou du moins sans or, ni argent. Les seuls chevaliers avoient droit de porter, particulièrement pour doubler leurs manteaux [11], le vair [12], l'hermine et le petit gris; d'autres fourrures moins précieuses étoient pour les écuyers, et les plus viles pour le peuple.

On avoit interdit la soie aux bourgeois et

aux gens du commun : encore étoit-elle dispensée, entre les chevaliers et les écuyers, avec un sage ménagement. L'attention à ne rien confondre alloit si loin, que dans les cérémonies, lorsqu'on voit les chevaliers vêtus de drap de damas, les écuyers ne le sont que de satin, ou si les derniers ont des habits de damas [13], les premiers sont habillés de velours. Enfin l'écarlate [14], ou toute autre couleur rouge étoit appropriée aux chevaliers, à cause de son éclat et de son excellence; elle s'est conservée dans l'habillement des magistrats supérieurs et des docteurs. Les chevaliers, à l'égard de leur habillement, avoient une autre prérogative qui ne s'étendoit point aux écuyers : on regardoit dans ce temps-là comme clerc, quiconque ayant reçu la tonsure, ne s'étoit marié qu'une fois, ou n'avoit point épousé de veuve, conformément à ce qui se pratique encore aujourd'hui dans l'ordre de Saint-Lazare. En général, tout clerc marié perdoit le privilége ordinaire d'être traduit devant le juge ecclésiastique, s'il étoit arrêté sous des habits séculiers; mais s'il étoit chevalier, s'il portoit l'habit de chevalier au lieu de celui de clerc, il jouissoit de toutes les immunités de la cléricature [15]. On portoit à ces deux états un respect presqu'égal, et suivant les idées de l'auteur du Jouvencel, que j'ai cité dans le second de ces Mémoires, peu s'en falloit que l'on ne les confondit.

Une dernière particularité distinctive des chevaliers, que j'emprunte du manuscrit de Joinville [16], terminera cet article. Les chevaliers, comme on peut l'inférer d'un passage de ce manuscrit, se rasoient le devant de la tête, soit de peur d'être saisis par les cheveux, s'ils perdoient leur casque dans le combat; soit qu'ils les trouvassent incommodes sous la coiffe de fer, et sous le heaume dont ils étoient continuellement armés.

Néanmoins ces usages ne furent pas toujours uniformes, et rien n'a plus varié, suivant les temps et les circonstances, que les réglements de la Chevalerie, surtout par rapport aux armes et au vêtement.

Les chevaliers étoient aussi distingués entre eux par les armoiries particulières dont ils chargeoient leur écu, leur cotte d'armes, le pennon de leur lance, et la banderolle qui se portoit quelquefois au sommet du casque. Comme c'étoit originairement des princes souverains ou des seigneurs suzerains que les premiers chevaliers tenoient le titre et l'épée dont ils étoient décorés, ils s'étoient fait, à leur réception, un devoir et un honneur d'adopter [17] les armoiries de ceux qui les avoient reçus dans l'ordre de la Chevalerie, ou de prendre au moins quelque pièce de leur blason [18] pour l'ajouter au blason de leur propre famille. Dans la suite, lorsque ces chevaliers en créèrent d'autres, ils transmirent à ceux-ci les armoiries qu'eux-mêmes avoient adoptées : ainsi certains émaux ou métaux ont dû naturellement dominer dans les anciennes armoiries des provinces soumises à des seigneurs particuliers; c'est-à-dire, qu'on doit les y trouver plus communément que dans d'autres. Cette remarque assure celle de Saint-Julien de Balleure, qui prétend que les plus anciennes maisons de Bourgogne blasonnoient de gueules, et celles de Bretagne d'hermines, à l'exemple des ducs de ces deux provinces. D'autres chevaliers, par une ambition encore plus délicate et plus élevée, ne vouloient point prendre de noms, de cris [19] ou de devises, ni d'armoiries, avant que de les mériter par leurs propres exploits : si leur écu étoit peint du blason de leur famille, ils le tenoient enveloppé d'une housse [20], jusqu'à ce qu'ils se fussent trouvés dans des tournois ou dans des combats. Les coups d'épée ou de lance qu'ils devoient y soutenir, devoient, en coupant et déchirant ce voile, manifester de quelle race ces chevaliers étoient issus, et faire voir en même temps qu'ils étoient dignes d'en porter le nom et les armes. Souvent ils se contentoient d'un écu blanc ou d'une seule couleur, en attendant que les circonstances les déterminassent sur le choix des pièces de leur blason, auquel le nom et le cri d'armes, qui servoit de signe pour se reconnoître dans les combats, devoient faire allusion [21], autant qu'il étoit possible. La croix prise contre les infidèles, une lance, une épée, toute autre arme enlevée dans un tournoi ou dans un combat, une tour, un château, et même les créneaux et les palissades de quelques remparts forcés ou défendus, une infinité d'autres exploits [22] de cette nature ont donné l'origine aux différentes pièces des écus; elles y ont été répétées [23] autant de fois que les mêmes exploits ont été renouvelés par le même chevalier : de-là vient que quelques-uns les ont prises sans nombre, comme dans les armoiries de France dont les fers de lance, que nous appelons aujourd'hui fleurs de lys, étoient originairement sans nombre sur tous les écus.

L'impossibilité d'en faire tenir plus de trois dans le petit sceau ou sceau secret, fut la raison qui détermina depuis à les réduire à ce nombre, lorsque l'on eut commencé à perdre de vue les anciens principes de Chevalerie; mais les pièces étoient aussi changées, diminuées ou même retranchées dans la suite, si le chevalier venoit à commettre quelque faute. La Chevalerie avoit déjà tracé l'idée de cette politique judicieuse, dont le siècle dernier nous fournit un exemple mémorable. Quelques-uns de nos régiments de dragons ayant enlevé des timballes sur des régiments de cavalerie, Louis XIV leur accorda le privilége de porter des timballes avec leurs tambours à la tête de leurs escadrons. De même les chevaliers, pour avoir remporté, dans des tournois et dans des combats, une ou plusieurs épées, ou d'autres armes, avoient reçu le droit d'en décorer leurs écus et de les y placer comme des monuments de leur valeur; mais si, dérogeant à leurs premiers exploits dans d'autres rencontres, ils perdoient les mêmes armes, selon quelques auteurs, elles étoient pareillement retranchées de leur blason. Une partie de la gloire des chevaliers ne pouvoit s'éclipser sans faire aussi disparoître la portion de leurs armoiries qu'ils avoient prises pour en conserver le souvenir : c'est ainsi que la Chevalerie distribuoit toujours à propos les peines et les récompenses [24].

Ces distinctions dont nous avons parlé jusqu'ici, n'étoient, si l'on veut, qu'une décoration extérieure faite pour imposer aux yeux de la multitude : passons maintenant à d'autres avantages plus réels qui furent le prix des dangers et des travaux continuels auxquels les chevaliers avoient consacré leur vie.

Dans les premiers temps la plus illustre naissance ne donnoit aux nobles aucun rang personnel, à moins qu'ils n'y eussent ajouté le titre ou le grade de chevalier. Jusqu'alors on ne les considéroit point comme membres de l'État, puisqu'ils n'en étoient point encore les soutiens et les défenseurs : les écuyers appartenoient à la maison du maitre qu'ils servoient en cette qualité; ceux qui ne l'étoient pas encore, n'appartenoient qu'à la mère de famille dont ils avoient reçu la naissance et la première éducation. Les uns et les autres n'osant arborer les armoiries de leur père, n'avoient point de sceau [25] et s'ils intervenoient dans quelque acte, comme parties contractantes, ils étoient obligés, pour le sceller, d'emprunter le sceau de leur mère, de leur tuteur, d'un ami, d'un parent ou de la cour de justice dans laquelle l'acte étoit passé. Les monuments historiques nous en fournissent des preuves, même à l'égard des seigneurs du plus haut rang ; et c'est sur ce principe que les régents du royaume [26] ont autrefois scellé de leur propre sceau, et non de celui du roi mineur. De quel droit celui qui n'avoit point reçu le gage de la Chevalerie se seroit-il fait représenter dans l'empreinte d'un sceau avec l'armure d'un chevalier, le casque en tête, monté sur un cheval de bataille, tenant d'une main le bouclier, et de l'autre l'épée haute, dans l'attitude d'un homme qui combat? Ce droit étoit légitimement acquis au chevalier, dès qu'il avoit reçu l'épée et l'écu destinés à la défense de l'Église et de la nation. Avec cette parure guerrière, il prenoit place parmi les hommes à qui la gloire et l'administration de l'État étoient confiées, et qui faisoient l'appui du trône : par une conséquence raisonnable, il étoit dès-lors émancipé [27], quelque jeune qu'il pût être. Plusieurs fils de souverains ont été faits anciennement chevaliers dès le berceau ; grand nombre d'une qualité très-inférieure le furent à l'âge de quinze ou seize ans. Comme celui qui devoit par son état défendre les autres, les juger et les gouverner, étoit à plus forte raison présumé capable de soutenir ses propres droits et de se gouverner lui-même; on regardoit l'émancipation comme la suite nécessaire de la Chevalerie. Suivant les mêmes principes, un homme dont tous les pas étoient dirigés par l'amour du bien public, et qui ne marchoit que pour affranchir les autres, devoit être affranchi de toute contrainte et de toute espèce de servitude; rien ne devoit retarder sa marche : le chevalier, conformément à l'ancien privilége des soldats romains, étoit exempt de payer les droits de vente des denrées et des autres marchandises achetées pour son usage particulier, et même de toute espèce de péage. Son armure et son équipage le faisoient reconnoître de loin : à son approche toutes les barrières s'ouvroient pour lui laisser un libre passage [28]. Par la même raison, si le sort des armes le faisoit tomber au pouvoir d'un ennemi, sa dignité seule l'affranchissoit des fers que l'on eût donnés à des prisonniers d'un ordre différent : sa parole étoit le lien le plus capable de le retenir. Sur la foi de son serment, on lui procuroit dans sa prison appelée *courtoise*, quoique fermée, tous les adoucissements qui pouvoient soulager la rigueur de sa situation.

Nous avons dit, dans notre second Mémoire, que les hauts barons, pour inviter un plus grand nombre de guerriers à s'enrôler sous leurs bannières, étaloient une magnificence royale dans les promotions des chevaliers. Peut-être que bientôt ils virent leurs trésors s'épuiser par tant de profusions, ou qu'ils ne jugèrent plus à propos d'acheter à si haut prix les nombreuses recrues qui s'empressoient à les servir : il paroit du moins que dans la suite, ceux qui alloient recevoir la Chevalerie, faisoient éclater, dans ces fêtes somptueuses, une magnificence proportionnée à celle des plus grands seigneurs. Ce fut sans doute pour cette raison, que les possesseurs de terre noble, lorsqu'eux ou leurs fils aînés devoient recevoir la Chevalerie, eurent droit de lever sur leurs vassaux et sujets de ces mêmes terres, pour les frais de leur réception, une des quatre espèces de tailles ou impositions, que l'on appeloit *aides chevels*, aides de Chevalerie [29]. Les trois autres cas où le chevalier en pouvoit lever une pareille, étoient le mariage de ses filles, le paiement de sa rançon, s'il étoit fait prisonnier, et le voyage d'outre-mer lorsqu'il l'avoit entrepris.

Le titre de chevalier, respectable pour tous les ordres de l'État, trouvoit, particulièrement dans les tribunaux, des juges toujours disposés à défendre ses droits. Outre que les chevaliers ne pouvoient être appelés en justice qu'avec les ménagements et les égards que l'on devoit à leur dignité, s'ils obtenoient des dépens contre leurs parties, ces dépens étoient doubles de ceux que l'on adjugeoit aux écuyers; mais aussi lorsqu'ils méritoient d'être condamnés, d'autant plus coupables qu'ils devoient aux autres l'exemple de toutes les vertus, et principalement de l'équité, ils payoient une amende une fois plus forte que celle des écuyers [3°]. En suivant la même proportion, il fut ordonné aux chevaliers, en 1411, au siége de Dun-le-Roi, de porter huit fascines, tandis que l'on se contentoit de quatre seulement de la part des écuyers.

Comme les chevaliers avoient été dès leur origine les chefs et les conseillers de toutes les justices, ils conservèrent long-temps le privilége exclusif de posséder certaines magistratures considérables. L'office de sénéchal de Beaucaire ayant fait la matière d'une contestation portée au parlement, l'un des prétendants allégua que son adversaire n'étoit point chevalier : l'empereur Sigismond, en présence de qui cette cause se plaidoit, conféra la chevalerie à celui qui ne l'avoit point ; et par ce moyen, lui fit obtenir l'office qu'il demandoit. Ce fut aussi parce que l'ancien conseil des rois avoit été formé des chevaliers, qu'ils restèrent en possession d'être employés dans toutes les négociations. S'il falloit envoyer des ambassadeurs pour traiter des affaires les plus importantes, ou de la guerre ou de la paix, on choisissoit toujours pour chaque ambassade[31] et toujours en nombre égal, des ecclésiastiques et des chevaliers : on y joignit dans la suite autant de magistrats, et le troisième ordre se forma lorsque les fonctions de juge eurent été distraites de la Chevalerie qui les avoit originairement exercées. Mais de tous les droits appartenant au chevalier, le plus noble, sans contredit, fut celui de pouvoir créer d'autres chevaliers à l'instant même de sa promotion. C'étoit en quelque façon participer à la puissance, à l'autorité des souverains ; aussi dans les assemblées et dans les festins solemnels, les chevaliers avoient-ils leurs tables particulières servies par les écuyers, comme on l'a vu dans le premier Mémoire, et desquelles les fils même des rois étoient exclus, s'ils n'avoient point encore reçu la Chevalerie. Les plus puissants monarques croyoient ne pouvoir inspirer à leurs enfants trop de respect pour l'état de chevalier [32], ni trop marquer eux-mêmes l'estime qu'ils faisoient d'un ordre à qui le trône devoit son principal éclat; ils ne vouloient point être couronnés qu'ils n'eussent reçu toutes leurs armes [33], c'est-à-dire qu'ils n'eussent été faits chevaliers. Enfin ce qui semble mettre le comble à la gloire de cet état, lorsqu'on rapportoit la mort d'un simple chevalier, après avoir dit combien de temps il avoit vécu, on exprimoit le nombre de ses années de Chevalerie [34], comme en parlant d'un souverain on auroit spécifié le nombre des années de son règne; c'est ainsi du moins qu'en use le moine du Vigeois, un de nos plus anciens historiens.

Au jugement des premiers instituteurs de la Chevalerie, tout cela ne suffisoit pas encore pour récompenser dignement ceux qui dévoient en accroître la splendeur.

Si le chevalier étoit assez riche, assez puissant pour fournir à l'état un certain nombre de gens d'armes et pour les entretenir à ses dépens, on lui accordoit la permission d'ajouter au simple titre de chevalier ou chevalier bachelier, le titre plus noble et plus relevé de chevalier banneret [35]. La distinction de ces bannerets consistoit à porter une bannière carrée au haut de leur lance, au lieu que celle des simples chevaliers étoit prolongée en deux cornettes ou pointes, telles que les banderolles qu'on voit dans les cérémonies de l'Église. D'autres honneurs étoient encore offerts à l'ambition des bannerets : ils pouvoient prétendre aux qualités de comtes, de barons, de marquis, de ducs; et ces titres leur assuroient à eux et même à leurs femmes, un rang fixé auquel on reconnoissoit, du premier coup-d'œil, la grandeur et l'importance des services qu'ils avoient rendus à l'État. Divers ornements achevoient de caractériser leur mérite et leurs exploits : on peut voir dans les traités du blason les différents timbres ou casques, cimiers, grilles, bourlets, tortis, volets, lambels ou lambeaux, supports ou tenants, ceintures et couronnes dont étoient accompagnés les écus. La plupart de ces pièces originairement portées dans les cérémonies par ceux à qui elles appartenoient, avoient fait partie de leur armure de tête, de leur coiffure et de leur habillement. Les demeures même des chevaliers, alors considérées, suivant l'esprit du siècle, comme les temples de l'honneur, devoient avoir des signes propres à les faire respecter. Les créneaux et les tours qui servoient à la défense des châteaux, en marquoient aussi la noblesse ; mais les seuls gentilshommes avoient le privilége de parer de girouettes [36] le faîte de leurs maisons.

La forme de ces nobles signaux indiquoit les divers grades de ceux à qui les maisons appartenoient : figurés en manière de pennons, ils désignoient les chevaliers ; taillés en bannières, ils désignoient les bannerets. En entrant dans ces maisons, on distinguoit encore mieux, par les diverses façons dont les meubles étoient ornés, le rang des maîtres qui les habitoient. Ces détails nous ont été transmis avec soin par une dame de la cour de Bourgogne, dans un manuscrit intitulé : *les Honneurs de la Cour*. La maison de Bourgogne, issue de nos rois, avoit sans doute puisé dans le cérémonial de leur cour, des usages qu'elle se fit honneur de garder inviolablement. Ils ont passé depuis, avec l'héritière de Bourgogne, dans la maison d'Autriche, et forment ce code exact et religieux que nous connoissons sous le nom d'*Etiquette d'Espagne*. Le nombre infini de distinctions qui pouvoient faire naître des disputes entre les courtisans, mais qui du moins entretenoient l'émulation, est aboli parmi nous : si quelques-unes subsistent encore, elles ne sont guère connues hors de l'enceinte de la cour; à la réserve du dais que l'on voit dans les appartements de nos princes et de nos ducs : autrefois, selon les divers rangs, le dais étoit varié de plusieurs façons. Tous ces honneurs qui devinrent bientôt héréditaires, avoient été personnels pendant quelque temps; et la distinction [37] qu'ils donnoient, presque toujours attachée au mérite [38], s'observoit alors dans les assemblées des nobles avec la plus scrupuleuse régularité. Chacun, conformément aux loix établies entre les diverses conditions, savoit le rang qu'il devoit occuper ; ainsi qu'il se pratique encore entre les divers officiers militaires, chacun se tenoit à la place qui lui étoit assignée; l'impossibilité d'en occuper d'autres, étouffoit les sentiments d'une ambition désordonnée qui, confondant tout, offense toujours ceux aux dépens de qui les loix de la subordination sont violées, et suffit rarement encore à satisfaire ceux qui les violent. On ne songeoit qu'à gagner les rangs : on ne tentoit pas même de les usurper; et la nécessité de les acquérir à force de services, leur donnoit un prix inestimable qui redoubloit l'ardeur de les obtenir. Les autres états, le clergé et la bourgeoisie, pour le dire en passant, n'étoient pas alors moins réglés.

Nous avons vu, dans notre premier Mémoire, les ressources offertes à la jeunesse indigente pour entrer dans le chemin de l'honneur; mais elle avoit besoin d'autres secours pour s'avancer dans cette glorieuse et pénible carrière.

Dans tous les temps le mérite dénué de richesses a trouvé de grands obstacles; la Chevalerie, ou la forme du gouvernement militaire, fournissoit plusieurs moyens de les surmonter. La guerre enrichissoit alors, par le butin [39] et par les rançons, celui qui la faisoit avec le plus de valeur, de vigilance et d'activité. La rançon [40] étoit, ce semble, pour l'ordinaire une année des revenus du prisonnier, conformément au droit de l'annuel ou du rachat des terres nobles; mais d'ailleurs un chevalier qui s'étoit fait un nom, se voyoit bientôt prévenu par les plus grands seigneurs et par les plus grandes dames : les princes, les princesses, les rois et les reines s'empressoient de l'enrôler, pour ainsi dire, dans l'état de leur maison, de l'inscrire dans la liste des héros qui en faisoient l'ornement et le soutien, sous le titre de chevalier d'honneur [41]. Le même pouvoit être tout à la fois attaché à plusieurs cours différentes, en toucher les appointements, avoir part aux distributions des robes, livrées ou fourrures, et des bourses d'or et d'argent que les seigneurs répandoient avec profusion, surtout aux grandes fêtes, et dans d'autres occasions qui les obligeoient de faire éclater leur magnificence. Il n'étoit pas même nécessaire d'être attaché au service d'une cour, pour ressentir la générosité de celui qui la tenoit. On lit, dans Perceforest, qu'un grand nombre de seigneurs et de gentilshommes avoient fait placer des heaumes [42] ou casques sur les portes de leurs châteaux, pour servir comme de fanal aux chevaliers qui paroissoient aux environs, et leur annoncer qu'ils y trouveroient toujours une hospitalité agréable et sûre, dans une maison dont le maître se trouveroit honoré de les recevoir. J'ai vu de ces heaumes placés sur le faîte de nos plus anciens édifices, particulièrement à la campagne. Des chevaliers et des écuyers allant aux tournois, à la guerre, à d'autres expéditions, passoient-ils dans les cours et dans les châteaux; ils étoient accueillis avec toutes les marques possibles d'empres-

sement et de considération. Défrayés de tout,
pendant leur séjour, eux et leur suite, ils
partoient comblés de présents [43]; on leur
donnoit des armes et des robes précieuses, des
chevaux, et même de l'argent : sur quoi j'a-
joute ici, moins comme une nouvelle preuve
que comme un nouvel exemple de la distinction établie entre les chevaliers et les écuyers,
que l'on donnoit aux premiers le double des
sommes d'or et d'argent que recevoient les
seconds, et de même aux bannerets une fois
plus qu'aux bacheliers. Remarquons, en passant, que cette proportion s'observoit en pareil
cas entre les hérauts ou officiers d'armes, et les
ménestriers ou joueurs d'instruments. Les plus
grands seigneurs acceptoient sans scrupule ces
sortes de libéralités, même celles qui se faisoient en argent : ce n'étoit pas, à le bien
prendre, faire un don purement gratuit à la
personne; c'étoit s'associer à son entreprise,
et, comme chevalier, contribuer et prendre
part à la gloire qui devoit en rejaillir sur toute
la Chevalerie. Les princes et les seigneurs dont
le service avoit été l'objet particulier de ces
entreprises, récompensoient encore les chevaliers avec bien plus de magnificence. Des
terres [44], des honneurs, des pensions en fief,

et beaucoup d'autres grâces, qui sont l'origine de plusieurs droits seigneuriaux et de plusieurs fiefs, enrichirent [45] souvent les guerriers, et d'un état assez obscur, les élevèrent au comble des honneurs. Clignet de Brabant [46], selon le moine de Saint-Denis, fut fait amiral, *quoi-qu'il n'eût pas droit d'y prétendre pour la noblesse, ni pour la valeur de ses ancêtres, et il épousa la comtesse de Blois, qui le mit fort à son aise de pauvre qu'il étoit auparavant, et si véritablement pauvre qu'à peine pouvoit-il vivre au jour la journée.* Cet exemple, tiré d'une histoire très-authentique, rappelle et semble justifier, jusqu'à un certain point, un usage dont nos romanciers ont souvent fait mention, et qui convient tout-à-fait à des temps où le chef-lieu de chaque domaine étoit un poste, et presque une place de guerre, exposée aux insultes, aux attaques de voisins toujours ennemis et toujours armés. Une demoiselle riche héritière, suivant le récit de ces romanciers, une dame restée veuve avec de grandes terres à gouverner, avoit-elle besoin d'un secours extraordinaire, elle appeloit quelque chevalier d'une capacité reconnue, elle lui confioit, avec le titre de vicomte ou de châtelain, la garde de son château et de ses fiefs, le commandement des gens de guerre entretenus pour leur défense; quelquefois même, dans la suite, elle acquittoit par le don de sa main [47] les services importants qu'elle avoit reçus de lui. Ordinairement de telles alliances furent contractées par les avis et sous l'autorité des souverains. Protecteurs nés des pupilles et des veuves nobles de leurs États, les princes, en conciliant les intérêts des deux parties, remplissoient les généreuses fonctions de la garde royale, et récompensoient en même temps la valeur des plus braves chevaliers de la cour. Ce fut vraisemblablement ainsi qu'un nombre assez considérable de nos plus grands seigneurs acquirent les terres immenses qu'ils ont possédées. Il seroit difficile de donner une origine plus glorieuse, soit à la puissance de leurs maisons, soit à l'étendue de leurs domaines.

Tout ce que nous avons dit des moyens offerts aux guerriers pour s'élever, et des progrès rapides que l'on faisoit dans la carrière des armes par un exercice continuel, ne doit point être regardé comme de simples conjectures fondées sur des spéculations politiques purement imaginaires. Indépendamment de la fortune de Clignet de Brabant, fortune dont il fut en partie redevable à la faveur du duc d'Orléans, l'histoire nous fournit plusieurs exemples de guerriers qui, n'étant pas encore âgés de trente ans, avoient déjà commandé les plus grandes armées qu'on eût alors, et formé les plus hautes entreprises. Boucicaut fut maréchal de France à vingt-cinq ans; et le chevalier sans reproche [48], Louis de la Trimouille, n'en avoit que vingt-huit lorsque revêtu de la dignité de lieutenant-général du roi, grade supérieur à celui des maréchaux de France, il gagna la bataille de Saint-Aubin-du-Cormier, et fit prisonnier le duc d'Orléans. Employer de si bonne heure les hommes nés avec le génie et les talents de la guerre, c'étoit en quelque façon les multiplier : un seul parcouroit une carrière que n'auroient point fournie plusieurs généraux qui se seroient succédés les uns aux autres. Le même général, qui demeuroit si long-temps à la tête des armées, tiroit de grands avantages de la confiance qu'avoient inspirée ses premiers succès, profitoit des expériences heureuses ou malheureuses qu'il avoit faites : le plan de guerre qu'il avoit conçu, le système de discipline militaire qu'il avoit formé, beaucoup moins exposés aux changements, pouvoient être plus sûrement exécutés et conduits à leur entière perfection.

Jusqu'ici nous avons vu l'éclat dont brilloit la Chevalerie dans la personne des guerriers qui en soutenoient dignement le titre : mais s'ils venoient à la déshonorer par leur lâcheté, par quelque crime, par quelque action honteuse, ils étoient réduits à l'état le plus ignominieux par une espèce de dégradation [49], dans laquelle on remarque plusieurs traits de ressemblance avec celle des ministres de l'Église.

Le chevalier, juridiquement condamné pour ses forfaits à subir cette flétrissure, étoit d'abord conduit sur un échafaud, où l'on brisoit et fouloit aux pieds, en sa présence, toutes ses armes, et les différentes pièces de l'armure dont il avoit avili la noblesse ; il voyoit aussi son écu, dont le blason étoit effacé, suspendu à la queue d'une cavale, renversé la pointe en haut [50], ignominieusement traîné dans la boue. Des rois, hérauts et poursuivants d'armes étoient les exécuteurs de cette justice, qu'ils exerçoient en proférant contre le coupable les injures atroces qu'il s'étoit attirées. Des prêtres, après avoir récité les vigiles des morts, prononçoient sur sa tête le psaume CVIII, qui contient plusieurs imprécations et malédictions contre les traîtres. Trois fois le

roi où le héraut d'armes demandoit le nom
du criminel : chaque fois le poursuivant
d'armes le nommoit; et le héraut disoit toujours que ce n'étoit pas le nom de celui qui
étoit devant ses yeux, puisqu'il ne voyoit devant lui qu'un traître, *déloyal et foi mentie*.
Ensuite prenant des mains du même poursuivant d'armes un bassin rempli d'eau chaude,
il le jetoit avec indignation sur la tête de cet
infâme chevalier, pour effacer le sacré caractère conféré par l'accolade. Le coupable, dégradé de la sorte, étoit ensuite tiré en bas de
l'échafaud par une corde passée sous les bras
et mis sur une claie [51], ou sur une civière, couvert d'un drap mortuaire, enfin porté à l'église,
où l'on faisoit sur lui les mêmes prières et les
mêmes cérémonies que pour les morts. On peut
voir plus en détail les diverses formalités de cette
dégradation au second volume de la Colombière, dans son Théâtre d'honneur et de Chevalerie : on ne lit pas un article qui ne dût
faire frémir un chevalier pour peu qu'il lui
restât de sentiment. L'aspect certain de la
mort la plus terrible ne pouvoit rien offrir de
plus effrayant; et l'idée d'une pareille ignominie étoit capable de retenir dans le devoir
l'ame la plus foible, si les préceptes de la

Chevalerie ne suffisoient pas pour lui inspirer de la vertu. Des fautes plus légères, mais toutefois déshonorantes, excluoient celui qui les avoit commises, de la table des autres chevaliers; s'il osoit y prendre place, chacun d'eux étoit en droit de venir trancher la nappe[52] devant lui. On sait qu'il n'est point de justice plus sévère que celle qui s'exerce entre les gens de même état : alors l'intérêt commun devient l'intérêt personnel de chaque particulier. Obligé de se retirer de la table, le chevalier ne se seroit pas présenté même à celle des écuyers[53], sans s'exposer à recevoir un pareil affront. Bertrand Duguesclin fut l'instituteur de ce réglement, s'il en faut croire Alain Chartier : *Celui Bertrand*, dit-il, *laissa de son temps une telle remontrance en mémoire de discipline et de Chevalerie dont nous parlons, que quiconque homme noble se forfaisoit reprochablement en son état, on lui venoit au manger trancher la nappe devant soi.* Mais je crois que cet usage étoit plus ancien, et que Duguesclin en fut seulement le restaurateur. Autant qu'il put il ranima l'ancienne discipline de la Chevalerie, qui, comme nous l'avons dit, s'étoit déjà relâchée de son temps, et ne la releva pas moins par les exemples de vertu qu'il donna comme chevalier, que par les ordonnances qu'il fit en qualité de connétable.

Nous avons pris le chevalier presque au sortir du berceau, nous l'avons suivi dans tout le cours de sa vie; il ne nous reste qu'à le considérer entre les bras de la mort, qui devoit seule terminer tant de glorieux travaux [54].

Je renverrai le lecteur à la description que nous a laissée le moine de Saint-Denis, des funérailles [55] du connétable Bertrand Duguesclin, la vraie fleur de la Chevalerie, et me contenterai d'indiquer ici le chapitre de la Colombière, qui traite des pompes funèbres que l'on faisoit aux chevaliers, des ornements dont leurs tombeaux [56] étoient chargés, et de la différente position qu'on donnoit dans leurs effigies à leurs épées, à leurs boucliers, à leurs heaumes, suivant les circonstances plus ou moins glorieuses qui avoient accompagné leur trépas; soit qu'ils fussent morts à la guerre, dans les combats, dans les croisades ou dans le sein de la paix; soit qu'ils eussent été vainqueurs, vaincus ou prisonniers. Si l'on s'en rapporte au témoignage d'André Favin, dans son Théâtre d'honneur et de Chevalerie, ceux qui mouroient après avoir entrepris une croisade, quand même ils ne l'auroient oint accomplie, étoient, par honneur, portés en terre armés, les jambes croisées l'une sur l'autre. Ils étoient représentés sur leurs tombeaux dans la même attitude, *comme on le voit*, ajoute-t-il, *aux cloîtres des anciens monastères* de France, de Flandre et ailleurs.

Je ne m'arrêterai point à discuter cette remarque ; notre ancien goût pour les allusions, même puériles, pourroit la rendre assez vraisemblable; mais j'ajouterai seulement, à tout ce que la Colombière et Favin nous apprennent au sujet des sépultures honorables, le récit d'Olivier de la Marche, concernant celle de Corneille, bâtard de Bourgogne, tué l'an 1452 dans une rencontre, en poursuivant les Gantois : « Le corps de messire Corneille,
» dit-il, fut envoyé à Bruxelles, et le feit en-
» terrer la duchesse de Bourgogne à Sainte-
» Goule, moult honorablement, car elle l'ai-
» moit moult pour ses bonnes vertus, et fut
» mise sur lui sa bannière, son étendart et son
» pennon; et depuis me dist Toison-d'Or (*roi*
» *d'armes de l'ordre qui portoit ce nom*) qu'il
» n'appartenoit à hommes ces trois choses
» être mises en parure sur sa sépulture s'il
» n'étoit mort en bataille, mais bien un, ou
» les deux, et non point les trois ensemble. ».

Ainsi la gloire que les chevaliers avoient toujours chérie et recherchée les suivoit jusque dans leurs tombeaux.

Les marques honorables qui décoroient leurs catafalques et leurs mausolées étoient en même temps, de la part de la nation qui les décernoit, un témoignage de sa reconnoissance envers le héros qui l'avoit défendue ; pour le héros lui-même c'étoit une récompense immortelle de ses travaux, et pour sa famille une décoration dont elle ne devoit jamais ternir l'éclat : c'étoit enfin, pour toute la Chevalerie, un exemple propre à l'enflammer d'une noble émulation, à lui faire suivre, dans le sentier de la gloire, les pas du chevalier, qui tous avoient été marqués par autant de *degrés d'honneur*.

Les épées[57] et les autres armes que les plus fameux chevaliers avoient portées dans les combats, et qui tant de fois avoient été les instruments de leurs victoires, ces armes, dis-je, comme autrefois celles d'Achille parmi les chefs grecs, excitoient l'ambition des capitaines et même des princes souverains. Ils désiroient de les posséder, soit pour s'en servir eux-mêmes à des exploits dignes des héros qui les avoient ennoblies, soit pour les exposer dans leurs arsenaux et dans leurs salles d'armes, comme des monuments singuliers et curieux. Quelquefois on les donnoit aux églises ; on les consacroit à Dieu, seul auteur du vrai courage comme des autres vertus.

Le duc de Savoie fit les plus exactes recherches pour trouver l'épée du chevalier Bayard qu'il vouloit placer dans son palais. Sous Charles VII, dans les plus grandes adversités de la France, on crut devoir choisir une de ces épées antiques pour armer le bras de la pucelle d'Orléans [58] : « En l'église de Sainte-
» Catherine de Fierbois se trouvèrent, dit Sa-
» varon, plusieurs épées qui là avoient été
» données le temps passé, » parmi lesquelles étoit cette épée fatale qui chassa les Anglois de France.

NOTES

DE

LA QUATRIÈME PARTIE.

(1) On employoit pour les lances le bois le plus droit et le plus léger, comme le pin, le tilleul, le sycomore, le tremble et autres ; les meilleures étoient de frêne : le haut de la lance étoit armé d'une pointe d'acier bien trempé, et garni d'un gonfanon ou d'une banderole qui avoit une queue longue et traînante :

Sos gofainos fon blancx latz trainiers.

L'écuyer n'en avoit point d'autre que celle qu'il portoit pour son maître; il ne lui étoit permis de se battre qu'avec l'écu et l'épée (Gérard de Roussillon, manusc. en prov. fol. 54, recto, et fol. 38, verso, et 39, recto). Un jeune homme dans le roman d'Alector, offrant de faire connoître son innocence par la *preuve des armes à l'espée et à l'escu*, ajoute : *car chevalier encore ne suis-je pas* (fol. 11, verso).

(2) Je ne sais sur quel fondement le Laboureur (Hist. de la Pairie, pag. 179) contredit tous les auteurs que j'ai vus, par la définition qu'il donne du fief de haubert, comme étant le fief d'un écuyer. Voyez le con-

traire dans le chapitre XII du 1er livre des établissements
de saint Louis ; et dans le Glossaire du droit françois par
Laurière qui l'appuie de plusieurs témoignages uniformes.

Je crois cependant, avec le Laboureur (pag. 280),
que les écuyers pouvoient avoir une espèce de haubert
ou haubergeon, mais plus léger que celui du chevalier,
et de moindre résistance contre les coups : ils n'avoient
point de cottes d'armes, continue cet écrivain. En effet,
comment auroient-ils pu en avoir, puisqu'ils n'avoient
point d'armoiries, comme je le dirai ? A l'égard de leur
armure de tête, ils ne portoient qu'un bonnet ou chapeau de fer moins fort que le casque ou le heaume du
chevalier, et qui ne pouvoit être chargé de timbre,
cimier, ni d'autres ornements (Florès de Grèce, fol. LVII,
recto). L'écuyer qui auroit pris les armes de chevalier
avant que de l'être, étoit pour jamais exclu de la Chevalerie.

(3) L'auteur du livre intitulé, l'*Ordre de Chevalerie*
(fol. 12, verso, 13, recto et verso, et 14, recto), qui
donne l'explication morale des différentes armes du chevalier, en fait ainsi l'énumération : l'*épée*, en forme de
croix, la *lance avec son fer et son pannoncel*, le *chapeau
de fer*, les *éperons*, la *gorgière* (hausse-col), la *masse*,
la *miséricorde* ou *couteau à croix*, l'*écu*, les *gantelets*,
la *selle*, le *cheval avec son frein*, la *testière et harnement* (bardes du cheval), le *pourpoint* (c'est ici la cotte
d'armes), le *signal* (c'est encore ici le blason) et la
bannière (l'étendard de la lance). Perceforest et Favin
s'accordent à donner la même description. Voyez aussi
les poésies manuscrites d'Eustache Deschamps (fol. 504,

col. 4) : le passage est trop long pour que j'ose le citer ; je remarquerai seulement que les quatre derniers vers de cet endroit sont importants pour l'histoire de notre Chevalerie : ils nous apprennent qu'au temps de cet auteur elle avoit commencé à combattre à pied dans les batailles.

(4) Je pourrois ajouter qu'eux seuls eurent des chevaux bardés, depuis que l'usage des bardes eut été introduit (W. de Tudela, hist. des Albigeois en vers languedociens, fol. 36, verso). Un seul auteur me donne lieu de hasarder cette conjecture. Il distingue, dans un endroit de son histoire, les chevaliers et les écuyers par l'épithète de *garnitz* qu'il donne aux premiers, et par celle d'*armatz* qu'il donne aux seconds (fol. 115, verso, et 116, recto) : ailleurs, parlant d'une armée formidable, il compte vingt-cinq mille écus de cavaliers excellents, dont les chevaux ont leurs crins,

De cavaliers mirables ab los Cavals crinutz.

Et dix mille qui sont, eux et leurs chevaux, couverts de fer et d'acier brillant et étincelant.

E foron lix mila ilh ils cavals vestutz,
Del fer et del acier qu'es resplandens et lutz.

Ces deux passages réunis suffisent-ils pour en conclure que les uns appelés *armatz*, n'étoient que des écuyers dont les chevaux avoient tous leurs crins, et que les autres, distingués par le mot *garnitz*, étoient des chevaliers montés sur des chevaux dont on ne voyoit pas les crins ; soit que l'armure de fer empêchât qu'on ne pût voir leurs crins, soit qu'on fût obligé de les leur couper pour avoir plus de facilité à les armer. Les chasseurs par un autre motif ont suivi cet usage pour leurs chevaux. Voyez ci-après la note 16 de cette partie, au sujet des chevaliers dont les cheveux furent coupés sur le sommet de la tête.

On voit ailleurs que les chevaliers combattoient du moins dans les lices, avec de longues robes qui leur descendoient jusqu'aux talons, et que leurs chevaux étoient encore couverts de housses d'une pareille longueur. On ne comprend pas comment des cavaliers pouvoient combattre dans un équipage si embarrassant, et tels que les anciens sceaux nous les représentent. Cette discussion paroîtra bien minutieuse à quelques lecteurs; d'autres, par des considérations particulières, la regarderont peut-être comme une des plus intéressantes de celles où je suis entré : nous serions moins en peine du jugement qu'on en porteroit, si au lieu des mœurs des François nous parlions de celles des Grecs ou des Romains.

(5) Il suffit, pour faire connoître la cotte d'armes, de rapporter comment le duc de Brabant s'en fit une à la hâte pour aller aux ennemis à la bataille d'Azincourt, en 1415 : « Alors survint le duc Antoine de Brabant, qui
» avoit esté mandé par le roy de France, lequel y
» arriva moult hastivement..... et print une des ban-
» nières de ses trompettes, et y fit un pertuis par le
» milieu dont il fist cottes d'armes. » (Jean Lefèvre de Saint-Remi, Hist. de Charles VI, pag. 93.) Voyez la première dissertation de Ducange à la suite de Joinville, intitulée *des Cottes d'armes*.

Voyez la différence des armes des chevaliers et des écuyers dans la Milice françoise du père Daniel (tom. I, pag. 394.), et lisez dans le roman de Blanchandin (mss. de Saint-Germain, fol. 1752, col. 3), la description de l'armure d'un chevalier terminée par ces vers :

> A l'arçon a pendu l'espée,
> N'avoit meillor en la contrée;
> Quar nus ne ceignoit branc d'acier
> Adonc, s'il n'estoit chevalier.

(6) L'écuyer presque sans armes et pour cette raison appelé *nudus miles* par des auteurs anciens, suivant le père Honoré de Sainte-Marie (Dissert. sur la Chevalerie, pag. 293 et suiv.), n'étoit pas seulement hors d'état de combattre le chevalier; il eût encore été regardé comme seroit aujourd'hui le soldat qui mettroit les armes à la main contre un officier. Flore, dans le roman de ce nom (autrement de Blanche-Flore, mss. parmi les fabliaux, mss. de Saint-Germain-des-Prés, du XIIIe siècle, fol. 195, verso), voulant aller défendre l'honneur de Blanche-Flore condamnée au supplice, et combattre le sénéchal qui l'avoit jugée, demande à être armé chevalier.

> Quar ne se doit nul escuyer (dit-il)
> Armer encontre un chevalier.

Nul homme, s'il n'estoit chevalier, n'osoit combattre un chevalier, dit pareillement l'auteur du roman de Perceforest (vol. III, fol. 129, recto, col. I); ce qui est confirmé dans les cas même les plus pressants, par l'auteur de Lancelot du Lac (tom. I, fol. 97, recto, col. 1, et fol. 161, verso, col. 1). La loi étoit conforme à cet usage : elle n'accordoit point à l'écuyer le duel ou gage de bataille contre le chevalier. Néanmoins comme les chevaliers abusant de leurs priviléges (Assises de Jérusalem, ch. LXXIV, pag. 59) et sûrs de l'impunité, auroient pu commettre des violences et des injustices au préjudice des écuyers, notre ancienne jurisprudence apporta des remèdes à cet inconvénient : elle soumit (ibid. et Beaumanoir, ch. LXI) dans certains cas le chevalier à se battre à pied contre l'écuyer, et comme lui armé seulement de l'épée et de l'écu.

La règle générale qui autrefois défendit à l'écuyer et aux autres personnes de faire un défi, de proposer le gage de bataille aux chevaliers, passa vraisemblablement dans les usages ordinaires de la société entre personnes de rangs différents ; et c'eût été sans doute, comme aujourd'hui, manquer aux règles de la bienséance et de la civilité, que de faire un défi, une gageure contre celui à qui l'on doit du respect : on peut même conjecturer qu'en empruntant de nos ancêtres ces défis et ces gageures, nous avons encore appris d'eux à ne les point faire sans les réserves et les égards qu'exige la politesse.

Quoi qu'il en soit, les chevaliers perdirent de bonne heure plusieurs des prérogatives qui leur avoient donné tant d'avantage sur les écuyers, ils admirent ceux-ci dès le quatorzième siècle * à se mêler avec eux dans les tournois et dans les gages de bataille. Les écuyers abusant de cette condescendance s'en firent un droit pour prendre des armoiries, et s'approprièrent même insensiblement les ornements qui étoient affectés anciennement aux écus des seuls chevaliers. Tout successivement se trouva con-

---

* Le Laboureur, Pairie, p. 284. Voyez-en des exemples dans Froissart, l. II, p. 43 et 44, et dans le livre du *gage de bataille*, par Oliv. de la Marche, fol. 12.

fondu et dans une espèce de chaos. Les autres ordres jusqu'à ceux du degré le plus inférieur se mêlèrent encore avec ceux-ci ; l'ancienne subordination fut totalement anéantie. Quelques chevaliers de l'ordre du Saint-Esprit tentèrent néanmoins de la faire revivre dans les premiers temps de leur institution : ils voulurent se prévaloir de l'ancien droit des chevaliers pour refuser de mesurer leurs armes avec ceux qui ne l'étoient point ; d'autres aimèrent mieux franchement quitter les marques de leur dignité pour donner satisfaction à leurs ennemis, et montrer qu'ils étoient encore plus chevaliers de l'honneur que chevaliers de l'ordre. On se doute bien du jugement que porte des uns et des autres Brantôme de qui nous tenons ce fait (voyez Duels, pag. 287, 289 et 290, et Cap. fr., tom. II, pag. 381).

Si nous voulions suivre jusqu'au dernier terme le fil de l'ancienne subordination, nous dirions qu'elle s'observoit encore, du moins chez les étrangers, à la fin du XVIe siècle (Hist. de M. de Thou, liv. LXXXVIII, trad. tom. X, p. 79). Édouard Norris, frère du colonel Norris, servant sous le comte de Leycestre en 1587, avoit envoyé au comte de Hohenlo un cartel pour lui demander réparation d'une injure en se battant contre lui : celui-ci prétendit que, par les loix de la guerre, il n'étoit pas permis à un simple soldat tel que Norris, de faire de pareils défis sans l'aveu de son général. Le comte de Leycestre soutint le contraire ; et afin qu'on ne pût pas prétexter, comme on faisoit, l'inégalité des rangs, il fit Norris chevalier.

(7) Voyez les notes de Ducange sur les établissements de saint Louis à la suite de Joinville, et la remarque de

Laurière sur l'article XXIX des Instit. cout. de Loysel (liv. I, tit. I). « Le harnois doré, dit un autre écrivain » (Bouteillier, Somme rurale, tom. I, liv. II, p. 65), » tant à pied qu'à cheval en tous estats estoit affecté » aux chevaliers; le roi pouvoit cependant l'accorder » aux bourgeois qu'il annoblissoit. » Cette distinction s'observoit aussi aux entreprises de Chevalerie, comme on le voit dans celle de Saintré et dans celle que fit le seigneur de Charni en 1443 (Hist. de Saintré, pag. 517 et 532). Les marques de ces engagements et les autres parures qu'on distribuoit aux chevaliers et aux écuyers qui formoient des associations de cette espèce, étoient d'or pour les premiers et d'argent pour les seconds (Mém. d'Olivier de la Marche, liv. I, pag. 177). Le Laboureur (Hist. de la Pairie, pag. 311 et 312) a donc justement réfuté les auteurs qui comptent parmi les ordres de Chevalerie celui de la Genette. Ce n'en étoit point un en effet *, non plus que celui de l'Étoile, suivant le même auteur, mais une simple société. Comment eût-ce été un ordre de Chevalerie, puisque l'on y admettoit les écuyers qui portoient en argent la marque de cette confraternité que les chevaliers portoient en or? Philelphe ne pouvoit donner une définition plus exacte des chevaliers qu'en les désignant par l'épithète *aurati*. Il s'applaudissoit, suivant Naudé, d'avoir été le premier qui eût imaginé de leur donner cette qualification (Ad. à l'Hist. de Louis XI, pag. 46).

Me sera-t-il permis, à l'occasion de cette note, d'en

---

* Voyez cependant des lettres de concession de l'ordre de la Genette, en 1411, dans l'Histoire de Charles VI, de Godefroi, p. 445.

faire une autre sur un passage de la vie de saint Éloi par saint Ouen (Spicil., tom. II, pag. 82, col. 1 et 2), qui pourroit induire en erreur? Cet auteur, contemporain et ami de celui dont il fait l'histoire, rapporte que saint Éloi, attiré à la cour de Dagobert et chéri de ce prince à cause de sa vertu, y parut dans les commencements avec des habits très-magnifiques : *Utebatur quidem in primordio auro et gemmis in habitu;* mais que sa piété l'ayant depuis fait renoncer à ces vaines parures, le roi lui donna ses propres habits et sa ceinture, en disant : *non esse dignum hos qui sæculo militarent incedere inauratos.* Ce terme *militare* qui semble désigner la Chevalerie, avec les ornements d'or qui lui étoient propres, pourroit faire remonter son institution bien plus haut que nous n'avons fait, ou rendre suspecte l'ancienneté que l'on donne à l'auteur de cette vie; mais le mot *inauratos* a été substitué à celui de *inornatos* par le P. d'Acheri, et après lui par le P. Martène, comme on le voit dans une note. Cet exemple apprend aux plus savants éditeurs qu'ils risquent toujours beaucoup à changer le texte des anciens auteurs sans nécessité et sans précaution : il faut du moins les présenter tels qu'on les a lus avec la plus scrupuleuse fidélité, après quoi l'on peut plus hardiment proposer ses conjectures.

(8) Le personnage qui parle pour les armes dans le blason des armes et des dames, vante ainsi ses avantages (Coquillart, p. 126) :

>Fay je pas ung simple escuyer
>S'il sçet les armes conduyre,
>Tout incontinent chevalier,
>Que chacun l'appelle messire.

DE LA QUATRIÈME PARTIE. 285

Les dames du plus haut rang ne les appeloient cependant que *monsieur*, titre qu'elles n'auroient pas donné sans doute à un simple écuyer (Hist. de Saintré, p. 509). La dame dont Saintré s'étoit déclaré l'amant, lui demande, lorsqu'il revient de la Prusse, où il a été fait chevalier, si ses nouveaux honneurs ne l'ont point changé : « Nous avons veu le temps, lui dit-elle, qu'on » vous tenoit un gracieux escuyer, estes vous point à » cause de vos vaillances et qu'on vous dit monsieur et » de ce nouvel chevalier changé? » Suivant le protocole pour les secrétaires du roi, dans les Meslanges hist. de Camusat, l. VIII, p. 47, le roi écrivoit à un chevalier étranger, *famoso viro amico nostro carissimo, nostro tali militi salutem;* et page 48, à un chevalier du royaume, *nostre amé et féal,* parce qu'ils ont tous fait serment de féauté et hommage au roi, etc. Ce formulaire a été extrait d'un livre écrit vers l'an 1470. Des lettres plus anciennes nous prouvent que nos rois, parlant des chevaliers, les qualifioient de *noble personne monsieur,* et qu'ils ne donnoient aux écuyers que le titre de *noble homme,* sans ajouter celui de monsieur. Voyez le second vol. des Ordonnances sous l'an 1344, p. 208. Je ne sais donc pas sur quelle autorité se fonde le Laboureur lorsqu'il dit (Hist. de la Pairie, p. 59 ; voyez encore *id.*, p. 272 et 309), sans citer ses garants, que les chevaliers étoient tous *qualifiés de monseigneur ou messire dans tous les actes, même par leurs supérieurs et par les rois.* Il ajoute, *les escuyers au contraire ne s'appelloient que nobles.*

(9) La femme du chevalier est appelée *dame* dans

les coutumes de Beauvoisis; celle de l'écuyer, *damoi-selle* (c. XIX, p. 147).

Le poëte Eustache Deschamps met pareillement les dames et les chevaliers en opposition avec les damoiselles et les écuyers :

> Les dames et les chevaliers,
> Damoiselles et escuyers.
>
> (Poés. mss., fol. 376, col. 4.)

Cette qualification honorable, la récompense de la Chevalerie, et que d'injustes usurpations multipliées à l'infini, ont presque flétrie dans la suite, avoit subsisté pendant long-temps dans tout son éclat. (Voyez Brantôme, Capitaines françois, t. III, p. 178.)

(10) Le titre de *noble dame, madame* (Ord. des rois de France, t. II, p. 208), est celui que nos rois donnoient dans leurs lettres aux femmes des chevaliers; celles des écuyers y sont simplement appelées *mademoiselles*, même les plus qualifiées.

Françoise d'Anjou, étant demeurée veuve avant que son mari eût été fait chevalier (le Laboureur, Histoire de la Pairie, p. 316 et 317), elle n'est qualifiée que mademoiselle et non madame. Cependant si l'on m'oppose des lettres où des femmes d'écuyers se qualifient *madame*, c'est qu'elles étoient veuves en premières noces de quelque chevalier qui leur avoit communiqué le caractère de la Chevalerie, qui étoit ineffaçable. Il n'y avoit que les filles des rois qui méritassent cet honneur par excellence avant que d'être mariées, parce qu'on les honoroit de la qualité des reines, et cela s'étendoit si peu aux filles des autres souverains, que c'est assez de

citer l'héritière de la maison de Bourgogne, princesse des Pays-Bas, qu'on appela toujours mademoiselle de Bourgogne, jusqu'au jour de ses noces avec le roi des Romains. Olivier de la Marche (Mém., l. I, p. 458), après le récit de la naissance de la fille du comte de Charolois, en 1456, ajoute: « Les choses furent pré-
» parées pour le baptisement de mademoiselle de Bour-
» gogne; car en ce temps on ne la disoit point madame,
» pour ce que monsieur n'étoit point fils du roi. »

Brantôme ne donnoit encore que le titre de mademoiselle à la sénéchale de Poitou, sa grand'mère. (Dames Gal., t. II, p. 139.)

(11) Le chevalier devoit, par un extérieur magnifique, faire respecter son titre: tel étoit le précepte que lui donnoit un historien célèbre au commencement du quinzième siècle.

« Si les hommes, qui ne sont point chevaliers, sont
» obligés d'honorer le chevalier, à plus forte raison
» doit-il s'honorer soy-même par beaux et nobles vê-
» tements, chevaux, harnois et serviteurs, et doit-il
» aussi porter honneur à ses pairs, c'est-à-dire aux
» autres chevaliers. » (Mathieu de Couci, Histoire de Charles VII.)

Le manteau long et traînant qui enveloppoit toute la personne, étoit réservé particulièrement au chevalier, comme la plus auguste et la plus noble décoration qu'il pût avoir lorsqu'il n'étoit point paré de ses armes. La couleur militaire de l'écarlate que les guerriers avoient eue chez les Romains, fut pareillement affectée à ce noble manteau, qui étoit doublé d'hermine ou d'autres fourrures précieuses. On l'appeloit le manteau d'honneur;

et nous avons encore sous ce titre un ancien ouvrage allégorique, en vers, avec une miniature qui nous en donne la représentation. On peut joindre à la lecture de cette pièce, ce qu'a dit M. le Laboureur au sujet des manteaux. (Histoire de la Pairie, p. 119, 124, 150 et suiv., et p. 271.) Nos rois les distribuoient aux nouveaux chevaliers qu'ils avoient faits; et ce don étoit ordinairement accompagné de celui d'un palefroi, ou du moins d'un mors * de cheval en or, ou doré, qui répondoit au gage donné dans les investitures comme le signe du fief aliéné. Les distributions de manteaux et de palefrois ou mors font un article considérable dans la dépense de nos rois, et se trouvent souvent répétées dans les anciens comptes qu'on leur a rendus, sous le nom de *Pallia militum*. (Voyez La Roque, Traité de la Noblesse, p. 323 et suiv., c. LXIV et p. 443.)

Les souverains renouveloient souvent le don du manteau qu'on appeloit leur livrée, soit dans les deux saisons de l'année, l'été et l'hiver, comme le dit le Laboureur (Pairie, p. 123), soit dans toutes les cours plénières des grandes fêtes, comme le rapportent tous nos romanciers.

Le droit d'être compris dans ces distributions appartenoit à de grandes charges, et fut depuis converti en une somme d'argent. Les pièces de velours ou d'autres étoffes qui se donnent encore à présent à des magistrats, en sont la représentation, comme l'ancien droit d'avoir le manteau d'hermine est figuré dans les armoiries des

---

* Voyez le Mém. de M. l'abbé Lebeuf sur des tablettes de cire, contenant les dépenses de Philippe-le-Bel, en 1307 et en 1308; et Joinville, notes sur les établissements de saint Louis, p. 186.

ducs et des présidents à mortier, qui l'ont eux-mêmes emprunté de l'usage des tapis et pavillons armoriés, sous lesquels les chevaliers se mettoient à couvert avant que le tournoi fût commencé. (Voyez le P. Ménestrier, Origine des Ornements des Armoiries, c. VI, et l'Origine des pavillons et des manteaux, p. 120.)

Dans la promotion de soixante et quatorze chevaliers de l'ordre du Saint-Esprit, en 1688, le roi en dispensa plusieurs de porter le manteau à la cérémonie de leur réception (Lettres de madame de Sévigné, t. V, p. 438); pour cette fois seulement on dérogea à l'un des plus anciens usages de la Chevalerie.

(12) Il n'appartenoit qu'aux chevaliers de porter le vair et l'hermine, suivant un compte de 1351 (cité par La Roque, Nobl., c. III, p. 443); ce qui faisoit dire vers le même temps à un de nos poëtes (Eustache Deschamps, poésies manuscr., fol. 136, col. 1), en moralisant sur la nécessité de mourir :

> . . . . La mort à tous s'applique,
> Nulz advocats pour quelconque réplique,
> Ne scet plaidier sans passer ce passage,
> Ne chevalier tant ait hermine * frique.

Voyez encore le Laboureur (Origine des Armoiries, p. 139 et 147), au sujet de l'hermine, du vair et du petit-gris, et l'ordonnance du roi de 1294 (citée par le P. Ménestrier, de la Cheval., p. 131 et 132), qui ne défend pas seulement ces fourrures aux bourgeois, mais qui leur interdit encore dans leurs parures l'usage de l'or,

* Neuve.

des pierres précieuses, ceintures d'or; ni à perles, ni à pierreries, et couronnes d'or et d'argent.

Cependant un de nos anciens fabliaux écrits dans le même siècle (mss. du roi, 7615, fol. 125, verso, col. 1) fait mention d'une femme parée de menu vair, quoique son mari ne fût qu'un simple marchand. Il est vrai qu'elle étoit fille d'un chevalier, et peut-être conserva-t-elle le privilége que sa naissance lui avoit donné; peut-être aussi fut-elle du nombre de celles qui contrevenoient à la loi générale, et qui obligèrent le roi d'en faire une nouvelle publication. Il fallut souvent renouveler ainsi les ordonnances de nos rois pour arrêter les excès du luxe, et mettre un frein à l'ambition trop commune de s'élever par des usurpations au-dessus de son état. L'or et la soie, que les chevaliers, les écuyers et les nobles avoient portés, furent sans doute usurpés par les autres personnes d'une condition inférieure, puisque le roi, pour remédier à ce désordre, en défendit l'usage à ceux-ci par une ordonnance de 1486. La loi, comme on le voit par cette ordonnance (voyez-la dans le Traité de la Noblesse, par de La Roque, ch. CV, p. 425), s'étoit déjà relâchée de son ancienne sévérité en permettant aux écuyers et aux autres gentilshommes de porter l'or, qu'elle avoit autrefois accordé aux seuls chevaliers; et, par la succession des temps, cette condescendance en faveur de toute la noblesse qui étoit assez riche pour porter des habits dorés, avoit eu elle-même force de loi.

(13) Une foule de témoignages prouvent que quand les chevaliers étoient vêtus de velours, alors les écuyers ne portoient que du damas, du satin ou quelque autre étoffe de soie moins précieuse.

René, roi de Sicile, dans son Traité de la forme des tournois, recommande aux chefs des tournois de donner à chacun des juges choisis entre les chevaliers une longue robe de drap de velours, de donner aux deux autres qui étoient pris parmi les écuyers, des robes pareilles, mais de drap de damas (la Colombière, Théât. d'hon., t. I, p. 79). La reine ayant envoyé à Saintré et à ses compagnons une pièce de velours, les distingua des écuyers, en ne donnant à ceux-ci que des draps de damas (Saintré, ch. LXVIII, p. 120); et les Chroniques de Saint-Denis, en 1377 (t. III, fol. 34), font mention des chevaliers vêtus de velours, et, en 1448, des écuyers habillés de soie. Mathieu de Couci (Histoire de Charles VII, publiée par Godefroi, p. 568), dans le récit des armes faites entre trois Bourguignons et trois Ecossois, dit que des trois champions qui s'avancèrent les premiers à cheval, deux qui étoient chevaliers *furent revêtus de longues robes de velours noir, fourrées de martes zibelines fort riches ;* quant au troisième, qui étoit seulement écuyer, *il en avoit une seulement de satin noir fourrée comme les autres.* A l'égard de la distinction du damas pour les chevaliers, et du satin pour les écuyers, Mathieu de Couci (*ibid.*, édit. de Godefroi, ch. VII, p. 667) en fournit un exemple au banquet du duc de Bourgogne, à Lille, en 1454. Les chevaliers qui servirent à cette fête furent vêtus de drap de damas, les écuyers et gentilshommes de satin, les varlets et les archers n'avoient que des draps de laine.

Une ordonnance de 1486 fixe encore les étoffes dont les uns et les autres pouvoient s'habiller (La Roque, Nobl., ch. CV, p. 425). Dans la défense à toutes personnes, hormis les nobles, de porter aucun drap d'or, d'argent et de soie, elle excepte les chevaliers à qui toute espèce de draps de soie est permise; mais elle n'accorde aux écuyers que les *draps de damas, satin ras et figurés*, et leur interdit *le velours tant cramoisi que figuré*, qui étoit apparemment réservé pour les seuls chevaliers.

(14) Un poëte confond les docteurs avec les chevaliers par rapport à leur parure (Eust. Desch., Poés. mss., fol. 303, col. 1):

> Douce dame, je viens de vous aprendre,
> Se science est tousjours en riche habit,
> Vaillance aussi.

Cette question d'Eustache Deschamps à la dame Vérité, fait entendre que de son temps ceux qui s'élevoient au-dessus des autres par la science et par la valeur, les chevaliers et les docteurs ou les magistrats avoient le même habillement lorsqu'on n'étoit point en guerre.

L'usage de l'écarlate affecté aux plus éminents personnages, tant dans la guerre que dans les lettres, le privilége de porter la couleur rouge réservé aux chevaliers et aux docteurs, introduisit probablement dans notre langue le mot *rouge* pour *hautain, arrogant,* surtout lorsqu'on vit Artevelle, chef des Gantois révoltés et victorieux, se vêtir de *sanguines robes et d'escarlatte* (Froissart, vol. II, p. 187). Dans l'ouvrage en vers intitulé *l'Amant rendu cordelier,* on lit (page 555): *les plus rouges y sont pris. Rouges* est mis pour *vains, fiers, glorieux;* et Brantôme (Cap. Fr., t. I, p. 291) s'est encore servi de ce mot dans le même sens, en parlant de l'affaire des Suisses à Novarre contre M. de la Tremouille, « qui fut un grand exploit et un grand heur de guerre

» dont ils vinrent si *rouges* et si insolents qu'ils mé-
» prisoient toutes nations et pensoient battre tout le
» monde. »

Cette acception du mot *rouge* en a formé une autre par une légère transposition de lettres. *Rogue* au lieu de *rouge* est employé pour *arrogance, vanité, insolence*.

Dans les Vigiles de Charles VII, le poëte y fait ainsi parler *marchandise*, l'un de ses personnages :

> Marchandise estoit lors en sa vogue,
> En son grant bruyt, triomphe et en gogue,
> Et tellement que l'on devenoit *rogue*
> Pour les grands biens
> Que l'on gaignoit pour soy et pour les siens.

Voyez, dans le Dict. de Ménage, les efforts de plusieurs auteurs pour démêler dans les langues grecque et latine l'étymologie de ce mot qu'ils auroient pu rencontrer dans des sources moins savantes.

(15) Les priviléges attachés à l'habit de chevalier sont clairement expliqués par Bouteiller (Somme rurale, liv. II, tit. VII, p. 718). Après avoir parlé de ceux qui appartenoient à l'habit clérical, il ajoute : « Jaçoit ce
» que dessus dit est que clerc marié doit avoir habit et
» tonsure s'il veut jouir, etc. Touttes fois est à sçavoir
» qu'à chevaliers ne faut ja, pour ce qu'ils sont mariez,
» avoir habit ne tonsure : car il peut porter par bon-
» neur de Chevalerie tel habit qu'il lui plaist, et estre
» sans tonsure, et pour ce ne perderoit-il mie le privi-
» lége de clergie. »

Cette décision peut encore servir d'éclaircissement à la difficulté proposée, suivant Pasquier, par le président

Aufrère, savant jurisconsulte : il demandoit si les capitouls ne perdoient point le privilége de la cléricature à cause des habits rayés qu'ils portoient; si ces habits étoient regardés comme la marque de leur noblesse, et que cette noblesse fût considérée comme une image de la Chevalerie, dès-lors l'habit de capitouls ne devoit point les priver des priviléges attachés aux clercs chevaliers.

(16) Voici ce passage tiré de Joinville, manuscrit de Lucques, acquis par le roi en 1740 : « Quant nous
» feusmes à Poictiers je vis un chevalier qui avoit nom
» messire Geoffroi de Rançon, qui pour un grand oultrage que le comte de la Marche lui avoit faict, avoit
» juré ses saincts qu'il ne seroit jamais *roigné à guise de*
» *Chevalerie*, mais porteroit greve, ainsi comme les
» femmes portoient, jusqu'à tant qu'il se verroit vangé
» du comte de la Marche, par luy ou par autruy : et
» quant messire Geoffroy vit le comte de la Marche, sa
» femme et ses enfans agenoillé devant le roy, qui lui
» crioient mercy, fit aporter un treteau et se fist oster
» sa *greve et se fit rogner tout-à-coup* en présence du
» roy, du comte de la Marche et de tous ceux qui là
» estoient. » Voyez la note 4 de cette partie.

(17) Les chevaliers se regardoient comme les enfans de ceux qui les avoient armés, d'où le mot *adouber* vient d'*adoptare*, suivant Ducange. Voyez Sainte-Marie, de la Chev., p. 338.

(18) Une de ces plus anciennes concessions d'armoiries est celle de Richard d'Angleterre en faveur de Geof-

froi Troulart, sire de Joinville, rapportée par le P. Ménestrier (Orig. des orn. des armes, p. 384). Au lieu de la regarder comme le gage d'une fraternité d'armes, ainsi qu'il l'avance sans en donner de preuves, je serois plus porté à croire que le sire de Joinville avoit mérité d'être fait chevalier de la main de Richard, qui en même temps lui avoit donné ses armes; et que ce seigneur en avoit parti son écu en les joignant à celles de sa famille (Voyez Saint-Julien de Baleure, Mélang. hist., p. 293, et le Laboureur, Orig. des armes, p. 39 et 56). C'est par un semblable motif de reconnoissance et de respect, que le prince d'Antioche, âgé de seize ans, suivant Joinville (p. 98), écartela ses armes de celles de saint Louis qui le fit chevalier; et que plusieurs villes de France portent en chef les armes du roi, comme les cardinaux portent aussi celles du pape dont ils sont créatures.

(19) Voyez la onzième dissertation de Ducange, à la suite de Joinville, sous le titre du *Cri d'armes*, et la douzième intitulée : *de l'usage du cri d'armes*. Voyez encore le ch. XLV du cri de guerre, dans le livre de la Colombière de la Science héroïque.

(20) Cette espèce d'*incognito* étoit surtout pratiquée par les chevaliers errants la première année de leur promotion. Comme un de ces aventuriers, dont on avoit à son insu changé les armes, ne répondoit pas à ceux qui le provoquoient à la joute en le désignant par le blason qu'on voyoit sur son écu : « Il m'est avis, lui
» dit-on, que vous êtes des chevaliers de l'année qui

» ne savez pas quelles armes vous portez. » (Perceforest, vol. II, fol. 93, verso, col. 1.)

Les chevaliers, pour cet effet, couvroient d'une housse, de quelques feuillages ou de *guimples* (espèce de gaze) *plus fines que fleurs de lis*, l'écu qui contenoit leurs armoiries (Perceforest, vol. VI, fol. 93, 94 et 95): d'autres fois ils ne le peignoient que d'une seule couleur, ainsi qu'un de nos héros de roman teignit le sien du sang d'un chevreau qu'il avoit tué (Lancelot du Lac, t. I, fol. 75, 76 et 164, et t. III, fol. 116) : mais plus ordinairement ils le portoient en blanc la première année de leur réception, suivant la remarque de Sicile dans son Blason des couleurs (p. 35, verso), pour suivre l'exemple des chevaliers de la Table ronde. Les écus d'un seul émail, soit couleur, soit métal, et connus par nos auteurs héraldiques sous le nom de *tables d'attentes* (Palliot, Science des armoiries, p. 67), semblent avoir conservé la mémoire de ces écus blancs dont un ancien chroniqueur nous a transmis d'ailleurs un témoignage authentique : « Au combat donné près de Lille en Flandre
» entre les Flamans avec quelques Anglois et les Fran-
» çois, fut occis un chevalier qui portoit armes blan-
» ches; car il ne se volt ne rendre ne nommer, etc. »
(Voy. Chr. fr., mss. de Nangis, sous l'an 1339.) Le refus constant de se nommer, et l'obstination à mourir plutôt que de dire son nom, prouvent encore que l'auteur du roman de Perceforest observa fidèlement la vérité morale dans le discours d'un jeune inconnu qui se présenta devant Alexandre. Comme ce prince lui demandoit en quel pays il étoit né : « Je ne suis pas en-
» core né, dit le valet. Qu'est-ce à dire? demanda le
» roi. Sire, répliqua-t-il, devant n'est pas homme né

» jusqu'à ce qu'il se congnoist qu'il est aourné de vertus.
» Certes j'en conviens, dit le roi, mais du moins que
» je sache quel est votre nom. Je n'en ai pas plus que
» de nation, répond le jeune homme; je n'ai point en-
» core mérité d'en avoir, mais c'est tout ce que je desire
» de m'en faire un *. »

Laurent du Plessis semble avoir adopté cette idée romanesque en adoptant pour sa patrie le lieu où il avoit été fait chevalier et dont il prit le nom, de même qu'on prenoit souvent alors celui du lieu de sa naissance **. Laurent ayant été fait chevalier au Morf outre-mer, lui et ses enfants se sont depuis appelés du Morf. Voyez leur généalogie. (Voyez la Thaumassière, Assises de Jérus.)

Les noms romanesques de plusieurs personnages connus dans l'histoire, déposent encore du dessein qu'avoient eu quelques-uns de nos chevaliers de se déguiser sous ces noms empruntés.

On voit dans la liste des chevaliers de la cour de nos rois, *Charles V ou VI*, un Lancelot, un Gadifer, un Carados, tous autant de héros connus par nos romans (Eust. Desch., poés. mss., fol. 300, col. 4). Il seroit aisé d'en citer plusieurs autres exemples.

(21) L'équivoque ou l'allusion des armoiries au nom de celui qui les portoit, a produit les armes parlantes. Voyez sur ce sujet le livre de Paillot des armoiries (p. 64 et suiv.) : j'y ferai remarquer celles d'Arpajon,

---

* Voyez d'autres exemples pareils dans le même roman de Perceforest, vol. I, fol. 109, verso, col. 2, fol. 111, recto, col. 1, et fol. 117, verso, col. 1. Vol. II, fol. 107, verso, col. 1. Vol. IV, fol. 89, verso, col. 1, et vol. VI, fol. 1, verso, col. 1.

** Lignages deçà mer, ch. XXVIII, p. 256, à la suite des assises de Jérusalem, publiées par la Thaumassière.

dont le nom sans doute avoit signifié un joueur de harpe. Voyez aussi les armes parlantes de quelques villes dans le Traité de l'origine des armoiries, par le P. Ménestrier (p. 56 et suiv.).

Quelques-uns ont voulu rejeter les armes parlantes comme des productions suspectes de gens ignobles et grossiers, suivant Palliot qui se donne la peine de réfuter leur sentiment. Ces auteurs ne connoissoient guère l'esprit des premiers inventeurs de nos armoiries.

(22) Outre les exploits militaires représentés par les différentes pièces du blason, le parti, taillé, tranché, coupé, désignoit aussi les diverses blessures qu'on avoit reçues, si l'on en croit la Colombière (Théât. d'hon., t. II, p. 163). Il me paroîtroit plus naturel de penser que c'étoit une façon d'exprimer les coups dont l'écu d'un chevalier auroit été coupé ou fendu en divers sens : autrement pourroit-on concevoir qu'un chevalier eût survécu aux blessures qui lui auroient acquis le droit de porter son écu gironné de douze, et même de seize pièces, comme on en voit dans Palliot? (Science des armoiries, p. 354.)

(23) A l'exemple que j'emprunte des armoiries de nos rois, je ne craindrai point de joindre celui de la maison de Montmorenci, si féconde en grands exemples de valeur et de vertu. Le P. Ménestrier, dans la devise du roi justifiée (p. 45, édit. de Paris, 1679, in-4°), réfute l'opinion de ceux qui ont avancé que les armoiries les plus simples sont les plus belles, ou du moins il modifie et interprète cette proposition, et dit que les seize alérions des armoiries de la maison de Montmorenci, sont les

marques glorieuses de deux actions illustres de deux grands hommes de cette maison, et représentent seize drapeaux enlevés aux troupes impériales dans deux journées mémorables. Arnaud, célèbre avocat, faisant publiquement l'éloge de Henri de Montmorenci, lorsque ses lettres de connétable furent présentées au Parlement de Paris en 1595, avoit dit avant cet auteur que Mathieu II de Montmorenci ayant enlevé seize étendards aux ennemis à la bataille de Bovines, Philippe-Auguste, pour en laisser un monument à la postérité, voulut que cette maison portât dans la suite seize aiglons au lieu de quatre qu'elle avoit portés auparavant dans ses armes. (Voyez de Thou, trad., liv. CXII, t. XII, p. 369.)

(24) Entre autres récompenses, nous citerons ici deux priviléges considérables : 1°. Les chevaliers, suivant l'histoire des Albigeois (mss. provençal, fol. 51), étoient ordinairement dispensés des gardes auxquelles on assujettissoit les pages et les écuyers. 2°. On peut conclure d'un exemple cité par M. l'abbé Lebeuf, dans son Histoire civile d'Auxerre, p. 139, que les hommes appartenant à un chevalier qui venoit faire sa résidence dans une ville, ne pouvoient être imposés à la taille ou cens, qu'il étoit permis aux bourgeois de lever sur tous les nouveaux habitants.

(25) La noblesse françoise apprit des Germains à compter pour rien la plus haute naissance jusqu'à ce qu'on s'en fût montré digne par des services militaires. La Chevalerie seule, par une suite de ce sentiment aussi ancien que notre nation, donnoit aux gentilshommes le droit d'avoir un sceau : tous les monuments anciens font

foi de cette vérité qui a été unanimement reconnue par nos auteurs modernes *. Comme le grand sceau qui donnoit l'authenticité aux principaux actes juridiques, eût été peu propre à cacheter ou sceller des lettres, des billets et autres écrits particuliers, il est à présumer que les chevaliers en eurent encore un autre plus petit qui répondoit à celui que nos rois appelèrent leur sceau secret, et qui étoit enchâssé dans un anneau que l'on portoit au doigt, suivant l'usage que nos prélats ont toujours observé. Le Laboureur (Hist. de la Pairie, p. 267 et 268) cite le testament fait dans le huitième siècle par Eccard, comte d'Autun, qui légua trois anneaux avec des pierres gravées.

Le privilége que j'ose attribuer à nos chevaliers de porter au doigt un anneau comme nos évêques, et pour remonter plus haut, comme les anciens chevaliers romains, auroit besoin d'être appuyé sur des témoignages formels et incontestables. En attendant que je les puisse trouver, je citerai deux passages d'où l'on peut tirer quelque induction en faveur de mon sentiment.

Le moine du Vigeois dit que dans une guerre entre le vicomte de Limoges et le comte de Périgord, comme les deux armées alloient au combat, le comte de Périgord fut tué par les bourgeois du Pui, et qu'aussitôt l'un d'eux, homme riche, prit son cheval, le monta, et mettant dans son doigt l'anneau de ce seigneur, insulta au malheur de ses vassaux restés sans chef. (Labbe, Biblio-

---

* Beaumanoir, ch. XIX, p. 389. — La Thaumassière, Cout. de Berri, ch. XLIV, p. 59, et p. 736 et 737. — Le Laboureur, Pairie, p. 270 et suiv., p. 377 et suiv. — La Roq., Nobl., ch. CIV, p. 422 et suiv. — Le P. Ménestrier, sur la Chevalerie.

thèque manuscr., t. II, chap. XLIV, p. 302.) L'autre autorité, sur laquelle je me fonde, est un vers tiré de nos fabliaux, qui paroît encore avoir besoin d'être corrigé. L'auteur du *Chastie Musart* fait ainsi l'éloge d'un chevalier. (Fabliaux manuscrits du roi, fol. 140, recto, col. 1.)

> Cil est bons, cil est biaus,
> Cil porta l'escu point *
> Et cil porte à l'aviaux.

Au lieu du mot *aviaux,* qui ne signifie rien, je lirois *cil porte l'aniau*, et si l'on admettoit cette leçon, j'aurois quelque droit d'en conclure que le privilége de porter l'anneau avoit été un attribut honorifique de la Chevalerie.

(26) Charles VI, par son édit de 1407, changea cet usage en ordonnant que tous ses successeurs rois, *en quelque petit âge qu'ils fussent,* seroient appelés, leurs pères décédés, rois de France, et seroient couronnés et sacrés.

(27) La Chevalerie conféroit à ceux qui la recevoient « le bénéfice de l'âge pour tenir leurs terres et pour en » rendre le service en personne. » (Le Laboureur, Pairie, p. 278.)

(28) Si le chevalier avoit une liberté entière de passer partout franchement; aussi devoit-il mettre une si bonne discipline parmi ceux qui le suivoient, que le pays n'eût point à se plaindre d'aucun désordre : s'ils

---

* Écu peint, armoirié.

en commettoient, le maître en étoit responsable et payoit l'amende pour ses gens. On voit dans Joinville, p. 106, comment il fit justice d'un de ses chevaliers par qui un autre avoit été offensé.

(29) Voyez l'ordonnance de Philippe-le-Bel pour la levée de l'aide due au roi à cause de la Chevalerie qu'il avoit conférée à son fils. (Ordonnances des rois de France, t. I, p. 534.) Ce droit fut encore levé en 1540 par François Ier pour la Chevalerie de son fils et pour le mariage de sa fille, suivant Charondas. (Voyez Notes sur Bouteill., p. 503.)

Les seigneurs, dans leurs terres, levèrent sur leurs feudataires et autres vassaux, soit nobles, soit roturiers, une aide pareille; et Bouteiller, jurisconsulte du quatorzième siècle (Somme Rurale, titre LXXXVI, p. 500), l'a qualifiée d'un simple usage de courtoisie qui ne peut être demandé *par rigueur, par contrainte ni par loi*, mais seulement *par courtoisie*. Cependant, dit le même auteur, *pour ce qu'il est accoustumé ainsi à faire et accoustumance est de l'héritance* (usage vaut possession) *selon aucuns;* on ne peut se dispenser de suivre l'usage: mais *afin que ce ne tourne trop à coustume,* il conseille de ne pas donner toujours la même chose et de la changer en donnant tantôt un gobelet doré, tantôt un autre joyau. Voyez les Annotations de Charondas, qui confirme les principes du même jurisconsulte, et distingue l'ordre du roi de l'ordre général de Chevalerie. Cependant madame de Sévigné (t. VI de ses Lettres, p. 363), écrivant en 1689 que M. de la Trimouille, à son passage par Vitré, avoit été reçu « à grand bruit à cause de » sa Chevalerie, ajoute, c'est une des occasions où l'on

» redouble les honneurs et même les redevances selon le
» droit de certaines terres. » Le droit de lever l'aide de
Chevalerie est aussi regardé par La Roque (de la Noblesse, c. CII, p. 416) et Ducange (Observ. sur les établissements de saint Louis) sur l'autorité de plusieurs titres et coutumes, comme un droit exigible de rigueur et légitime. Ducange appelle ce droit *loiaux aides,* et distingue ces aides de celles appelées *aides gracieuses.*

Bouteiller n'a parlé que des aides pour la Chevalerie du seigneur ou de son fils, et pour le mariage de sa fille. La Roque et autres auteurs ajoutent celle qui se payoit pour le voyage de la Terre-Sainte et pour la rançon. Ces quatre occasions de lever les aides de Chevalerie, les ont fait appeler *tailles ès quatre cas.* Voyez Laurière, Glossaire du droit françois, sous ce mot. Voyez Ducange, Glossaire latin, au mot *Talliæ franciles seu liberæ,* et le chap. XXVI de la taille aux quatre cas dans les Coutumes locales publiées par La Thaumassière.

« Si le gentilhomme marie son fils, il doit luy donner
» les tiers de sa terre et ainsi quand il est chevalier, »
suivant les établissements de saint Louis.

(30) Les chevaliers n'étoient pas seulement punis des fautes qu'ils commettoient, par une amende deux fois plus forte que celles imposées sur les simples écuyers : cette loi sage et rigide s'étendoit sur leurs parents. Revêtus d'une espèce d'autorité sur leur famille, ils devoient la contenir : si donc la loi prononçoit une amende ou une peine infamante contre ceux qui retenoient les oiseaux, les chiens de chasse, les chevaux ou autres bêtes égarées, elle faisoit subir aux fils, aux frères ou

autres proches parents du chevalier, qui auroient commis la même faute, non-seulement l'amende, mais encore la peine ignominieuse attachée au larcin. « Il payera » la value de la paine et ci aura la honte. » (Assises de Jérus., chap. CX, p. 212.)

(31) Les ligueurs ayant fait une députation au pape en 1589, la composèrent d'un chevalier, d'un conseiller au parlement et d'un abbé, suivant M. de Thou, l. XCIV de son Histoire, t. X. Ce parti sembloit affecter d'autant plus de suivre les anciennes formes de l'administration de l'État, qu'il s'écartoit davantage des loix primitives et fondamentales du gouvernement.

(32) On voit, dans Perceforest, une reine, quoique relevant de maladie, aller à la rencontre d'un chevalier brave, mais pauvre, qui venoit lui rendre visite. Le respectueux chevalier lui représente la confusion où le jette cet excès de courtoisie de la part d'une si grande princesse; mais elle lui répond entre autres choses : « Autant de franchise et d'honneur reçoit le chevalier » poure en recevant l'acollée comme le riche. » (Voyez leurs discours dans Perceforest, vol. IV, fol. 116, v°, col. 2.)

Robert II, duc de Bourgogne, prince du sang, premier pair de France, prend par honneur la qualité de chevalier dans des lettres de 1272. (Le Laboureur, Histoire de la Pairie, p. 314.) Je pourrois ajouter que, dans le siècle dernier, les seigneurs de la cour témoignoient encore leur vénération pour l'image seule et même l'ombre de l'ancienne Chevalerie, dans la personne des officiers de justice qui n'en avoient que le nom. (Voyez, dans les Lettres de M. Racine, celle que lui écrivoit M. de Guilleragues.)

(33) Le jeune Blanchardin demande (roman de Blanchardin, parmi les fabliaux manuscrits de Saint-Germain-des-Prés, écrits au treizième siècle, fol. 175, r°) à son interprète (*Latinier*) si le prince destiné au trône peut être chevalier, et la réponse est que sans cela il ne peut être couronné.

Nos rois semblent avoir voulu suivre les mêmes leçons, quoique leur naissance seule les eût fait chevaliers. « Louis XI estant habillé prest à recevoir le sacre,
» suivant Monstrelet, tire son espée et la bailla au duc
» Philippe de Bourgogne, en le priant qu'il le feit che-
» valier de sa main, qui fut une nouvelle chose : car
» l'on dit communément que tous les fils des rois de
» France sont chevaliers sur les fonts de baptême ;
» néanmoins le duc, pour lui obéir, lui donna l'acollée
» et le feit chevalier de sa main, etc. » (Vol. III, fol. 87, r°, sous l'an 1461.)

Il ne falloit pas remonter bien haut pour apprendre de Jean Chartier que nos rois, ses prédécesseurs, malgré le privilége de leur naissance, s'étoient encore fait armer chevaliers à leur sacre. Charles VII (Jean Chartier, Histoire de Charles VII, édition de Godefroi, p. 32) l'avoit été par les mains du duc d'Alençon; Charles VI (Histoire de Charles VI, par le moine de Saint-Denis, p. 9 et 10) par celles du duc d'Anjou, régent. Ce monarque avoit de bonne heure montré son affection pour la Chevalerie : comme le roi, son père, qui vouloit éprouver ses inclinations, fit mettre devant lui une couronne d'or enrichie de diamants et un casque, en lui donnant le choix entre l'une et l'autre : « Monseigneur, » dit le jeune prince avec empressement, donnez-moi » le casque et gardez votre couronne. »

(34) On voit dans la Chronique de Geoffroi, moine du Vigeois, qui finit à l'an 1184 (t. II de la Bibliothèque des manuscrits, par le P. Labbe, p. 280), l'usage d'exprimer les années de la Chevalerie avec l'âge auquel un chevalier avoit terminé sa carrière : *Cùm jam hunc librum terminassem contigit obire Gulpherium de Turribus* (Angolfier de la Tour) *apud Vosias quinto idus aprilis, feriâ IIâ, horâ VIâ, die IXâ, à Paschali solemnitate ; hic pleuresis dolore defecit anno ætatis suæ XXXIII, duodecimo cingulo Militiæ pollens*. Il avoit donc été fait chevalier à vingt-un ans, suivant l'usage ordinaire.

Il est vrai que le même auteur marque (p. 324 et 298) de même pour les évêques l'année de leur épiscopat, et pour les abbés celle de leur bénédiction (*ordinatio*); c'est du moins une nouvelle preuve du parallèle qu'on faisoit entre la Chevalerie et la prélature, comme nous l'avons dit dans la seconde partie à la note 12.

(35) Voyez, sur le titre et la dignité de banneret, la neuvième Dissertation de Ducange, à la suite de Joinville; les Dissertations du P. Honoré de Sainte-Marie sur la Chevalerie, art. II, p. 6; la Milice françoise du P. Daniel, liv. III, chap. V; le Traité de la Noblesse, par de La Roque, chap. IX, p. 24; le Laboureur, de la Pairie, p. 309 et 310; du Tillet, Rec. des Rois de France, p. 318; Pasquier, le P. Ménestrier, etc. Le banneret avoit un rang supérieur au bachelier ou simple

chevalier; car ces deux mots, qu'on a voulu distinguer, sont absolument synonymes. En effet, les chevaliers bacheliers, dans les anciennes montres des gens d'armes, sont compris, sans aucune différence, sur le même pied que les chevaliers; ils reçoivent également le double de la paie des écuyers, et la moitié de celle des bannerets. Je crois qu'ils sont les mêmes que les chevaliers appelés *chevaliers d'un écu* (fol. 5, r°) dans l'Ordre de Chevalerie, peut-être à cause qu'ils n'avoient pour leur défense que leur propre écu, et non comme les bannerets les écus de plusieurs autres chevaliers.

Voyez encore dans le livre d'Antoine de La Salle, intitulé *la Salade* (fol. 53 et 54), comment un chevalier étoit fait banneret. Le même auteur rapporte les cérémonies usitées pour l'institution des barons, des vicomtes, des comtes, des marquis et des ducs.

(36) Les bannières, que les chevaliers portoient à la guerre et les banderoles qu'ils tenoient à la main en entrant dans les lices, avec lesquelles ils faisoient le signe de la croix avant que de commencer leurs joutes, et qu'ils plantoient ensuite quelquefois au sommet de leur heaume, pourroient avoir donné l'origine aux girouettes placées sur le faîte de nos édifices. On sait que le premier acte de possession d'un fief, d'une seigneurie, d'une place prise à la guerre, étoit marqué par la bannière du nouveau seigneur, arborée sur le lieu le plus éminent, sur la tour la plus élevée. Dans l'entreprise de Saintré (Histoire de Saintré, p. 517), lui et ses compagnons portèrent sur leurs casques deux bannières, entre lesquelles étoit un diamant destiné pour le prix de

ceux qui pourroient emporter sur eux la victoire. Le même Saintré (*ibid.*, chap. LIV, p. 376) ayant proposé un pas d'armes aux Anglois entre Gravelines et Calais, qui fut accepté par le comte de Bouquincan (Bukingam) et ses compagnons, « le dimanche, pre-
» mier jour du mois et ouverture du pas, arriva ledit sei-
» gneur et comte de Bouquincan le matin après la messe
» et très-belle compaignie, qui fist sur le hault pignon
» de son logis, mettre sa bannière qu'il portoit d'An-
» gleterre à une bordure d'argent, et crioit: *Angleterre,*
» *sainct George!* »

Le Laboureur (Origin. des arm., pag. 93) a regardé les girouettes comme un signal affecté seulement aux maisons occupées ou possédées par la noblesse : « Les
» gentishommes, dit-il, ont seuls droit d'avoir des gi-
» rouettes sur leurs maisons ; elles sont en pointes comme
» les pennons, pour les simples chevaliers, et quarrées
» comme les bannières, pour les chevaliers bannerets. »
Ce n'est point une simple opinion dénuée d'autorité. Voyez à ce sujet les décisions de nos jurisconsultes Salvaing, Chambolas et La Peirère (cité dans le Code rural, imprimé en 1749).

(37) Les fréquentes occasions qui s'offroient alors d'assembler un nombre considérable de gens de tous les états, obligeoient d'en régler les rangs avec beaucoup plus d'exactitude qu'on ne fait à présent. Les tournois et les gages de bataille réunissoient une foule de spectateurs; et l'on voit dans le livre de la Jaille (fol. 38, verso, et 39, recto), au sujet des champs clos, qu'il y avoit des places affectées au seigneur, au maréchal, aux *hauts hommes* et conseillers, à la noblesse étrangère,

suivant ses degrés, aux nobles hommes, aux bourgeois, aux marchands, etc.

Dans d'autres occasions les rangs avoient dû être également réglés; mais la richesse usurpa souvent les prérogatives de la noblesse. Cet abus, dès le quatorzième siècle, excita la censure d'un de nos poëtes; Eustache Deschamps (poés. mss., fol. 556, col. 2) nous instruit de l'usage observé de son temps à l'église pour aller à l'offrande et baiser la paix, et de l'ordre dans lequel chaque personne s'y devoit présenter suivant sa condition :

> Dame aler doit et damoiselle
> Devant les bourgeois et bourgeoises,
> Et se tels gens sont plus courtoises
> Et laissent leur onneur aler *,
> On ne les doit point ravaler,
> Mais leur doit-on plus faire honneur.

Mais il se plaint du désordre qu'il voit régner par l'insolence des riches :

> Or est aujourd'hui grant dolour,
> Quant par orgueil ou par richesse
> Un tricheur, une tricheresse,
> Un maleureux, une chetive
> Par son oultrecuidance estrive **,
> Et veult offrir *** devant un saige,
> Ou ung homme de hault parage,
> Ancien ou jueune **** s'il a
> Ou po ***** d'estat qui lui faurra ******,
> Car se le noble a pauvreté,

---

* Droit de préséance, supériorité du rang. — ** Dispute le rang. — *** Aller à l'offrande. — **** Vieux ou jeune. — ***** Peu de train, peu de suite. — ****** Manquera.

Ou un pou d'ancienneté,*
Ou sa femme semblablement,
Tant leur doit-on plus humblement
Laisser l'onneur et eulx offrir **.

(38) Les marques d'honneur et les dignités, ce trésor de l'honneur qui supplée aux autres trésors, suivant l'auteur de l'*Esprit des loix* (l. V, ch. XVIII, p. 168), sont la monnoie de l'État; on ne sauroit trop en soutenir la valeur : il est aussi dangereux de la hausser à l'excès que de la baisser.

(39) La distribution du butin pris à la guerre se faisoit ordinairement après les actions : l'or, l'argent, les chevaux, palefrois et mulets se partageoient entre les chevaliers; les autres prises étoient sans doute abandonnées aux écuyers et autres personnes inférieures (roman de Gérard de Roussillon, en Prov., mss., fol. 78, recto). C'est pour cette raison que nos romans, lorsqu'ils décrivent les exploits des chevaliers, ont souvent soin de faire observer qu'ils ne prenoient ni vaches, ni brebis (voyez la romance d'Aucassin et de Nicolette, manus., et le roman de Gérard de Roussillon, en Prov., manus., fol. 100 et 101, recto).

(40) Montluc (tom. I de ses Commentaires) dit, sous l'an 1555, qu'il comptoit prendre Marc-Antoine, jeune seigneur romain riche de quatre-vingt mille écus de rente, et en tirer une pareille somme, dont il se proposoit de donner une des moitiés à M. de La Motte, à

* Vieillesse. — ** Les prévenir de politesse en les priant de passer les premiers.

ses capitaines et à ses soldats, et garder l'autre pour lui-même : « Il me va en l'entendement, dit-il (pag. 558),
» que facilement je prendrois prisonnier ce seigneur, et
» que si je le pouvois attraper j'étois riche à jamais; car
» pour le moins j'en aurois quatre-vingt mille écus de
» rançon, qui estoit son revenu d'un an, et n'estoit pas
» trop. »

Il répète la même chose (pag. 565), presque dans les mêmes termes, après avoir vanté la modération qu'il avoit toujours montrée envers ses prisonniers, dont aucun n'étoit jamais sorti de ses mains mécontent de lui : « Cela est indigne, ajoute-t-il, de les escorcher jusqu'aux
» os, quand ce sont personnes d'honneur qui portent
» les armes. »

On voit, par la même conséquence, des officiers qui paient pour leur rançon une moitié de leurs appointements (Hist. de M. de Thou, t. III, liv. XVII, p. 13).

(41) La magnificence des princes et des seigneurs éclatoit surtout dans la multitude des chevaliers qui étoient continuellement autour de leur personne. La générosité qui les y retenoit rendoit la maison du seigneur plus noble et plus chère aux yeux de ses amis et de ses vassaux. L'attachement et le zèle de tant de braves guerriers qu'un même esprit réunissoit, la rendoient plus importante et plus redoutable aux étrangers et aux ennemis qui auroient eu dessein de l'attaquer. Eustache Deschamps (poés. manusc., pag. 383, col. 2 et 3) dans une ballade sur la mort de M. de Couci tué en 1397 à la bataille contre les Turcs, fait en ces termes l'éloge de ce seigneur :

> Car à son temps fut appert et joli,
> Saige, puissant, de grant largesse plain,
> Beau chevalier, bien travaillant aussi,
> Sanz nul repos. Hostel tint large et sain
> De chevaliers qu'il avoit soir et main [*]
> Avecque lui et s'ordre et compaignie,
> Preux et hardis.

Les chevaliers qu'on nommoit chevaliers du corps ou chevaliers d'honneur, accompagnoient ordinairement le maître dans son palais et dans son château ; chez nos rois ils étoient leurs chambellans ou chevaliers de leur chambre.

Du Tillet, Rec. des rois de France, chap. des chev. de l'ordre et état de Chevalerie, p. 316. « En l'arrest de
» messire Estienne de Flavigny de l'onzième février
» 1384, il est intitulé chevalier d'honneur du roi qui
» estoit chevalier de sa chambre, comme les pages ou
» enfants d'honneur, à la différence des autres cheva-
» liers et pages des escuries. Les roynes ont bien encores
» un chevalier d'honneur. »

Leur assiduité au service intérieur du palais répondoit de l'empressement qu'ils auroient à se tenir toujours à la guerre près de leur seigneur pour l'armer et pour le défendre.

Froissart (vol. II, p. 279, sous l'an 1385), parlant de l'embuscade où fut pris le seigneur Bernabo par son neveu Galéas Visconti : « Là eut un chevalier d'Allemai-
» gne, homme d'honneur et estoit chevalier de corps à
» messire Bernabo. Quand il veit approcher gens qui
» venoient sur son maistre et seigneur, il portoit l'espée

---

[*] Matin.

» à messire Bernabo devant luy, et tantost il la meit
» hors du fourreau et la meit en la main dudit messire
» Bernabo.... et puis tira le chevalier son espée comme
» vaillant homme pour soy mettre en défense. ».

La générosité des princes attiroit dans leurs cours une foule de chevaliers pour avoir part à leurs bienfaits; mais il étoit encore un moyen plus sûr de gagner l'affection de ces ames nobles et fières : la douceur et l'affabilité les captivoient bien mieux que l'intérêt et la soif des richesses, suivant le chevalier de la Tour.

« Je congnois, dit-il (Instruct. à ses filles, chap. où il
» leur dit comment les filles doivent être courtoises,
» fol. 6, verso), ung grant seigneur en ce pays qui a
» plus conquis chevaliers et écuyers ou autres gens à le
» servir ou faire son plaisir par sa courtoisie au temps
» qu'il se pouvoit armer, que autre ne faisoit pour ar-
» gent ne pour autre chose. C'est messire de Craon qui
» fait bien à louer d'honneur et de courtoisie sur tous
» les chevaliers que je congnois. »

La courtoisie et les autres vertus acquises dans une telle cour par les exemples et les modèles sur lesquels on se formoit, étoient en effet pour les chevaliers des trésors plus sûrs que les richesses répandues avec profusion par d'autres seigneurs qui n'eussent pas eu les mêmes qualités. On en peut juger par ce qu'on lit dans Perceforest (vol. I, fol. 54, verso, col. 2, et 55, recto et verso) des avantages que les chevaliers d'honneur de la reine trouvoient dans l'hôtel de cette princesse, pour les leçons d'honneur et de courtoisie.

Mais quel fonds auroit pu faire sur tant de chevaliers le maître qui les rassembloit et qui les avoit attachés à son service, s'ils eussent été divisés entre eux; s'ils n'eussent montré eux-mêmes, les uns à l'égard des autres, l'amitié la plus intime? Il ne leur étoit pas plus permis qu'à des frères d'en venir aux mains les uns contre les autres (Lancelot du Lac, t. I, fol. 36, recto, col. 2).

Joinville dit qu'il chassa l'un de ses chevaliers qui avoit frappé un de ses camarades, et fait voir par cet exemple quelle étoit l'autorité du maître sur ses chevaliers, et la subordination des chevaliers à l'égard de celui qui les commandoit et qui les soudoyoit.

On pouvoit être chevalier au service de plusieurs cours; et quelques-unes n'admirent à celui du souverain, comme on le vit dans la maison du prince Édouard d'Angleterre, que des chevaliers et non des écuyers (Lancelot du Lac, t. I, fol. 58, recto, col. 2, et 79, recto, col. 2). Des évêques eurent, ainsi que les autres grands du royaume, des chevaliers attachés à leur maison (Hist. de B. Duguescl., éd. de Ménard, p. 243 et 318).

Pierre de Blois (épître 20), écrivant à deux de ses amis qui étoient attachés à l'évêque de Chartres, les exhorte à représenter souvent à ce prélat combien il s'écartoit de ses devoirs, surtout par l'abus qu'il faisoit de ses richesses en les prodiguant à des gens de guerre et à des histrions; il leur recommande de lui inspirer d'autres sentiments, afin que *donationes quas militibus et histrionibus facit, modestia limitaret.*

(42) Il est souvent fait mention dans Perceforest de ces heaumes placés aux faîtes des châteaux comme étant les signaux de *l'hospitalité et du logis apresté aux chevaliers errants et querants adventures* (vol. V, fol. 46,

recto, col. 1 ; vol. VI, fol. 26, verso, col. 2, et 52, recto, col. 1, etc.).

« Adoncques estoit une coustume en la grant Bre-
» taigne, dit l'auteur du même roman (vol. III, fol. 103,
» recto, col. 2), et fut tant que charité régna illecque,
» tous gentils-hommes et nobles dames faisoient mettre
» au plus hault de leur hostel ung heaulme en signe
» que tous gentils-hommes et gentilles femmes trespas-
» sants les chemins, entrassent hardyement en leur
» hostel comme au leur propre ; car leurs biens estoient
» davantage à tous nobles hommes et femmes trespas-
» sants le royaulme. »

(43) Les trente mille francs d'or donnés par le duc d'Anjou au duc de Bourbon, Louis III du nom, qui l'avoit assisté dans la guerre de Guienne, purent être regardés comme le subside d'un prince à son allié (Hist. de Louis III, duc de Bourbon, publiée par Pap. Masson, ch. XXII, p. 71). Le duc d'Anjou paya pour un mois les gens du duc de Bourbon, et fit aux chevaliers qui l'accompagnoient de riches présents de vaisselle d'argent et de draps de soie : l'un d'eux eut encore un coursier valant deux mille écus.

Froissart fait souvent mention des dons que les seigneurs, par un mouvement pur et gratuit de leur générosité, répandoient sur les chevaliers qui passoient dans leur cour. Celle du comte de Foix, où il avoit fait un long séjour, brilloit par cette espèce de magnificence. Auberticour, en 1387, allant chercher Boucicaut, l'aîné des deux frères de ce nom, qui lui avoit fait un défi d'armes, « vint à Ortais, et là trouva le comte de Foix
» qui luy fit bonne chère, et le tint de lez lui, et au dé-

» partir il lui donna deux cents florins et un moult bel
» roussin. » (Froiss., vol. III, ch. XCI, p. 252.)

La générosité de ce comte se surpassa, suivant le même historien (ch. XCIII, p. 255, sous l'an 1387), dans la réception qu'il fit au duc de Bourbon qui revenoit de la guerre de Castille : « Adonc vindrent de par
» le comte de Foix, trois chevaliers, lesquels se nom-
» moyent messire Espaeng de Lion, messire Pierre
» Campestan et messire Menault de Nouailles, et vin-
» drent devant le duc de Bourbon, et lui dirent ainsi :
» Monseigneur, veez-cy un présent que monseigneur le
» comte de Foix vous présente à vostre retour d'Es-
» paigne, car il sait bien que vous avez eu plusieurs
» fraiz. Si vous donne à bonne entrée en son pays de
» Béarn, huit mille francs, ce mulet, ces deux cour-
» siers et ces deux pallefrois. Si, répondit le duc, beaux
» seigneurs, grant mercy au comte de Foix. Mais tant
» qu'aux florins, nous respondons que nuls n'en pren-
» drons : mais le demourant nous recevrons de bonne
» volonté. Ainsi furent les florins refusés, et les chevaux
» et le mulet retenus. Assez tost après vint le comte de
» Foix à costé du duc, et l'emmena, dessous son pen-
» non, en la ville d'Ortais, et le logea en son hostel et
» tous ses gens furent logés en la ville. Si fut le duc trois
» jours à Ortais, et y eut de beaux disners et de grands
» soupers, et monstra le comte de Foix au duc de
» Bourbon une partie de son Estat : lequel fait à sei-
» gneur comme lui, moult à recommander. Au qua-
» trième jour le duc prit congé du comte, et le comte
» fit et donna aux chevaliers et escuyers du duc de beaux
» dons : et me fut dit que la venue du duc de Bourbon
» cousta au comte de Foix dix mille francs. »

On voit, dans les chap. XCI et XCII, comment les chevaliers étoient accueillis dans toutes les cours où ils passoient, régalés, défrayés de tout et comblés de présents, soit de mulets, chevaux et même d'argent.

Froissart qui ne tarit pas sur les libéralités du comte de Foix, auxquelles il avoit eu part, en fait encore cette description (vol. III, p. 184, sous l'an 1387) : « Donna
» ledit comte de Foix, en droit don de sa bonne vou-
» lenté, car il n'y estoit point tenu s'il ne vouloit, aux
» chevaliers et aux escuyers qui passoient par Ortais,
» et qui l'alloyent voir en son hostel et compter des
» nouvelles, grands dons et beaux; à l'un cent, à l'autre
» deux cents, à l'autre trente, à l'autre quarante, à
» l'autre cinquante florins, selon ce qu'ils estoyent : et
» cousta bien au comte de Foix le premier passage,
» selon ce que depuis le trésorier me dit à Ortais, la
» somme de mille francs, sans les chevaux et les hacque-
» nées qu'il donna. »

Un esprit d'ordre et d'équité naturelle que je crois voir dans la plupart des loix et des usages de la Chevalerie, s'étendoit jusqu'à la distribution de ces présents, soit que les principes de cette justice distributive dérivassent des Romains qui les suivirent dans plusieurs parties de leur gouvernement, soit que notre Chevalerie les eût empruntées de la proportion observée dans la loi salique entre les personnes de différents états par rapport aux amendes. (Voyez, sur cette loi salique, ce qu'en dit l'abbé Dubos, Établ. des Fran., t. II, p. 505 et suiv.)

Cette règle, qui ne s'est point encore perdue dans nos tribunaux, étoit également suivie dans nos cours de justice par rapport aux prisonniers, suivant les coutumes

de Beauvoisis (édit. de la Thaumassière, ch. XLIII, p. 237), et dans les armées ou dans les montres de nos troupes. *Le banneret étoit,* suivant du Tillet (Rec. des rois de Fr., chap. des Chev., p. 319), *payé au double du chevalier, et le chevalier au double de l'écuyer ;* et l'article du réglement fait en 1351 par le roi Jean (Ordon. des rois de Fr., t. IV, p. 67) pour les gens de guerre, porte expressément « qu'un banneret aura de gaiges qua-
» rante sols tournois par jour, un chevalier vingt sols
» tournois, un escuyer armé en coste de ses armes dix
» sols tournois, et un vallet avec lui armé de hauber-
» geon, de bacinet à camail, de gorgerette, de gantel-
» lez et chope par dessus le haubergeon, cinq sols
» tournois. »

L'histoire de Louis III, duc de Bourbon, fait voir que si la paie des écuyers étoit moins forte que celle des chevaliers, ils payoient aussi une somme moins forte dans la même proportion, lorsqu'il falloit contribuer en commun à quelque dépense. Hist. de Louis III, duc de Bourbon, par Jean Derronville, nommé Cabaret, c. V, p. 17 et 18 : « Vint le jour des rois où le duc de Bour-
» bon feit grande feste et lye chère, et feit son roi d'un
» enfant en l'aage de huict ans, le plus pauvre que l'on
» trouva en toute la ville, et le faisoit vestir en habit
» royal, en luy baillant tous ses officiers pour le gou-
» verner, et faisant bonne chère à celuy roy pour ré-
» vérence de Dieu ; et le lendemain disnoit celuy roy à
» la table d'honneur. Après venoit son maistre d'hostel
» qui faisoit la quête pour le pauvre roy, auquel le duc
» Loys de Bourbon donnoit communément quarante li-
» vres pour le tenir à l'escolle, et tous les chevaliers de
» la cour chacun un franc, et les escuyers chacun demy-

» franc : si montoit la somme aucune fois près de cent
» francs, que l'on bailloit au père ou à la mère pour les
» enfants qui estoient roys à leur tour, à enseigner à
» l'escolle sans autre œuvre, dont maints d'iceux en vi-
» voient à grand honneur ; et cette belle coutume tint
» le vaillant duc Loys de Bourbon tant comme il ves-
» quit. »

(44) Duguesclin, à qui le comte de Montfort donna la terre de la Roche-Derien, et qui dans la suite fut comblé de biens et d'honneurs par Henri, roi de Castille, avoit acquis par don du roi, suivant du Châtelet, son historien (Hist. de Duguesclin, p. 27 et 48), la terre de la Roche-Tesson, dont il avoit pris le château sur les Anglois. Eustache Deschamps, qui fut attaché au duc et à la duchesse d'Orléans, dit que Duguesclin les ayant servis, tint de leur libéralité, et non de celle du roi, la possession de cette terre. (Eust. Deschamps, Poés. mss., p. 97, col. 2, *Lai du connétable Duguesclin*).

> Il servit premièrement
> D'Orléans duc et duchesse,
> La Roche et de leur richesse,
> Tesson héritablement.
> La terre et tout lui donna
> Le duc et habandonna,
> Parce que bien l'ot servi,
> Et li prodom s'avança, etc.

Duguesclin ne regarda peut-être le don de la Roche-Tesson que comme le prix de ses services, et non comme un présent purement gratuit, ou peut-être n'avoit-il pas encore eu cette terre lorsque Guillaume de Blamboure, Anglois, lui fit proposer une joute (*ibid.*, édit.

de Ménard, ch. XI, p. 37) : il donna au héraut du duc de Lancastre, qui lui apporta le défi, un *gippon* de soie avec cent florins d'or ; et comme ce prince lui renvoya un très-beau cheval : « Sire, lui dit-il, Dieu vous garde
» d'encombrier (de mal), car onéques mais je ne trouvai
» duc, comte, ne aultre prince qui me donnast vaillant
» un seul denier, si je ne l'ai conquis à l'espée. »

(45) Tous nos romans retentissent également des préceptes donnés aux grands, en faveur de la Chevalerie indigente à qui leur assistance étoit nécessaire : ils leur recommandent sans cesse de ne considérer en elle que les vertus dont elle s'est enrichie, et de suppléer à ce qui lui manque d'ailleurs, en lui fournissant les moyens d'employer ses talents, de se faire connoître, et de s'élever au rang qu'elle mérite. Un preudhomme, dans le roman de Lancelot du Lac (vol. I, fol. 56, verso, col. 1), dit au roi Artus : « Là où tu verras les bacheliers en
» poureté, et que prouesse de cueur n'auras pas oubliée,
» et il sera laissé entres les poures hommes ; si ne l'ou-
» blie pas pour sa poureté ne pour son bas lignage ; car
» dessoubz poureté d'avoir, a souvent grant richesse de
» cueur. » Et l'on voit dans celui de Gérard de Roussillon (mss., fol. 108 et 109, en provençal), que les chevaliers pour qui la fortune avoit été ingrate, trouvoient dans les grands seigneurs des protecteurs généreux qui les entretenoient, les nourrissoient, les armoient et les habilloient. Les poëtes, les autres écrivains et toute la nation réclamoient de même la protection des grands pour la Chevalerie : plusieurs d'entre eux sentirent que leur honneur, de concert avec l'intérêt de leur grandeur et de leur puissance, devoit les y porter ; ils mirent sou-

vent en pratique les utiles avis qui leur étoient donnés.

Nous avons déjà remarqué que les nouveaux chevaliers recevoient, des mains de ceux qui les armoient, des présents et d'autres gratifications, et l'on pourroit ajouter ce point de comparaison au parallèle que nos auteurs ont fait entre la prélature et la Chevalerie : c'étoit, le dirons-nous, comme le titre clérical qu'on donnoit au chevalier, afin qu'il pût soutenir la dignité de son état. Des terres, des rentes, des châteaux, des fiefs et des pensions furent quelquefois compris dans ces libéralités.

Un écuyer, pour ses services, demandant, suivant le roman de Lancelot (t. III, fol. 11, recto, col. 1), l'honneur d'être fait chevalier et le don d'un château, obtient l'un et l'autre, et devient l'homme ou le vassal de son bienfaiteur, et le sert à table lui et les chevaliers de sa compagnie. On voit dans le même roman (t. III, fol. 13, verso, col. 2) d'autres concessions de terres données avec la Chevalerie; mais nous renverrons, pour plus grande autorité, au titre de l'an 1332, rapporté par la Thaumassière (Cout. de Berri, p. 736), et au témoignage de La Roque (Nobl., ch. LXIX, p. 324), qui fait voir aussi par des titres que nos rois ajoutoient à la Chevalerie qu'ils donnoient des pensions et des rentes à prendre sur leurs domaines. Froissart (liv. I, p. 47) cite un exemple pareil du roi d'Angleterre, en 1338, mais pour une Chevalerie accordée à la guerre : « Si-tost que
» le roi d'Angleterre, qui attaquoit le roi de France,
» eust passé la rivierre de l'Escaut, et il fut monté sur
» le royaume de France, il appela messire Henri de
» Flandres, qui adonc étoit jeune écuyer, si le fit chevalier, et lui donna deux cents livres de revenu à l'es-

» terlin chacun an, et lui assigna bien et suffisamment
» en Angleterre. »

Les tournois, qui tant de fois causèrent la ruine des plus puissants seigneurs, devinrent souvent, pour les simples chevaliers, une source de richesses : les prix qu'obtenoient les plus habiles jouteurs étoient à la vérité ordinairement destinés à leurs dames; mais quelquefois aussi ils tournoient au profit de ceux qui les avoient remportés, et souvent les princes et les princesses ajoutoient au prix du tournoi des diamants et d'autres dons considérables; les droits de quelques terres furent engagés pour les prix destinés à ces sortes de jeux. On voit, dans les priviléges de Villefranche, la fondation faite par le seigneur et la dame du lieu, en 1217, pour le prix d'une course de chevaux qui devoit être donnée tous les ans à la Pentecôte: la somme en étoit assignée sur le produit des foires de Villefranche. (La Thaumassière, Coutume de Berri, chap. CI, p. 230.)

Peut-être n'étoit-ce que des courses de chevaux, telles que celles des Anglois, que les seigneurs proposoient dans leurs terres pour exercer leurs vassaux; mais on peut aussi présumer que d'autres employèrent les mêmes moyens pour former à la guerre, par des tournois, les gentilshommes, écuyers et chevaliers dépendants de leurs fiefs.

Les souverains et les autres seigneurs qui furent en état d'acheter des chevaliers, ne croyoient pas pouvoir mettre à trop haut prix les services qu'ils attendoient de ceux que leur valeur avoit mis en réputation. Le besoin pressant d'une guerre n'admettoit point de bornes à la libéralité du prince qui devoit la soutenir : pour fortifier ses troupes, il combloit de toutes sortes de

biens le chevalier qu'il vouloit acquérir; tout, jusqu'à
de grandes terres seigneuriales, étoit mis en usage pour
le gagner et pour l'enlever au parti de son adversaire.
Le brave chevalier, qui n'avoit point d'engagement,
pouvoit, pour ainsi dire, mettre les souverains à con-
tribution : ses services étoient comme à l'enchère au
plus offrant. Étoit-ce un duel de bataille qu'un seigneur
puissant ou une dame avoit à soutenir, que n'eût-on pas
donné au champion par qui l'on comptoit recouvrer
son honneur attaqué, obtenir la vengeance qu'on poursuivoit, recouvrer les terres et les biens disputés par
un ennemi? Le partage fait avec ce brave champion de
toute sa fortune, ne pouvoit encore acquitter toute la
reconnoissance qui lui étoit due. On lit, dans Perceforest (vol. III, fol. 96, v°, col. 2), qu'un chevalier
ayant soutenu un gage de bataille, refusa l'offre que lui
fit son seigneur de la moitié de sa terre pour prix de la
victoire qu'il avoit remportée en combattant à sa place.
Le même roman fait mention d'autres semblables concessions d'héritages et de fiefs.

Les plus grandes richesses étoient, avec raison, réservées pour servir de récompense à des exploits plus
importants dans les diverses rencontres de la guerre; il
n'y en avoit aucune qui ne pût faire monter au plus
haut degré l'opulence de celui qui s'y distinguoit. Un
de nos plus anciens romanciers faisant paroître un de
ses principaux personnages à la tête de ses troupes dans
un combat, dit qu'il promit à ses gens d'accroître leurs
fiefs s'il obtenoit la victoire. (Roman du Brut, manuscr.,
fol. 92, r°, col. 2.)

 Puis leur a dit se il vainquoit
 A chascun son fié en croistroit.

Pareilles promesses d'un seigneur à ses chevaliers sont répétées dans le roman de Lancelot (t. III, fol. 127, recto, col. 1), et se trouvent appuyées du témoignage de nos historiens.

A l'assaut que Charles VI donna à Pontoise en 1441, outre qu'il fit des chevaliers, il anoblit le premier qui monta à la tour de Frise, lui et ses successeurs, pour sa grande vaillance, et *lui donna aucuns riches dons pour s'entretenir lui et son état*, suivant Monstrelet. (Monstrelet, vol. II, p. 190, verso.) Froissart (vol. I, p. 196, 197 et 198), avant lui, nous avoit donné une grande idée de la magnificence du prince de Galles envers un de ses chevaliers, qui lui-même n'en montra pas moins à l'égard de ses écuyers. Édouard, après la victoire qu'il remporta à Poitiers, donna 500 marcs de revenu par an à James d'Endelée qui s'étoit distingué dans cette action, et qu'il retint pour son chevalier. Comme celui-ci partagea ce don sur-le-champ à quatre écuyers de son corps qui ne l'avoient point quitté durant la bataille, le prince de Galles qui en fut informé lui donna encore 600 autres marcs. Ces traits de générosité, pour les chevaliers qui se signaloient à la guerre, furent imités à l'envi par tous les princes de l'Europe. Voyez, dans les Mémoires de la maison de Brandebourg, comment plusieurs terres en fief furent données à de braves chevaliers pour récompenser leurs services. Les souverains quelquefois, suivant le même historien, leur abandonnoient des prisonniers de qui ils tiroient des rançons immenses. Si ces prisonniers avoient des terres libres ou en franc-alleu, ceux au pouvoir desquels ils étoient, exigeoient qu'ils leur en rendissent l'hommage, et c'est ainsi que les margraves de Franconie acquirent, en 1334, un grand nombre de vassaux qu'ils ont encore dans l'Autriche. Indépendamment des biens que le chevalier tenoit de la libéralité du prince qu'il avoit servi, il pouvoit encore par lui-même faire souvent une fortune considérable. S'étoit-il, dans un combat, rendu supérieur aux efforts d'un seigneur riche et puissant, il étoit le maître de mettre sa liberté à tel prix qu'il vouloit, et d'en exiger telle part de ses biens qu'il lui auroit demandée. Un écuyer de Picardie, poursuivi par un Anglois banneret à la déroute de Poitiers, l'ayant forcé de se rendre, lui fit dans la suite payer six mille nobles; et d'écuyer qu'il étoit, devint chevalier, *pour le grant profit qu'il en eut*, suivant Froissart (l. I, fol. 194).

Quelques-uns même, après avoir tué un ennemi, ont fait acheter chèrement aux amis et aux parents du vaincu, les dépouilles sanglantes que le droit de la victoire laissoit à leur possession, comme il arriva dans une sortie au siége de Rouen en 1418: le corps du vaincu coûta quatre cents nobles à ceux qui le retirèrent. (Jean Lefèvre de Saint-Remi, Histoire de Charles VI, p. 127 et 128.)

Les héros, dans Homère, n'étoient guère plus humains. D'autres chevaliers usèrent avec plus de modération de leurs victoires, suivant les préceptes de la Chevalerie; et s'ils s'en écartoient, leurs chefs en firent quelquefois des exemples mémorables : l'histoire nous a conservé les paroles du duc de Lancastre, en chassant pour jamais de sa cour un chevalier déloyal dont il abandonna les armes et le cheval à Duguesclin (Histoire de Duguesclin, édition de Ménard, p. 61 et 62), et auquel il fit encore payer une somme de mille livres: « Je » n'ay cure, dit le duc, de gens qui fassent trayson, ne

» point ne l'avons accoustumé en nostre pays; mais le
» jardin est bel et noble où ourtye ne peut venir en sa
» saison (ortie ne peut fructifier). »

(46) Ce fait est rapporté fort au long par le moine de Saint-Denis, dans son Histoire de Charles VI, traduite par le Laboureur sous l'an 1405, p. 538.

(47) Je n'ai que des romans et des ouvrages aussi fabuleux à citer pour preuve de cet usage; mais on peut croire aisément que cette idée romanesque fut adoptée par des seigneurs et des chevaliers qui auroient voulu s'assurer de l'adresse et de la valeur des époux qu'ils destinoient à leurs filles pour défendre les fiefs dont elles étoient héritières.

« Le puissant roy Odescalque, qui avoit une fille
» nommée Doralisce (Nuits de Straparole, t. I, p. 236),
» en la voulant marier honorablement, avoit fait pu-
» blier un tournoy par tout royaume, ayant déliberé
» de ne la marier point, sinon à celui qui auroit la
» victoire et le prix du tournoy, au moyen de quoi plu-
» sieurs ducs, marquis et autres puissants seigneurs
» étoient venus de toutes parts pour conquester ce pré-
» cieux prix. ». On voit, dans Perceforest (vol. V, fol. 22, 28), la description d'un célèbre tournoi dont le prix devoit être pareillement une jeune demoiselle à marier : le vainqueur devint son époux.

Une autre demoiselle, suivant le roman de Gérard de Roussillon (manuscr., fol. 99, recto), en provençal, choisit elle-même un brave chevalier pour être le châtelain de ses terres et pour les défendre, et l'épousa dans la suite. On peut se rappeler ici ce que dit Froissart (l. I,

p. 222) des amours d'Eustache d'Auberticour avec madame Isabelle de Juliers, qui lui envoya souvent des chevaux en présent et qui couronna les exploits de ce brave chevalier par le mariage qu'elle contracta avec lui.

(48) Jean Bouchet nous a laissé l'histoire de Louis de la Trimouille sous le nom du *chevalier sans reproche*. On y lit (p. 57) que le seigneur de la Trimouille, à l'âge de vingt-sept ans, fut lieutenant-général du roi Charles VII en la guerre de Bretagne, et l'on y voit le récit de la victoire qu'il remporta à Saint-Aubin du Cormier (p. 61).

(49) La Colombière (p. 97 et suiv.), dans son Traité de l'Office du roi d'armes, imprimé en 1645, avoit décrit les formalités de la dégradation des armes et de la Chevalerie. Il les explique de nouveau avec plus d'étendue dans son Théâtre d'honneur et de Chevalerie (chap. LI, p. 55, verso et suiv.), imprimé en 1648. Joignez-y ce qu'on voit à ce sujet dans le livre de Beloi (p. 45 et suiv.), l'Origine de la Chevalerie, et dans le Traité de la Noblesse, par La Roque (c. CXVI). Lisez encore, dans le roman de Tiran-le-Blanc (t. I, p. 87), la manière dont un chevalier vaincu fut ignominieusement jeté hors des lices, et les formalités avec lesquelles des chevaliers chrétiens qui avoient servi dans l'armée des infidèles, furent dégradés solennellement en présence de l'empereur et de toute la cour. (*Ibid.*, p. 256 et suiv.)

Enfin, si l'on ne veut rien négliger de tout ce qui regarde cette matière, on peut voir une miniature représentant un chevalier dépouillé de ses armes et dégradé solemnellement, au fol. 361 du roman de Tristan de Léonois, manuscr. du roi, n. 6773. La Colombière a fait aussi graver la représentation de cette flétrissante cérémonie dans son Théâtre d'honneur, t. II, p. 558.

(50) Voyez Ducange, Glossaire latin, au mot *Arma reversata*, et les notes du même auteur sur les établissements de saint Louis à la suite de Joinville, p. 186 et 187. Voyez encore Beloi, Origine de la Chevelarie, p. 45 et 46; La Roque, Traité de la Noblesse, p. 416; et le roman de Tiran-le-Blanc, t. I, p. 87, 256 et 258.

L'écu jeté la pointe en haut sur le corps d'un chevalier, marquoit que celui à qui il appartenoit étoit mort : tout chevalier déshonoré par sa mauvaise foi, par sa lâcheté ou par quelque action honteuse, étoit également regardé comme un cadavre dépouillé de tout sentiment. (Perceforest, vol. I, fol. 34, verso; col. 1, vol. IV, fol. 19, verso; col. 1, vol. VI, fol. 7, verso, col. 1) L'histoire nous apprend comment, pendant le siége de Montcontour que faisoit Duguesclin (Hist. de Bertrand Duguesclin, édition de Ménard, p. 487 et 489), « un Anglois, à qui Duguesclin, pour la rançon d'un » de ses sousdoyers, avoit engagé ses biens et sa terre » pour certaine somme par lettre obligatoire, scellée de » son scel, n'estant pas payé par oubli de la part de » Duguesclin, fit peindre ses armes et les fit traîner, » et puis pendre renversées sens dessus dessous comme » d'un parjure. » La ville fut forcée, et l'Anglois traîné à son tour et pendu au même lieu où il avoit fait pendre l'écu de Duguesclin : celui-ci convenoit que son créancier avoit bien eu le droit de saisir et de faire exécuter ses biens et ses terres après l'expiration du terme fixé pour le paiement, mais non de l'insulter comme il avoit fait; c'étoit néanmoins une des peines auxquelles les chevaliers se soumirent eux-mêmes lorsqu'ils contractèrent des engagements. On en voit plusieurs exemples pour des serments de fidélité et pour des promesses de tenir prison. (Voy. Morice, Preuv. pour l'Histoire de Bretagne, préf., p. 8.)

« Par l'obligation que feit messire Jehan de Gresti
» captal de Buch, prisonnier de guerre en septem-
» bre 1364, au roi Charles cinquième, de tenir sa prison
» ordonnée, il voulut, s'il faisoit le contraire, estre tenu
» pour faulx, mauvais et desloyal chevalier, parjure et
» foymentie; et en signe de ce, que ses armes fussent
» tournées et mises dessus dessous, et comme tel peust
» estre poursuivi en toutes cours. » (Du Tillet, Rec. des rois de France, chap. des chevaliers de l'Ordre, p. 318.)

Les statuts de l'ordre de l'Étoile décernent encore la même peine contre les lâches, en ces termes : « Et se il
» y a aucun qui honteusement, que Diex ne Nostre-
» Dame ne veillent, se parte de bataille ou de besoigne
» ordonnée, il sera souspendus de la compagnie et ne
» pourra porter tel habit, et li tournera l'écu en la noble
» maison ses armes et son timbre, ce dessus dessous
» sans deffacier, jusques à tant que il feut restituez par
» le prince et son conseil, et tenu pour relevez par son
» bien fait. » (Ordonn. des rois de France, tom. II, pag. 466).

Cette dernière disposition laissoit encore au coupable la ressource de pouvoir expier son crime et d'effacer sa honte par des actions qui le remettroient en honneur et lui rendroient le lustre qu'il avoit perdu : politique remplie d'humanité, sagement employée depuis par M. de Turenne qui savoit ainsi tirer parti de la lâcheté, et rendre les fautes des lâches quelquefois utiles à eux-mêmes et à l'État.

Par la condamnation de l'amiral de Coligni en 1572, il étoit ordonné que ses armoiries seroient attachées à la queue des chevaux et traînées dans les villes (de Thou, t. VI, liv. LIII, pag. 459).

(51) Cette circonstance de la dégradation rappelle ce que Tacite a dit des supplices des Germains. Chez eux les traîtres et les déserteurs étoient pendus à des arbres; les lâches, les poltrons et autres coupables de crimes infâmes, étoient jetés dans un bourbier et dans un marais, et leur corps étoit couvert d'une claie. Il donne raison de la diversité de ces traitements : « Le supplice » des crimes ordinaires doit être exposé au grand jour » pour servir d'exemple ; les crimes infâmes doivent être » ensevelis dans l'oubli. »

Nos chevaliers étoient pénétrés des mêmes sentiments d'horreur et d'exécration que les Germains avoient témoignés pour les ames lâches.

(52) La peine de trancher la nappe, qui pourroit être fondée sur quelqu'une de nos anciennes loix dont nous n'avons aucune connoissance, semble avoir quelque rapport avec ce qu'on lit dans Joinville (pag. 96). Comme ses chevaliers avoient été maltraités par les frères hospitaliers, il en demanda justice au maître de l'hôpital qui consentit à lui en faire satisfaction. Elle consistoit à faire trouver les auteurs de l'outrage lorsqu'ils mangeroient sur leurs manteaux, afin que les chevaliers offensés

pussent venir les leur enlever. Lorsque Joinville et les siens se présentèrent pour exécuter les conditions et faire lever les frères de dessus leurs manteaux, ceux-ci le refusèrent; alors les chevaliers se firent justice eux-mêmes en prenant place pour manger avec eux, et les obligèrent à laisser leurs manteaux pour aller à une autre table.

(53) Un chevalier regardé comme un homme diffamé parce qu'on l'avoit vu dans une charrette, arrive à la cour du roi Artus, et veut prendre place à la table des chevaliers; mais aucun ne veut l'y souffrir : refusé dans tous les rangs où il se présente, il va pour étendre sa nappe sur la table des écuyers; il n'y fut pas mieux reçu, tous le chassèrent également; enfin il fut réduit à aller manger dehors (Lancelot du Lac, t. II, fol. 15, verso, col. 2).

(54) L'on a vu le jeune homme destiné aux armes, sortir, à l'âge de sept ans, des mains des femmes qui lui avoient donné l'éducation, et passer de-là au service de page où il demeuroit jusqu'à l'âge de quatorze ans pour être formé au monde et à la politesse. A quatorze ans il devenoit écuyer et en continuoit ordinairement les fonctions sept autres années, c'est-à-dire jusqu'à vingt-un ans; alors, suivant l'usage commun, il acquéroit la Chevalerie dont il devoit soutenir les travaux continuels tout le reste de ses jours.

Baudouin de Condé (dans le Dit preu. dou. Avaricieux, manusc. de M. de Sardière, p. pénult) veut que le chevalier ne puisse quitter le métier des armes tant que ses forces et ses moyens le lui permettent :

>Car il n'en doit finer *
> Chevalier tant qu'il puist finer **
> D'avoir ne de santé de cors :
> Tes *** est d'armes li vrais recours.

Mais il vient un temps où la nature, s'épuisant, ne permet pas de se livrer avec la même vigueur aux fatigues que demandoit la Chevalerie. Les premiers exercices dont on se détachoit, auxquels même on renonçoit comme moins nécessaires, furent ceux des tournois; l'histoire de Louis XII en fournit un exemple remarquable.

Aux joutes faites en présence de toute la cour à Paris dans la rue Saint-Antoine, assez près des Tournelles, vis-à-vis du beau treillis, il s'y donna, dit l'historien (Jean de Saint-Gelais, Hist. de Louis XII, pag. 128 et 129) : « Mains beaux coups, et entre autres monsei-
» gneur de Clerieux lequel étoit deja en l'arrière saison
» de ses années, feit merveilles. Car d'une course de
» lance il porta par terre un gentil homme de Picardie,
» homme et cheval tout ensemble, et incontinent ce
» coup fait, il s'en alla désarmer et se rafraîchir entre
» deux beaux draps; et envoya son heaume à une dame
» de Paris, en la priant qu'elle le gardât, lui faisant
» savoir que quant à lui il avoit clos le pas, et que jamais
» il n'avoit intention de se trouver en joustes ny en
» tournois où il fallut porter harnois. » Le chevalier en déposant aux pieds de sa dame ce glorieux et ce dernier témoignage des sentiments de valeur autant que d'amour dont elle l'avoit animé, pouvoit lui dire comme Horace à Vénus (liv. III, ode 26), et d'une façon plus hé-roïque :

* Finir, cesser. — ** Trouver et avoir. — *** Tel.

Vixi puellis nuper idoneûs,
Et militavi non sine gloria.
Nunc arma, defunctumque bello
Barbiton hic paries habebit.

On renonçoit plus difficilement au métier des armes qui faisoit l'essence du chevalier, et les chevaliers profitoient à regret du triste bénéfice de l'âge que la loi leur avoit accordé. Comme les loix romaines (Traité de l'emp. rom. par Midleton) avoient dispensé les sénateurs sexagénaires de se trouver aux assemblées, nos chevaliers pareillement furent au même âge exempts de l'obligation de soutenir le gage de bataille, et furent encore affranchis de la nécessité de servir les fiefs de haubert ou de chevalier, s'ils en possédoient quelques-uns; mais en ce cas il falloit que le chevalier, en échange de son corps, remît son cheval et ses armes au seigneur à qui il devoit le service (Assises de Jérusalem, ch. CCXLIV, p. 264).

(55). Les chevaliers, si l'on s'en rapporte à l'auteur du roman de Lancelot (vol. II, fol. 7, recto, col. 1), n'étoient point anciennement mis en terre qu'ils ne fussent armés de toutes leurs armes. Un témoignage plus authentique nous apprendra quels étoient les honneurs qu'on leur rendoit dans le quatorzième siècle, et que la pompe de leurs funérailles égaloit presque celle des souverains.

« On n'épargna rien dans ces siècles pour la pompe
» des enterrements ou des funérailles, et les seigneurs
» ordonnoient souvent à cette occasion, dans leurs tes-
» taments, des dépenses excessives. On observoit une
» coutume singulière aux enterrements des barons et
» des autres chevaliers : on faisoit coucher dans le lit

» de parade qui se portoit aux enterrements, un homme
» vivant armé de pied en cap, pour représenter la per-
» sonne du défunt. On trouve dans les comptes de la
» maison de Polignac, qu'on donna, en 1375, cinq sols
» à Blaise pour avoir fait le chevalier mort à la sépul-
» ture de Jean, fils de Randonnet Armand, vicomte de
» Polignac. » (D. Vaissette, Hist. de Langued., t. IV,
p. 520, sous l'an 1443.)

Les Anglois faisant, en 1591, le siége de Rouen avec
Henri IV (Hist. de Thou, liv. CII, p. 203, F., et p. 454
de la trad.), réservèrent au colonel de leur infanterie
une pompe funèbre bien digne de la Chevalerie ancienne,
dont l'esprit se conserva long-temps dans cette nation :
comme ce brave colonel, neveu du comte d'Essex, eut été
tué dans une attaque faite à leur tête, les Anglois mirent
son corps dans un cercueil de plomb et le conservèrent
jusqu'à leur départ, dans le dessein, comme ils le disoient eux-mêmes, de le faire entrer dans la ville par
la brèche, si l'occasion de donner un assaut se présentoit, voulant l'y transporter par un chemin où il les
auroit conduits, si la mort ne l'en eût empêché; mais
n'ayant pu rendre à leur chef cet honneur militaire, ils
remportèrent son corps en Angleterre.

(56) La Colombière (Théât. d'honn , t. II, p. 625 et
suiv., et dans sa Science héroïque, ch. XLVI) est entré
dans un grand détail au sujet des tombeaux des chevaliers et des diverses marques honorables dont ils étoient
armés, suivant les qualités et les exploits de ceux dont
ils couvroient la cendre, et suivant les différents genres
de leur mort. Cet auteur a cependant la bonne foi d'a-

vertir que ses observations se trouvent peu conformes aux monuments qui nous restent.

(57) Voyez Savaron, Traité de l'épée françoise, touchant l'usage de suspendre et d'attacher ses armes dans les églises. Le moine du Vigeois (Labbe, t. II, p. 336) nous a conservé un des plus anciens témoignages de la vénération que l'on avoit pour les armes des chevaliers qui s'étoient rendus illustres. On les gardoit précieusement dans les trésors des églises. En faisant le récit des choses précieuses pillées dans les églises par Henri, roi d'Angleterre, il ajoute : *Loricam quæ in armario servabatur Guidonis de Grandi monte, nocte quâdam petiit et accepit.*

Bayard avoit en vue cette glorieuse récompense donnée à ses exploits, et le monument éternel qui devoit en être conservé avec son épée, lorsqu'il adresse ces mots à celle dont François Ier venoit de recevoir l'accolade : « Tu es bienheureuse, lui dit-il, suivant la Colombière » (Théât. d'hon., t. I, p. 16 et 17), d'avoir aujourd'huy » à un si beau et si puissant roy donné l'ordre de Che- » valerie; certes, ma bonne espée, vous serez comme » reliques gardée et sur toute autre honorée, et puis fit » deux saults, et après remit au fourreau son espée. »

Ce fait est rapporté, avec quelques légères différences, dans le supplément à l'Histoire du chevalier Bayard (éd. de Godefroi, p. 462 et 463) dont je vais copier les termes; on y verra que cette épée n'eut pas le sort qu'elle devoit avoir, malgré les soins du duc de Savoie pour la recouvrer. « Bayard, après cette action, fit une grande révé- » rence, et, baisant son espée, dit : Glorieuse espée, » qui aujourd'hui a eu l'honneur de faire chevalier le

» plus grand roi du monde, je ne l'employeray jamais
» plus que contre les infidèles, ennemis du nom chrétien. »

« Cette espée a esté mal conservée, ceux qui restent
» de son nom ne savent ce qu'elle est devenue : le duc
» Charles Emmanuel de Savoye, petit-fils du roy Fran-
» çois, qui, vaillant comme luy, aime les vaillants et
» honore leur mémoire, a desiré de l'avoir pour la mettre
» parmi un nombre de choses rares qu'il conserve en sa
» gallerie à Turin, mais ne l'ayant peu rencontrer,
» quelque diligente recherche qu'il en ait faite, il a mis
» en sa place la masse d'armes dont le chevalier se ser-
» voit en guerre, qu'il a retirée avec instance de Charles
» du Motet, sieur de Chichiliane, brave et sage gentil-
» homme de Dauphiné qui la conservoit soigneusement ;
» il luy escrivit une fort honneste lettre, le priant de
» lui en faire présent, et qu'il la cheriroit comme chose
» très-précieuse, adjoustant pour l'honneur du cheva-
» lier, que parmi le contentement qu'il auroit de voir
» cette pièce au lieu plus digne de sa gallerie, il estoit
» desplaisant de quoy elle ne seroit en si bonnes mains
» que celles de son premier maistre. »

(58) Sainte-Catherine de Fierbois (suivant le Dic-
tionnaire universel de la France, Paris, 1726), bourg
dans la Touraine, situé à une lieue de Sainte-Maure :
l'on veut que ce soit où la pucelle d'Orléans trouva l'é-
pée de Charlemagne dont elle s'est servie dans ses expéditions guerrières, et que l'on a portée depuis au trésor
de Saint-Denis ; l'on dit qu'elle la trouva dans le tombeau d'un soldat. La chapelle qui porte ce nom est à la
présentation de l'archevêque de Tours.

CINQUIÈME PARTIE.

Après avoir exposé, peut-être même exagéré, sur la foi de nos anciens auteurs, les avantages de la Chevalerie militaire, de laquelle il ne reste plus que des vestiges dans les divers ordres de la Chevalerie régulière ou religieuse; nous devons, pour ne point faire illusion à nos lecteurs, rapporter les inconvénients et les abus qui contrebalancèrent les avantages dont nous avons fait l'énumération. Le désir de contenter, autant que nous le pourrons, la curiosité des mêmes lecteurs, nous oblige aussi de rechercher quelles peuvent avoir été les causes de la décadence et de la chute totale de notre Chevalerie.

On nous aura, sans doute, accusés plus d'une fois, ou du moins soupçonnés d'une prévention aveugle, lorsqu'en lisant tout ce que nous avons dit à l'honneur de la Chevalerie, on se sera rappelé que les siècles dans lesquels elle étoit la plus florissante, furent des siècles de débauche, de brigandage, de barbarie et d'horreur; et que souvent tous les vices et tous les crimes se trouvoient réunis dans les mêmes chevaliers qu'alors on érigeoit en héros. A la vue de tant de désordres ¹, comment se persuader que les loix de la Chevalerie ne respirassent que la religion, la vertu, l'honneur et l'humanité ? Néanmoins ces deux vérités, si contraires en apparence, sont également constatées.

Rien n'étoit plus capable d'établir l'émulation parmi les guerriers, que les loix de la Chevalerie ; ses préceptes et sa morale, quoiqu'imparfaits à quelques égards, tendoient à faire régner l'ordre et la vertu : il est sûr que plusieurs de nos chevaliers, fidèles aux engagements de leur état, furent des modèles accomplis des vertus militaires et pacifiques ; et c'est beaucoup qu'au milieu de ces siècles si grossiers et si corrompus la Chevalerie ait produit de tels exemples. Combien d'autres vertus n'auroit-elle pas fait fleurir dans des temps plus polis et plus éclairés !

Les hommes sont inconséquents ; il y a toujours bien loin de la spéculation à la pratique. Dans les États les plus réguliers, le nombre de ceux qui vivent conformément aux règles est presque toujours le plus petit, si ce n'est peut-être dans les premiers commencements. A mesure que l'on s'éloigne de l'origine, le temps introduit des abus, mais ces abus doivent être imputés aux hommes, et non pas à la profession qu'ils ont embrassée. La Chevalerie eut à cet égard le sort de tous les autres instituts; et d'ailleurs, pour ne rien déguiser, sa constitution même étoit inséparable de divers inconvénients. A la considérer même du côté de la guerre, avec quel désordre ne devoit point combattre une milice impétueuse, qui ne recevoit de loix que de son courage [2], et sembloit chercher uniquement les moyens de multiplier les dangers [3]; qui confondoit l'ostentation avec la gloire, la témérité avec la valeur, et qui, dans l'ivresse de ses faux préjugés, n'auroit jamais pu croire qu'il y eût eu des peuples plus sages, tels que les Lacédémoniens et les Romains, chez lesquels l'excès du courage étoit puni comme une lâcheté : une milice enfin presque incapable de se rallier, par conséquent de réparer ses fautes et ses pertes?

Si le pouvoir absolu, si l'unité du commandement est le seul moyen d'entretenir la vigueur de la discipline, jamais elle ne dut être moins solidement établie, et plus souvent ébranlée que du temps de nos chevaliers. Quelle confusion, en effet, ne devoient point apporter tant d'espèces de chefs, dont les principes, les motifs et les intérêts n'étoient pas toujours d'accord, et qui ne tiroient point d'une même source le droit de se faire obéir?

Outre la supériorité que les loix féodales donnoient aux seigneurs suzerains sur leurs vassaux, et à ces derniers sur leurs arrière-vassaux, dont la progression alloit presque à l'infini, la Chevalerie fixoit, comme nous avons dit, différents degrés entre les bannerets, les simples chevaliers, les chevaliers à gage et les écuyers. Ainsi le pouvoir de commander, que balançoit encore celui des grands officiers de la maison du roi, étoit exposé perpétuellement à des contestations qui le restreignoient ou l'anéantissoient : plus il y avoit de divers genres d'autorités, moins il y avoit de force réelle pour les faire valoir.

Quelque attention qu'on apporte à lire nos historiens, on a beaucoup de peine à concevoir de quelle manière ces commandants pouvoient se concilier entre eux, et comment il étoit possible à ceux qui les suivoient, d'accorder ensemble les services de sujet, de vassal et de chevalier, auxquels étoit tenue la même personne. Aussi ne manquoit-on jamais de prétexte pour éluder ou pour enfreindre les loix de la guerre, ni de moyens et de protections pour mettre la désobéissance à couvert du châtiment. L'expérience ne nous apprit que trop à connoître les effets d'une indocilité présomptueuse et téméraire dans les guerres des Anglois. Enfin la Chevalerie oublia les préceptes qu'elle avoit donnés dans son origine à ses premiers disciples, de s'appliquer également aux lettres et aux armes. Trop occupée depuis à les rendre braves, adroits et vigoureux, elle négligea d'autres qualités qui sont le fruit de l'étude et de la réflexion ; qualités sans lesquelles la valeur même peut entraîner la perte des États les plus belliqueux.

Je n'ai point parlé jusqu'ici des chevaliers errants [4], tels que ceux de *la Table ronde* et autres, que les fictions romanesques ont rendus si fameux. Les récits que nous lisons de leurs aventures merveilleuses, sont vraisemblablement fondés sur de vieilles traditions, qui étoient elles-mêmes empruntées des origines encore plus fabuleuses des peuples venus du Nord. Ces héros, ainsi que les Hercule et les Thésée de la Grèce, visitoient toutes les contrées pour redresser les torts [5], venger les opprimés, exterminer les brigands qui les infestoient. La barbarie de nos premiers siècles exigea peut-être le secours de tels champions, dévoués au bien public, comme le dit la Colombière.

Leur assistance put encore n'être point inutile dans des siècles postérieurs, toujours infectés de la férocité de nos ancêtres. Mais pour apprécier au juste nos anciennes traditions, équivoques ou suspectes, nous nous arrêterons aux témoignages de nos poëtes et de nos historiens, qui quelquefois ont parlé en termes plus sérieux des chevaliers errants. Les jeunes chevaliers, fuyant les liens du mariage, dans la crainte d'être détournés de leur profession, se faisoient un devoir de consacrer les premières années de leur installation dans l'ordre à visiter les pays lointains et les cours étrangères [6], afin de s'y rendre *chevaliers parfaits*. Le verd [7] dont ils étoient vêtus, annonçoit la verdeur de leur printemps, comme la vigueur de leur courage. Ils étudioient les différentes manières de jouter des diverses nations, les plus beaux tours d'escrime des chevaliers qui excelloient dans l'art des tournois; ils ambitionnoient l'honneur de se mesurer eux-mêmes avec ces maîtres, pour s'essayer et pour s'instruire, et prenoient des leçons encore plus utiles dans les guerres où ils servoient, en se rangeant du côté qui paroissoit avoir pour lui la justice et le bon droit. Ils étudioient aussi les principes d'honneur ou de cérémonial, et de civilité ou de courtoisie observés dans chaque cour. Curieux de s'y faire distinguer par leur bravoure, leurs talents et leur politesse, ils ne l'étoient pas moins de connoître les princes et les princesses de la plus haute réputation, d'observer les chevaliers et les dames les plus célèbres, d'apprendre leur histoire, de retenir les plus beaux traits de leur vie, pour en faire ensuite des rapports instructifs et des récits intéressants ou agréables, quand ils seroient de retour dans leur patrie ; car on étoit alors fort avide de nouvelles, comme Froissart nous l'a déjà appris en parlant du comte de Foix.

Outre les fréquentes occasions de s'exercer aux tournois et à la guerre, que nos chevaliers errants trouvoient dans leurs voyages, le hasard leur offroit souvent encore, dans les lieux écartés où ils passoient, des crimes à punir, des violences à réprimer, et des moyens de se rendre utiles en pratiquant ces sentiments de justice et de générosité qu'on leur avoit inspirés. Toujours armés pour l'assistance qu'ils devoient aux malheureux, pour la protection et la défense qu'ils avoient promises aux hommes et aux femmes, on les voyoit voler de toutes parts, dès qu'il étoit question d'acquitter le serment de leur Chevalerie. Mais puisque nous sommes sur le chapitre des abus que pouvoient commettre des hommes exerçant le droit de marcher partout avec des armes puissantes, et de les employer à leur volonté, pouvons-nous croire qu'ils n'en aient souvent détourné l'usage légitime, pour les faire servir à leur intérêt personnel, à leur passion particulière? Les divers portraits que nous voyons de nos chevaliers errants, ne nous donnent que trop de sujets de défiance sur la conduite que tenoient plusieurs d'entre eux.

Mais sans nous étendre davantage sur ces chercheurs d'aventures, qui furent dans la Chevalerie ce que les Girovagues étoient dans l'ordre monastique, la religion n'étoit pas mieux servie que l'État par la plupart des autres chevaliers. Ils avoient fait vœu de défendre, de maintenir et d'exalter l'un et l'autre; ils avoient été revêtus par les églises des titres de vicomte, d'avoué et d'autres semblables: cependant ils ne discontinuèrent presque jamais d'en abuser, au préjudice de ceux même qui s'étoient mis sous leur sauve-garde. Protecteurs de nom [8], oppresseurs réels, quelques-uns d'entre eux firent passer une grande partie des biens ecclésiastiques dans des mains qui ne devoient s'armer que pour les défendre : en effet nos jurisconsultes ne donnent point d'autre origine aux dîmes inféodées. Les clercs et les religieux, dépouillés de leurs domaines, eurent souvent occasion de déplorer leur sort, et de s'appliquer l'apologue du coursier, qui cherchant un aide pour servir sa vengeance, ne trouva qu'un maître qui lui fit perdre sa liberté.

On a vu, dans le commencement de ces Mémoires, quelles étoient les premières leçons que l'on donnoit dès l'enfance aux jeunes gens qui se destinoient à la Chevalerie ; on ne sera point étonné de voir les fruits qu'elles produisirent. Une religion toute superstitieuse [9] sembloit être l'unique règle de leur conduite ; ils ne connoissoient que des pratiques extérieures recommandées par des prêtres [10], la plupart presque aussi ignorants que ceux dont ils gouvernoient les consciences.

Astreints scrupuleusement à des obligations journalières [11], dont on ne les vit presque jamais se dispenser, ils croyoient par cette régularité, et par quelques dons faits aux églises et aux moines, être en droit de violer dans tout le reste les loix du christianisme, toujours inséparables de la pureté des mœurs, de la bonne foi et de l'humanité. Des chevaliers souillés de crimes se flattoient d'avoir un moyen facile de les expier à la première occasion qui s'offroit d'aller faire un pélerinage dans les lieux saints, ou quelque expédition, soit contre des infidèles, soit contre des hérétiques. Si ce remède leur manquoit, ils ne doutoient point qu'ils ne pussent se mettre à couvert de la vengeance divine, lorsqu'à la fin de leurs jours, quittant le casque pour prendre le froc, ils se seroient enveloppés du manteau de quelque ordre monastique [12] : souvent même ils se contentoient d'ordonner, en mourant, qu'on les revêtit après leur mort de ces respectables habits. Un trait du brave Étienne Vignoles, dit Lahire, achèvera de nous faire connoître quelle forme la religion avoit prise dans l'esprit des gens de guerre : il alloit avec le comte de Dunois, pour faire lever le siége de Montargis, en 1427 : *Quand Lahire approcha du siége* (c'est-à-dire du camp des Anglois, qui tenoient la ville assiégée)..., *il trouva un chapelain auquel il dit qu'il lui donnast hâtivement l'absolution ; et le chapelain lui dit qu'il confessât ses péchés.*

Lahire lui répondit qu'il n'auroit pas loisir, car il falloit promptement frapper sur l'ennemi, et qu'il avoit fait ce que gens de guerre ont accoûtumé de faire ; sur quoi le chapelain lui bailla l'absolution telle quelle, et lors Lahire fit sa prière à Dieu en disant en son gascon, les mains jointes : Dieu je te prie que tu fasses aujourd'hui pour Lahire autant que tu voudrois que Lahire fist pour toi s'il étoit Dieu et tu fusses Lahire ; et il cuidoit, ajoute l'historien, *très-bien prier et dire.*

Nos anciens chevaliers mêloient tellement la galanterie avec leur religion, qu'on nous pardonnera de ne les jamais séparer. Si leur christianisme n'étoit qu'un amas déplorable de superstitions, nous ne devons pas avoir une idée plus avantageuse de l'innocence prétendue de leurs amusements avec les dames et les demoiselles, de leurs conversations, des récits continuels qu'eux et leurs écuyers faisoient de leurs exploits à la guerre et dans les combats. Quoique d'ordinaire elles partageassent avec eux les divertissements de la chasse, est-il toujours aisé de croire qu'elles eussent entendu avec le même plaisir les discours *d'oiseaux et de chiens*, c'est-à-dire de fauconnerie et de vénerie, dont ils les entretenoient, et dans lesquels ils expliquoient la nature des oiseaux, leurs qualités et leurs propriétés, la manière de les élever et de traiter leurs maladies? Dans ces temps-là le mérite le plus accompli d'un chevalier consistoit à se montrer brave, gai [13], joli et amoureux. Quand on avoit dit de lui qu'il savoit également parler d'oiseaux [14], de chiens, d'armes et d'amour; quand on avoit fait cet éloge de son esprit et de ses talents, on ne pouvoit plus rien ajouter à son portrait.

On ne parloit point de l'amour sans définir l'essence et le caractère du parfait et véritable amour; et l'on se perdoit bientôt dans un labyrinthe de questions spéculatives sur les situations ou les plus désespérantes, ou les plus délicieuses d'un cœur tendre et sincère; sur les qualités les plus aimables ou les plus odieuses d'une maîtresse. Les fausses subtilités que chacun employoit pour défendre sa thèse, étoient appuyées, tantôt de déclamations indécentes contre les dames, tantôt de phrases pompeuses cent fois rebattues qu'on débitoit à leur honneur. Un juge de la dispute qui répondoit à ce qu'on appeloit *prince d'amour*, ou *prince du Puy dans les cours d'amour*, juridictions établies dans quelques contrées, pour connoître de ces importantes matières, un juge, dis-je, prononçoit des sentences presque toujours équivoques, obscures et souvent énigmatiques, auxquelles les parties se soumettoient avec une respectueuse docilité.

Si, pour se délasser des travaux du ministère, le cardinal de Richelieu a fait depuis soutenir de pareilles thèses d'amour; s'il a donné quelques instants de loisir à ces amusements, du moins frivoles, traitons-les avec une sorte d'indulgence. Les gens de qualité conservoient encore ce goût que leurs pères avoient pris dans nos anciennes cours : ce fut sans doute pour complaire à son fondateur, que l'Académie françoise traita, dans ses premières séances, plusieurs sujets qui concernoient l'amour ; et l'on vit encore, dans l'hôtel de Longueville, les personnes les plus qualifiées et les plus spirituelles du siècle de Louis XIV, se disputer à qui commenteroit et raffineroit le mieux sur la délicatesse du cœur et des sentiments, à qui feroit, sur ce chapitre, les distinctions les plus subtiles.

Ces amants de l'âge d'or de la galanterie, qui semblent avoir moins puisé dans Platon que dans l'école des scotistes, les idées et les définitions de l'amour, ces espèces d'enthousiastes [15] se vantoient de n'aimer que les vertus, les talents et les grâces de leurs dames, d'y trouver l'unique source du bonheur de leur vie; et de n'aspirer qu'à maintenir, qu'à exalter, et qu'à répandre en tous lieux la réputation et la gloire qu'elles s'étoient acquises. Prodigues de louanges exagérées, ils ne se seroient jamais permis d'avouer qu'il y eût une dame plus belle que celle qu'ils servoient; quelques-uns même se vantoient de la plus violente passion pour celles qu'ils n'avoient jamais vues, sur le seul bruit de leur renommée. Une infinité de détails toujours puérils, étoient la seule expression des craintes, des espérances et de tous les sentiments dont leurs esprits étoient agités.

Cette métaphysique d'amour, ce vaste champ où s'exerçoient les plus beaux esprits qui brilloient parmi nos respectueux serviteurs des dames, n'avoit cependant point banni de leurs entretiens les images, les allusions, et les équivoques froides [16] et obscènes, production ordinaire des esprits grossiers et licencieux. L'indécence fut portée aussi loin qu'elle pouvoit aller dans les écrits, et surtout dans les poésies de ce temps; où les hommes les plus qualifiés s'exerçoient dans la *science gaie*, c'est-à-dire dans l'art de rimer et de versifier.

Comme il n'y avoit qu'un pas de la superstition de nos dévots chevaliers à l'irréligion, ils n'eurent aussi qu'un pas à faire de leur fanatisme en amour aux plus grands excès du libertinage [17]. Ils ne demandoient à la beauté dont ils étoient esclaves, ou plutôt idolâtres, ils ne demandoient que la bouche et les mains (termes empruntés de la cérémonie des hommages), c'est-à-dire l'honneur de tenir d'elles leur existence comme en fief; mais on ne les jugera pas trop légèrement, si l'on dit que souvent ils furent peu fidèles aux chaînes qu'ils avoient prises. Jamais on ne vit les mœurs plus corrompues que du temps de nos chevaliers, et jamais le règne de la débauche ne fut plus universel. Elle avoit des rues, des quartiers dans chaque ville; et saint Louis gémissoit de l'avoir trouvée établie jusqu'auprès de sa tente, pendant la plus sainte des croisades [18]. C'est Joinville même, confident de ses plaintes, qui nous les a rapportées. L'ignominie que ce prince voulut faire subir à l'un de ses chevaliers surpris en faute, prouve combien il étoit nécessaire d'arrêter les suites de la corruption générale. Le châtiment dont ce pieux monarque avoit trouvé l'exemple dans les loix communes du royaume, n'étoit guère moins scandaleux que le crime.

Aux tendres conversations de nos chevaliers et de nos écuyers succédoient plusieurs jeux, qui souvent rouloient sur la galanterie, et dont quelques-uns qui nous sont demeurés, amusent à peine nos enfants. Un vain cérémonial de révérences, de génuflexions, de prosternations jusqu'à terre, consumoit le reste de leur temps dans un exercice continuel, aussi fatigant que ridicule.

Défions-nous des éloges que donne un siècle au siècle qui l'a précédé. L'amour antique [19], si tendre, si constant, si pur et si vanté, dont on fait toujours honneur à ses devanciers, fut le modèle que les censeurs, dans tous les âges, proposèrent à leurs contemporains : deux ou trois cents ans avant Marot on avoit comme lui, et presque dans les mêmes termes, regretté *le train d'amour qui régnoit au bon vieux temps.*

Je pourrois, pour passer à un objet plus sérieux, traiter des inconvénients de la Chevalerie militaire par rapport au respect dû à l'autorité royale, et à l'attachement que tout sujet est tenu d'avoir pour sa patrie. Notre

histoire est remplie d'un grand nombre
d'exemples de seigneurs que la multitude de
leurs vassaux, de leurs chevaliers et de leurs
écuyers, et peut-être même de leurs fraternités d'armes [20], rendit presque indépendants,
et quelquefois rebelles. Souvent, au gré de
leur caprice, de leurs passions ou d'un intérêt sordide, ils vendirent leurs services aux
ennemis de l'État. Mais je n'insisterai point sur
cet article, dont le souvenir est toujours odieux
à de fidèles sujets; et je considérerai dans les
autres parties de l'État politique des abus de
la Chevalerie qui n'étoient ni moins pernicieux,
ni moins criants. Les chevaliers qui, dans
leurs fiefs, avoient été, pour ainsi dire, les
arbitres de la justice et de la guerre [21], aban-
donnèrent, vers le temps de Philippe-le-Bel,
de Louis-le-Hutin et de Philippe-le-Long, l'administration de la justice; sans cesse occupés
des démêlés continuels de nos rois avec le roi
d'Angleterre, ils se livrèrent uniquement aux
exercices des armes, tant à la guerre que dans
les tournois. Ces spectacles militaires presque
toujours défendus par les papes [22], à cause du
sang que l'on y répandoit, et souvent interdits par nos rois, à cause des dépenses énormes
qui s'y faisoient, et du nombre excessif de

chevaliers que l'on y créoit; les tournois, dis-je, ruinèrent une grande partie des nobles qu'avoient épargnés nos croisades et nos autres guerres. Ils dégradèrent souvent la Chevalerie, qui devint le prix de l'adresse, de la force, et même de l'intrigue et de l'opulence, plutôt que du courage et de la vertu; et c'est peut-être pour cette espèce de chevaliers que fut mis en vogue ce proverbe: *Bonne renommée vaut bien ceinture dorée*, que l'on a mal à propos appliqué seulement aux dames, puisque la ceinture ou le ceinturon d'or faisoit également partie de l'habillement et de la parure des chevaliers. Quoi qu'il en soit, ces chevaliers, maîtres absolus, en quelque sorte, de la fortune des gens de guerre qu'ils levoient, et qu'ils commandoient, les faisoient servir à leur vengeance dans leurs querelles personnelles, et les payoient de ces services par la liberté qu'ils leur laissoient de commettre à leur tour de pareilles violences. Incapables de repos, lorsque la guerre, interrompue ou finie, ne leur laissoit plus d'ennemis à combattre, au défaut de ceux de l'État, ils s'en firent de leurs propres voisins et de leurs concitoyens: ils exercèrent les uns contre les autres des brigandages perpétuels, dont ils étoient alternativement les victimes, tandis que le peuple ne discontinuoit point d'être sacrifié à leur avidité, à leur fureur. Ceux à qui les chevaliers avoient abandonné l'administration de la justice, ne pouvoient la défendre contre des infracteurs qui n'admettoient d'autre droit que celui de la force, et qui, nécessaires au milieu des guerres et des troubles dont la France fut souvent désolée, étoient comme sûrs de l'impunité. Les chevaliers, dont il s'étoit déjà fait de trop fréquentes promotions dans les tournois, furent multipliés à l'infini dans ces funestes guerres. Le peuple, sous l'auguste nom qui dans l'origine n'avoit été donné qu'à ses défenseurs et à ses juges, vit tous les jours accroître le nombre de ses tyrans, contre lesquels il crut même quelquefois être obligé de s'armer, comme on le vit sous les rois Jean et Charles V.

Plus les chevaliers perdoient de leur considération [23] par leur multitude, plus ils s'efforçoient de la regagner par la violence avec laquelle ils usoient d'une autorité qui leur échappoit; et d'autant plus jaloux de ce rang qu'ils en étoient moins dignes, ils exercèrent en conquérants le même pouvoir que les premiers auteurs de la Chevalerie n'avoient exercé qu'à titre de patrons et de bienfaiteurs. S'il leur arrivoit de succomber sous le poids de leurs iniquités, ce n'étoit souvent que pour être remplacés par un autre ordre d'hommes, peut-être encore plus pervers et plus corrompus. L'ignorance profonde [24] dans laquelle vivoient les chevaliers ; car plusieurs d'entre eux ne savoient pas même lire ; cette ignorance les forçoit d'abandonner le soin de leurs affaires, comme ils avoient abandonné l'administration de la justice à des baillis et à d'autres officiers qui étoient à leurs gages. Entraîné par eux dans des procès injustes, enveloppé à dessein dans les détours d'une procédure qui souvent étoit soutenue par des actes de violence, un chevalier ne pouvoit plus se dérober à la rigueur des loix, que par le secours de ceux qui avoient été les instruments et les ministres de ses injustices ; et ceux-ci le faisoient souvent tomber dans le piége qu'ils lui avoient tendu, pour s'approprier les débris de sa fortune et pour s'élever sur la ruine de leur maître. Ainsi ces odieux chevaliers, ces nouveaux tyrans du peuple en trouvoient eux-mêmes de plus dangereux dans des espèces de clercs ou ecclésiastiques (car les officiers dont je parle étoient presque tous de cet ordre), hommes ignorants et sans mœurs, qui, peu instruits des lettres profanes, et moins encore de l'Écriture sainte, ne connoissoient que les calculs de la finance, et les subtilités de la chicane ²⁵ qu'ils avoient apportées des pays ultramontains.

Malgré les désordres de ceux qui professoient la Chevalerie, elle ne laissoit pas de se soutenir à la faveur d'une ancienne réputation fondée sur la sagesse de ses loix et sur la gloire de quelques-uns de ses héros. Peut-être même qu'avec tous les abus qui sembloient tendre à sa destruction, elle auroit subsisté long-temps, si d'autres causes, que nous tâcherons de développer ici, n'avoient enfin produit sa décadence et sa chute.

Notre histoire nous présente sur le trône plusieurs princes qui furent à la fois les modèles et les protecteurs de la Chevalerie; mais de tous ces illustres monarques, les plus propres, ce me semble, à la faire fleurir, furent Charles VI, Charles VII et François I".

Charles VI ne respiroit que la guerre : au sortir de son enfance une victoire éclatante avoit signalé ses premières armes; et sa passion pour les tournois lui attira souvent des reproches très-sérieux, dans un temps où les tournois étoient le plus en honneur. Contre l'usage ordinaire des princes [26], et surtout des rois, il s'y mesuroit avec les plus braves et les plus adroits jouteurs, sans examiner s'ils n'étoient point d'une naissance trop disproportionnée à son rang ; il compromettoit sa dignité ; il exposoit témérairement sa vie en se mêlant avec eux. Jusqu'à la fin de son règne, en 1414, malgré l'état déplorable de sa santé, Charles VI ranimoit les restes d'une vigueur presque éteinte pour se montrer encore les armes à la main : il voyoit avec complaisance dans le duc de Guyenne son fils, un digne émule de son adresse et de son amour pour les exercices de la Chevalerie. Personne n'ignore ce que fit Charles VII, son successeur, pour arracher aux Anglois les plus belles provinces de la monarchie. Cette époque est gravée en caractères ineffaçables dans l'esprit et dans le cœur d'une nation tendrement attachée à ses légitimes souverains, et dont le destin sera toujours de ne pouvoir être heureuse qu'autant qu'ils règneront sur elle.

François Ier, vainqueur à Marignan [27] d'une nation jusque-là regardée comme invincible, passa presque toute sa vie dans les camps et dans les armées. Sa bravoure, sa probité, sa franchise, sa générosité, sa galanterie, tout jusqu'à sa taille, à sa physionomie ouverte et martiale, l'eût fait choisir par l'antiquité romanesque pour le chef de ses paladins; et son nom inscrit dans la liste des neuf preux [18] ne l'aurait point déparée. Qui croiroit que sous trois règnes qui devoient naturellement être si favorables à la Chevalerie, on dût trouver les changements qui opérèrent enfin sa ruine ?

Les divisions, survenues entre les princes du sang royal pendant les accès de la maladie du roi Charles VI, causèrent dans toutes les parties du gouvernement une infinité de désordres; et ceux qui s'introduisirent dans la Chevalerie ne furent pas les moins pernicieux. Ces princes ne regardèrent l'autorité presque souveraine, qu'on vit souvent passer dans leurs mains et qu'ils s'arrachoient sans cesse, que comme un instrument propre à servir leur ambition, leur cupidité et la haine mutuelle dont ils étoient dévorés. Si dans quelques intervalles lucides l'infortuné monarque reprenoit sur eux le pouvoir absolu dont ils s'étoient rendus les maîtres, ce n'étoit que pour l'abandonner à des favoris qui n'en firent pas un meilleur usage. Alternativement élevés sur la ruine les uns des autres, les chefs de ces partis diffé-

rents crurent ne pouvoir se soutenir que par
le secours de la Chevalerie; et ne songeant point
que c'étoit la bonne constitution de la Chevalerie, et non la multitude des chevaliers qui faisoit la force des États, ils cherchèrent à se
procurer un grand nombre de créatures par
de fréquentes promotions faites sans discernement. Dans les candidats on n'exigeoit plus
ni la force, ni l'expérience : on prodiguoit la
Chevalerie à de jeunes gens [29] dont l'âge n'égaloit point les années que les écuyers des
temps antérieurs avoient coutume de consommer dans un exercice continuel des armes.
Suivant Eustache Deschamps, auteur contemporain, on la conféroit à des enfants de dix ans,
et même de sept. Il n'étoit plus question de
s'informer ni de la probité, ni des mœurs :
des hommes nouveaux, enrichis des dépouilles
de l'État dans des places où ils n'étoient parvenus que par l'intrigue et où ils ne se maintenoient que par de lâches complaisances,
obtinrent ce qui jusqu'alors avoit été la récompense destinée aux défenseurs de l'État. La
Chevalerie ainsi multipliée et profanée, ne pouvoit manquer de tomber dans le discrédit et
presque dans l'avilissement : elle fut néanmoins retenue sur le penchant de sa ruine par

les efforts de Charles VII qui n'avoit plus d'autres ressources pour se soutenir lui-même. Au désir de conserver sa couronne se joignit celui de conserver une maîtresse en qui régnoient encore les sentiments de gloire que la Chevalerie avoit anciennement inspirés aux dames; s'il fit de trop fréquentes promotions de chevaliers, ce fut du moins pour exciter et pour récompenser la valeur de ses sujets, dans les occasions continuelles que la guerre lui fournissoit.

Quelque puissant qu'eût été le secours des chevaliers pour affermir le trône chancelant de Charles VII, ce prince ne laissa pas encore d'augmenter les forces de son État par un nouveau corps de milice; il institua les compagnies d'ordonnance, connues sous le nom de gendarmerie [30], ou du moins il en fut le restaurateur. La ferveur fut toujours le caractère propre des nouveaux établissements: c'est le seul moyen qu'ils aient de s'égaler à ceux qui, par des services anciens, ont acquis une sorte de supériorité. Peut-être que Charles VII soit en instituant les gendarmes, soit en les rétablissant, s'étoit proposé d'accroître l'émulation de ses chevaliers: il vit sortir du sein de ces compagnies des guerriers plus dociles et plus soumis que leurs rivaux, dignes de les remplacer, et même capables de disputer et d'enlever un jour à la Chevalerie une gloire dont jusqu'alors elle avoit été seule en possession.

Plus ces nouvelles levées montroient d'ardeur, plus la noblesse françoise s'empressa de se faire inscrire sur les registres de leurs montres ou revues. Outre l'avantage qu'elle y trouvoit dans un service qui n'étoit jamais interrompu, elle avoit encore dans ces compagnies un droit au commandement des troupes, au lieu que la qualité de banneret et chevalier n'en donnoit plus aucun, suivant la remarque du père Daniel.

Cette continuité de service ne pouvoit manquer de rendre les gendarmes plus disciplinés, mieux aguerris, leurs chefs plus expérimentés et plus habiles, les uns et les autres par conséquent plus utiles dans les armées. Si l'on put regretter quelquefois de ne point voir régner, parmi ces guerriers, les mœurs, les vertus, cet esprit enfin qui caractérisoit l'ancienne Chevalerie, ils en conservèrent du moins la valeur héroïque dans toute sa pureté, et jamais ils ne l'ont perdue ; bientôt ils surpassèrent, et dans la suite ils éclipsèrent leurs concurrents par le bon ordre, par la discipline et par une application continuelle au métier des armes, aux exercices militaires dont la Chevalerie s'étoit relâchée depuis si long-temps.

On eût dit que le ciel avoit fait naître François Ier pour ressusciter dans l'état militaire l'esprit de chevalerie ; l'on ne peut douter que l'élévation de son génie et de son courage, aussi bien que son amour pour la guerre, ne lui en eussent inspiré le désir. Nul de ses prédécesseurs n'avoit aussi bien connu les généalogies de nos plus grandes et de nos plus anciennes maisons, dont l'histoire est si étroitement liée avec celle de notre milice : plus intéressé qu'aucun autre à chérir, à faire valoir les vertus guerrières, il avoit témoigné combien il les estimoit, lorsqu'à la journée de Marignan, il avoit voulu que Bayard l'armât chevalier[31]. Fançois Ier en s'abaissant, pour ainsi dire, devant son sujet, en recevant de lui l'accolade, montroit à l'univers que les actions de valeur ne le cèdent point aux titres de la plus haute naissance. Mais de quelque sentiment qu'il fût pénétré pour la bravoure, il jugea qu'un grand roi devoit également sa protection à toute espèce de mérite : il crut ne pouvoir porter trop loin son amour et son estime pour ceux qui se rendoient recommandables par quelque talent que ce fût. Dans quelque rang que le sort les eût fait naître, il ne vit entre eux d'autre distinction, d'autre supériorité que celle du mérite même : sur ce principe qu'il outra peut-être, il décora de l'épée de chevalier les hommes célèbres par la connoissance des loix, des sciences et des lettres. Dans des temps plus anciens cette distinction avoit été accordée à quelques-uns d'entre eux; mais François Ier et Charles-Quint son émule la leur prodiguèrent. Par cette conduite ils vouloient faire comprendre à la noblesse presque toute guerrière alors, qu'elle devoit réserver une partie de son estime à des qualités qui concourent, avec les talents militaires, au bonheur comme à la gloire d'un État. Mais de tels exemples, devenus trop fréquents, produisirent un effet contraire à celui qu'ils s'étoient proposé : on ne se rappela point que les chevaliers, suivant les anciens préceptes de leur institution, ne devoient pas moins s'appliquer à l'étude des lettres [32] qu'aux exercices de la guerre; on n'écouta, surtout dans notre nation, que des préjugés postérieurs qui n'admettoient plus d'autre gloire pour la noblesse françoise, que la gloire acquise par les armes.

Les chevaliers créés pour les services militaires ou descendus des premiers défenseurs de la patrie, aimèrent mieux laisser déchoir la dignité de chevalier, que d'en partager l'honneur avec ceux qu'on appeloit chevaliers ès loix, chevaliers lettrés, et que de consentir à les regarder comme leurs égaux. Par une jalousie bizarre que l'ignorance pouvoit seule inspirer, on en vint insensiblement à négliger de se faire armer chevalier sur la brèche ou sur le champ de bataille, parce que la Chevalerie avoit été conférée à des magistrats, à des gens de lettres. Cependant rendre la justice, c'étoit remplir une des fonctions essentielles de l'antique Chevalerie. On ne fit pas réflexion que les magistrats combattoient sans cesse les plus dangereux ennemis de l'État, les perturbateurs du repos public : on ne prévoyoit pas que leurs successeurs, n'ayant pour armes que les loix et leur propre courage, devoient un jour, sous les règnes de Henri III et de Henri IV, exposer leur tête aux efforts d'une populace mutinée, aider le légitime héritier de la couronne à monter sur le trône qu'on osoit lui disputer. Il appartenoit à notre noblesse de partager entre elle l'héritage commun de nos anciens chevaliers ; tandis qu'une partie étoit employée, dans les besoins de l'État, à défendre la nation par la force des armes, l'autre devoit s'appliquer sans relâche à faire régner dans le gouvernement civil la paix et le bon ordre, par la sagesse de ses décisions. Si l'une se dévouoit à servir le roi dans ses armées, comme nos anciens chevaliers, l'autre se consacroit comme eux à le servir dans ses cours de justice et dans ses conseils.[33] On ne trouve, depuis François I*er*, que des exemples très-rares de ces créations de chevaliers, auxquelles l'ancienne noblesse rapportoit son éclat et son lustre : depuis cette époque plus de chevaliers faits sur le champ[34] de bataille, que le brave Montluc, qui reçut l'accolade du duc d'Anguien, après la bataille de Cérisolles, en 1544.

Le funeste accident qui fit périr Henri II, au milieu de sa cour, et sous les yeux d'une nation à laquelle il étoit cher, produisit dans les esprits une nouvelle révolution qui acheva d'abolir la Chevalerie.[35] Le coup mortel que reçut ce prince éteignit dans le cœur des François l'ardeur qu'ils avoient témoignée jusque-là pour les joutes et les tournois ; on craignit de se rappeler, à la vue de ces spectacles, l'idée d'un malheur qui avoit jeté la France dans la consternation, et peut-être

encore d'en attirer d'autres semblables. Les
tournois, ces ressorts [36] si puissants pour faire
mouvoir les chevaliers, ayant cessé presque
totalement, entraînèrent par leur chute celle
de la Chevalerie même. La valeur françoise,
toujours bouillante dans le sein même d'une
cour voluptueuse, n'étant plus occupée des
exercices des tournois, ni retenue dans les
bornes du devoir par les sages loix de l'ancienne Chevalerie, dégénéra bientôt en une
aveugle fureur pour les duels : les tournois de
plaisance et les joutes de courtoisie se conver-
tirent malheureusement en gages de bataille,
en combats à outrance qui, joints aux guerres
civiles, furent près de détruire la noblesse
françoise.

Nous avons représenté jusqu'ici, le mieux
qu'il nous a été possible, l'ancienne constitution de notre Chevalerie, ses avantages et ses
inconvénients, ses prospérités et ses revers ;
nous n'avons rien omis de ce qui pouvoit faire
juger du caractère dominant des chevaliers,
des nobles et de ceux qui suivoient la profession des armes. Si nous ne séparons point ces
trois états, c'est que les preuves par lesquelles
on voudroit en établir la distinction, ne sont
rien moins que décisives, et que tous trois

furent également compris sous le terme de *milites*.

De célèbres écrivains, qui, dans l'étude de notre histoire, se sont attachés surtout à démêler les principes et le système de l'ancien gouvernement, pourront exercer leur critique sur les faits que nous avons exposés : heureux si ce tableau facilitoit à ces rares génies les moyens de remonter aux premières sources de tant de désordres qui naquirent du sein même de la Chevalerie, malgré la sagesse de ses réglements. C'est assez pour nous de finir cette longue suite de récits historiques par quelques réflexions sur l'ignorance et la barbarie dans laquelle se plongèrent les chevaliers, principalement depuis qu'ils eurent abandonné les glorieuses fonctions de la justice. Sans craindre de paroître trop prévenus en faveur des lettres, nous tâcherons de faire voir qu'on leur doit, en partie, la réforme qui s'est introduite dans les mœurs de notre nation. Ne craignons point de le dire, ce sont les lettres qui, commençant à répandre dans le cœur des hommes les premières semences de douceur et d'humanité, si nécessaires pour les rapprocher, les concilier et les unir, accoutument par degrés les esprits à la réflexion et au raisonnement ;

car le goût qu'elles nous donnent est-il autre chose que l'usage des règles de la droite raison, pour juger des productions du génie et des ouvrages de l'art?

Si les anciens chevaliers qui, dans tous les préambules des cartels pour les tournois, ne paroissent avoir en vue que de fuir l'oisiveté, avoient connu le prix d'un heureux loisir employé avec économie au délassement du corps, à la culture de l'esprit [37] et de la raison, ils auroient ouvert les yeux sur eux-mêmes ; ils se seroient convaincus qu'il n'est ni plus nécessaire ni plus noble d'endurcir son corps aux travaux de la guerre, que de former son cœur et son esprit aux vertus et aux talents de la société. Mais leur goût n'étoit cultivé que par la lecture des ouvrages de leurs trouvères et jongleurs, gens grossiers et libertins, qui sans cesse courant le monde, la plupart pour gagner leur vie [38], n'avoient pas le temps de puiser dans les sources pures de l'antiquité, les principes raisonnés du bon goût et de la morale. Instruits par de meilleurs maîtres et formés sur des modèles moins imparfaits, nos chevaliers eussent appris que ce ne sont point quelques traits de feu ou de génie, jetés au hasard ; mais la justesse des idées et l'heureux accord du tout avec ses parties, qui rendent un ouvrage digne de l'estime des connoisseurs. Dans la suite ils auroient pu facilement appliquer à la morale [39] cette règle immuable et universelle : ils auroient reconnu que la pratique scrupuleuse de quelques devoirs, et les actes de quelques vertus éclatantes portées au plus haut dégré, mais accompagnées de tous les excès d'une vie scandaleuse ou criminelle, ne produisent qu'un assemblage monstrueux ; et qu'il n'est de solide vertu que dans la pratique uniforme et constante de tous les devoirs de la religion, de la morale et de l'état qu'on a embrassé; ils se seroient convaincus que c'est uniquement par le cours d'une vie innocente ou du moins exempte de crimes, qu'on peut mériter véritablement le titre d'hommes vertueux. Gémissons sur le sort de notre ancienne Chevalerie dont nous ne pouvons trop admirer les loix et la morale; et disons que si elle eût trouvé, dans des siècles plus heureux, une nation telle que les Athéniens, ou que celle qu'on leur a si souvent et si justement comparée, il est hors de doute qu'elle auroit formé des hommes et des citoyens supérieurs à ceux que Platon avoit imaginés. Mais nos ancêtres ne savoient rien :

ils raisonnoient peu; les exploits et le rang de ceux qui, parmi eux, faisoient trophée de leur ignorance, l'ennoblissoient aux yeux du peuple : ils aimoient la gloire, mais ils ne connoissoient pas la véritable. Je ne puis mieux terminer le portrait de ces anciens temps comparés aux nôtres, que par cette réflexion d'un auteur que tous les siècles et tous les hommes prendroient pour arbitre : « On fai-
» soit dans ces siècles grossiers le même cas
» de l'adresse du corps, que l'on en fit du
» temps d'Homère. Notre siècle, plus éclairé,
» n'accorde son estime qu'aux talents de l'es-
» prit et à ces vertus qui, relevant l'homme
» au-dessus de sa condition, lui font fouler
» ses passions sous les pieds, et le rendent
» bienfaisant, généreux et secourable. »

NOTES

DE

LA CINQUIÈME PARTIE.

(1) Nous multiplierions les citations à l'infini si nous voulions rapporter tous les témoignages de nos anciens auteurs qui peignent la Chevalerie des couleurs les plus odieuses. Pierre de Blois, dès le douzième siècle, avoit en vue les désordres des chevaliers qu'il désigna par le mot *milites*, lorsqu'il dit que leurs sommiers ou chevaux de somme (*summarii*) plioient sous le fardeau des ustensiles et des munitions qu'entraînent la gourmandise et l'ivrognerie, au lieu d'être chargés de l'attirail des armes nécessaires aux combats : *Non ferro sed vino, non lanceis sed caseis, non ensibus sed utribus, non hastis sed verubus onerantur.* À les voir, on croiroit qu'ils vont au banquet et non au combat (*ad domum convivii, non ad bellum*). Ils sont à la vérité couverts de boucliers où l'or reluit de toutes parts, mais ils les rapportent tels qu'ils les ont portés (*virgines et intactos*) : leurs selles cependant et leurs écus sont bigarrés de peintures qui représentent des combats de cavalerie. De si belles images les transportent d'admiration, mais ils n'osent regarder la guerre qu'en peinture : *Bella tamen et conflictus equestres depingi faciunt in sellis et clypeis, ut se quâdam*

imaginariâ visione delectent in pugnis quas actualiter videre et ingredi non audent. Ces peintures indiquent visiblement les commencements des armoiries de nos chevaliers; si, manquant de valeur, ils manquoient au premier de tous leurs devoirs, on ne sera pas surpris d'entendre d'autres auteurs leur reprocher les vexations, les violences exercées contre les clercs, les églises, les peuples et leurs vassaux qu'ils devoient protéger. On verra nos anciens écrivains déclamant contre l'avarice, la cupidité, le mensonge, le parjure, le pillage, le vol, le brigandage, et tous les autres excès d'une milice sans frein, également dénuée de principes, de mœurs et de sentiments. Quelle opinion peut-on avoir encore de ces troupes si l'on applique à la Chevalerie ce qu'on lit du comte de Champagne, en 1231, qu'il se fioit plus aux communes de ses bourgeois qu'à ses propres chevaliers! *Comes Campaniæ communias burgensium fecit et rusticorum in quibus magis confidebat quàm in militibus suis* (Chron. d'Alber., p. 541). Ceux même d'entre les chevaliers qui s'étoient voués à une vie plus régulière, qui avoient embrassé les ordres religieux de la Chevalerie, ne furent pas plus que les autres à l'abri de la censure des écrivains de leur siècle. Outre les crimes imputés alors aux chevaliers en général, ceux-ci sont encore taxés de simonie. Dans les maisons des hospitaliers et autres destinées à l'humiliation, à la pauvreté et à la charité, on voyoit triompher l'orgueil, l'opulence et la mollesse: la foi que l'on y professoit étoit la fraude et la trahison.

      Enians e tracios
      Es lor confessios,

La hauteur, la vanité, l'orgueil étoient surtout les vices des chevaliers, malgré toutes les leçons d'humanité, de politesse et de modestie répétées tant de fois : ce fut le caractère dominant de leur état, le motif de toutes leurs démarches, le principe de toutes leurs actions, suivant un auteur dont les vers nous donnent d'ailleurs une description très-circonstanciée des usages, des exercices, des habillements et de l'équipage des chevaliers.

Les invectives des auteurs moralistes, peut-être trop sévères, et celles de quelques-uns de nos poëtes qui s'abandonnoient au feu de leur imagination, ne sont que trop confirmées par les récits des historiens des mêmes siècles : on y voit plusieurs des plus braves, ou, pour mieux dire, des plus redoutables chefs de la Chevalerie, se souiller de tous les crimes que la barbarie peut enfanter; on y compte une liste nombreuse de nouveaux noms inventés pour exprimer les diverses troupes de brigands qu'ils traînoient à leur suite et à leurs gages, comme les ministres de leur ambition et de leur vengeance. Un seul passage du moine du Vigeois (Labbe, Bibliothèque manuscrite, t. II, p. 339) réunit ces noms qui devenoient journellement la terreur du peuple. *Primò Basculi, postmodùm Theutonici, Flandrenses, et ut rustice loquar, Brabansons, Hannuyers, Asperes, Pailler, Nadar, Turlau, Vales, Roma, Cotarel, Catalan, Arragones quorum dentes et arma omnem pene Aquitaniam corroserunt.*

Tout le monde connoît les guerres privées dont l'animosité fut à peine étouffée par les sévères loix de saint Louis : on connoît de même les guerres civiles qui, dans la suite, sous les règnes des Valois, armèrent les plus puissants seigneurs et les plus valeureux chevaliers les uns contre les autres ; ainsi la Chevalerie trouva presque tous les jours, parmi ses enfants, des monstres acharnés à déchirer impitoyablement le sein de leur mère, en même temps que d'autres s'occupoient sans cesse de rendre à la Chevalerie toute sa gloire en faisant revivre les loix et les vertus qu'elle leur avoit fait sucer dès leur enfance.

Les auteurs même de qui nous avons emprunté les traits les plus satiriques contre les chevaliers, ne peuvent s'empêcher de donner encore des éloges à la véritable Chevalerie, c'est-à-dire à celle qui étoit vraiment digne de ce nom. Une pièce de Péire (Pierre) Vidal, poëte provençal, trop longue pour être extraite ici, en parlant des chevaliers successeurs de ceux qu'on avoit vus sous Henri, roi d'Angleterre, et ses trois fils Henri, Richard et Geoffroi, les compare aux Marabotins, qui ne songeant qu'à jouir des honneurs et des distinctions que leurs ancêtres leur avoient acquis, furent chassés par les Mamelus, gens nés de rien, mais en qui la noblesse du cœur réparoit amplement celle de la naissance : « Ainsi, dit-il, la noblesse ou la Chevalerie qui avoit
» perdu son antique valeur, sa générosité, sa magni-
» ficence et ses autres vertus, étoit-elle menacée d'une
» pareille révolution. »

Un autre poëte satirique ne fait pas moins d'honneur à l'ancienne Chevalerie : dans l'exposition déplorable des maux dont le monde est affligé, des plaies qui le déchirent, il n'oseroit parler de la troisième que lui fait la Chevalerie :

   Chevalerie est si grant chose,

> Que la tierce plaie ne ose
> Parler.

Cet ordre lui semble si respectable qu'il n'ose y toucher : c'est l'or pur supérieur à tous les métaux ; c'est la source où l'on puise toute raison, tout bien et tout honneur :

> Tot sen, tot bien et tot honor,
> S'il est droitz que je les honor.

Mais celle qu'on voit de son temps ne ressemble pas plus à celle qui régnoit jadis, qu'un vieux habit en lambeaux ne ressemble au riche vêtement qui a tout l'éclat de la nouveauté. Le même auteur indique une tradition populaire du même siècle, lorsqu'il dit que le loup blanc a mangé les loyaux et preux chevaliers, et qu'il ne faut plus s'étonner que la race en soit perdue.

Les poésies d'Eustache Deschamps, qui écrivoit sous les rois Jean, Charles V et Charles VI, sont remplies des plaintes les plus amères contre la Chevalerie de ce siècle, qui, comparée avec la précédente, alloit toujours en déclinant, et tendoit à sa ruine totale et à son entière destruction.

> Les chevaliers estoient vertueux,
> Et pour amours plains de Chevalerie,
> Loyaulx, secrez, *frisques* * et gracieux :
> Chascuns avoit lors sa dame, s'amie,
> Et vivoient liement.
> On les aimoit aussi très-loyalement,
> Et ne *jangloit* **, ne mesdisoit en rien ***,

* *Frisques*, fringans. — ** Jasoit, causoit. — *** Point.

Or m'esbahy quant chascun jangle et ment,
Car meilleur temps fut le temps ancien.

(Eust. Desch., Poés. mss. du roi, fol. 160, col. 2.)

(2) Voyez les plaintes d'Alain Chartier sur le peu de discipline et de subordination qui régnoient dans nos armées, et du mauvais exemple donné par ceux mêmes qui auroient dû servir aux autres de modèles. C'est le précis d'un long passage du *Quadriloge invectif* de cet auteur, édition de Duchesne, in-4°, p. 450 et 451. Le Quadriloge fut composé sous Charles VII.

(3) Dès le temps de la guerre des Albigeois, on faisoit aux François des reproches dont peut-être tireroient-ils encore vanité. On leur reprochoit de se faire un jeu des dangers, et d'apporter peu de soins dans la manière de s'armer.

« Je connois l'usage des François fanfarons (boban-
» ciers), dit un capitaine des Albigeois : contents d'ar-
» mer leur corps, ils dédaignent de garnir leurs jambes,
» et vont au combat avec une simple chaussure. » (W. de Tudela, Hist. des Alb. en Prov., manuscr. de M. de Bombarde, fol. 104, v°.)

Yeu conosc las costumas delz Frances Bobanciers,
Qu'illz an garnitz lors corset finament adobliers,
E de jos en las cambas non au mas cauciers.

(4) On peut consulter la Colombière (Théâtre d'honneur, t. I, chap. VIII et IX) au sujet des chevaliers errants de la Table-Ronde, et des quêtes qu'ils faisoient. Quand nos historiens parlent de nos véritables chevaliers et de leurs voyages, ils emploient pareille-

ment le mot *errer* et celui de *cherche*, le même que le mot de quête : ce qui donne une existence réelle à nos chevaliers errants.

L'historien du maréchal de Boucicaut (Histoire de Boucicaut, publiée par Godefroi, chap. XVI, p. 55 et suivantes), parlant des voyages que ce maréchal entreprit pour visiter la Terre-Sainte et pour combattre les Sarrasins, se sert du mot *errer* pour marcher, voyager, et du mot *cherche* pour la guerre qu'il alloit chercher, le voyage ou le pélerinage qu'il faisoit.

Brantôme (Dames illustres de France, p. 375 et suiv.) confirme encore plus particulièrement l'usage de la Chevalerie errante, dans le récit d'une entreprise du seigneur Galéas de Mantoue, en reconnoissance de la faveur que lui avoit faite la reine Jeanne de Naples en le prenant pour danser. Il fit vœu de courir le monde jusqu'à ce qu'il eût conquis deux chevaliers dont il pût lui faire présent. Au bout d'une année employée à se battre en France, en Bourgogne, en Angleterre, en Espagne, en Allemagne, en Hongrie et ailleurs, étant enfin parvenu à conquérir deux chevaliers, il les lui amena et les lui présenta, *le genou en terre*, pour l'accomplissement de son vœu. La reine les rendit libres, avec une générosité que l'auteur oppose à la conduite bien différente tenue en pareille occasion par les chanoines de Saint-Pierre de Rome, et qui prouve toujours les coutumes de la Chevalerie errante. Un chevalier, suivant l'auteur italien qu'il cite, leur ayant, en conséquence d'un pareil vœu, envoyé un autre chevalier qu'il avoit pris avec ses armes, le cheval et toute sa dépouille; ce prisonnier resta toute sa vie captif, sans pouvoir jamais sortir de l'église.

On peut encore voir sur cette matière le livre ou roman du Chevalier errant, par F. Jehan de Cartheny, de l'ordre des Carmes.

(5) Tel est à peu près le portrait de nos anciens redresseurs des torts et de leur vie, autant que j'ai pu la recueillir d'après la lecture des principaux romans.

Plusieurs chevaliers, assemblés dans une cour, qui venoient d'y recevoir les honneurs de la Chevalerie, ou qui avoient assisté à ces fêtes solennelles, s'associoient en commun pour faire des courses ou voyages qu'ils appeloient *questes*, soit pour retrouver un fameux chevalier qui avoit disparu, une dame restée au pouvoir d'un ennemi; soit pour d'autres objets encore plus relevés, comme celui de la quête du Saint-Graal. Ces sujets se sont étendus et multipliés à l'infini dans l'imagination des faiseurs de romans. Nos héros errants de pays en pays, parcouroient surtout les forêts, presque sans autre équipage que celui qui étoit nécessaire à la défense de leur personne, vivoient uniquement de leur chasse: des pierres plates plantées en terre, qu'on avoit exprès placées pour eux, servoient à faire les apprêts de leurs viandes, comme à prendre leurs repas. (Perceforest, vol. V, fol. 36, recto, col. 1 et 2; vol. I, fol. 126 et 155; et vol. III, fol. 4, verso.) Les chevreuils qu'ils avoient tués étoient mis sur ces tables, et recouverts d'autres pierres avec lesquelles ils les pressoient pour en exprimer le sang, d'où cette viande est nommée dans nos romans: *Chevraux de presse, nourriture des héraux.* Du sel et quelques épices, les seules munitions dont on se chargeoit, en faisoient tout l'assaisonnement. On verra dans Perceforest (vol. IV, fol. 54, verso, col. 1 et 2)

quelles étoient les obligations des chevaliers errants.
Afin de surprendre plus sûrement les ennemis qu'ils
alloient chercher, ils ne marchoient qu'en petites troupes
de trois ou de quatre, ayant soin, pour ne point se faire
connoître, de changer ou de déguiser leurs armoiries,
ou de les cacher en les tenant couvertes d'une housse.
(Perceforest, vol. I, fol. 57, verso, col. 1). L'espace
d'un an et d'un jour étoit le terme ordinaire de leur entreprise. Au retour ils devoient, suivant leur serment,
faire un récit fidèle de leurs aventures, exposer ingénument leurs fautes et leurs malheurs (Lancelot du Lac,
t. I, fol. 78, verso, col. 1 ; t. II, fol. 72, recto, et fol. 123,
verso, et t. III, fol. 102). Voyez encore dans nos romans l'empressement des dames et des damoiselles pour
les recevoir et les servir dans les châteaux. En partant
de toutes ces fictions, il est aisé de croire les mêmes auteurs lorsqu'ils disent que des rois ont refusé des couronnes pour vaquer plus librement aux exercices bienfaisants de la chevalerie errante (Lancelot du Lac,
t. III, fol. 119, recto, col. 2).

Les plus grandes ames ne sont pas toujours les plus
exemptes de chimères : la reine Élisabeth, morte en 1603,
avoit en quelque façon réalisé celle-ci. Elle vouloit,
suivant M. de Thou (liv. CXXIX, pag. 1052, sous
l'an 1703), qu'on lui rendît des soins et des hommages
qui n'eussent d'autres objets que sa personne : elle n'étoit
plus jeune lorsqu'elle se faisoit une gloire de s'occuper
encore de la galanterie ; c'étoit un jeu de son imagination pour se rappeler la mémoire de ces îles fabuleuses,
où les chevaliers errants couroient le monde, animés du
seul désir de plaire à des beautés qui leur inspiroient des
sentiments aussi purs que vertueux.

(6) L'antipathie des chevaliers pour l'oisiveté, leur amour pour la guerre et pour les tournois, l'ardeur de s'instruire au métier des armes, qui les transportoit dans toutes les contrées, se justifient par « l'épitaphe de
» Jean d'Arces, fils du chevalier Blanc, qui est en la
» chapelle d'Arces, dans l'église paroissiale de Con-
» drieux : il y est fait mention des entreprises du père,
» et des voyages qu'il fit en Espagne, en Portugal, en
» Angleterre et en Écosse pour y défier les plus vaillants
» à combattre à fer émoulu ou à lance mornée. » (Vie du chevalier Bayard, ann. de Godefroi, pag. 35.)

Tacite (Mœurs des Germ., ch. XIV, p. 624) peignoit de même les Germains : « Lorsqu'une cité, dit-il, languit
» dans le sein d'une longue paix, presque toute la jeune
» noblesse va servir ailleurs comme volontaire. Le repos
» est un état violent pour des Germains : les occasions
» périlleuses offrent un moyen plus court de se faire un
» nom, etc. »

(7) Anciennement les chevaliers alloient vêtus de verd chercher leurs aventures, suivant Sicile dans son blason des couleurs (pag. 36) : cette circonstance n'avoit point été omise au tournoi que Charles VI donna en 1380 à Saint-Denis, pour la nouvelle Chevalerie du roi de Sicile et de son frère le comte du Maine (le moine de Saint-Denis, Hist. de Charles VI, liv. IX, ch. 2, p. 169 et suiv.) L'auteur, qui nous en fait la description, représente ainsi les vingt-deux chevaliers qui furent les principaux acteurs des joutes, auxquelles on observa religieusement les formalités de l'antique Chevalerie.

« Ils avoient l'escu verd pendu au col avec la devise
» gravée en or du roi des Cates, et estoient suivis chacun

» de leur escuyer qui portoit leurs armets et leurs lances;
» et afin d'enchérir plustot que de rien oublier de tout
» ce qui se publie de plus magnifique, des joustes et des
» pas d'armes des anciens paladins et chevaliers errants,
» ils attendirent les dames que le roi avoit destinées
» pour les conduire aux lices, et qui s'y étoient préparées
» avec des habits de la même livrée qui estoit d'un verd
» brun, brodé d'or et de perles : elles les vinrent joindre
» montées sur de beaux palefroys; et, s'il m'est permis
» d'emprunter les termes de la fable pour satisfaire en
» peu de mots à la description de ce merveilleux arroy,
» je ne dirai pas qu'il sembloit que ce fussent autant de
» reines, mais autant de déesses : car il n'y avoit per-
» sonne qui ne pût dire, à voir ensemble tant de beauté,
» tant de richesse et tant de majesté, que les fictions
» des poëtes n'en donnent qu'une grossière idée dans
» tous leurs ouvrages, et que c'estoit quelque chose de
» plus auguste que toutes les assemblées des divinités du
» paganisme. »

(8) Les églises fondées et protégées par les anciens chevaliers trouvèrent moins dans leurs enfants des héritiers de la piété de leurs pères, que des voisins jaloux qui, regrettant les biens qu'on leur avoit ôtés, cherchèrent à les faire rentrer dans leur domaine. Voyez la chronique de Geoffroi, prieur du Vigeois. (Labbe, Bibl. mss., t. II, ch. LXXIII, p. 328, vers l'an 1182.)

(9) Non-seulement on se confessoit et l'on entendoit la messe avant que de soutenir les gages de batailles (voy. Froissart, liv. II, ch. 180, p. 115 et 116), pré-caution chrétienne nécessaire dans ces occasions qui

présentoient un danger très-prochain de perdre la vie : les chevaliers manifestoient encore leur piété dans les simples tournois, dont les proclamations se firent ordinairement au nom de Dieu et de la Vierge (Ménestr., Ornem. des armes, p. 176). Lorsqu'ils entroient dans les lices ils tenoient une espèce d'image avec laquelle ils faisoient le signe de la croix (voy. Saintré, p. 522). Le seigneur de Lalin (ibid., p. 598 et 602), au pas d'armes de 1449, « avoit sa banderolle en sa main figurée » de ses dévotions dont il se signoit à la fois; » ce sont les termes d'Olivier de la Marche (Mém., l. I, p. 297).

Comme les fêtes profanes des tournois étoient accompagnées de pareils actes de dévotion, les fêtes de l'Eglise furent quelquefois suivies des images de nos tournois. Mathieu de Couci (Hist. de Charles VII, p. 718 et 719) fait le récit d'une fête pieuse ou procession que les ambassadeurs de Bourgogne virent à Milan en 1459, et qui se termina par des représentations ou spectacles *d'hommes et de femmes, comme de gens d'armes, faisants armes pour l'amour de leurs dames.* Ceux qui de nos jours ont vu les processions de la Fête-Dieu dans la ville d'Aix en Provence, et le personnage qu'y jouoit le prince d'amour, n'auront pas de peine à croire ce que raconte Mathieu de Couci de la cour de Milan (voy. l'esprit du cérémon. d'Aix à la Fête-Dieu, par le père Joseph, in-12, Aix, 1730).

Ils porteront de la religion de nos ancêtres le même jugement que Fleury, lorsqu'il parle (p. 380 et 381) des mœurs des chrétiens du dixième siècle : « Tout le » monde étoit chrétien, dit-il, en sorte qu'il sembloit que » l'on le fût naturellement, et que chrétien et homme » fût la même chose. Ce n'étoit plus une distinction;

» le christianisme étoit devenu une partie des mœurs, et
» ne consistoit presque plus qu'en des formalités exté-
» rieures. Les chrétiens ne différoient guère des juifs et
» des infidèles, quant aux vices et aux vertus; mais
» seulement quant aux cérémonies, qui ne rendent point
» les hommes meilleurs. »

(10) Chapelain connoissoit bien les mœurs de la plus grande partie des anciens dépositaires de nos dogmes et de nos lettres, lorsqu'il dit des prêtres : « Eux-mêmes ne
» savoient que lire, et n'instruisoient le peuple qu'avec
» le prône, comme il étoit couché dans leurs anciens
» cérémoniaux. S'il arrivoit à quelqu'un d'eux de s'a-
» donner aux Belles-Lettres, ou d'élever son esprit à la
» contemplation des mouvements des cieux, il passoit
» aussitôt pour magicien ou pour hérétique. » (Dial. de la lect. des vieux romans, dans les Mém. de litt. et d'hist., tom. VI, part. I, p. 317 et suiv.)

(11) Nos anciens chevaliers ne se dispensoient presque jamais d'entendre la messe lorsqu'ils étoient levés, suivant le précepte qu'on lit dans le doctrinal (manusc. de Saint-Germain, fol. 103, recto, col. 1).

(12) Je ne sais si l'on doit ajouter foi au témoignage de Guillaume de Malmesbury, historien étranger : il est le seul qui ait avancé que le roi Philippe Ier, enterré dans l'abbaye de Fleuri, avoit pris l'habit religieux dans ce monastère. Quoi qu'il en soit, l'usage d'embrasser sur la fin de ses jours l'état monastique, ou de demander à la mort d'être enterré avec un habit religieux, n'en est pas moins constant. Les exemples nombreux de nos

plus grands seigneurs, que l'on pourroit citer, n'offriroient pas toujours des hommes de la conduite la plus édifiante. Geoffroi, comte d'Anjou, qui fit long-temps contre son père une guerre portée aux derniers excès, se voyant près de sa fin en 1060, renonça, la veille de sa mort, aux armes et aux affaires temporelles; il se fit moine *in monasterio Sancti-Nicolai quod pater ejus et ipse multâ devotione construxerant et rebus suis suppleverant* (Hist. andeg. frag. spicil., tom. III, p. 233).

D. Morice (Mém. pour l'Hist. de Bretagne, préface, p. XXVIII) dit, au sujet de la dévotion, que l'on eut de mourir dans les habits monastiques, devenue si fréquente, qu'elle *passa jusqu'aux femmes, comme si l'habit de moine pouvoit sanctifier celui qui n'en avoit jamais rempli les devoirs.*

Un auteur bien plus ancien, un poëte du treizième siècle, avoit dit que les gens de guerre qui, pour mener une vie douce et commode à la faveur de l'ignorance dont ils faisoient profession, s'introduisirent dans les maisons consacrées à Dieu, n'en devenoient pas meilleurs : *Dieu n'amende point le monde, c'est-à-dire, les séculiers :*

Oncques li mons n'amenda Dieus.

L'usage pour les laïcs de l'un et l'autre sexe de se faire enterrer en habit de religieux, suivant la dévotion d'un chacun, subsistoit encore au commencement du quatorzième siècle (D. Vaissette, Hist. du Lang., t. IV, p. 520, sous l'an 1443). Arnaud, abbé de Caunes au diocèse de Narbonne, et ses religieux déclarèrent en 1309, par un acte authentique, que tous ceux qui, par leurs dernières dispositions, ordonneroient d'être inhumés dans leur abbaye avec l'habit monastique, ne seroient pas pour cela tenus de leur rien laisser ; et ils nommèrent deux religieux de la maison pour revêtir de cet habit, à l'article de la mort, ceux qui auroient la dévotion de le prendre, et être reçus pour *moines et frères* du monastère. Cet usage s'est encore continué long-temps après le quatorzième siècle.

Il paroît que les guerres excitées dans le royaume par les religionnaires portèrent quelque atteinte à cette espèce de dévotion : Henri Estienne, auteur protestant, adoptant les opinions de sa secte, dit (Apol. d'Hérodote, p. 612) que *le comte de Carpi ayant esté des derniers qui ont joué ce beau jeu, est demeuré seul en proverbe et en risée.*

(13) L'épithète de joyeuse, en latin *jocosa*, consacrée de temps immémorial à l'épée de Charlemagne, est un des plus anciens témoignages de la gaieté naturelle aux François. Ils ont continuellement répandu sur toutes les images de la guerre un air d'enjouement qui leur est propre : ils n'en ont jamais parlé que comme d'une fête, d'un jeu et d'un passe-temps. *Jouer leur jeu*, ont-ils dit des arbalétriers qui faisoient pleuvoir une grêle de traits ; *jouer gros jeu*, pour donner bataille; *jouer des mains*, et une infinité d'autres façons de parler semblables se rencontrent souvent dans la lecture des récits militaires de nos écrivains. Froissart (liv. II, p. 260), en rapportant la mort du duc Winceslas, fait ainsi son portrait : « En celuy temps (1383) trespassa de ce siè-
» cle... le gentil et joly duc Winceslas de Bohême, duc
» de Luxembourg et de Brabant, qui en son temps no-
» ble, frisque, sage, amoureux et armeret avoit esté. »

(14) L'amour de la chasse et de la fauconnerie fut, après la guerre et les dames, la passion qui fit le plus d'honneur à nos héros parmi leurs contemporains. Elle contribua beaucoup à la célébrité de monseigneur Yvain, l'un des plus fameux personnages de nos romans :

> Li rois prit par la destre main
> L'amiz monsegnor Yvain,
> Qui au roi Urien fu filz,
> Et bons chevaliers et hardiz,
> Qui tant ama chiens et oisiaux.

(Court Mantel, Fabl. mss. du roi, n. 7615, fol. 114, recto, col. 3.)

L'auteur du roman de Gérard de Roussillon, en provençal (mss. du roi, 7991, fol. 52, verso), après avoir fait l'éloge du brave Foulque, neveu de Gérard, met à son portrait la dernière main, en disant qu'il étoit habile à la chasse du vol sur les rivières, à la chasse dans les forêts :

> De bos e de riviera es essenhatz.

Il ajoute encore qu'il n'étoit pas moins savant au jeu des échecs, des tables et des dés :

> D'escays sab e de taulas, de joxs de dars.

Enfin l'historien de Bayard (Édit. de Godefroi, ch. V, p. 18), faisant le récit du dîner que le roi Charles VIII donna au duc de Savoie à Lyon, dit qu'*il y eut plusieurs propos tenus tant de chiens, d'oisaults, d'armes, que d'amours.*

(15) Jamais le désordre de l'imagination, jamais le

fanatisme ne fut porté plus loin que celui des amants répandus dans le Poitou, dont le chevalier de la Tour nous a conservé l'histoire, et dont il parle comme témoin. Si l'on se rappelle les excès des pastouraux (Choisy, Vie de saint Louis, p. 248) qui, pendant la prison de saint Louis, et sous prétexte de vouloir le délivrer, inondèrent les confins de la Flandre et de la Picardie, et furent enfin exterminés dans l'Orléanois; si l'on se souvient de ceux qui, sous le même nom (D. Vaissette, Hist. du Languedoc, t. IV, p. 184 et suiv.), et sous un pareil prétexte, désolèrent le Languedoc vers 1320, on verra que nos fanatiques d'amour moins méchants, ne cédèrent en rien à leur folie. Cette nouvelle espèce de vagabonds firent entre eux une société qu'on pouvoit appeler la confrérie des pénitents d'amour: notre auteur les désigne par le nom de Galois et de Galoises; car les femmes, aussi bien que les hommes, se disputoient à qui soutiendroit le plus dignement l'honneur de cette religion extravagante, dont l'objet étoit de prouver l'excès de son amour par une opiniâtreté invincible à braver les rigueurs des saisons.

Les chevaliers, les écuyers, les dames et les demoiselles qui embrassèrent cette réforme, devoient, suivant leur institut, pendant les plus ardentes chaleurs de l'été, se couvrir chaudement de bons manteaux et chaperons doublés, et avoir de grands feux auxquels ils se chauffoient comme s'ils en eussent eu grand besoin. Enfin ils faisoient en été tout ce qu'on fait en hiver, peut-être pour faire allusion au pouvoir de l'amour qui, suivant nos anciens poëtes, opère les plus étranges métamorphoses. L'hiver répandoit-il ses glaces et ses frimats sur toute la nature, l'amour alors changeoit l'ordre des saisons, il brûloit de ses feux les plus ardents les amants qui s'étoient rangés sous ses loix; *une petite cotte simple* avec une cornette longue et mince composoit tout leur vêtement : c'eût été un crime d'avoir fourrure, *manteau, housse ou chaperon double*, et de porter un chapeau, des gants et des moufles; c'eût été une honte de trouver du feu dans leurs maisons; la cheminée de leurs appartements étoit garnie de feuillages ou autres verdures, si l'on pouvoit en avoir, et l'on en jonchoit aussi les chambres : *une serge légère, sans plus,* étoit toute la couverture qu'on voyoit sur le lit; peut-être partoient-ils de ce principe que l'on trouve dans les poésies de Gontier, un de nos plus anciens poëtes :

> Ki sert boine amor
> Ne crient la froidure.

A l'entrée d'un Galois, d'un de ces amants, dans une maison, le mari, soigneux de donner au cheval de son hôte tout ce qu'il lui falloit, le laissoit lui-même maître absolu dans sa maison, où il ne rentroit point que le Galois n'en fût sorti. Il éprouvoit à son tour, s'il étoit de la confrérie des Galois, la même complaisance de la part du mari, dont la femme associée à l'ordre sous le nom de Galoise, étoit l'objet de ses soins et de ses visites : « Si dura cette vie et ces amourettes grant
» pièce (long-temps), dit l'auteur en terminant ce ré-
» cit, jusques à tant que le plus de ceulx en furent mors
» et périlz de froid : car plusieurs transissoient de pur
» froid et mouroient tout roydes de lez leurs amyes, et
» aussi leurs amyes de lez eulx, en parlant de leurs
» amourettes et en eulx mocquant et bourdant de ceulx

» qui estoient bien vestus. Et aux autres il convenoit
» desserer les dents de cousteaulx et les chauffer et frot-
» ter au feu comme roydes et engellez.... si ne doubte
» point que ces Galois et Galoises qui moururent en
» ceste estat ne soient martyrs d'amour, etc. »

(16) Si l'on juge des mœurs d'un siècle par les écrits qui nous en sont restés, nous serons en droit de juger que nos ancêtres observèrent mal les loix qui leur prescrivirent la décence et l'honnêteté. Les poëtes les plus déréglés n'ont point été au-delà de nos anciens poëtes françois ; je n'oserois croire cependant que les cours des seigneurs, pour qui les contes et les fables avoient tant de charmes, eussent entendu patiemment quelques-uns de nos fabliaux. Peu de gens en soutiendroient aujourd'hui la lecture, sans un extrême désir d'y trouver quelques détails instructifs pour notre histoire et pour nos antiquités : on ne les étudie que comme certains tableaux que le seul amour des arts a fait respecter. L'Art d'Amour, composé par Guiart (Fabliaux mss. du roi, n° 7615, folio 178 et suiv.), et qui ne sauroit être comparé par aucun endroit à celui d'Ovide, contient des leçons d'amour les plus dissolues, terminées par tout ce que la religion nous peut offrir de plus édifiant et de plus sacré. Après cela qu'on ose nous vanter les siècles de l'ignorance et de la barbarie !

(17) Quelques traits empruntés de différents siècles me serviront à prouver que la corruption de nos ancêtres ne le cédoit point à celle qui, dans tous les temps, excita la colère des censeurs publics. Le moine du Vigeois, vers 1180, parlant de la licence qui régnoit alors

dans les troupes, comptoit, dans une de nos armées, jusqu'à quinze cents concubines, dont les parures se montoient à des sommes immenses : *Quarum ornamenta inestimabili thesauro comparata sunt.* Le même historien nous apprend que le respect public ne les renfermoit point dans la classe qui leur convenoit : parées comme les plus grandes dames, on les confondoit avec ce qu'il y avoit de plus respectable : la reine elle-même y fut trompée, en voyant à l'église une femme de cette espèce : *Quamdam meretricem regiam insignibus stipatam vestibus;* comme elle alloit au baiser de la paix, elle l'embrassa de même que les autres femmes : *Dum pax acciperetur à populo in ecclesiâ, putans ex ordine fore sponsarum, osculata est.* Ayant été depuis mieux informée, elle en fit des plaintes au roi son mari, et le monarque défendit que les femmes publiques portassent dans Paris le manteau, qui devint la marque à laquelle on distingua les femmes mariées : *Tunc prohibuit rex mulieres publicas clamyde seu cappâ uti Parisiis, ut tali notá à legitimè nuptis discernerentur.*

Le treizième siècle ne fut pas mieux réglé, même dans le temps où saint Louis donnoit l'exemple d'une vie toute chrétienne. Sans recourir au témoignage d'Henri Estienne (Apol. pour Hérod., ch. VI) qui cependant cite les prédicateurs les plus accrédités, je renverrai aux Ordonnances de ce saint roi, rapportées dans le Traité de la police (t. I, p. 489 et suiv.). Elles font voir qu'un poëte du même temps (Chastie Musart, fabl. mss.; n° 7615, fol. 140, recto, col. 1 et 2) n'abusoit point du privilége de la poésie dans les vers suivants :

Qui reson voudroit faire,

L'on devroit par saint Gille,
Riche femme qui sert
De barat et de guille *,
Et qui pour gaignier
Vent son corps et aville **,
Aussi com un mesel ***,
Chacier hors de la ville,
S'en souloit **** maintes femmes,
Par maintes achoisons *****,
Chacier hors de la ville;
C'estoit droit et raisons :
Or est venu le temps,
Et or est la raisons,
Plus a par tout bordiaux
Qu'il n'a autres maisons.

Un témoignage plus respectable, que je vais encore copier, ne fera pas plus d'honneur aux mœurs du siècle qui suivit celui de saint Louis, et fait voir que sous Charles VI la cour même devint le théâtre du scandale. La plus ancienne et la plus édifiante de nos maisons religieuses en eut le triste spectacle, suivant le moine de Saint-Denis qui déplore en ces termes le malheur de son monastère.

Après le récit des tournois faits en 1389 à Saint-Denis (Hist. de Saint-Denys, ch. VI, p. 170 et 171) pour la Chevalerie du roi de Sicile et de son frère : « Jusques-là, dit l'historien, tout alloit assez bien, mais
» la dernière nuit gasta tout par la dangereuse licence
» de masquer et de permettre toutes sortes de postures
» plus propres à la farce qu'à la dignité de personnes si

---

* Fausseté, tromperie. — ** Avilit, diffame. — *** Comme un lépreux. — **** Avoit coutume. — ***** Sujets, causes.

» considérables, et que j'estime à propos d'estre re-
» marquées dans cette histoire pour servir d'exemple à
» l'advenir à cause du désordre qui en arriva. Cette
» mauvaise coûtume de faire le jour de la nuit, jointe à
» la liberté de boire et de manger avec excès, fit pren-
» dre des libertés à beaucoup de gens, aussi indignes de
» la présence du roi que de la sainteté du lieu où il te-
» noit sa cour. Chacun chercha à satisfaire ses passions;
» et c'est tout dire qu'il y eut des marys qui patirent
» de la mauvaise conduite de leurs femmes, et qu'il y
» eut aussi des filles qui perdirent le soin de leur hon-
» neur. Voilà en peu de mots le récit de toute cette
» feste que le roi acheva de solemniser par mille sortes
» de présents, tant pour les chevaliers et les escuyers qui
» s'y signalèrent, que pour les dames et les damoiselles:
» il leur donna des pendants d'oreille de diamants, plu-
» sieurs sortes de joyaux et de riches étoffes, prit congé
» des principales qu'il baisa, et licencia toute la cour. »

On pratiquoit enfin si mal les leçons de l'amour honnête tant recommandé, que nos romanciers et nos poëtes, dans l'éloge des seigneurs qui faisoient le mieux les
honneurs de leurs châteaux, leur prêtent la même complaisance pour leurs hôtes que celle des peuples qui ha-
bitent le long du Nil, suivant les relations de nos voya-
geurs (Voy. M. de Buffon, Hist. Nat. vol. III). Qu'on
lise dans l'auteur du roman de Gérard de Roussillon, en
provençal, les détails très-circonstanciés dans lesquels
il entre sur la réception faite par le comte Gérard à l'am-
bassadeur du roi Charles. (Mss. du roi, 7991, fol. 40,
verso.) On y verra des particularités singulières qui
donnent une étrange idée des mœurs et de la politesse
de ces siècles aussi corrompus qu'ignorants.

Si je rapporte encore les vers suivants d'un de nos poëtes françois, qui ne peuvent point être pris à la lettre, c'est moins pour faire connoître la dépravation du siècle que pour donner une idée de l'esprit de nos écrivains qui repaissoient leurs lecteurs de pareilles fictions.

Une dame qui reçoit chez elle un chevalier ne veut point s'endormir qu'elle ne lui envoie une de ses femmes pour lui faire compagnie.

> La comtesse qui fut courtoise,
> De son oste pas ne li poise *,
> Ainz li fist fére à grant delit **,
> En une chambre un riche lit.
> Là se dort à aise et repose ;
> Et la comtesse à chief se pose ***,
> Apele une soue **** pucelle,
> La plus courtoise et la plus bele.
> A consoil ***** li dist, belle amie,
> Alez tost, ne vous ennuie mie ******,
> Avec ce chevalier gesir,
> . . . .
> . . . .
> . . . .
> Si le servez, s'il est mestiers.
> Je i alasse volentiers,
> Que ia ne laissasse pour honte ;
> Ne fust pour monseigneur le comte
> Qui n'est pas encore endormiz.

(Fabliaux mss. du roi, n° 7615, fol. 210, verso, col. 1.)

(18) Voyez le récit que fait Fleury, p. 399 de ses

---

* N'est pas fâchée d'avoir un tel hôte. — ** Une grande joie. — *** Enfin va se coucher. — **** Sienne. — ***** En secret, à l'oreille. — ****** Qu'il ne vous déplaise.

Mœurs des chrétiens, de tous les désordres qui régnoient dans l'armée des croisés au temps de Joinville; ils étoient encore pires que ceux des autres armées : « Tou-
» tes sortes de vices, ajoute-t-il, y régnoient, et ceux
» que les pélerins avoient apportés de leur pays, et ceux
» qu'ils avoient pris dans les pays étrangers. »

(19) Hugue Brunet, l'un de nos plus anciens troubadours, se plaint de voir l'empire de l'amour renversé par l'impatience des amants qui, pervertissant ses anciennes loix, veulent obtenir d'emblée ce qui autrefois n'étoit que le fruit d'une longue persévérance (Mss. du roi, n° 7326, fol. 256, conféré avec les mss. du roi 7614, d'Urfé, du marquis Riccardi à Florence, et de Modène). Il fait entendre que l'amour semoit alors de mille fleurs, qu'on ne connoît plus, le chemin qui conduisoit à la félicité, et qu'en un jour on dissipe les biens qui, auparavant, auroient suffi à faire, pendant trois mois, le bonheur d'un amant délicat et raisonnable. Il ne se contente pas de se plaindre des amants de son siècle, il leur prouve que non-seulement ils pèchent contre les loix de la morale, mais encore qu'ils servent mal leur passion même par un excès de vivacité mal entendu.

« J'ai vu le temps, continue-t-il, qu'un cordonnet,
» un anneau, un gant, payoient un amant des signes,
» des témoignages, des protestations d'amour, des couplets et des vers amoureux de toute une année. Aujourd'hui tout est perdu si l'on n'obtient sur-le-champ
» ce qu'on veut. Dans cet heureux temps, qui n'est
» plus, on aimoit mieux espérer le bien suprême que de
» l'obtenir; et pourquoi? l'amant trop tôt satisfait auroit
» perdu les douces pointes dont il est piqué par les dé-

» sirs; pourquoi? je le répète encore, c'est que le don
» long-temps tenu en réserve par l'amour honnête, vaut
» mille fois celui que l'autre amour prodigue. »

D'autres troubadours nous représentent encore en termes énergiques les siècles corrompus de la galanterie, et ces siècles remontent bien plus haut. Comme on y voyoit des amants infidèles, volages, trompeurs, indiscrets, *gascons*, et de ceux que nous appellerions petits maîtres, et gens à bonnes fortunes; ces amants y trouvoient aussi des femmes changeantes, capricieuses, intéressées, ayant enfin tous les caractères de la corruption et de la décadence de l'amour.

Eustache Deschamps, dans une de ses ballades (Poés. manusc., folio 365), condamne les femmes mariées, qui ne sont point fidèles, à être exposées à l'échelle d'amour, espèce de peine infamante; mais, ajoute-t-il :

> Ceste eschielle n'estoit pas en usaige
> Au temps jadis que régnoit loyauté,
> Pour ce qu'oneur, amour et vasselaige,
> Secret déduit, plaisance et honnesté
> Estoient si es nobles cuers enté,
> Que l'en vivoit liement;
> Et s'amoit l'en très-amoureusement :
> Et faisoit-on joustes, festes, estours *.
> Autrement va : dame qui va changent
> Doit estre mise à l'eschielle d'amours.

(20) Les fraternités d'armes, contractées par des sujets ou des alliés de nos rois, firent naître souvent des soupçons sur la fidélité de ceux qui avoient pris ces en-

* Tournois.

gagements. Le roi, en 1370, témoigna son mécontentement de la conduite du comte d'Ostrenant, son allié, qui avoit accepté l'ordre de la Jarretière (Froissart, liv. IV, p. 193 et 194, et l'Hist. de Ch. VI, par le moine de Saint-Denys, p. 197); et l'on ne fut pas moins scandalisé de voir le duc d'Orléans se lier, en 1399, par une fraternité d'armes et d'alliance avec le duc de Lancastre, qui peu après détrôna Richard, roi d'Angleterre, gendre du roi Charles VI (Hist. de Ch. VI, par le moine de Saint-Denys, liv. XIX, ch. 3, p. 410). Le crédit que donnoient ces sortes de sociétés, étoit en effet d'une conséquence dangereuse pour le repos de l'État. L'un des chefs d'accusation allégués contre Desessars fut d'être venu à Paris en 1413, sous prétexte d'assister à un tournoi qui devoit se faire dans le parc de Vincennes, mais en effet pour y mener le roi et le duc de Guienne, dans le dessein de les enlever avec un grand nombre de troupes qu'il avoit pratiquées pour ce sujet, car on disoit qu'il tenoit en Brie près de cinq cents hommes d'armes (Ib. liv. XXXIII, ch. 3, p. 863).

Charles VII fut souvent agité de jalousie et de soupçons contre les ducs d'Orléans (Monstrelet, vol. II, fol. 179, recto 18, recto et verso, et vol. III, fol. 85, recto et verso), de Bretagne (Chron. scand. de Louis XI, sous l'an 1459, p. 155 et 156) et autres qui sembloient avoir des intelligences contraires à son autorité, soit pour avoir refusé son ordre, soit pour avoir accepté celui du duc de Bourgogne.

(21) Les premiers siècles de notre monarchie virent les grands seigneurs, les courtisans destinés à défendre également par les armes les droits de la nation, et par

leur éloquence les droits des particuliers. Ils imitoient l'exemple des Romains qui se consacroient également aux exercices de la guerre et à ceux de la plaidoirie. Du moins me semble-t-il qu'on peut l'inférer du huitième canon du concile de Reims, en 630, qui regarde les incestueux : par ce mot, j'entends ceux qui ont contracté des mariages aux degrés de parenté prohibés. Le service dans le palais et le pouvoir de plaider sont interdits aux coupables : *Neque in palatio militiam, neque agendarum causarum licentiam habeant. Militia,* qui dans des temps si reculés ne peut avoir aucun rapport à notre Chevalerie, répond au mot service que nous disons également du service militaire et de celui que les officiers du roi font à la cour. Les seigneurs, dans les temps postérieurs, lorsque la Chevalerie eut pris naissance, furent dans leurs fiefs les arbitres de la justice, suivant le témoignage d'Yves de Chartres (Épit. 247).

Cette double fonction de guerrier et de juge est souvent réunie dans la personne des plus grands seigneurs et des chevaliers : Gui Cap de Porc, dans l'histoire des Albigeois (Mss. de M. de Bombarde, fol. 17, verso), est qualifié comme un chevalier de la plus haute naissance ou de la plus grande valeur, et comme le meilleur légiste de la chrétienté. Le roman de Gérard de Roussillon, en provençal (par W. de Tudela, mss. du roi, fol. 67, verso), parlant aussi de Pierre de Monrabei, brave capitaine blessé dangereusement dans une bataille, dit qu'il fut obligé de garder le lit pendant cinq ans sans pouvoir monter à cheval ni juger de procès.

Tous les chevaliers cependant ne se dévouoient pas également au service des armes et à l'étude des loix : quelques-uns se partagèrent entre le métier d'homme de guerre et celui de juge, embrassant l'un ou l'autre, suivant leurs inclinations, leur génie, ou leurs talents et leurs facultés. L'histoire d'un de nos fabliaux nous fournit ces deux exemples dans un même récit. Une dame qui avoit pour mari un riche seigneur (Vavassour), fut priée d'amour par un chevalier : l'époux, homme éloquent, beau parleur et savant, faisoit sa plus chère occupation d'assister *aux plaids*, et de prononcer des jugements. L'amant n'aspiroit qu'à courir le monde pour acquérir de la gloire, gagner des prix aux tournois, et se faire la réputation d'un preux chevalier (La Robe vermeille, parmi les fabl. mss. du roi, 7615, fol. 149, recto, col. 1).

(22) Les canons des conciles et les bulles des papes prononcèrent en vain les peines de l'excommunication contre les acteurs des tournois et ceux qui leur fournissoient le champ, avec menaces de priver de la sépulture ecclésiastique ceux qui seroient tués dans ces combats (Fleury, Instit. au droit ecclés., t. II, ch. 12, p. 120). Les tournois furent presque toujours en honneur et toujours fréquentés, malgré les remontrances des gens d'église et des moines (le Laboureur, Origin. des armes, p. 202). Il en coûta la vie, en 1240, à soixante chevaliers ou écuyers, suivant Albéric (Favin, Théât. d'hon., p. 1810, et la Colomb., Th. d'honn. t. I, p. 36), pour ne les avoir point écoutées dans un tournoi fait à Nuys près de Cologne (*super Rhenum apud Nutiam sub Coloniâ*) (Chron. d'Albéric, p. 578), qui pourroit bien être le même qui a été cité plus haut d'après Philippe Mouskes, en 1228, p. 836, et dans lequel il dit que quarante-deux chevaliers et autant d'écuyers périrent.

Le cardinal Nicolas, suivant les termes de la Chron. de Saint-Denis, t. II, p. 145 : « défendit tout tournoie-
» ment aux jouxtes, et tant contre les jouxtants comme
» contre les souffrants et aydants, et mêmement contre
» les princes qui en leurs terres les souffroient ; il jetta
» grant sentence contre eulx, et après ce soumettoit
» leurs terres à interdit de l'Église : mais après, le pape,
» à la requête des fils au roi et maints autres hommes,
» dispensa avec eulx, parce qu'ils estoient nouveaux
» chevaliers, pour ce que par trois jours devant ka-
» resme ils peussent auxdits jeux jouer tant seulement et
» non plus. »

Nos rois eux-mêmes réprimèrent souvent par leurs ordonnances la fureur des tournois qu'ils ranimèrent encore plus souvent par leur exemple, comme on vient de le voir (Voy. le Rec. des Ordonn. sous les années 1280, 1296, 1304, 1311, 1312, 1314, 1315, 1316 et 1318). L'intérêt de la guerre ou de la paix étoient les motifs ordinaires de la diversité de ces règlements ; et il est fait mention, dans nos anciens fabliaux, d'une de ces défenses passagères qui furent suivies de la publication d'un tournoi fait à la Haie en Touraine (Saintré, pag. 535 et suiv. La Colomb., Théât. d'honn., p. 259 et suiv. Mss. du roi, n° 7615, fol. 208, verso, col. 1).

L'abus que l'on y faisoit de la Chevalerie prodiguée à toutes sortes de gens, et les dépenses dans lesquelles les tournois entraînoient la noblesse qui se mettoit par-là dans l'impuissance de soutenir celles de la guerre, furent les principales raisons de nos rois pour suspendre l'usage de ces exercices, et pour les interdire entièrement (Voy. Ménestr., Chev. anc. et mod., ch. VI, p. 246). D'autres souverains les autorisèrent au contraire par des motifs tout différents : un instinct barbare leur avoit suggéré, pour opprimer de grands vassaux dont ils étoient jaloux, les artificieux moyens que l'on a regardés depuis comme un raffinement de politique ; intéressés qu'ils étoient à l'abaissement des seigneurs que leurs richesses rendoient trop puissants, ils cherchèrent à les en dépouiller. Ils leur inspirèrent exprès, dès le douzième siècle, la vaine ambition de se surpasser les uns les autres par l'excès de la magnificence et de la profusion. Le luxe des tournois, s'accroissant de plus en plus, devoit absorber en un jour, suivant le récit de Geoffroi, moine du Vigeois, les fortunes immenses des vassaux qui portoient ombrage à leurs supérieurs. (Labbe, bibl. mss. t. II, p. 322).

Beaucaire, lieu célèbre encore actuellement par ses foires, l'étoit alors bien davantage par les fêtes extravagantes que donnoient, aux plus beaux jours de l'été, les princes et les seigneurs ou les héros de la Provence. Il fut choisi, en 1174, comme le théâtre le plus digne du tournoi que fit publier le roi d'Angleterre, qui vouloit solemniser la réconciliation de Rémond, duc de Narbonne, avec le roi d'Aragon. Ce monarque et le roi d'Angleterre, qui auroient rehaussé l'éclat de cette assemblée par leur présence, ne s'y trouvèrent point; mais elle ne laissa pas d'être encore composée d'environ dix mille chevaliers, et les seigneurs (*tyranni*) n'en firent pas moins retentir leur nom par de folles dépenses. Le comte de Toulouse y donna à Rémond d'Agout cent mille pièces (d'or ou du moins d'argent, *solidorum*), et celui-ci, chevalier généreux et magnifique, les distribua aussitôt par égales portions à cent autres chevaliers. Bertran Raiembaus ou Raibaux, ayant ordonné qu'on labourât avec douze paires de bœufs le champ du tournoi, y fit semer jusqu'à la somme de trente mille pièces (*solidorum*). Notre expression, *semer de l'argent*, seroit-elle aussi ancienne? Guillaume Gros de Martello, qui vint à cette cour, continue l'historien, accompagné de quatre cents chevaliers, n'employa, dit-on, d'autre feu pour cuire les mets de sa table que celui des bougies et des torches (*candelas de cera et tæda*). La comtesse *Sorgest, melius Orgel* (peut-être de Sorgue ou du Pont-de-Sorgue dans la Provence, ou d'Urgel, ville d'Espagne dans la Catalogne), envoya une couronne estimée quarante mille sols pour Guillaume Méta ou Yvéta, que l'on avoit résolu de proclamer roi des jongleurs (*regem super histriones universos*), si quelque raison ne l'avoit pas empêché de se trouver à cette assemblée. Enfin Ramnous de Venous ou Raimon le Venoul, se fit amener trente chevaux, et pour donner le spectacle d'une magnificence qui n'avoit point d'exemple, il fit brûler ces malheureuses victimes de sa vanité aux yeux de tous les assistants. On peut voir, à la suite de cette narration singulière, des traits encore plus incroyables de la prodigalité des seigneurs dans l'état ordinaire de leur maison et de leur table : en lisant notre historien, qui paroît d'ailleurs très-véridique, on croiroit entendre les contes et les fabliaux de nos anciens jongleurs.

(23) Notre nation accorda, presque dans tous les temps, des honneurs et des prérogatives à la noblesse du sang, à la naissance. Elle respectoit, dans les enfants de ceux qui l'avoient servie, les titres, les droits et les glorieuses récompenses que des pères illustres

avoient mérité de transmettre à leur postérité; elle les regardoit comme la portion la plus précieuse et la plus sacrée de leur patrimoine.

Cependant il n'est guère de siècle où l'on n'ait vu des hommes, sortis de la poussière, s'élever au plus haut rang sans y être portés par le mérite et par la vertu; disons même que plusieurs y montèrent par les degrés qui devoient le moins les y faire parvenir. Dès le douzième siècle, un paysan (*rusticus*), qui conduisoit à la foire son char attelé de deux bœufs et chargé de cire, étant arrivé dans la cour du château de son seigneur, y fut métamorphosé tout-à-coup en homme noble, et devint la tige d'une famille illustre: comme il servit à propos la vanité et le goût de son maître pour de folles profusions, en faisant dans son château une illumination superbe, son zèle, son industrie et sa complaisance furent payés aussitôt par le don d'un fief, d'une terre noble accordée à lui et à ses fils. L'auteur de ce récit voyoit les enfants de ce même paysan illustrés par des alliances, et décorés des honneurs de la Chevalerie. Ce n'est pas le seul exemple de cette espèce que l'histoire nous ait conservé: des jongleurs furent plusieurs fois armés chevaliers, et des chevaliers à leur tour préférèrent à l'épée et aux armes de la Chevalerie, la guitare et les autres instruments de la jonglerie.

L'abus de prodiguer ainsi les récompenses qui n'étoient dues qu'à la valeur et aux services militaires, s'étant une fois introduit, alla toujours en augmentant, malgré les plaintes réitérées par les anciens nobles et plusieurs réglements faits de temps à autre pour le réformer. Les factions presque continuelles des règnes de Charles VI et de Charles VII, ne gardèrent plus de mesures. (Voy. Monstrelet, sous l'an 1440, vol. II, fol. 180, verso.) On croyoit faire beaucoup, dans chaque parti, d'acquérir un homme de plus en lui donnant la Chevalerie; on croyoit, en l'achetant à ce prix, en avoir bon marché. Cependant aucun n'y gagnoit, et l'on décrioit sans retour de part et d'autre le plus précieux gage du crédit de l'État: l'honneur de la Chevalerie devint si commun, que chacun crut pouvoir s'en arroger le titre de sa seule autorité. Un homme de rien, prenant l'épée, prenoit en même temps le titre d'écuyer; pour peu qu'il l'eût portée, il tranchoit du chevalier. Encore si cette épée eût servi l'État, on auroit pu dissimuler ce désordre: mais non, elle n'étoit, la plupart du temps, employée qu'au pillage, au brigandage, à l'oppression du peuple. (Eustache Deschamps, Poés. manuscr., fol. 80, col. 2 et 3.)

Tel est le portrait que nous fait de son siècle Eustache Deschamps. Il avoit de meilleurs titres pour prendre la qualité d'écuyer, qui lui est donnée à la tête de ses poésies. Les arts mécaniques ne trouvoient plus d'ouvriers qui les exerçassent: tous vouloient entrer dans la classe des écuyers, qui menoit à la Chevalerie. (*Ibid.*, fol. 55, col. 4.)

> Déceus est tout le monde aujourd'hui,
> Car chascun veult grant estat maintenir,
> Et si n'est més aussi comme nullui
> Pour les labours du siècle maintenir.
> Chascuns deust son estat retenir,
> Sans honte avoir de faire son mestier;
> Mais chascuns veult escuyer devénir:
> A peine est-il aujourd'hui nul ouvrier.

Les pastoureaux, qui coururent la campagne, accrurent le désordre, suivant le même auteur. (*Ibid.*, p. 255.)

S'arment savetiers et charbons *,
Escuyers s'appellent garçons **.

Il n'est pas étonnant de l'entendre dire ailleurs (*Ib.*, fol. 9, col. 2) que les chevaliers étoient aussi beaucoup moins respectés *que les commis à départir l'argent.*

Ces temps orageux, où l'on vit mettre à si bas prix le titre d'écuyer, acheté autrefois par tant de travaux et tant de sang, firent place à d'autres temps plus heureux. On vouloit, sans doute, mettre dans l'Etat ainsi bouleversé une nouvelle réforme, puisque nous voyons depuis le même titre d'écuyer donné aux fils de nos rois. (Voyez ci-dessus la note 46 de la première partie.) Mais le coup étoit porté ; la Chevalerie ne s'en releva jamais que dans des intervalles qui furent malheureusement de peu de durée. Tous les jours on fit de nouvelles entreprises pour usurper, sans le moindre prétexte, les glorieuses qualités d'écuyer et de chevalier.

Brantôme (Cap. Fr., t. I, p. 16), ayant parlé de l'ardeur qu'avoient eue autrefois les gens de guerre pour être créés chevaliers dans les batailles, dit que de son temps on s'en dispensoit volontiers : « Les moindres,
» ajoute-t-il, se créent d'eux-mêmes sans aller au roi,
» de sorte qu'on peut dire qu'il y a aujourd'hui plus de
» chevaliers tels quels, et de dames leurs femmes, que
» jadis n'y avoit d'écuyers et de damoiselles ; tant est

* Pour charbonniers, comme prisons pour prisonniers, p. 116.
** Ces hommes du plus bas état tranchent de l'écuyer.

» grant l'abus parmi la Chevalerie. » (Tit. 86, fol. 502 et 503.) Et Charondas, qui publia en 1603 son Commentaire sur la Somme rurale de Bouteiller, représente cette foule d'écuyers et de chevaliers comme un déluge universellement répandu dans tous les ordres de l'État :
« A présent, dit-il, chacun se fait chevalier et dame sa
» femme (c'est-à-dire lui donne le titre de madame),
» et aucuns s'attribuent tels titres, encores qu'ils ne
» soient escuyers, ne nobles. »

Du Tillet gémit (Rec. des Rois de France, ch. des Chev., et l'Ordre et état de Chev., p. 318) en ces termes, de la confusion qu'il voit régner partout : « Le
» chevalier, dit-il, estoit discerné ès esperons qu'il
» portoit dorez; l'escuyer les portoit blancs, ne lui estoit loisible de les porter dorez : maintenant le rosturier les porte; tant tout ordre ancien et bon a esté
» peu à peu abattu, et la confusion, mère de toute licence, est entrée en règne par tolérance. »

Quelques-uns de nos rois essayèrent de relever la Chevalerie (Voy. Pasquier, Rech., liv. II., p. 123; et ses Lett., t. I, p. 305 et suiv.; et le Laboureur, Pairie, p. 320 et suiv.) par des ordres particuliers dont ils se déclarèrent les chefs : les plaintes de nos auteurs (Voy. Montluc, Comment., t. I, p. 527 et 528; et t. II, p. 516) subsistèrent toujours sur le peu de discernement qu'on faisoit dans le choix de plusieurs de ces chevaliers, dont l'ordre eût satisfait auparavant l'ambition *du plus grand prince de France,* et sur le nombre excessif des promotions. On compte, suivant La Noue (Disc. polit. et milit., p. 202), plus de trois cents gentilhommes qui, à force d'importunités, obtinrent du roi l'ordre de Saint-Michel, et dont plusieurs s'en repentirent dans la suite;

on en vit une centaine obligés de cacher dans leurs coffres les marques de l'ordre du roi, pour éviter les dépenses auxquelles engageoit cet état, qui *les auroit conduits à l'hôpital,* comme s'exprime le même auteur. Si nous en croyons Brantôme (Duels, p. 289 et 290), écrivain amer et satirique, aussi jaloux que suspect, l'ordre de Henri III ne fut pas plus heureux dans quelques-uns des sujets que l'on avoit admis.

(24) Eustache Deschamps (Poés. mss., foll. 137), dans une ballade, regrette le temps ancien, où l'étude des arts libéraux, interdite aux serfs, étoit uniquement réservée aux nobles : alors la noblesse se maintenoit en honneur, et faisoit des conquêtes glorieuses, par le pouvoir que la science ne peut manquer d'avoir quand elle est jointe aux armes. Autrefois les jeunes gens de noble race passoient les vingt premières années de leur vie à s'instruire, puis recevoient la Chevalerie : aujourd'hui on commence leur éducation par les mettre à cheval, on exerce leurs membres encore faibles sans leur donner le temps de s'affermir, on achève de ruiner leur tempérament par les excès de la gourmandise et autres : livrés à toutes leurs passions et à l'amour du jeu, ils ont abandonné la science aux serfs, qui par ce moyen ont acquis sur eux l'empire, et les ont asservis à leur tour. Chaque couplet qui contient ces plaintes est terminé par ce refrein :

Car chevaliers ont honte d'estre clercs [*].

Le même poëte fait ailleurs une triste peinture de

[*] C'est-à-dire savants.

l'asservissement dans lequel étoient tombés les nobles et les gens de guerre sous le gouvernement des clercs, devenus les dispensateurs des grâces du roi, et les maîtres absolus de ses finances. On peut voir la pièce intitulée *contre les prélats d'aujourd'hui, qui trop sont curiaux* (courtisans) *et mondains* (Poés. mss., fol. 522 et 523). Abandonnant leurs évêchés et leurs bénéfices pour vaquer à des offices séculiers (*mondains*), ils traitent avec hauteur *les gens d'armes, les soudoyers et les poures officiers* qui demandent leur paiement. Après beaucoup de fausses promesses, des réponses équivoques et des paroles dures, ils les renvoient enfin avec un refus brutal, qu'il eût bien mieux valu leur faire à la première demande : du moins auroient-ils épargné l'argent emprunté et dépensé mal à propos, pour continuer des sollicitations aussi vaines qu'humiliantes. Ainsi ces orgueilleux prélats faisant *la roue,* insultent aux pauvres gens et trahissent le roi dont le service est abandonné, et dont l'état est perdu.

Les plaintes d'Eustache contre l'ignorance des nobles, et contre le mépris qu'ils faisoient du savoir, étoient bien fondées. On voit, dans ces temps-là, un gouverneur de place assez ignorant pour être obligé de se faire lire un ordre important; et Duguesclin, le premier homme de l'État et de son siècle, n'en savoit pas davantage (Hist. de Duguesclin, édit. de Ménard, p. 34). Étant assiégé dans Rennes, et recevant un héraut de la part du duc de Lancastre, qui lui apportoit un sauf-conduit pour venir parler à ce prince : « Il prit le sauf-
» conduit et le bailla à lire ; car riens ne savoit de lettres,
» ne oncques n'avoit trouvé maistre de qui il se laissast
» doctriner, mais les vouloit tousjours férir et frapper. »

Du moins ne fut-il pas du nombre de ceux qui se laissèrent asservir et dominer par les clercs : on peut voir avec quelle hauteur il s'éleva contre l'autorité absolue dans les affaires de l'État, usurpée par ces hommes qu'il appelle *chaperons fourés*, et contre l'abus qu'ils faisoient du maniement des finances qui leur avoient été confiées (*ibid.*, p. 451 et 452).

(25) Loisel, dans son Dialogue des avocats, remarque qu'au temps de Philippe et depuis, les meilleurs d'entre eux étoient : « Personnes ecclésiastiques instruites en
» droit canon et civil, apprenants la pratique, princi-
» palement par les décrétales, signamment depuis que
» les papes eurent transféré leur siége à Avignon, qui
» fut en l'an 1306, sur la fin du règne de Philippe-le-Bel :
» et c'est de-là, ajoute-t-il, que nous avons appris la
» chicane, s'il m'est loisible d'en parler ainsi. »

(26) Fauchet (Orig. Fr., liv. L, p. 182) soupçonne que les infirmités de Robert, comte de Clermont, fils de saint Louis, causées par les coups de masses reçues dans un tournoi, peuvent avoir donné lieu à l'ordonnance qui défendit aux princes du sang d'exposer leur personne dans les joutes. Il ne connoissoit pas sans doute d'autres ordonnances bien antérieures citées par Favin (Théât. d'hon. et de Chev., tom. II, p. 1751, 1802 et 1803), qui dès le temps de Louis VII et de Philippe-Auguste prescrivoient les mêmes réglements. Nos romans les plus anciens, qui en général observent assez exactement les coutumes de leur siècle dans leurs fictions, se sont conformés à cette loi prescrite pour les tournois : si d'autres que des princes entrent en lice contre des souverains

(V. Partenopex de Blois, mss. de Saint-Germain, p. 172, col. 1, et Blanchandin, mss. de Saint-Germain, fol. 175, recto, col. I), ce n'est du moins qu'après leur en avoir demandé permission. Je crois que l'auteur du roman de Gérard de Roussillon (mss., fol. 100 et 101), en provençal, fait allusion à cette coutume, lorsqu'il dit que Gérard, après avoir été spectateur des tournois entre ses vassaux, s'exerça tout seul contre un pieu qui étoit peut-être une figure d'homme armé. N'ayant pas voulu se mêler avec ses inférieurs, il fut bien aise de leur faire voir l'adresse et la bonne grâce avec laquelle il savoit manier les armes, et leur en donner un modèle. Charles VI ne s'en tint pas là : au mariage du comte de Hainault, en 1385, « y eust grande feste et belles joustes,
» dit un historien de ce temps (Juv. de Ursins, Hist. de
» Ch. VI, p. 45, sous l'an 1385), et combien que les
» rois n'eussent pas accoutumés de eux exercer en telles
» manières de jouster, toutesfois le roy voulut jouster
» contre un nommé Colart d'Espinay, fort jousteur ré-
» puté; et de fait jousta et se porta très-vaillamment,
» et de tous en fut loué et prisé. »

Un désir impatient d'éprouver sa vigueur, sa force, son adresse et son courage, et de donner bonne opinion de soi, peut aisément trouver grâce, et même mériter des éloges de la part d'une nation accoutumée à voir dans ses maîtres les exemples qu'elle doit imiter. La nôtre admira et loua ce prince dans sa première jeunesse; mais lorsque depuis âgé de vingt-un ans, étant marié, il continua de faire briller des talents assez connus, « plusieurs gens de bien furent très-mal contents
» de ce qu'on le fist jouster; car en telles choses peut y
» avoir des dangers beaucoup, et disoient que c'estoit

» très-mal fait, et l'excusation est qu'il l'avoit voulu
» faire. » (Juv. des Urs., Hist. de Ch. VI, p. 75, sous
l'an 1389.) Un autre historien en parle à peu près dans
les mêmes termes : « Beaucoup de gens y trouvèrent à
» redire, et on jugea qu'il estoit mal séant de commettre
» ainsi la majesté royale, et de se mêler dans la presse
» avec si peu de retenue et de gravité. » (Hist. de Charles VI, par le moine de Saint-Denys, p. 175, sous la
même année 1389.) L'affoiblissement de sa santé, qu'il
altéroit encore par ces violents exercices, les fit traiter
de *passe-temps indignes de sa qualité*. Les murmures
d'un peuple qui aimoit son prince ne furent pas capables
de le contenir (Hist. de Ch. VI, par le moine de Saint-
Denys, liv. X, ch. 7, p. 448, sous l'an 1402). A l'arrivée
des ambassadeurs venus d'Angleterre pour traiter du
mariage de sa fille Catherine, il les régala de fêtes superbes en tout genre ; mais surtout du spectacle des
joutes dans lesquelles lui-même s'exerça contre le duc
d'Alençon, en présence de la reine et des princesses de
sa cour (Monstrelet, vol. I, ch. 134, p. 216, recto, et
verso, sous l'an 1414) : il voulut encore leur montrer
dans la personne du jeune duc de Guienne, son fils, l'héritier présomptif de ses talents, aussi bien que de sa
couronne : « Il voulut, par honneur, que le duc de
» Guiesne fist preuve de sa valeur et de la belle vigueur
» de sa jeunesse. Il fournit plusieurs courses avec une
» égale admiration de sa force, de son adresse et de son
» courage. » (Hist. de Ch. VI, par le moine de Saint-
Denys, p. 970, sous l'an 1414.)

(27) Les Suisses, suivant Brantôme (Cap. Fr., t. I,
p. 290), se donnoient le titre de dompteurs de princes

jusqu'à François Ier qui le leur fit effacer à Marignan.

(28) François Ier, rempli des vertus qui font les héros, semble s'être proposé dans toutes ses actions les loix exactes de l'antique Chevalerie, qu'il préféra toujours aux maximes communes de la politique. Non-seulement il aspiroit à la gloire des neuf preux, consacrés par la tradition et par les cérémonies de nos rois d'armes; il se plaisoit encore à se produire aux yeux de sa cour paré des habillements sous lesquels on avoit coutume de représenter ces anciens héros. Une demoiselle le voyant un jour dans cet équipage, lui dit, pour lui faire compliment, qu'elle croyoit voir en sa personne un des neuf lépreux; elle vouloit dire un des neuf preux; suivant Henri Estienne (Apolog. pour Hérodote, ch. III), qui en fait le conte pour preuve des méprises auxquelles, sans penser à mal, on est quelquefois exposé en parlant notre langue. Favin a fait un chapitre exprès des neuf preux : mais il effleure à peine ce sujet, si connu dans nos anciennes cours, et sur lequel nous n'avons aujourd'hui que des idées bien imparfaites.

(29) « Mieux vaut, » dit le chevalier de la Tour (folio 90, verso, col. 1 et 2), dans son Guidon des guerres, « que jeune homme soit blasmé de ce que avant le temps » d'aage il est venu en hantement de Chevalerie, qu'il » fust dolent que le temps en fust passé; » mais il retient l'ardeur prématurée des jeunes guerriers pour recevoir la Chevalerie, en leur disant que s'ils ont la force et le courage d'en soutenir les travaux, ces qualités ne sont pas les seules nécessaires, et qu'il en est de plus essen-

tielles : « Ce n'est pas toute la force de y avoir bon vou-
» loir, et de bien frapper et de ruer bons coups ; mais
» tout gist à entendre ce que l'on doit faire, et de se-
» courir aux inconvénients qui peuvent survenir. » (*Ibid.*,
fol. 92, recto. col. 2.) Quelques-uns de nos rois ne firent
pas toujours assez d'attention à cette autre maxime,
« que chevaliers doivent avoir sens, force, ardement,
» loyauté et exercite de leur art. Sens de chevaliers
» vault plus aucune fois en victoire, que ne fait multi-
» tude de gens, ne que la force de ceulx qui se comba-
» tent. » (*Ibid.*, verso, col. 1.) Ils prodiguèrent la
Chevalerie à toutes sortes de gens, à des enfants même,
sans songer que « petite compagnie bien accoustumée de
» bataille est plustôt preste d'avoir victoire que grande
» multitude rude et qui ne scet riens des armes ; car elle
» est toujours appareillée à la mort. » (*Ibid.*, col. 2.) Ils
ne furent point assez effrayés de ces menaces salutaires
faites aux princes et aux généraux qui vouloient les entendre. « Onéques ost ne prouffita à celluy qui n'est pas
» duyt de chevaliers eslire ; car pour ce ont esté moult
» de gens desconfits de leurs ennemys, que les cheva
» liers estoient longuement en paix et sans cure, et que
» chascun pour sa richesse, ou par faveur, estoient prins
» aux offices de gouverner le commun sans l'esprouver. »
(*Ibidem.*)

Jamais on ne fut plus sourd à ces utiles remontrances
que sous le règne de Charles VI ; jamais on ne vit si peu
de discernement dans le choix des sujets qu'on élevoit à
la Chevalerie. Voyez, dans le Lai de Vaillance, par
Eustache Deschamps (Poés. mss., fol. 6 et suiv., et
fol. 78, col. 2), les désordres qui régnèrent parmi les
seigneurs et les chevaliers. Ces foudres de guerre qu'on

voyoit de tous côtés menaçant et frappant tout le monde, étoient en même temps des Adonis chargés de perles, plus blancs et plus polis que l'ivoire le plus blanc, sans cesse occupés de leur parure et de leurs ajustements : ils avoient continuellement à la main de quoi réparer le dérangement de leur chevelure. Une vie délicate, molle, efféminée, faisoit méconnoître en eux les successeurs des infatigables héros qui les précédèrent. Si c'étoit là les exercices que devoient faire les chevaliers ; si c'étoit la vie qu'ils devoient mener, Charles VI, et après lui Charles VII, eurent donc raison de prendre leurs chevaliers parmi des enfants de douze à treize ans, comme le rapportent Monstrelet (vol. III, p. 23) et Alain Chartier (Hist. de Ch. VI et VII, p. 191). Le poëte Eustache Deschamps va plus loin (Poés. mss., fol. 73, col. 1) :

> Et encore plus me confont,
> Ce que chevaliers se font
> Pluseurs trop petitement,
> Que X ou que VII ans n'ont.

(30) Charles VII, en 1444 (voyez Olivier de la Marche, Mém., l. I, p. 240), voyant son peuple foulé par les violences et les pilleries continuelles de ses gendarmes, résolut de les mettre sur un meilleur pied (Monstrelet, liv. III, fol. 32, recto et verso), d'en faire un corps de troupes régulières divisé par compagnies, dont chacune auroit son capitaine. Il vouloit que, distribuées sur les frontières (Pasquier, Rech., l. II, p. 124 et 125) pour y faire un service continuel et journalier (et le P. Daniel, Mil. Fr., t. I, liv. IV, ch. 1 et 2), elles y reçussent une paie réglée, dont les fonds seroient pris

sur le produit d'une nouvelle taille. Cette imposition, quoique très-onéreuse, le fut beaucoup moins que la gendarmerie ne l'avoit été par ses brigandages, comme on en peut juger par un propos de Talbot, que Fabri nous a conservé dans son *Art de rhétorique*. Ce rhéteur, traitant de divers ornements du discours, particulièrement des figures qu'il appelle *couleurs de rhétorique* (fol. 103, verso), donne pour modèle celle de Talbot qui, voulant exprimer la fureur obstinée des gendarmes au pillage, avoit coutume de dire que *si Dieu étoit gendarme il seroit pillard*. Cette figure de rhétorique, ce langage militaire et dévot, quoique peu respectueux pour la Divinité, ressemble parfaitement à la prière du brave Lahire que nous avons rapportée dans la cinquième partie.

(31) Les historiens ne s'accordent pas sur le moment auquel François Ier reçut l'accolade de la main de Bayard : les uns disent que ce fut avant la bataille, et les autres que ce fut après la victoire. Le maréchal de Fleuranges (Mém. de Fleuranges, mss., fol. 271 et 272) qui « encore bien jeune eut la charge que devoit avoir
» un des plus anciens mareschaux de France, » suivant ses propres paroles, dit positivement « que le roi ayant vu
» qu'il auroit la bataille, pria M. de Bayart, qui estoit
» gentil chevalier, qu'il le fist chevalier de sa main ;
» qui fut un grant honneur audit seigneur de Bayart à
» faire un roy chevalier devant tant de chevaliers de
» l'ordre, et gens de bien qui estoient là. » Il est difficile de récuser un pareil témoignage ; cependant le récit de l'auteur de la Vie de Bayard (édit. de Godefr., p. 375), qui, avec d'autres, place ce fait après la bataille, est

plus conforme à l'ancien usage d'honorer le meilleur chevalier du jour.

Le duc de Lorraine et son frère monseigneur de Guise, capitaine général des lansquenets, suivant un autre historien (Rec. des hist. de Louis XII, par Godefroi, p. 425 et suiv.), furent aussi faits chevaliers de la main de Bayard après cette journée, au succès de laquelle ils avoient contribué par leurs exploits. Cependant Bayard lui-même n'étoit pas chevalier, suivant quelques auteurs. Le passage des Mémoires de Fleuranges qu'on vient de lire, où il est appelé *gentil chevalier*, prouve qu'il l'étoit; mais il n'avoit pas encore reçu l'ordre du roi; il n'en fut décoré que dans la suite : ce nouveau degré d'honneur fut la récompense de la levée du siége de Mézières (Histoire de Bayard, édit. de Godefroy, pag. 391).

L'exemple de François Ier fut suivi par son fils Henri II (Histoire des hommes illustres, t. VII, p. 180), qui n'étant encore que dauphin au camp de Marseille, en 1536, ne voulut recevoir l'honneur de la Chevalerie d'autre main que de celle du maréchal de Biez (Brant., Cap. Fr., t. II, p. 279) : « Le roy, celuy qui fit grâce au
» mareschal de Biez après la reddition de Boulogne par
» son gendre, avoit esté fait chevalier de la main du
» même mareschal de Biez; comme le roy son père l'a-
» voit esté de celle du chevalier Bayard. Comme on le
» vouloit exécuter, dit Montluc (Comment., tom. II,
» pag. 218), le roy Henry se ressouvenant qu'il (le
» maréchal) l'avoit fait chevalier, luy envoya sa grâce. »

(32) Les prélats et les seigneurs, c'est-à-dire, les ecclésiastiques et les militaires, ou du moins les princi-

paux de ces deux ordres, furent seuls pendant long-
temps, sous l'autorité du roi, chargés de l'administration
de l'État. L'exercice de la justice et le service des armes
étoient presque communs entre eux : les premiers étant,
dans la suite, trop occupés de leur ministère sacré,
allèrent moins à la guerre, et furent plus assidus dans les
cours de justice ; les seconds au contraire, continuellement
détournés par la guerre, fréquentoient moins les tribunaux. Quelques particuliers de ces deux états, comme on
l'a vu dans une des notes de cette cinquième partie, se
dévouèrent totalement au soin de rendre la justice : tels
furent les clercs qui, n'étant point engagés dans les
ordres, pouvoient se livrer sans partage à l'étude des
loix ; et tels furent encore ceux que leur noblesse, ou
leur naissance, ou la possession des fiefs appeloient au
service des armes, mais qui dans l'impossibilité de s'y
consacrer, soit par la foiblesse de leur tempérament, soit
par la modicité de leur fortune, soit par d'autres raisons,
suppléèrent, par leur assiduité dans les cours de justice,
au service militaire qu'ils ne pouvoient rendre à la
patrie : c'est ce qui composa nos premiers tribunaux.

Comme l'entrée aux dignités ecclésiastiques étoit un
trésor toujours ouvert aux clercs qui avoient dignement
administré la justice, et que d'un autre côté les séculiers
qui purent vaquer également au service de la guerre et à
l'administration de la justice, trouvèrent la récompense
de l'un et de l'autre dans les honneurs de la Chevalerie,
l'État se seroit rendu coupable d'ingratitude envers ceux
qui n'étant ni clercs, ni gens de guerre, ne le servoient
pas moins par les importantes fonctions de juge, s'il
n'avoit pas trouvé les moyens de s'acquitter envers eux :
je crois que c'est le motif qui fit admettre un nouvel

TOME I. 27

ordre de chevaliers, connus sous le noms de « cheva-
» liers de justice, chevaliers de lettres ou de science, ou
» chevaliers clercs : *Milites justitiæ, milites litterati,*
» *milites clerici* (le père Honoré de Sainte-Marie, de la
Cheval., p. 167); ou chevaliers ès loix opposés à chevaliers en armes. Peut-être n'en eurent-ils d'abord que
les vêtements et la parure, comme nous l'avons dit dans
la quatrième Partie; dans la suite on leur en accorda
tous les honneurs, les droits et les prérogatives.

Les gens du tiers-état, qui par leur savoir s'étoient
rendus capables d'aider les uns et les autres de leurs lumières et de leurs avis, furent, par degrés successifs,
admis dans ces tribunaux, où ils devinrent de plus en
plus nécessaires, à mesure que les loix et les procès se
furent multipliés : enfin on les vit occuper un rang égal
aux autres, et quelquefois un rang supérieur dans des
cours où la science et l'équité étoient les titres essentiels
en vertu desquels on y prenoit place. Les honneurs de
la Chevalerie leur furent pareillement déférés.

Une enquête faite du temps de Philippe-Auguste,
citée par Favin (Théâtre d'honneur et de Chevalerie,
p. 272) d'après les registres du Parlement, comprend,
avec les noms de plusieurs conseillers chevaliers d'armes, ceux de quelques autres conseillers qui sont qualifiés chevaliers de lettres. Il faudroit avoir le titre original pour décider si par ces derniers on doit entendre
les chevaliers par lettres du roi, qui leur accordoit cette
dignité, ou s'ils l'avoient obtenue pour récompense de
leur savoir dans les lettres. Il n'y a point de difficulté à
donner cette interprétation aux passages de Froissart
(liv. IV, ch. 32, p. 130, C.), qui, en 1391, distingue
formellement les chevaliers en armes et les chevaliers

en loix, dont la division avoit été exprimée, dès l'an 1251, par Matthieu Paris, historien d'Angleterre. Je me borne à ces recherches sommaires sur l'origine et les premiers fondements de cette Chevalerie de loix. (Voy. La Roche Flavin, des Parlements de France, p. 48 et suiv.) On peut consulter les auteurs qui ont parlé de la Chevalerie des premiers présidents et des présidents à mortier (le P. Honoré de Sainte-Marie, sur la Chevalerie, p. 170), qui s'est continuellement perpétuée avec toutes ses prérogatives depuis l'an 1331, auquel ils en font remonter la source (Pasquier, Rech., liv. I, II, p. 122). Voyez les mêmes auteurs et d'autres sur les magistrats d'un ordre inférieur, auxquels la Chevalerie a été semblablement communiquée (Ménestr., p. 56 et suiv.)

Un de nos plus anciens jurisconsultes, qui écrivoit vers 1380 (Bouteiller, Somme rurale, p. 671 et 672), étend bien davantage les droits que la robe donnoit sur les honneurs de la Chevalerie, dans le parallèle qu'il fait entre la profession des chevaliers et celle des avocats : « Ils doivent, dit-il, et peuvent porter d'or
» comme les chevaliers. Ils sont, en droit écrit, appe-
» lés chevaliers de loix, et ne rapportent point le gain
» qu'ils font, non plus que les chevaliers ; car tous sont
» comptés d'une condition en Chevalerie et en avocace-
» rie. » (V. liv. II, t. II.)

L'éditeur (Charondas, *ibid.*, p. 692) fait une note exprès pour réfuter sérieusement cette opinion, qui s'accorde avec celle dont *Petrus Calefatus* a fait la matière d'une thèse proposée dans cette forme : *Uter dignior sit præferrique debeat, an doctor utriusque juris an eques auratus.* (*Tractatus de equestri dignitate*, art. 58, 59 et 60.)

La dispute avoit été tranchée dans l'Empire au concile de Bâle, en 1431, par l'empereur Sigismond. (La Roque, de la Noblesse, ch. XLII, p. 220.) Il adjugea la préséance aux docteurs sur les chevaliers d'armes, parce qu'il pouvoit en un jour, disoit-il, faire cent chevaliers d'armes, mais qu'il ne pouvoit pas, en mille ans, s'il vivoit, faire un bon docteur; et l'empereur Charles IV avoit donné l'accolade à Barthole, et même le droit de porter les armes de Bohême. (Dial. de Thaureau, p. 147, verso.)

On ne peut, chez nous, révoquer en doute que les avocats n'aient été jugés dignes de recevoir la Chevalerie : Guillaume Bailli, avocat au Parlement de Paris (Opuscules de Loisel, Dial. des Avocats, p. 635), fut fait chevalier par messire Charles de Cossé, duc de Brissac, et fut confirmé dans cette dignité par Henri II et Charles IX.

Les docteurs et les savants de tout genre furent admis aux mêmes honneurs par François Ier. (D. Vaissette, Hist. du Languedoc, t. V.) On peut voir ses lettres de 1533, qui accordent la Chevalerie aux docteurs agrégés dans l'Université, et l'histoire de la réception du premier de ces chevaliers. L'empereur Charles-Quint répandit sur des artistes, illustres par leurs talents, les mêmes honneurs. On voit encore les traces de cette ancienne décoration parmi nous, dans ceux que le roi juge dignes de ses récompenses. (Le P. Honoré de Sainte-Marie, de la Chevalerie, p. 176 et suiv.)

(33) La lecture de nos anciens auteurs nous prouve l'usage constant de nos rois et des hauts barons d'appeler les chevaliers à leurs conseils, et le devoir imposé

aux chevaliers de les y assister avec autant de droiture
et de bonne foi, qu'ils apportoient de valeur et d'intrépidité à les servir dans les combats : « Il est ainsi comme
» par les chevaliers sont les haults barons honorez par
» dessus le menu peuple, dit l'auteur du livre intitulé
» *de l'Ordre de Chevalerie* (fol. 17, recto et verso); aussi
» les rois et les hauts barons de terre doivent tenir les
» chevaliers par dessus les autres gens.... A l'honneur
» de chevalier appartient qu'il soit aimé par sa bonté, et
» qu'il soit doubté par sa force, et qu'il soit loué par
» ses faicts et par sa prouesse, et qu'il soit deprié (sup-
» plié, sollicité) par sa privautez (affabilité), et parce
» qu'il est conseiller du roy ou du prince, ou d'autre
» hault baron. » Il est aussi très-expressément recommandé aux princes et aux seigneurs d'écouter, de croire
les sages avis de ces chevaliers, suivant ces vers de la
pièce intitulée *Manteau d'ounour*, à la louange des
chevaliers preud'hommes. (Manuscrit de M. de Sardière.)

<blockquote>
Qui que preudomme ait conseiller,
Soit rois ou quens, je li conseille,
Pour s'onnour, croire son conseil, etc.
</blockquote>

Le roi Charles VIII, tenant un conseil dans l'hôtel
de l'évêque de Paris (Jaligni, Histoire de Charles VIII,
p. 5), au sujet d'une lettre écrite par l'archiduc Maxi-
milien, en 1486, aux habitants de la ville de Paris,
pour les porter à la révolte, assembla les chevaliers de
son ordre et ses autres conseillers pour leur faire lecture
de la réponse, et pour en avoir leurs avis. Montluc suivoit encore cet exemple long-temps après dans les conseils de guerre; comme il étoit chevalier de l'ordre et

qu'il commandoit l'armée, il dit lui-même qu'il ne manquoit pas de montrer aux chevaliers du même ordre les lettres qu'il écrivoit, et de leur communiquer les résolutions qu'il avoit prises pour avoir leurs avis. (Comment., t. II, p. 330, 334 et 338.) Cette conduite auroit eu l'approbation de M. Pélisson, qui paroît regretter le temps où les mêmes hommes qui gouvernoient l'État par la supériorité des lumières de leur esprit, le servoient aussi par la force de leurs bras. En faisant le récit de l'expédition maritime des Hollandois (Histoire de Louis XIV, sous l'an 1665, t. I, p. 406, 407), dans laquelle le pensionnaire de Wit eut le commandement supérieur, il n'écouta pas, dit-il, les remontrances qu'on lui fit pour l'en détourner, par les raisons tirées de la profession qu'il avoit faite jusque-là: « Il » avoit, dit l'historien, l'esprit rempli des temps de » l'antiquité, où les premiers hommes d'une république, » après avoir opiné dans le sénat, défendu les causes » des particuliers, et rendu la justice au peuple, par- » toient pour aller régir des provinces éloignées, com- » mander les armées, et devenoient en chemin de grands » généraux.... Il voyoit avec indignation que par la lâ- » cheté des hommes on eût comme séparé pour tou- » jours deux choses qu'il croyoit devoir être jointes en- » semble, l'action et les conseils: comme si les lumières » de l'esprit et les connoissances acquises ne devoient » servir qu'à nous rendre un peu moins utiles que nous » ne le serions au public. »

(34) Montluc (Comment., t. I, p. 228) parle en ces termes de l'honneur que lui fit le comte d'Anguien en lui donnant l'accolade après la bataille de Cérisoles,

en 1544 : « Ainsi arrivasmes au camp, dit-il, où estoit
» M. d'Anguien ; je courus à luy, et luy dis ces mots,
» faisant bondir mon cheval : Et pensez-vous, mon-
» sieur, que je ne sois aussi bon homme à cheval qu'à
» pied? Alors il me dit, estant encore tout triste : Vous
» serez tousjours bon en une sorte et une autre. Il se
» baissa et me fist cest honneur de m'embrasser, et me
» fist sur l'heure chevalier, dont je me sentiray toute
» ma vie honnoré, pour l'avoir esté en ce jour de ba-
» taille, et de la main d'un tel prince. » (Montluc,
Comment., t. I, p. 527 et 528.) Il fut, dans la suite,
fait chevalier de l'ordre du roi.

Le même comte d'Anguien créa chevalier, au champ
de bataille de Cérisoles, le brave Froelich, colonel-gé-
néral des treize enseignes suisses, que le roi anoblit et
revêtit de la charge de lieutenant des cent-suisses.
(M. de Zurlauben, Histoire militaire des Suisses, t. IV,
p. 218.)

On pourroit encore regarder comme un reste des anciens usages de cette Chevalerie purement militaire, ce
qui se passa à la visite que le roi Henri IV fit à M. de
Rosni, blessé après la bataille d'Ivri, en 1590. « Le roi,
» l'embrassant en présence de plusieurs princes, capi-
» taines et grands chevaliers : Je vous veux embrasser
» des deux bras, et vous déclarer à leur vûe vrai et
» franc chevalier, non tant de l'accolade, tel que je
» vous fais à présent, ni de Saint-Michel, ni du Saint-
» Esprit, que de mon entière et sincère affection. »
(Mémoires de Sulli, t. I, p. 353, édition d'Amster-
dam, 1725.)

(35) Des hommes, zélés pour l'honneur de notre

nation et de notre noblesse, firent encore quelques efforts, mais tous inutiles, en faveur de la Chevalerie. L'archevêque de Bourges, dans sa harangue à la clôture des États de 1589 (Hist. de Thou, liv. XCIV, p. 504), parlant des maux qui affligeoient le royaume, demanda qu'on remît sur pied l'ordre de la Chevalerie, éteint pendant les guerres civiles; que, conformément à l'ancienne discipline, on rétablît la Chevalerie françoise qui s'étoit rendue autrefois si formidable, et qui doit être composée de la noblesse : *Ut equestris ordo per bella civilia intermortuus in aliquem splendorem restituatur, equitatus Gallicus toto orbe olim formidabilis qui nobilitate constare debet, restitutá disciplinâ instauretur* (*ibid.*, p. 388, sous l'an 1589).

De si nobles vues entrèrent aussi dans le plan du sage Rosni (Voy. Mém. de Sulli, t. X, p. 311, vers l'an 1608); peu d'années avant la mort de Henri IV, pour rendre à la France tout l'éclat d'un bon gouvernement par l'établissement d'une Chevalerie d'honneur qu'il projetoit, et pour laquelle le Laboureur faisoit encore des vœux sous le règne de Louis XIV. On la voit aujourd'hui se reproduire continuellement dans l'ordre de Saint-Louis, sous une forme différente, n'ayant plus les vices de l'ancienne, et conservant du moins dans toute sa vigueur la vertu essentielle à son état.

On a vu, sous Louis XIII, plusieurs officiers suisses recevoir de ce prince l'accolade; et le roi la donne encore en certains cas, suivant l'ancien usage, aux ambassadeurs de Venise. Elle est pour eux le gage de l'union et de l'amitié perpétuelle de leur république avec la couronne de France (M. de Zurlauben, Hist. milit. des Suisses, t. VI, p. 320 et 374).

(36) Les auteurs attribuent à diverses causes réunies ou séparées, l'extinction de la Chevalerie : tous en accusent l'abus que l'on fit de la Chevalerie. Ce fut, suivant les uns, en la multipliant au siége de Bourges, durant lequel on avoit vu créer jusqu'à cinq cents chevaliers (Hist. de France, par Pierre Matthieu, t. I, p. 589); selon d'autres, ce fut en la communiquant aux fils des bourgeois, tels que le maire et les échevins de Poitiers et de La Rochelle (Ord. des rois de France, t. V, p. 565 et 575), à qui Charles V accorda la noblesse, de façon que leurs enfants pouvoient recevoir la Chevalerie par quelque chevalier que ce fût. D'autres disent (le Laboureur, Pairie, p. 305 et 306) que c'est en accordant les avantages et les honneurs de la Chevalerie à tous les Parisiens, suivant l'ordonnance du même Charles V (Ord. des rois de France, t. V, p. 418 et 419) qui, en 1371, leur permit d'user de freins dorés et autres ornements appartenants à la Chevalerie, avec droit de prendre la Chevalerie comme noble lignage; enfin en tolérant les usurpations de tous ceux qui voulurent prendre la qualité de chevalier. On pourroit dire encore que l'artillerie, devenue plus forte et plus violente, s'étant prodigieusement multipliée, rendit presque inutiles les armes offensives de la Chevalerie, et l'obligea de se charger d'un poids énorme d'armes défensives qu'elle ne pouvoit plus soutenir.

Voyez ce que dit la Noue (Disc. polit. et milit., disc. XV, p. 542 et suiv.) de la bonne grâce des anciennes armes de la Chevalerie jusqu'au temps de Henri II, auquel il avoit vu de vieux capitaines, qu'il nomme, marcher tout un jour, armés de toutes pièces, à la tête de leur compagnie; au lieu que les gentilshommes du temps où il écrit étoient, dès l'âge de trente-cinq ans, *estropiés des épaules* par le poids énorme des armes qu'on avoit introduites depuis pour se garantir de la *violence des arquebuses et des pistolets.*

Le Laboureur (Hist. de la Pairie, p. 314) ajoute l'institution de l'ordre du Saint-Esprit à ces diverses causes qui toutes, plus ou moins, contribuèrent au renversement de la Chevalerie : la cessation des tournois acheva de la perdre.

Ces exercices, qui mirent une fermentation presque continuelle dans le cœur de la noblesse, avoient éprouvé à diverses reprises quelques relâchements passagers : mais la Chevalerie ranima toujours au besoin sa première émulation (Favin, Théât. d'honn., t. II, p. 1796, Boulainv., Nobl., p. 271). Philippe Mouskes (Mss., p. 2), un de nos premiers poëtes et de nos premiers historiens françois, crioit contre la négligence de son siècle pour les tournois et autres louables coutumes des temps antérieurs. Ces plaintes furent renouvelées sous Charles VII en 1443 par l'auteur du Journal de Paris. Dans ses invectives contre ceux qui gouvernoient l'État, il dit (p. 195) : « Plus ne leur en challoit, que de jouer aux
» dez, ou chasser au bois, ou danser, ne se faisoient
» mais (plus) comme on souloit faire, ne joustes, ne
» tournois, ne nuls faits d'armes pour paour des lézions
» (blessures), bref tous les seigneurs de France estoient
» tous devenus comme femmes, car ils n'étoient hardis
» que sur les pouvres laboureurs et sur pouvres mar-
» chands qui estoient sans nulles armes (1455). »

Mais nous avons vu comment la noblesse françoise reprit le dessus, et l'ardeur qu'elle continua d'avoir pour tous les exercices militaires. Il ne falloit pas moins que la perte de son roi pour les lui faire oublier; encore ne s'en détachoit-elle qu'avec peine. La reine mère, malgré le serment qu'elle avoit fait à la mort de Henri II, son mari, permit encore des combats à la barrière où Charles IX et son frère firent armes l'un contre l'autre en champ-clos (Brant., Cap. Fr., t. IV, p. 26, 27 et 28).

On en avoit tellement conservé le goût, que les préparatifs de la Saint-Barthélemy furent pris par quelques-uns pour les apprêts d'un divertissement militaire; et que, sous ce prétexte, on rassura les huguenots effrayés (de Thou, Hist. liv. LII, p. 397). La Chevalerie étoit-elle donc destinée à cet étrange renversement de ses loix et de ses principes?

Voyez sur quelques autres joutes et combats à la barrière dans les règnes suivants, ce qu'en ont dit Bassompierre (Mém., t. I, p. 163) et Basnage (Basn., Duels, p. 51).

(37) Nous avons déjà cité l'exemple de Duguesclin et d'autres personnes considérables qui ne savoient même pas lire. Voyez les plaintes touchantes d'Alain Chartier contre la paresse et l'ignorance des princes, des grands seigneurs, des chevaliers et de toute la noblesse de son siècle (L'Espérance, parmi ses OEuv., édit. de Duch., p. 316).

« Ceulx sont duis aux aises privées et conduis en la
» paresseuse négligence; qui sont ordonnez pour
» travailler au commun bien, ainsi que s'ils estoient
» seulement nez à boire et à menger, et le peuple fait
» pour les honorer. Plus il y a, car ce fol langage court
» aujourd'hui parmi les curiaulx (courtisans), que noble
» homme ne doit savoir les lettres, et tiennent à reprou-
» che de gentillesse bien lire ou bien escrire. Las! qui

» pourroit dire plus grant folie, ni plus périlleux erreur
» publier? »

Comment les chevaliers et les nobles accordoient-ils cette fausse opinion avec le proverbe commun rappelé plus bas par le même Alain Chartier : *Un roi sans lettres* (un roi ignorant) *est un âne couronné!* Ce proverbe plaisoit surtout à notre poëte Eustache Deschamps qui eut souvent occasion de le placer.

> Car comme uns asnes couronnez
> Est un rois terriens sans lettre.
>
> (Poés. mss., fol. 550, col. 1.).

Il dit ailleurs :

> Roy sanz lettres comme un asne seroit,
> S'il ne sçavoit l'escripture ou les loys,
> Chascun de ly par tout se moqueroit.
>
> (Poés. mss., fol. 263, col. 1.)

Ce qu'il confirme en d'autres termes par ces vers (*ib.*, fol. 118, col. 4).

> Roys qui ne sçet est comme oisel en caige,
> Mais quant il est clercs * ou bons arciens **,
> Ainsis sur tous puet avoir avantaige.

Voyez dans les notes de Duchesne (p. 853) sur les OEuvres d'Alain Chartier, le passage des gestes des premiers comtes d'Anjou, auquel il fait remonter l'origine de ce proverbe. On y voit aussi l'ancien reproche fait à nos courtisans, d'aimer à donner des ridicules, particulièrement à les jeter sur les sciences et sur ceux de leur

---

* Lettrés, savants. — ** Maître dans los arts.

état qui les cultivoient. Naudé rappelle ainsi le fait en peu de mots qu'il accompagne de plusieurs réflexions très-sensées (Add. à l'Hist. de Louis XI, p. 4 et 5 : « Le
» comte d'Anjou Foulques grise-gonnelle, piqué de ce
» que le roi Louys, fils de Louys-le-Simple et ses cour-
» tisans s'étoient mocqués de luy, l'ayant rencontré
» parmi les clercs en l'église de Tours, leur respondit
» fort hardiment : Qu'un roy non lettré et un asne cou-
» ronné ne différoient en rien : *Inlitteratus rex est asi-*
» *nus coronatus*, dit la chronique. »

(38). Les métiers de trouveurs, jongleurs, ménétriers, et peut-être celui de colporteurs, faisoient subsister un nombre considérable de familles qui se répandoient dans tous les pays. La plupart furent des espèces de comédiens, de farceurs ou de bateleurs dont l'unique occupation étoit d'amuser les gens oisifs qui ne songeoient qu'à se divertir.

>Fableaus sont moult en corse,
>Meint deniers en ont en bourse,
>Cil qui les content et les portent :
>Car grant confortement aportent,
>As envoisiez * et as oiseus.

(Fabliaux mss. du roi, 7615, fol. 208, recto, col. 2.)

(39) Il ne faut pas séparer de la morale le jugement que Fleury a porté de la religion en parlant des soins que prit Charlemagne pour le rétablissement des bonnes lettres et de la discipline ecclésiastique, et des désordres qui suivirent l'ignorance où l'on fut plongé de

* Joyeux.

nouveau sous ses successeurs : « C'eût été peu, dit-il,
» que la perte des arts et des bonnes lettres, si la reli-
» gion n'y eût été intéressée ; mais elle ne peut subsister
» sans l'étude et sans l'instruction qui conserve la doc-
» trine et la morale. » (Mœurs des Chrét., p. 375 et 376.)

MÉMOIRE

CONCERNANT LA LECTURE

DES ANCIENS ROMANS DE CHEVALERIE.

La lecture que j'ai faite de quelques-uns de nos anciens romans de Chevalerie, m'a persuadé qu'ils étoient une source d'où l'on pouvoit tirer quelque utilité. Cette opinion n'est point aussi nouvelle que bien des gens pourroient le penser; et j'aurai, pour la soutenir, l'autorité des savants écrivains qui ont le plus contribué à éclaircir notre histoire, et qui ont le mieux connu la véritable manière de l'étudier.

Ducange, dans son Glossaire latin et dans ses savantes Dissertations; Duchesne, dans ses Généalogies; le père Ménestrier, dans ses divers Traités sur la Chevalerie, le blason, la noblesse, les tournois, etc.; Pasquier et Fauchet, dans leurs immenses recherches sur tous les points de nos antiquités; Favin et la Colombière, dans leurs *Théâtres d'honneur et de Chevalerie;* la plupart de ceux qui ont écrit l'histoire particulière des provinces et des villes; M. le président de Valbonnais, don Vaissette et don Calmet; tous généralement font souvent usage de nos anciens romans. Auguste Galland, Catel, Caseneuve, Salvaing, et ceux qui ont écrit avec le plus de profondeur sur les matières féodales, n'ont point dédaigné de s'appuyer de l'autorité des romanciers, dans les plus grandes questions de notre jurisprudence; et plusieurs nous ont laissé des témoignages formels du profit qu'on peut tirer de la lecture des romans. Tels sont entre les autres, Étienne Pasquier [*], le président Fauchet [**], André Favin [***], Chantereau-Lefèvre [****], et surtout Jean le Laboureur. L'autorité de ce dernier écrivain m'a paru si respectable, que j'ai cru devoir le faire parler ici lui-même.

Le Laboureur, dans son Histoire de la pairie, page 280, ayant fait mention des fiefs de Haubert, ou d'écuyers, et de la coutume

---

[*] Recherch., liv. VII, c. 5, et liv. IX, c. 30.
[**] Orig. des dignités, etc., liv. II, sur la fin et ailleurs.
[***] Théât. d'hon. et de Chev., liv. I, c. 6.
[****] Traité des fiefs, liv. I, c. 14.

de faire des chevaliers devant et après les batailles ou les assauts, s'exprime ainsi :

« Je parlerai au chapitre suivant de cette
» distinction entre les maisons nobles, par la
» quantité des fiefs; et comme je ne dois toucher ici que la différence entre les personnes, je dirai qu'elle étoit si grande, que
» les romans n'ont rien exagéré, quant au
» respect qu'ils font rendre aux chevaliers par
» les simples écuyers, qui n'osoient jamais
» tenir devant eux. Les coutumes des tournois
» nous ont conservé les marques de cette soumission, parce qu'on en empruntoit l'ordre
» et les cérémonies de ces vieux romans dont
» la lecture est justement condamnée à l'égard
» des ignorants : mais je soutiendrois bien qu'il
» y a de la honte à un savant de ne les avoir
» pas lus, ou de les avoir lus sans profit. Il
» est vrai qu'il y a des amours un peu trop
» libertines et un peu trop naïvement exprimées : mais c'est un portrait du vieux temps,
» qui ne doit pas faire plus d'impression que
» ces restes de la sculpture des anciens, dont
» on ne considère que la perfection de l'art,
» sans s'offenser des nudités, et sans y faire
» même aucune réflexion. Je dirai bien encore
» en leur faveur que leur lecture est moins

» dangereuse que celle des modernes, où le
» poison n'est que mieux préparé. Je devois
» cette apologie, continue-t-il, à nos vieux
» romans de chevaliers errants, pour le service
» que j'en ai tiré, et pour faire valoir leur
» autorité en matière de Chevalerie, et même
» pour la pairie de France, dont quelques-uns
» nous représentent les droits et les préroga-
» tives, telles qu'elles étoient du temps de
» leurs auteurs. »

Après avoir indiqué les secours qu'il avoit tirés des romans, par rapport aux parlements et aux prérogatives des pairs, il ajoute, pages 283 et 284.

« Je me suis servi de cette occasion, pour
» rapporter ces traits, parce qu'on eût peut-
» être trouvé mauvais que je les eusse mêlés
» avec l'autorité des véritables historiens;
» mais, comme ils ne se sont attachés qu'au
» récit des affaires générales, sans toucher les
» coutumes et les usages de leur temps, il en
» faut chercher le portrait dans ces vieux
» romans qui nous en ont conservé l'idée,
» avec des mots qui servent à découvrir l'ori-
» gine des choses. »

Croira-t-on que le Laboureur ait voulu perdre son temps à des études frivoles? Pourroit-on le mettre au rang des gens oisifs auxquels le père Labbe abandonne, comme un futile amusement, les romans de Lancelot, de Tristan, et autres semblables, qu'il appelle les *immondices des bibliothèques* *? La censure de ce savant religieux seroit, à la vérité, d'un grand poids, si les ouvrages qu'il proscrivoit, lui avoient été aussi connus que ce grand nombre de monuments ecclésiastiques et historiques qu'il a tirés de l'obscurité; mais le jugement qu'il porte dans une matière étrangère à ses études, ne sauroit prévaloir sur celui de tant de célèbres écrivains à qui la lecture des romans étoit plus familière, et ne nous empêchera point de dire avec Favin,

---

* Le père Labbe, *Nova Bibliotheca manuscriptorum librorum.* Paris, 1652, in-4, p. 334, n. MDXXIII, du huitième supplément, témoigne ainsi son mépris pour nos anciens romans : *Poteram et plura addere, ac præcipuè fabulosis referta narrationibus, figmentisque poeticis :* les romans de Lancelot, de Perceforest, de Guiron le Courtois, du bon chevalier Tristan, de Bouchechardière, de Guy et Beuves de Hauton, de Clériadus et de Méliandre, du pauvre Duraz dit Guérin, d'Artus, de la reine Genèvre, de Méluzine, etc. *Verùm hæc otiosorum hominum μορμολυκῆϊα, etc. Bibliothecarum meras quisquilias, iis, qui nugamentis hujusmodi delectantur, everrendas permitto.*

que c'est principalement dans ces ouvrages que nous pouvons puiser la véritable connoissance de nos antiquités. Enfin, sans aller chercher trop loin de quoi justifier mon projet, lorsque j'entreprends de ressusciter, pour ainsi dire, nos vieux romanciers, je ne fais que suivre l'exemple de M. Galland. Il n'a pas cru que les notices de plusieurs romans manuscrits de la bibliothèque de M. Foucault et de quelques autres qui sont conservés à la bibliothèque du roi, pussent déshonorer des mémoires où l'on trouve d'ailleurs tout ce que l'antiquité grecque et latine nous offre de plus curieux et de plus intéressant *.

Mais comme les savants dont je renouvelle l'opinion, ont négligé de l'établir, peut-être parce qu'ils en étoient trop convaincus pour se donner la peine d'entrer en preuve; je dois au moins la développer, exposer une partie de leurs raisons, et faire voir, autant qu'il me sera possible, l'utilité qu'on peut retirer de ces sortes de lectures, et la manière dont elles doivent être faites.

Je ne dissimulerai point qu'après avoir achevé ce mémoire, j'ai appris que j'avois été

* Voy. les Mém. de l'Acad. des bell.-lett., t. II, p. 728.

prévenu il y a long-temps par M. Chapellain, et que ce savant académicien, dont le nom seroit aujourd'hui plus respecté, s'il s'étoit borné à la gloire qui étoit due à sa vaste et singulière érudition, avoit traité le même sujet dans un dialogue * adressé à M. le cardinal de Retz. J'ai été moins peiné d'y rencontrer quelques-uns des moyens dont j'avois fait usage, que satisfait d'y trouver mes opinions fortifiées par les siennes, et d'y apprendre que M. Lefèvre, savant historien (connu sous le nom de Chantereau-Lefèvre, par un grand nombre d'ouvrages historiques), avoit résolu de donner sur les anciennes coutumes de France, un traité dans lequel il comptoit s'appuyer principalement sur le roman de Lancelot du Lac **.

* Il est imprimé dans la continuation des Mémoires de littérature et d'histoire. Paris, 1628, t. VI, part. I, p. 281-342.

** « Je suis d'avis, dit-il à l'un des interlocuteurs,
» p. 341, de vous renvoyer, pour les coutumes, au
» grand coutumier du royaume de Logres : je veux dire
» au livre même de Lancelot, où vous les trouverez se-
» mées fort dru; si vous n'aimez mieux attendre la pu-
» blication du traité qu'en fait le grand antiquaire,
» M. Lefèvre, qui n'autorise presque ses observations
» que par les passages qu'il tire de Lancelot, dont il

Muni de tant d'autorités respectables, je dis que les historiens et les généalogistes pourront trouver dans les anciens romans de quoi lever plusieurs doutes, éclaircir des difficultés, et étendre leurs connoissances. A l'égard des géographes et des antiquaires, j'ose affirmer qu'ils y apprendront une infinité de détails curieux et importants.

On ne peut disconvenir que plusieurs de nos anciens romans ne soient purement historiques, et qu'ils ne tiennent de l'invention, que quelques circonstances merveilleuses, souvent exagérées, dont il est aisé de débarrasser le fond de l'histoire, si l'on écarte tout ce qui s'éloignant de la vraisemblance n'a que l'air d'une vaine parure, et ne s'accorde point avec les autres événements connus par des écrivains plus graves et plus sincères. Mais dans les romans qui sont le plus remplis de fables, il se rencontre des faits qui appartiennent à l'histoire, et qui, pour être déplacés de leur ordre chronologique, ne laisseront pas de pouvoir nous donner quelques lumières. Les auteurs de ces ouvrages, ne pouvant rien

» fait son capital en cette matière de coutumes. Je vous
» dirai seulement en général qu'elles ont le caractère
» des mœurs de ce temps reculé. »

inventer de leur propre fonds, semblent, à
l'aide de quelque lecture, avoir emprunté les
faits ou les circonstances dont ils ont orné
leurs récits, soit des chansons historiques qui
avoient cours, soit des historiens connus de
leur temps, et qui peuvent s'être perdus depuis.
Un de ces romanciers *, racontant divers combats entre Charles-le-Chauve et Gérard de
Roussillon, met la scène d'un de ces combats
à Civaux; et peut-être dans cette transposition de temps, il y a conservé des détails
vrais et conformes à ce que l'histoire lui avoit
appris de la bataille de Vouillé près de Civaux
entre Clovis et Alaric, du moins par rapport
à la position et aux divers mouvements des
deux armées. On lit dans le même roman la
description d'un siége du château de Roussillon par les Vandales, accompagné d'un stratagême des assiégés pour faire croire que leur
ville étoit dans l'abondance, quoiqu'elle fût

* Je parle de l'auteur du roman de Gérard de Roussillon, en vers provençaux, mss. de la bibliothèque du
roi, n. 7994, in-8. On connaît un autre roman en vers
françois, du même nom, mais avec des différences considérables : j'en ai vu plusieurs mss. à la bibliothèque
du roi, à Sens, à Dijon, et dans quelques bibliothèques
d'Italie.

sur le point de manquer des choses les plus nécessaires à la vie : ce stratagême est appliqué par nos historiens au siége d'une autre place plus connue.

Ce que je dis de l'histoire, je le dirai également des généalogies. On peut assez raisonnablement compter sur la vérité de celles que nous fournissent les romans historiques ; et, à l'égard des autres, on y peut avoir recours pour des degrés généalogiques, obscurs ou incomplets, si d'ailleurs on trouve les romans conformes aux degrés qui sont connus par les titres et par les histoires. Cherche-t-on dans l'ordre des descendants d'un prince ou d'un seigneur, quelqu'un de ses enfants, qui semble avoir fait souche, sans que néanmoins on en ait la preuve certaine? je crois que quand un roman ancien lui donnera un fils, ou comprendra dans le nombre des frères qui sont issus de lui, et qui sont bien connus d'ailleurs, un personnage dont on ignoroit le nom ou l'existence; je crois, dis-je, que ce personnage doit être regardé comme l'auteur de la ligne descendante ou collatérale dont on souhaitoit de découvrir l'origine et la liaison.

Ces raisons ne seront-elles regardées que comme de simples présomptions, pour nous inviter à chercher dans les anciens romans les connoissances qui sont du ressort des historiens et des généalogistes? Je ne craindrai point d'avancer que la géographie françoise du moyen âge en tirera les mêmes secours que l'histoire.

On sait que la plupart étoient composés par les hérauts d'armes * et par les trouvères, qui les alloient réciter, déclamer ou chanter dans les cours des seigneurs; et que, pour flatter davantage ceux à qui ils étoient destinés, ils choisissoient souvent leurs héros ou leurs principaux personnages parmi les ancêtres de ces seigneurs, et ne manquoient pas de mettre la scène de leur roman, ou de quelqu'un de ses principaux épisodes, dans les pays et dans les châteaux que ces seigneurs habitoient, ou dans ceux qui faisoient partie de leurs domaines :

* Le père Ménestrier, dans son livre de la Chevalerie ancienne et moderne, Paris, 1683, in-12, au chap. 5, qui traite des hérauts, dit, p. 225, « qu'on choisissoit
» pour ces offices des personnes que l'on croyoit avoir de
» l'esprit, du savoir et de l'expérience, mais selon le
» mauvais goût de ces siècles ignorants. C'est d'eux que
» nous sont venus tant de romans sur les faits d'armes
» et de Chevalerie, et tant de fables par lesquelles ils
» tâchoient de se faire valoir, et de rendre célèbres les
» voyages qu'ils avoient faits en divers pays. »

souvent même c'étoient leur propre seigneur et leur propre province qu'ils étoient bien aises d'illustrer par leurs compositions. Dans l'un ou l'autre cas, n'est-il pas plus que vraisemblable qu'ils connoissoient bien les pays qu'ils avoient fréquentés, et les lieux de leur naissance? Qu'auroient-ils gagné à représenter ces lieux autrement qu'ils ne les voyoient, si ce n'est la honte d'être démentis par tous ceux qui les écoutoient? Ainsi je ne fais point de doute que leur témoignage ne soit aussi sûr et aussi fidèle que celui des plus exacts géographes, soit pour la situation de certaines provinces ou de certains cantons, soit pour le cours actuel des rivières et des ruisseaux qui les arrosoient, soit pour la position des châteaux, des villages et des villes qui ne subsistent plus, ou dont les noms ont changé. Le roman françois de Gérard de Roussillon, adressé aux seigneurs de la maison de Bourgogne, en fournit plusieurs exemples dont j'ai reconnu l'exactitude, par l'examen de l'état présent des lieux que j'ai été le plus à portée de connoître. On pourroit aussi déterminer par ces auteurs l'étendue et les limites des provinces et des domaines des seigneurs. Je ne veux point cependant pousser trop loin l'usage qu'on peut faire de leurs écrits sur cet article : ils peuvent être suspects de flatterie, et avoir cherché à faire leur cour à un seigneur particulier, aux dépens de ses voisins; mais du moins en résultera-t-il que l'état ou domaine du seigneur dont ils ont voulu gagner la bienveillance, n'a pas eu plus d'étendue que celle qu'ils lui ont donnée.

Il semble, après ce que je viens de dire, que personne n'a plus d'intérêt que les géographes à lire soigneusement nos anciens romanciers : mais les antiquaires n'en ont pas moins; j'entends ceux qui cherchent à démêler l'origine et à suivre la trace de nos usages et de nos coutumes; et quelle étude doit être plus intéressante pour un François? C'est dans nos romans, *images de nos coutumes anciennes* *, suivant Pasquier, que l'on trouvera les connoissances les plus détaillées sur l'ancienne manière de faire la guerre, sur les droits et la dépendance des différents degrés des feudataires, sur les gages de bataille, sur l'administration de la justice, sur la noblesse et la Chevalerie, les armures, les armoiries, les tournois, etc. Tous ces points emprunteront

* Recherches, liv. IX, ch. 30, p. 820.

des romans leur principale lumière. Ceux qui les ont composés n'étoient point, heureusement, assez habiles pour connoître et observer ce que les peintres appellent le *costume :* ils appliquoient presque toujours au temps dont ils faisoient l'histoire vraie ou fabuleuse, des usages du temps où ils vivoient : ils n'étoient pas non plus assez inventifs pour draper d'imagination leurs figures; semblables aux anciens peintres, venus après l'invention de la poudre, qui n'ont presque jamais représenté dans les miniatures le siége de Troie, sans y joindre quelque pièce de notre artillerie. Et ce qui prouve encore mieux qu'ils représentent les choses, non comme elles étoient avant eux, mais telles qu'ils les voyoient, c'est qu'étant tous conformes entre eux dans la peinture des mêmes usages, chacun suivant leur temps, ils s'accordent encore en ce point avec tout ce que nous connoissons par les témoignages des historiens, des anciens auteurs coutumiers et des autres écrivains les moins fabuleux. S'il y avoit quelque doute à former, il ne tomberoit tout au plus que sur quelques articles, où ils s'éloigneroient du concert qui règne pour l'ordinaire entre les uns et les autres. Mais il ne faut pas toujours prendre à la lettre les expressions dont se servent les romanciers, surtout ceux qui ont écrit en vers : le style figuré étoit alors très-familier; ainsi les mots de fief et de seigneurie s'appliquoient à tout, même à la vertu et à la beauté. On n'avoit point encore attaché aux mots des idées exactes.

Je dois faire ici une autre observation générale sur nos anciens romanciers, c'est que leur objet principal étoit de représenter les devoirs réciproques des seigneurs et des vassaux, de montrer que, si le vassal étoit obligé d'avoir beaucoup de soumission pour son suzerain, celui-ci lui devoit aussi des égards, le protéger dans ses besoins raisonnables, et ne jamais abandonner sa défense dans les cas légitimes; et que si le souverain du plus haut degré lui manquoit, il trouveroit toujours au tribunal divin une cour de justice supérieure à la sienne, qui lui feroit subir un jugement sans appel, et porter la peine due aux injustices qu'il auroit exercées envers ses inférieurs. Telle est la morale de la plus grande partie de nos romans; et elle n'est ni moins sensible ni moins importante que celle dont on fait honneur aux plus beaux poëmes de l'antiquité. Mais ce principe de morale et de droit demande peut-être des restrictions, suivant les applications qu'en ont faites les différents romanciers. Ceux qui écrivoient pour des seigneurs d'un ordre inférieur, et ceux qui destinoient leurs ouvrages aux seigneurs du degré le plus éminent, pouvoient quelquefois vouloir gagner leur affection; et ce qui n'étoit point indifférent aux romanciers, obtenir des présents et des grâces de ces seigneurs, en étendant leurs droits et leurs priviléges aux dépens des autres, dont ils restreignoient les prérogatives en même temps qu'ils augmentoient les charges de leur dépendance. Il seroit important de pouvoir toujours connoître pour quels seigneurs les romans étoient composés, et de quel degré de souveraineté relevoient les auteurs qui les ont écrits.

Ne méprisons donc point les détails de ces temps reculés, puisqu'il nous est très-important, pour la matière des fiefs, de connoître quelquefois les moindres circonstances de la vie d'un auteur obscur, qui ne nous aura laissé qu'un ouvrage peut-être très-grossier et très-méprisable à bien des égards : je ne saurois trop répéter de quelle conséquence il est, pour éclaircir la matière des fiefs, de bien savoir tout ce que les romans nous ont conservé de leurs usages. Si Dumoulin, Chasseneux, et les autres savants jurisconsultes qui en ont traité, avoient été plus remplis de ces lectures, ils auroient pu répandre plus de clarté dans leurs ouvrages, et souvent se concilier dans les questions qui les ont tant de fois partagés, parce qu'ils raisonnoient moins d'après les faits, que d'après des principes supposés. Mais ne les surchargeons pas d'un fardeau trop pénible; et plus économes de leur temps, laissons-leur le loisir de méditer sur ces faits que nous sommes plus en état qu'eux de démêler, par la relation immédiate de cette recherche avec nos autres études; et soyons assurés qu'ils nous rendront avec usure les secours que nous leur aurons donnés, et que les uns et les autres nous goûterons les heureux fruits que ne manque jamais de produire le concert des gens de lettres et des savants, lorsque dépouillés de toute passion et de toute vanité, loin de donner une exclusion absolue, ni une préférence outrée à aucun genre d'étude, ils ne s'occuperont de bonne foi que du bien général, en s'instruisant mutuellement les uns les autres.

Je pourrois encore faire un mérite aux romans, de la connoissance générale qu'ils nous donnent des mœurs, du génie et du goût des siècles dans lesquels ils furent écrits. On peut lire tout ce que dit M. Chapellain à ce sujet, aussi bien que sur les richesses de notre ancienne langue. Ces articles sont les plus ingénieux et les mieux traités dans son Dialogue ; et s'il restoit encore quelque doute, on pourroit se rappeler avec quelle satisfaction on a vu dans les romans de Gérard de Nevers, de Saintré et de Tiran-le-Blanc, le tableau naïf et fidèle des mœurs antiques. Mais tout le monde sent assez que chaque siècle se peint dans les ouvrages d'esprit et d'imagination qu'il a produits, ou qu'il a fait revivre. La valeur romanesque du règne de François Ier fit traduire et mit en vogue le roman d'Amadis, quoique M. de la Noue *, qui prend l'effet pour la cause, ait dit que la lecture de ce livre a été la source de la fureur avec laquelle on s'est livré aux duels. Les romans d'Astrée, de Cyrus, de Cléopâtre, de la princesse de Clèves et de Zaïde, nous peignent les cours de Henri IV, de Louis XIII et de Louis XIV, plus ou moins remplies d'une valeur noble, généreuse, héroïque et peut-être fastueuse, d'une galanterie tendre, pure et honnête, accom-

---

* Discours politiques et militaires, disc. 6.

pagnée de fêtes brillantes, somptueuses et magnifiques : les sentiments y sont élevés, délicats et naturels, les mœurs respectées ou du moins ménagées; et les plus vives passions y sont aussi décentes que des passions peuvent l'être. Il seroit à souhaiter que nous pussions laisser à nos descendants une opinion aussi avantageuse des mœurs de notre siècle. Quelle que puisse être cette opinion, il n'en est pas moins vrai que l'on ne se trompera guère dans les jugements qu'on portera sur de pareilles autorités.

Pour revenir à nos anciens romans de Chevalerie, il faut convenir de bonne foi que la plupart représentant des guerriers farouches, pleins d'une valeur brutale, féroce et sanguinaire, autorisée et produite par le peu de subordination qui régnoit entre les différents membres de l'État, ceux qui les ont composés sont souvent fastidieux par leurs fictions, leur composition, le tour de leur esprit, et la grossièreté de leur style; et c'est peut-être une raison de plus pour désirer qu'on les fît bien connoître par des extraits.

Les bons livres perdent toujours à être abrégés. Les beautés principales sont anéanties ou défigurées dans l'extrait le mieux fait; et d'ailleurs nous savons combien il est dangereux de faire des abrégés des bons livres, puisque de tels abrégés ont causé la perte d'un nombre infini des meilleurs ouvrages de l'antiquité. On n'aura pas la même crainte pour les mauvais, où il est aisé de faire choix des choses utiles et curieuses qui s'y trouvent, comme par hasard : si l'on recueille avec soin ce qu'ils peuvent avoir de précieux, leur perte, quand ils viendroient à disparoître, ne causera aucun regret. S'en trouvera-t-il de si méprisables en tout point, qu'ils ne contiennent rien qui mérite d'être retenu ? C'est toujours un grand bien que quelqu'un se soit donné la peine de les lire pour nous l'apprendre.

Ainsi, lorsque nous nous serons engagés dans des lectures dont il n'y a aucun fruit à recueillir, nous l'avouerons avec sincérité, comme je l'ai déjà fait dans un Mémoire sur Jean de Venette, il y auroit une mauvaise foi et une mauvaise honte inexcusables à laisser ignorer aux autres les routes où nous nous serions égarés.

Si je puis me flatter d'avoir affoibli la prévention où quelques personnes pouvoient être, que la lecture des romans de Chevalerie étoit une lecture aussi ingrate et inutile que frivole et insipide; qu'il me soit permis de souhaiter que quelques gens de lettres se partagent entre eux le pénible travail de lire ces sortes d'ouvrages, dont le temps détruit tous les jours quelques morceaux, d'en faire des extraits qu'ils rapporteront à un système général et uniforme, afin que, cessant de prendre des routes différentes, on ne soit point obligé de recommencer souvent les mêmes lectures. On pourroit ainsi parvenir à avoir une bibliothèque générale et complète de tous nos anciens romans de Chevalerie, dont la fable, rapportée très-sommairement, renfermeroit ou le détail, ou du moins l'indication de ce qui regarde l'auteur, son ouvrage, et les autres auteurs du temps dont il auroit fait mention. On s'attacheroit par préférence à tout ce qui paroîtroit de quelque usage pour l'histoire, pour les généalogistes, pour les antiquités françoises et pour la géographie, sans rien omettre de ce qui donneroit quelques lumières sur les progrès des arts et des sciences. On pourroit y conserver encore ce qu'il y auroit de remarquable du côté de l'esprit et de l'invention; quelques tours délicats et naïfs, quelques traits de morale et quelques pensées ingénieuses; car si l'on vouloit refuser aux romans, sans restriction, toute espèce de mérite en ce genre, je pourrois en appeler au jugement d'un homme que personne n'oseroit récuser.

M. l'abbé Massieu, dans son *Histoire de la Poésie françoise*, après avoir donné l'extrait du roman de la Rose, rappelant l'exemple du respect que les auteurs du plus beau siècle de Rome eurent pour ceux qui les avoient précédés, nous invite à avoir pour nos anciens écrivains la même religion que ces grands hommes avoient eue pour les leurs, qu'ils révéroient comme ces vieux arbres de leurs bois sacrés, dont les troncs à demi-pourris avoient je ne sais quoi de vénérable. M. l'abbé Massieu, en homme que l'esprit et le goût éclairoient également, a su démêler quelques étincelles échappées à travers l'épaisse fumée, dont nos vieux auteurs sont enveloppés, et les a fait revivre avec éclat. Sa bonne foi, ennemie de toute espèce d'injustice, lui a fait prendre la défense de ces écrivains opprimés, avec autant de chaleur qu'il en auroit mis à repousser les traits lancés contre les célèbres écrits d'Homère et de Virgile. Je cite avec plaisir un homme illustre, qui daigna seconder mes premiers efforts dans la carrière des lettres.

EXTRAIT

DES

POÉSIES PROVENÇALES*.

CHEVALERIE. — INSTRUCTIONS D'AMOUR.

Le seigneur Amanieu des Escars, au sortir de table, étant l'hiver auprès d'un bon feu dans sa salle bien jonchée ou tapissée de nattes (en ostat gen paillas), ayant autour de lui ses écuyers, s'entretenoit avec eux d'armes et d'amour, car tout dans sa maison, jusqu'aux derniers valets, se mêloit d'aimer. Un de ses damoiseaux, plus amoureux que les autres, s'approche pour lui demander des instructions sur l'amour, comme au seigneur qui mieux qu'aucun autre s'y connoissoit. Quoique vous ne soyez point savant, lui dit-il, vous n'ignorez pas comment amour se forme, et de quoi il repaît ceux qui se donnent à lui. Les com-

---

* Mss. d'Urfé, pièce 980, fol. 141, recto, col. 2.

pliments dont le jeune élève assaisonne ses discours, donnent lieu au maître de l'instruire des risques que l'on court à ne pas toujours bien placer la louange ; il le félicite cependant sur l'art avec lequel il colore ce qu'il dit, comme un bon peintre qui sait ajouter à ses ouvrages le mérite du coloris :

>   Deu gent * metre color,
>   Si com li penhidor **
>   Coloro so que fan,
>   Deu *** hom colorar tan
>   Paraulas ab **** parlar,
>   C'om no'l peusca reptar *****.

Ensuite le seigneur entre en matière. Les leçons qu'il donne roulent principalement sur la nécessité de bien écouter ce qu'on entend dire, et de le bien retenir, pour ne pas ressembler à ces gens qui ne sont pas plutôt sortis d'une maison qu'ils ne se ressouviennent plus des nouvelles qu'on y aura contées, et des bons propos qu'on y aura tenus ; de fuir la mauvaise compagnie ; de n'être ni médisant ni railleur, et encore moins trompeur, men-

---

* Doit joliment. — ** Peintres. — *** Doit-on. **** Avec. — ***** Qu'on ne le puisse reprendre.

teur, ni traître. Il leur recommande, s'ils veulent plaire aux dames et s'en faire aimer, de se montrer francs, généreux et hardis, de parler avec grâce et politesse; il ne néglige point de les instruire sur la manière dont ils doivent se vêtir suivant leurs moyens : s'ils ne peuvent pas avoir des robes de bon drap, qu'ils redoublent d'attention pour qu'elles soient bien faites à leur taille, et que du moins ils soient bien coiffés et bien chaussés ; qu'ils se distinguent par la propreté de leur ceinture, de leur bourse et de leur dague. La délicatesse de notre siècle pourroit être blessée d'entendre ce maître donner pour précepte à ses écoliers dans l'art de plaire, de porter des habits percés ou déchirés plutôt que décousus. La raison qu'il en donne justifie un pareil détail : ceux-ci marquent négligence qui est un vice, les autres ne marquent que la pauvreté qui n'en fut jamais un. Les enseignements qui regardent l'amour sont encore plus amplement exposés. La fidélité, la loyauté, l'exactitude à servir tous les goûts et les désirs de votre dame, le soin de complaire à tous les gens qu'elle aime, afin qu'ils disent du bien de vous, sont les plus sûrs moyens de plaire. La louange plus que toute autre chose fait naître l'amour :

> Lauzor engenr' amor
> May c'una sola res.

Il n'est pas douteux qu'on aime ardemment une dame qu'on n'a jamais vue, sur le seul bien qu'on a entendu dire d'elle; l'amour naît de même dans le cœur des dames; ainsi l'on ne peut acquérir trop de vertus pour en faire retentir le bruit jusqu'aux oreilles de celle que l'on aime. Quand elle a été favorablement prévenue, on ne doit point craindre, si enfin on la voit, de lui déclarer l'excès de sa passion. Prend-elle en gré vos services et consent-elle à vos prières, plus elle fera pour vous, plus vous devez affirmer qu'elle ne vous accorde rien, quelques instances que vous en fassent vos plus intimes amis. Que rien ne transpire jamais, autrement vous vous feriez des ennemis de tous ses parents, et vous perdriez non-seulement ses bonnes grâces, mais celles de toutes les autres dames qui ne détestent rien tant que les indiscrets. Un point plus important encore. Publiez partout, plus haut que jamais, la vertu de votre dame, à mesure qu'elle aura eu plus de complaisance à vous en faire le sacrifice.

> Si vostra dona us fay
> Jazer scladamen.

Si malheureusement vous preniez quelque jalousie, et que la dame, en vous donnant trop de sujets d'en avoir, vous dit encore qu'il n'y a pas l'ombre de vraisemblance à tout ce que vous avez vu de vos propres yeux : Oui, Madame, lui direz-vous, je crois fermement que c'est vous qui avez raison ; il faut que je l'aie rêvé et que j'aie perdu l'esprit. C'est par cette complaisance aveugle à prendre le mensonge pour la pure vérité que vous vous ferez aimer d'elle. Si le seigneur des Escars, en faveur des dames, déroge dans sa doctrine au respect inviolable dû à la vérité par la loi capitale de la Chevalerie, il élève la voix pour publier la nécessité d'être brave et de se distinguer continuellement à la guerre, sans quoi il n'y a ni honneur ni amour à espérer.

Ces préceptes sont suivis de quelques autres plus détaillés sur la manière dont l'écuyer doit servir le seigneur à qui il s'est attaché, afin de mériter, outre les bontés de la dame qu'il aimera, celles de son maître : on y voit que le jeune serviteur, exact à se trouver au coucher et au lever du seigneur, devoit s'en abstenir par discrétion, lorsque ce seigneur vouloit passer la nuit avec sa femme ou son amie, et que dans ces deux cas il falloit attendre qu'on fût appelé : cependant la complaisance ne devoit pas être poussée trop loin. Il est permis à un serviteur fidèle d'avertir son maître, de lui faire des représentations, s'il lui voit commettre quelque faute, pourvu que les remontrances se fassent sans témoins et dans le plus grand secret. Le maître pouvoit quelquefois donner des préférences à quelqu'un de ses écuyers; les autres ne devoient pas faire semblant de s'en apercevoir, ni en témoigner aucune jalousie : il distribue ses grâces comme il lui plaît, il caresse et embrasse celui-ci, il fait coucher celui-là dans sa chambre, il fait du bien à l'un, il fait à un autre des présents : celui-là même qui n'a point encore de part à ses faveurs doit toujours être bien aise de voir qu'il sert un maître tendre, généreux et obligeant, l'animer par-là à le servir de mieux en mieux. Les dernières instructions sont réservées pour le service de guerre. Le maître qui les donne commence par exhorter l'écuyer à avoir un bon cheval de sept ans, léger et prompt à la course et bien obéissant au frein ; puis d'excellentes armes tant offensives que défensives, dont il n'y a aucune pièce qui ne soit ici soigneusement exprimée. (Il y a néanmoins quelque lacune en cet endroit du mss.) L'écuyer avoit à ses ordres un autre écuyer chargé de ses armes et de son équipage : le supérieur devoit veiller continuellement à ce que cet écuyer subalterne tînt toujours les armes en bon état, et qu'il ne laissât jamais manquer dans l'équipage un seul ardillon, tandis qu'on avoit le temps d'y regarder; et quel besoin y avoit-il de prendre tant de précautions ? C'est qu'au moment où l'on est auprès du feu, et que l'on compte plus sûrement n'avoir autre chose à faire qu'à se donner du bon temps et à se reposer, c'est alors qu'il faut se lever avant le jour, quand on a affaire à un maître qui aime la guerre. L'ordre de prendre les armes est-il donné? dit le seigneur des Escars à l'écuyer, qu'on vous voie le premier à cheval; est-on en place où il faille jouer des mains ? que ceux du dedans et du dehors disent également de vous, celui-là ne s'y est point épargné, il a mérité le prix par-dessus les autres, et l'a emporté sur les plus braves. Quand vous vous serez fait une telle réputation, continue le seigneur qui instruit l'écuyer, je vous donnerai le maître le plus courtois qu'on puisse trouver; c'est le comte d'Astarac à qui je vous charge d'aller présenter mes respects; dites-lui que vous venez de ma part, que je suis toujours dévoué à ses ordres, et que s'il vous agrée, vous voulez vous attacher pour toute la vie à son service : retenez bien tout ce que je vous dis, et comptez qu'en servant bien un tel seigneur vous ne sauriez manquer d'acquérir une haute réputation, et de gagner le cœur de celle que tant aimez, gentil écuyer que vous êtes.

EXTRAIT

DES

POÉSIES PROVENÇALES.[*]

ENSENHAMEN D'EN ARN... DE MARSANS.

Il fut un jour du mois d'octobre que j'avois fait prendre deux faucons à deux de mes pages ou écuyers (donzelos), et donné à un troisième un vautour à porter : mes chiens et mes levriers étoient avec moi, et nous nous disposions tous dix cavaliers que nous étions, parfaitement bien montés, à prendre le plaisir de la volerie, avec un faucon que j'avois choisi exprès, lorsque nous fûmes tout-à-coup retenus par l'arrivée d'un chevalier qui avoit l'air d'un pénitent (l'auteur fait le portrait de sa figure et de sa taille, à qui il ne manquoit aucune des perfections qui constituoient alors la beauté d'un jeune homme). Le beau,

[*] Mss. d'Urfé, pièce 946, fol. 128, recto, col. 3, etc.

mais triste chevalier, venant la tête penchée au petit pas, comme s'il eût été accablé de fatigue, ne salua personne, et, sans proférer une parole, prit mon cheval par la bride et me tira à l'écart. La douleur étoit peinte sur son visage, et il ne tarda pas à me faire part du sujet qui la causoit. « Pour Dieu, ayez compassion de moi, seigneur, me dit-il; je viens à vous, comme au chevalier du meilleur conseil que je sache en amour : je viens d'une terre très-loin de celle-ci, uniquement pour savoir de vous ce que je deviendrai, et pour apprendre ce que je dois faire. J'aime une dame aussi parfaite en bonté qu'en beauté; mais quoi que je fasse pour lui plaire, je n'y puis parvenir : il faut que je le confesse, je veux aimer, mais je ne sais comment m'y prendre : dites-le moi donc, soyez mon maitre, vous qui êtes un si habile homme; quelle conduite faut-il que je tienne pour qu'elle ne me dise pas toujours non à tout ce que je lui demande, et qu'enfin elle daigne m'aimer? » A ces mots, je renvoyai tous mes gens à qui j'ordonnai de faire rentrer tout mon équipage, de renfermer mes faucons et mon vautour et d'en avoir bien soin jusqu'au lendemain matin que j'irois à la chasse; ensuite étant resté seul

avec mon nouvel hôte, je le pris par la main
(par lo gan); je le priai de me donner le
temps jusqu'au lendemain pour parler de ses
affaires, et faire mes réflexions sur ce que
j'avois à lui dire, et l'ayant prié encore de
trouver bon que je susse de lui de quelle naissance il étoit ; tout ce que j'appris de sa famille et de ses sentiments m'intéressa encore mille fois plus à sa personne. Étant entrés
ensemble dans ma chambre, toujours seuls,
nous nous mimes à jouer aux échecs, et aux
tables, à chanter des chansons et à faire des
contes jusqu'au soleil couché qu'on nous vint
avertir que le souper étoit sur table : nous
passâmes dans la grande salle où il y avoit déjà
plusieurs personnes : le repas fini nous allâmes
nous coucher, car le chevalier fatigué avoit
grand besoin de repos. Au point du jour nous
nous levâmes, nous entendîmes la messe, et
de-là nous fûmes déjeuner, car Bibeaux, mon
connétable, avoit fait servir : lorsque nous
eûmes fini de manger, je me levai, et laissant
tout le monde dans la salle, je descendis le
degré avec le jeune malheureux que je menai
dans mon verger, et que je fis asseoir vis-à-
vis de moi à l'ombre d'un laurier. Alors je
commençai par lui dire que je ne lui parlerois

ni de la richesse ni de l'esprit, comme de moyens propres à réussir en amour ; et que je réduisois les qualités essentielles à être gai ou enjoué, poli et entreprenant (jausimen bel ensenhamen ardimen) : mais, continuai-je, avant que je commençasse d'aimer, la première chose que je voulus savoir, ce fut l'histoire de tous les amoureux célèbres qui firent le plus de conquêtes, qui ressentirent et inspirèrent les plus violentes passions ; je l'appris heureusement d'un maître d'amour très-savant, et je vais vous répéter tout ce que j'ai su de lui : l'on voit ici la liste de ces héros galants; savoir : Pâris qui conquit Hélène, Tristan, Ivain qui est célèbre pour avoir le premier introduit l'usage des fourrures ou zibelines aux manteaux, des ceintures aux robes, et des boucles pour attacher les éperons et l'écu, et pour avoir encore inventé la mode des gants; Apollonius de Tyr et le roi Artus ferment la liste. Tous ces noms sont chacun accompagnés du récit des principales aventures de ces héros. Les leçons qui viennent après ce préambule regardent l'attention que l'amoureux doit avoir sur la propreté de ses habits. Linge fin et blanc, robe qui soit d'une juste longueur et de même couleur que le manteau, et qui ait assez d'ampleur pour ne point laisser la poitrine découverte, contre les règles de la bienséance. De-là le maître passe au soin qu'il faut avoir de la propreté de sa personne : se laver souvent les cheveux qui doivent être un peu écourtés, car il ne faut pas les avoir trop longs, non plus que les moustaches et la barbe; en tout il y a moins d'inconvénient à les porter trop courts que trop longs : mais il y faut un juste milieu. Comme les yeux sont les interprètes des sentiments d'un amoureux, et que les mains sont les ministres des services continuels qui expriment l'amour dont il est pénétré, on les doit tenir encore plus proprement que tout le reste de sa personne. Autres instructions sur le choix que le chevalier amoureux doit faire des écuyers qui le servent : qu'il en ait au moins deux courtois, civils et beaux parleurs, qui donnent par eux bonne opinion du maître dont ils feront les messages. Ces avis sont suivis de ceux qu'il convient de donner pour bien tenir sa maison et en faire les honneurs aux étrangers, pour les bien accueillir, leur tenir compagnie, leur faire trouver toutes leurs commodités, prévenir tous leurs besoins, leur faire bonne chère, les bien servir à table, sans jamais commencer par soi, ce qui seroit une grande incivilité. Que les domestiques, avant que vous soyez à table, soient instruits de tout ce qu'ils doivent faire, et pourvus de tout ce qui est nécessaire, afin qu'ils n'aient point à vous interrompre pour vous rien demander à l'oreille, ce qui auroit l'air d'une économie basse et minutieuse : que toutes les provisions dès le matin soient distribuées aux chevaliers et aux écuyers, et que rien ne manque de ce qu'on pourra souhaiter, si vous êtes jaloux de conserver la réputation d'un brave amoureux qui ne fait jamais rien que bien.

Lorsque vous irez dans quelque cour, que rien ne vous coûte pour briller par votre magnificence. Ayez-y un hôtel ouvert à tous venants; que l'on n'y voie aucun huissier qui à coups de masses en écarte les écuyers, les pages, les pauvres et les jongleurs; mais que tout y soit à l'abandon. Gardez-vous bien d'être le premier à quitter la cour; sortez-en toujours le dernier, et payez fidèlement et largement ce que vous avez pris à crédit. Si cependant l'argent vous manquoit et que vous aimiez le jeu, jouez le grand jeu (à joc major, je crois les échecs et les tables), qui est un noble jeu, et non pas à ces jeux de hasard qui ne conviennent qu'à des gens avares et intéressés.

Quiconque tient les dés et les jette, se dégrade. Jouez donc le grand jeu, et quelque perte que vous fassiez, ne vous fâchez jamais, ne changez pas continuellement de place comme un homme agité, ne tordez point vos mains comme un furieux. Quoi que vous entendiez dire, ne laissez voir aucune altération sur votre visage, car à l'instant vous seriez dégradé de la galanterie.

Apprenez encore un autre point : si vous voulez être heureux en amour, ayez un bon cheval prompt à la course, adroit et souple au combat, et qu'il soit toujours près de vous, aussi bien que votre lance, votre écu et votre haubert à l'épreuve. Que le cheval soit de tout point bien équipé, bien sellé, bien bridé et garni d'un beau poitrail. Que la housse, la selle, l'écu et la lance avec sa banderole soient coloriées ou armoriées uniformément. Ayez outre cela un bon cheval de bât ou roussin (rossi bastier) pour porter votre double haubert, la lance et l'écu : plus ces armes paroîtront élevées, plus elles auront de grâce et de noblesse. Que vos écuyers se tiennent toujours près de vous, afin qu'à la première offense, à la première attaque, vous ayez toujours sous la main tout ce qu'il vous faudra, et que vous ne soyez pas obligé de chercher vos armes l'une après l'autre : car, il faut que vous le sachiez, une dame ne prendra jamais pour son amant un lâche ou un avare qui se cache quand il faut marcher à l'ennemi, ou paroître avec éclat dans une cour. Elle veut que son amant se couvre sans cesse de nouvelle gloire : c'est alors que, bien loin de rougir de la passion qu'il lui témoigne, elle en fait trophée et s'empresse d'y répondre.

Que la longueur de mes leçons ne vous impatiente point, mon ami, poursuit toujours le seigneur Arnaud de Marsan ; aimez sur toutes choses la Chevalerie, qu'elle soit pour vous le souverain bien et préférez-la à tout autre plaisir. Que l'on vous trouve toujours prêt au combat, si l'on cherche à vous surprendre ; quelques cris et quelques bruits que vous entendiez, que rien ne vous effraie : soyez le premier à frapper, le dernier à vous retirer ; ainsi vous remplirez le véritable devoir d'un amoureux. Si vous êtes en tournoi, voulez-vous m'en croire, que votre heaume et votre haubert soient également forts et doubles : ayez bonnes chausses d'acier à vos jambes et bonne épée à la ceinture. Ouvrez à votre cheval, par des coups redoublés, la route qu'il doit tenir, et que son poitrail soit garni de beaux grelots ou sonnettes bien rangées, car ces sonnettes réveillent merveilleusement le courage de celui qui le monte, et répandent devant lui la terreur. Enfin, je le répète, montrez-vous toujours le premier à la charge, et le dernier à la retraite : c'est le devoir de quiconque suit la bannière d'amour :

> Al encaussar premier,
> Et al fugir dernier,
> Car tot aiso cove,
> A drut c'amor manté.

Ne vous laissez rien enlever (de vos armes et de vos équipages) quand vous ferez votre pointe (dans les rangs ennemis), ne revenez pas sans vous être mesuré avec quelqu'un d'entre eux : soit un, soit deux, repoussez-les avec intrépidité : si votre lance vous manque, n'oubliez pas votre épée, et qu'aussitôt vous l'ayez à la main : frappez des coups si forts et si rudes que le bruit en aille jusqu'à Dieu, et que le paradis et l'enfer en retentissent également. Voilà comme je frappai, et comment je conquis grand nombre et de bonnes dames:

si vous en doutez je vous dirai qui elles sont. (Liste de ces dames qui sont nommées ici au nombre de dix). Celle-ci l'avoit serré dans ses bras en le baisant en dépit de sa rivale; celle-là lui avoit donné, de compte fait, deux cents baisers. Il dit de l'une qu'il l'a aimée quatre fois plus qu'aucune de celles qu'il avoit jamais aimées; il dit d'une autre qu'il aime actuellement, qu'il n'a pas un mois à vivre s'il n'en obtient pas un baiser; il souhaite à l'une d'entre elles que Dieu lui accorde une bonne place en paradis. S'il paroît indiscret après tous ces détails, il fait entendre que ces dames vouloient bien qu'il publiât leurs faveurs et qu'il en auroit encore bien d'autres à nommer; mais il n'a garde de découvrir celles qui n'ont point voulu être connues, et qui lui ont en secret accordé leur cœur. Biau chevalier, noble, courtois et preux, dit Arnaud à son écolier, pour conclusion, retenez bien tout ce que je viens de vous dire.

EXTRAIT

DU CONTE OU DU LAIS

DU BACHELIER D'ARMES.*

CHEVALERIE. — VERTUS QU'ELLE EXIGE.

Le chevalier**, sitôt qu'il est élevé à la haute dignité de l'ordre, doit, exempt de tous vices et de tous défauts, réunir en lui toutes les vertus et toutes les perfections, et honorer toutes les dames. Que le chevalier nouvellement créé soit gai, attentif à ne rien faire qui ternisse sa pureté, circonspect dans toutes ses démarches, preux, loyal, gracieux, doux, humble, discret et aussi net au dedans qu'au dehors; que, prenant *le mord aux dents* pour le nouvel honneur qu'il a reçu, il aime la bachelerie (les exercices des armes ou des chevaliers), suive les armes sans épargner ni sa

* Parmi les fabliaux mss. du roi, 7615, fol. 162, vol. I.
** Fol. 163, vol. I.

vie ni sa fortune, et qu'au premier tournoi où il se mettra, il fasse les derniers efforts pour en obtenir le prix. S'est-il rendu le vainqueur du premier tournoi où il a porté l'écu, alors il acquiert un nouveau grade et prend le titre de bachelier, dont partout on célèbre les exploits.

Voici désormais quels seront les devoirs de celui qui est devenu bachelier, s'il veut être emplumé des plumes de haute prouesse. Chercher les combats, fuir la paresse et l'avarice qui est incompatible avec la prouesse * (voyez les raisons judicieuses que l'auteur en donne); ne point désirer une vaine gloire ou réputation de valeur, qui ne seroit point fondée sur des travaux et des exploits de guerre continuels. Le véritable bachelier d'armes est celui qui, ayant empoigné son écu, et s'étant mis entre les deux rangs, n'attend pas qu'on soit aux mains pour commencer le tournoi **. (On voit ici une description vive et poétique de tout ce qu'il fait pour en avoir tout l'honneur.) Mais il ne suffit pas d'avoir été le vainqueur du tournoi; ce n'est pas tout, il faut que de retour à son hôtel il y soit aussi poli et aussi

* Col. 2. — ** 164, vol. I et II.

généreux qu'il a été brave et intrépide en pleine campagne ; que s'il est un seigneur puissant il fasse part de ses trésors aux chevaliers qui sont pauvres, et qu'il vide ses malles pour distribuer les vieilles robes aux ménestriers, car tel est le métier des armes : grand bruit aux champs, et grande joie au logis :

> Car d'armes est li mestier tiex,
> Bruit es chans et joie à l'ostel.

Vous aurez beau être brave, si vous ne joignez à la valeur la générosité, vous ne serez point décoré du glorieux titre de preudomme.

Telle est la royale voie que j'enseignerai au bachelier qui voudra acquérir ce haut nom [*]. Ce n'est pas voie de rapine ni de gourmandise, ni d'indolence, mais de vigueur à fermeté, de fermeté à hardiesse, de hardiesse à prouesse, et de prouesse à courtoisie : c'est par-là que doit passer le bachelier, puis enfin à largesse. Lorsqu'après avoir consumé sa jeunesse aux armes, il voit son poil grisonner, il est temps qu'au retour de l'âge il fasse aussi un retour sur lui-même, qu'il rende à Dieu ce qu'il lui doit, qu'il répare les folies de sa jeu-

---

[*] Fol. 165, vol. I, col. 1.

nesse pour mériter le haut nom de preudomme; mais je lui recommande encore auparavant, s'il a l'ambition d'obtenir ce titre de parfait chevalier*, qu'abandonnant les tournois, il prenne la croix, et qu'il s'achemine aux pays d'outre-mer, afin d'y donner les dernières preuves de sa bravoure au service de Dieu : il ne seroit pas juste qu'il ne fît pas pour lui deux fois plus qu'il n'a fait pour le monde; ainsi doit-il en combat ou bataille poursuivre de sa tranchante épée les ennemis de Jésus-Christ : ce n'est qu'à ce prix qu'il obtiendra le titre suprême de preudomme. J'en ai dit assez, conclut l'auteur.

Tuit son preudome qui bien font.

* Col. 2.

FIN DU TOME PREMIER.

www.ingramcontent.com/pod-product-compliance
Lightning Source LLC
Chambersburg PA
CBHW071710230426
43670CB00008B/966